北京大学考古学丛书

禮與禮器

张辛 著

中国古代礼器研究论集

上海古籍出版社

前　言

一

　　这是一本论文集,是我近四十年发表的专业学术论文的选集。

　　我是考古学博士,是新中国培养的最早的考古学博士之一。我一直认为,考古学属于历史学,是人文学而不是科学。考古学旨在揭示历史文化遗迹遗物发生发展和形制演变的逻辑过程,进而为最终揭示实际的历史进程提供证据。因而不能把考古学技术化、科学化、专业化。考古学不能简单地理解为田野发掘。我们无论采用多么巧妙的方法,多么先进、科学的工具,也不可能把历史遗迹遗物和盘托出,考古学材料毕竟是局部、是片段,甚至是偶然的、零碎的。过去常有人说考古学旨在复原古代社会,这是不可能的,充其量只是理想。

　　而今中国考古大发现时期已经过去,因此考古学最终还是要落实在材料的研究上,我们不能只是做一个史料的披露者或提供者。中国考古学与西方考古学有所不同,金石学是其前身,我们有相对完整、系统的文献典籍体系。中国考古学研究的一个基础性条件就是对古代文献典籍的掌握,对传统金石学的了解和继承。中国考古学之所以有今天,就是因为考古前辈有着相当扎实的,而为我们这一代所不可企及的古典文献功力。

　　基于这种考虑,我很早就想从墓坑、探方里跳出来,而把主要力量放在文物和文献的研究上。当把这种想法正式报告我的导师邹衡先生时,他表示十分遗憾:"你是田野一把好手,怎么可以放下不做呢?"我回答说:"您手下高手已然大有人在,有我无多,缺我不少。"最终没有听从先生。于是开始了我在北大三十多年的文物研究和教学生涯。我在完成了1982年秋至1986年秋参与的山西天马——曲村遗址发掘报告东周部分的编写和博士论文《中原地区东周墓葬研究》出版之后，学术重心正式转移到了文物学研究，发表了系列论文，逐步形成自己的一个学术体系。我先后开设了《古代碑刻》《中国古代史（先秦—唐）》《古代书画》《古代物质文化史》《古代印章和封泥》《文物研究与鉴定》和研究生课《中国传统文化与文物研究》等课程，数次获得优秀教学奖。本世纪初还被学生评为"北大十佳教师"。

文物研究旧称古物学，是一门传统的学问，本是金石学的主要构成，在北大有着远比考古更悠久的历史。而考古学的引进和发展，使其无论广度深度都有了重要甚至根本性的提升，为此我们提出了文物学的概念。

我几十年文物学研究和教学具有一个明确的基点，或者说一个基本特点，就是从中国文化的高度作系统性、综合性的考察，准确而言，是形上关照与形下具象研究相结合的考察。于是形成了自己东周墓葬考古研究之外的另一套不免偶有遗憾，但相对完整的以中国古代礼器研究为中心的文物学体系，受到一些前辈和同道的首肯。邹衡先生晚年在病床上对我说："张辛，你的路子走对了。"文物学家孙机先生曾在为我任博导的推荐书中用了"体大思精"一词。1950年代北大哲学系毕业生、书法家欧阳中石先生给我取了一个绰号：张礼。

二

中国文化在世界上独树一帜，可谓人文化、道文化、礼乐文化。

所谓人文化，是就其本质与其他民族文化相较而言的。基督教文化基本来说是神文化，佛教文化基本来说是"鬼"文化，而中国文化基本来说是人文化。这是前贤时哲或国际有识之士的共识。所谓人文化，就是从人的生命观照出发，最终落实到人的生命观照的文化，用梁漱溟先生的观点，是在自家生命上理会的文化。其基本点有二：1. 人是什么？ 2. 人的生命如何开展？关于前者，我们的先圣先贤有着非常高明而到位的见识：1. 人类是身、心、灵的生命共同体；2. 人类是有限的存在。

所谓道文化，《说文解字》曰："道，所行道也。"既为道，无论大小、宽窄、显微，无论陆路、山路、水路,有五大必备元素:1. 主动者;2. 起点;3. 根据;4. 途径;5. 归宿或目的地。这正是我们认识中国文化及其产品的基点所在。由此我们说:中国文化有明确的立足点和本体意识,有根深蒂固而特殊的渊源和生态基础,有高明而坚实的内在根据,有独特而适中的发展途径,有崇高而切实的理想目标。于是"天不变,道亦不变",终于成为世界上唯一没有间断的连续性文明,成为"独自创发""个性殊强"(梁漱溟语),大智大年的中华民族大文化。

"道也者,不可须臾离也;可离,非道也"(孔子语)。道固然至关重要。但如何行道?如何走好道?没有交通规则显然不行。于是"礼"便自然而然地被提了出来。礼是中华民族顺应自然生态的一种伟大创造。从根本意义上说,礼是保证走正道不走邪道、往前走不走背道、坚持走不断道的外在准则。于是礼和道一外一内,密不可分,相辅相成,互为因缘。于是,礼乐成为中国古典社会的两大支柱。中国文化就成为以道为内在根据、以礼为外在准则和表征的礼乐文化。

"乐者,天地之和也;礼者,天地之序也"(《礼记·乐记》)。礼的基本精神是"序",乐的基本精神是"和",秩序与和谐是天体宇宙运行的大准则。我们的祖先就把这一准则作为规划、安排社会运行的模式和准则。礼乐具有与西方宗教类似的两大社会功能:一是涵养社会成员理性,稳定人生;二是"以伦理安排社会"。

《说文解字》曰:"礼,履也。所以事神致福也。"礼是一种行为,一种事神以期获得福佑的行为。礼的古字是由"玉"和"鼓"两部分构形,可知礼的本义是用玉、鼓等"事神",以求得神的佑助。神者何?我们中国的神与西方所谓彼岸世界的唯一的至上的神有所不同。中国的神祇系统主要有二:一是上天,即天道自然神;一是祖先,即人道祖先神。尊天敬祖是中国文化的重要传统,而尊天敬祖的主要表现是祭祀,故《左传》说"国之大事,在祀与戎"。

既然祭祀,则必须虔诚而恭敬,必须要讲次序,要有程序,要有等级序列,要有资格认定。给上天送礼,只有天子有资格,公侯等只能是陪同、参与。给始祖送礼,只有嫡长子有资格。别子为宗,是各自嫡长子祭祀的祖宗。以下大夫、士各有其祭祀对象。到了庶人则不必多礼,因为庶人血缘关系远,社会地位低,更重要的是他们的财力有限,因此"礼不下庶人",其实体现了一种人文关怀。

这种祭祀上天和祖先的秩序规定的最终意义还是在于生者,典礼时主祭者和参祭者有既定排位,"尊卑长幼,各就其位,升降揖让,各守其序","每人都觉得置身于一个条理井然纪律森然的团体里"(朱光潜语)。进而从祭坛、宗庙推衍到社会生活,一个以血缘宗法关系为纽带,严整的社会等级秩序就建立起来了。所以孔子曰:"明乎郊社之礼,禘尝之义,治国其如示诸掌乎!"于是,礼终于成为"人道之极"(《荀子·礼论》),成为人的行为准则。

三

礼器是礼的化身或曰物质载体,礼器研究的一个前提性条件就是要懂"礼",要通"礼学"。

所谓"礼学",是一门非常古老的学问。自周公"制礼作乐"发其端,孔子"明德",引"仁"入礼而成其学,至西汉董仲舒"独尊儒术",且倡"今文经"致其用,继而东汉郑康成兼注"三礼",唐孔颖达、贾公彦撰"三礼"义疏,备其统绪。以至赵宋金石学发生,清乾嘉学派复兴,绵延不断。

礼作为一种文化形态,是中国社会发展到一定阶段的产物,具有极其深刻的历史渊源。"礼"是从原始的、无序的、盲目的巫觋者流的事神行为脱胎和提升而来,最终成为一种有明确认知性的且相当规范的文明体系。礼是中华民族顺应自然生态的一种伟大创造,对于维系以血缘关系为基础的宗法社会有重要的文化价值和宗教意义,由此构成中国古典社会最基本的特征和最重要的标志之一,也奠定了中国文化的基本素质。

关于礼的发生发展,及其性质、意义、功用、构成等,我们可以作如下归纳:

(一)中国古代文明是黄河流域四季分明的农业文明,农业是我们祖先做出的历史性的高明选择,其基本特性是:没有形成大面积的灌溉农业,而长期处于靠天吃饭状态。因而向上天献礼示敬,继而向祖先祼献示孝自在情理之中,这正是礼的本义和由来。

(二)礼是由中国史前时期巫觋者流事神活动脱胎发展而来。中国巫觋事神与西方所谓"巫术"企图对自然神实施强迫性手段以满足人们的某种愿望不同,而是以一种亲和的态度,以和平的方式交好自然神灵,这一点正构成中国古礼的基本素质。

(三)礼是一种文明形态,是中国文明产生的主要标志,也是区别于其他古文明的重要特点。礼是由对自然神的崇拜转向对人自身的关注,并由之产生以氏族先王为中心的祖先崇拜之后的产物。

(四)礼产生于三代文明之初。自夏至西周,礼经历了一个"始于脱,成于文,终于隆"的发展演变过程。春秋以降,随着人文精神的发育,礼进入了新的历史阶段——"礼崩乐坏",由此中国古礼无可逆转地式微和衰落,终于被人伦化、社会化,礼乐文化终于得以确立。

(五)礼基本有两大构成:一是国家制度意义的礼,二是社会人伦交际意义的礼。前者最为重要,主要是《周礼》所谓"吉、凶、宾、军、嘉"五礼,而其中吉礼最为重要和最具代表性,最能体现礼的性质和品格。

(六)吉礼主要分两大系统:以天地为中心的自然天道系统和以氏族先王为中心的祖先人道系统。两大系统的行礼方式有所差别,天道系统主要以燎祭为主,即禋祀,可概称为郊、社;人道系统主要以肆、祼、献为主,可概称为禘、祫。

四

为什么要"事神",要交好、服事、祭祀上天和祖先呢?原因至为明确,就是荀子等所揭示的:天地者,生之本,物之本;先祖者,类之本,人之本。

如何交好、如何祭祀?空口无凭,要付诸行动——送礼。我们中华民族之所以被称为礼仪之邦,根本原因就在于此。

我们的先人基于对上天的情分和感知,历史性地、明智地选择了玉作为向上天贡献的主要礼物,作为沟通天人的重要媒介。我们先人为什么做出如此选择?中华民族为什么成为世界上唯一的尚玉的民族?这主要取决于玉之五大优良物理品性:

一是**"精"**,在我们先人眼里,玉"得山川之精",是天地化育之精华。给天送礼,必以精华。因为送礼的目的只有一个:有效地给上天补给营养,使之长生不老,生命常存。

二是**"理"**,即玉具有"理性"。所谓理,即纹理、条理、肌理,而肌理是事物内在和共性的构成。说玉具备"理性",是言其不仅有外在美,更有内在美。孔子赞扬美玉:"远而望之,焕若也;近而视之,瑟若也。一则理(内在美)胜,一则孚(外在美)胜。"远观玉石,光彩焕烂,近而一摸,温润如泽,内在美和外在美相得益彰。孔子说:"文质彬彬,然后君子。"于是中国特有的一种传统观念就产生了,即"以玉比德",以玉石的优良品性与君子的人文德行相媲美。

三是**"美"**,《说文解字》曰:"玉,石之美,有五德……"石器是人类的第一大创造,主宰了人类百分之九十九以上的历史。因此把石头之最美丽者作为礼物贡献上天,顺理成章。因此我们说,以玉作为礼天的主礼器,是人类由来已久,甚至与生俱来的"石崇拜"观念的理性升华。

四是**"温柔"**。中国玉称真玉,属于软玉,而与翡翠、钻石等宝石类不同。要知温柔敦厚是我们中华民族整体的国民性格特点,而玉正是这种高贵品格的天然象征。

五是**"永恒"**。大年长寿是人类的共同追求。老子说"道可久",庄子说"美成在久"。中华文明是世界上最大年且大智的文明。

与祖先相对容易沟通,送礼必首先是吃的、喝的之类的维生食物,只是要有一定的特殊性而已。于是,我们先人选择了牺牲(肉食)、黍稷(主食)和酒醴(饮品)。肉食营养丰富,味道好,动物蛋白给人类生命做出了非常重要的贡献,故《黄帝内经》说:"五畜为益。"但中华民族不是以肉为主食的民族,而是以黄粮、黍稷、谷物种子为主食,故《黄帝内经》说:"五谷为养。"酒醴则具有一种特殊功能,它可以使人达到一种特殊状态:浑沌。浑沌状态与祖先的死亡状态最为接近。人们只有达到如是浑沌状态,才可以拉近和祖先的距离,才能有效地和祖先沟通。这就是中国酒文化的本来意义所在。

而如何把诸如此类物品奉送给祖先?我们先人选择了青铜器作为盛装所献礼

品的特定盛具。盛装牺牲的称为牺牲之盛,以鼎为首,包括鬲、甗、豆等;盛装主食的称为黍稷之盛,以簋为首,包括簠、盨、敦等;盛装酒醴的称为酒醴之盛,有尊和彝两类,即礼书所谓"六尊六彝"之属。典礼时,无论对天道自然神还是人道祖先神,必先洁身沐浴。于是就需要另一类青铜器,即盥沃之盛、盘、匜、盂、鉴之属。

为什么选择青铜器作为祭祀祖先的主要礼器?其原因主要有三:

(一) 由材质言之,青铜器是新兴的高端技术产品,是当时社会最高智慧聚焦的产物,以至成为人类文明的标志,因此必然受到当时全社会尤其社会上层的普遍珍视。

(二) 由制作言之,青铜器制作可以随意赋形,可以根据人们特定的功用需求制造成一定的形状样式。青铜又具有恒久不坏、损坏后亦可回炉重铸的特点,可以"子子孙孙永宝用",满足人们追求永恒的心理。

(三) 由功用性质言之,乃取决于青铜器本身的基本性质和社会文化功能,简要说来就是郑玄所谓"示和""见情"。

《国语》称玉帛为"二精",币帛同玉一样亦为事神礼器之"显物"。先秦经籍中常常"玉帛"并称,可证明丝帛作为礼器在礼神活动中的重要位置。丝帛的基本功用主要有四:1. 祭币。2. 荐玉之藉。即荐献玉器以丝帛为缫藉。3. 祭服。礼书或称"郊庙之服""禋絜之服"等。祭服必以纯丝为之,取其圣洁之义。4. 朝礼会盟之质。

为什么选择丝帛作为重要礼器?原因同样在于其非凡的物理品性:1. 为蚕所吐。蚕是中国最早豢养的神虫之一,其神奇的生命史:蜕化——羽化——升天,给予先民无限遐想和精神寄托。2. 蚕丝纯素洁柔。

五

礼器是中国古典社会最重要最高尚的礼活动中所用的特定性器物,是礼及礼制的体现和物质载体,并最终成为调节天人关系、社会关系以至个体生命之身心关系的媒介和工具。因此我们完全有理由认定礼器是中国古代文物主要的、有代表性的、也最有价值的核心构成。

礼器是一个灿然的物质文明系统。它由巫觋文化时代事神行为中所使用自然的或人为的一些灵物、法器逐渐演变而来。礼器的基本特征是：一是材质相对固定；二是职能专业化；三是仪式程序化。

关于礼器的研究，我们不能局限于"礼学"的名物制度研究和金石学简单的图像等研究，也不能简单照搬考古学的所谓类型学的分型分式。

文物学的礼器研究应该从两个层面同时展开。其一，形而上的观照，即意义认知，具体讲就是从上述关于"道"的五大元素或曰五个方面着手进行。于是我们可以得出如下基本认知：玉器是我们先人为报答上天创造生命，化育万物之大德而选择的向上天贡献的主礼器；青铜器是我们先人为报答祖先创生人类，给予我们个体生命之大德而选择的用以盛装牺牲、黍稷、酒醴和敬献时所需沐水的特定盛具，以及无论祭祀上天或祖先时为激扬情感、营造氛围、以隆其盛的乐器、仪仗器、车马器等；碑刻是青铜器"铭功纪德"社会功能的载体转化；印玺则是人文觉醒精神自觉之后，礼器走下神坛，走出宗庙，进入社会的一种新型青铜器——信器，是"礼"的精神的延续和发展。其二，形而下的具象研究，即具体的功能、形制、材质和制作等方面的研究。这里就需要联系性的思维能力，需要知识结构的合理，需要专业基础理论的掌握，需要借助科学研究尤其是考古类型学研究的方法。由于礼器是礼的物质载体，因此对于礼及礼制的认识和研究就成为其必要前提和关键，文献学的学养基础就显得特别重要。

功能决定类别。基于对行礼方式和礼器不同功能的认知，我们把古代玉器分为五大类：

1. 祭玉，或称燔玉。即《周礼》所谓"六器"：璧、琮、圭、璋、璜、琥之属。

2. 瑞玉，即《周礼》所谓"六瑞"之属：镇圭、桓圭、信圭、躬圭、谷璧、蒲璧，分别由王、公、侯、伯、子、男所执。

3. 重器配件，玉的神性向人道祖先神的延伸。即在宗庙礼器的某些部位或佩挂、或插、或镶装配玉件。诸如珥、瓒和一些圆雕人物、动物形，以及或有穿或有辖的玉件。

4. 饰玉，即装饰用玉，出现最早，也最普遍，不同身分地位有不同规格的佩饰。

5. 冥玉，或称葬玉。即墓葬所见墓主人所佩、所把握、所口含和躯体所服（金缕玉衣）、七窍所充塞（鼻塞、耳塞、肛塞）、所覆盖（瞑目、覆面等）的玉件。

我们把三代青铜器分为五大类：

1. 礼盛，即盛装给祖先贡献的特定礼品的特定盛具，包括四小类：牺牲之盛、黍稷之盛、酒醴之盛和盥沃之盛。

2. 乐器，即钟、铃、铙之属。

3. 仪仗器，即用于标志身份和维护典礼秩序的钺、戈、矛、戟之类，包括车马器。

4. 葬器，即随葬器物。

5. 燕器，即日常用器等。

分类即类型划分，属于横向研究；分期则以式的划分为基础，属于纵向研究。没有正确的类别分析，就不可能有正确的分期，就不可能有对器物形制发展演变的阶段性和规律性的认识。基于礼的发展演变"始于脱，成于文，终于隆"，尔后"礼崩乐坏"阶段性的认知，我们把古代玉器的起源及其发展演变的历程划分为四期：

1. 前礼器期，即史前古玉时期。此时主要有灵物和事神法器两大类。

2. 主礼器前期，即夏至商时期，此时玉礼器定于一尊，并得以初步规范和重要发展。商代玉数量多、工艺精、种类齐全，尤以动物造型器繁多为其特点。

3. 主礼器后期，即西周时期，为玉器规范并最终实现制度化阶段。组佩出现。

4. 转型期，即春秋战国时期。玉器走下神坛，日益社会化，人伦化。

相应地，我们可把中国古代青铜器的发生发展大致分为发祥、勃兴、规范、转型四期。

丝帛不易保存，迄今发现有限。我曾做过几次题为《由蚕、蝉说龙》的演讲，也曾指导过一二有关"丝帛的考古学观察"的本科毕业论文，并已写出《丝帛礼义论要》论文提纲和课件。但限于时间和能力，更由于种种特殊原因一直没能正式成文，这里只好地暂付阙如。

目 录

前言

由"大一""浑沌"说礼
　　——兼论中国文明的起源问题 / 1

礼与礼器
　　——中国古代礼器研究札记之一 / 18

玉器礼义论要 / 100

青铜器礼义论要 / 114

器与尊彝名义说 / 134

礼、礼器与玉帛之形上学考察 / 163

长江流域早期青铜文化的形上观察
　　——关于三星堆和大洋洲青铜器的历史定位 / 170

说"玉" / 180

论道说礼说礼器
　　——中国古代文物的基本精神与核心构成 / 190

论中国印玺的起源 / 200

说"左史""右史" / 223

郑州地区的周秦墓研究 / 243

侯马附近地区的东周陶器墓 / 281

由"大一""浑沌"说礼

——兼论中国文明的起源问题

一、引言

《礼记·礼运》曰:"夫礼,必本于大一,分而为天地,转而为阴阳,变而为四时,列而为鬼神。""故圣人作则,必以天地为本,以阴阳为端,以四时为柄,……鬼神以为徒,五行以为质,礼义以为器。"

先秦哲人每每言"大一",其"大一"当作何解?而为何作为"人道之极"(《荀子·礼乐》)的礼必以此为本?礼又何以成为圣人治政之器?诸如此类,直接关系到礼的特质和礼的起源,对于探讨中国文明的形成也有至为密切的关系和特殊的意义。

二、"大一"与"浑沌"

"大一",或作"太一""泰一"。最早见于《庄子》《楚辞》《荀子》和《礼记》等先秦典籍。

《庄子·天下》:"关尹、老聃……建之以常无有,主之以太一。"成玄英疏:"太者,广大之名,一以不二为称,言大道旷荡,无不制围,括囊万有,通而为一,故谓之太一也。"《吕氏春秋·大乐》:"万物所出,造于太一,化于阴阳。……道也者,至精也,不可为形,不可为名,强为之名,谓之太一。"是知庄子所谓"太一",实即老子从一而终所谓之"道"。

《老子》曰:"有物混成,先天地生。寂兮寥兮,独立而不改,周行而不殆,可以为天下母。吾不知其名,字之曰道,强为之名,曰大。"又曰:"道生一,一生二,二生三,三生万物。""万物得一以生。"《淮南子·原道》曰:"道者,一立而万物生矣,是故一之理,施四海;一之解,际天地。"是书《诠言》曰:"一也者,万物之本也,无敌之道也。"《春秋繁露·重政》曰:"惟圣人能属万物于一而系之元也("元者,万物之本")。"《说文》释"一"曰:"惟初太极,道立于一,造分天地,化成万物。"王弼《老子注》"万物万形,其归一也","一,数之始,而物之极也"。高诱注《吕氏春秋·论人》曰:"知神之谓得一。凡彼万形,得一后成。"又曰:"一,道也。天道生万物,万物得一乃成也。"因此,"大一"即"一",亦即"道",至为明确,一无疑义。

而《易·系辞上》曰:"易有太极,是生两仪,两仪生四象,四象生八卦,八卦定吉凶,吉凶生大业。"郑玄注:"太极者,无称之称。"孔颖达疏:"太极……即是太初、太一也,故老子云'道生一',即此太极是也。"又本文开篇所引《礼记·礼运》曰:"夫礼,必本于大一,分而为天地,转而为阴阳,变而为四时。"二者表述方式完全一致,只是主名词"大一"和"太极"同位互换而已。同例复见之《吕氏春秋·大乐》,其直接以"大一"代替《易·系辞上》之"太极",曰:"大一出两仪,两仪出阴阳。"是又可知"大一"即"太极"。《朱子语类》曰:"太极只是一个浑沌底道理,里面包含阴阳、刚柔、奇耦、无有不有。"王夫之《张子正蒙注·太和》曰:"道者,天地人物之道理,即所谓太极也。"故"太极"亦"大一"或"道"的同义词。

总之,"大一""一""道"及"太极"均乃同物而异名,明确言之,即对同一哲学认知对象的不同命名或名义概称而已。张岱年先生说:"《庄子·天下篇》述关尹、老聃的学说云:'建之以常、无、有,主之以太一。'常、无、有是三个概念;太一是两个概念,指太与一。太即道,一即'道生一'之一。《易大传》的太极,当是受老子影响而略变其说,太极之太是从老子所谓太来的,而添上一个极字,创造了另一个最高范畴。"[1]所言至确。然"大一""一""道"及"太极"所称究系何物?其基本涵义是什么?其基本形态又如何把握呢?

孔颖达疏《礼记·礼运》云:"大一者,谓天地未分混沌之元气也。极大曰天,未分曰一,其气既极大而未分,故曰大一也。"

---

[1] 张岱年:《中国哲学发微》,山西人民出版社,1981年,第370页。

王肃注《孔子家语·礼运》曰:"太一者,元气也。"

韩康伯注《易·系辞》曰:"道者,何无之称也,无不通也,无不由也,况之曰道。"

《管子·内业》曰:"虚而无形之谓道……凡道,无根无茎,无叶无荣,万物以生,万物以成。……精也者,气之精者也,气道乃生。"

王充《论衡·说天》:"说《易》者曰:元气未分,浑沌为一。"

孔颖达注《易·系辞上》"易有太极"条曰:"太极谓天地未分之前元气混而为一,即是太初、太一也。"

何休《春秋公羊传解诂》则曰:"元者,气也。无形以起,有形以分,造起天地,天地之始也。"众口一词,无论"大一""一""太极"或"道",均释之为"元气"。是"大一"的基本内涵无他,元气是也。可见"大一"乃是一个表示宇宙自然最高实在的一个天道范畴,它直接反映出古代哲人对宇宙本原的一种形上学思考。

然而此种思考并未到此为止。

《淮南子·天文训》:"天地未形,冯冯翼翼,洞洞灟灟,故曰太始。太始生虚霩,虚霩生宇宙,宇宙生元气,元气有涯垠。清阳者薄靡而为天,重浊者凝滞而为地。……天地之袭精为阴阳,阴阳之专精为四时,四时之散精为万物。"

《易纬·乾凿度》则有另一种表述"有形生于无形",太极者"有太易,有太初,有太始,有太素"。《列子·天瑞》曰:"太易者,未见气也;太初者,气之始也;太始者,形之始也;太素者,质之始也。"张湛注:"阴阳既判,则品物流形也。《白虎观·天地》:'起先有太初,后有太始,形兆既成,名曰太素。'"又成玄英疏《庄子·知北游》"内不知乎大初"句曰:"大初,道本也。"

由此可知,古代哲人关于世界本原,宇宙的生成实际已形成一个相对完整的链系:

大一(虚霩→宇宙→元气)→二仪→四象→八卦。

或:大一(太易→太初→太始→太素)→二仪→四象→八卦。

虚霩,即太虚。《庄子·知北游》:"不游乎太虚。"《管子·心术上》:"虚者万物之始也。"张湛《列子·汤问》注:"夫含万物者天地也,容万物者太虚也。"司马光

《潜虚》:"万物皆祖于虚,生于气,……故虚者物之府。"总之,元气即大一、一或道、太极的实在内涵。二仪乃指阴阳、天地。四象,即四时。虞翻注《易·系辞上》:"四象,四时也。"高亨注:"四时各有其象,故谓之四象。天地有四时,故曰:'两仪生四象。'"八卦如常言,即代表天、地、雷、风、水、火、山、泽之属,而概指万有、万物、万象。

关于"大一"的基本形态,文献亦有所记载,并无歧义。一言概之,即浑沌。

浑沌又作混沌、浑敦、混屯、混沦、浑论等,又音转为洪源或洪元,所谓昆仑亦其音转。浑沌基本含义是昏憒、蒙昧、混浊、质朴、无分、不开通、原始及圆浑、敦厚等。《淮南子·天文训》所谓"冯冯翼翼、洞洞灟灟",和《淮南子·精神训》所谓"窈窈冥冥,芒芠漠闵,澒濛鸿洞"以及《庄子·缮性》所云"混芒""混冥"等等,均此状也。

《列子·天瑞》:"太初者,气之始也;……气、形、质具而未相离,故曰浑沦。浑沦者,言万物相浑沦而未相离也。"

《易纬·乾坤凿度·太古文目》曰:"大天氏云:一大之物目天,一块之物目地,一炁(气)之霸名混沌。"

实际上混沌由两部分构成,一曰浑,一曰沌。浑者实即天原,沌者实即地原。《白虎通·天地》曰:"混沌相连,视之不见,听之不闻,然后剖判。"剖判混沌而有天地。《淮南子·精神训》:"未有天地之时,惟象无形,……有二神混生,经天营地。"高诱注:"二神,阴阳之谓也。"

显然,浑沌即"大一"的基本形态或准物化形态,反映了古人对宇宙本原的更为具体和更为准确的一种把握,一种认知。由之使"大一""道"之类对宇宙自然所由来的朦胧虚无的认识得到了初级升华,而成为一种较为真实的存在,这种存在当然就可以直接理解为一种以浑然的力量形式存在的物化形态。于是人们顺理成章地便把浑沌与人类社会的本原的探讨联系在一起,而使之最终成为与"大一"相对应的人类社会的本原、始基或内在的终极根据。浑沌与"大一"天道系统分离,既是人类社会本来最原始状态的传统映像的客观反映,又标志着人类认识能力的一种进步。

《庄子·应帝王》:"南海之帝为儵,北海之帝为忽,中央之帝为浑沌。儵与忽时相遇于浑沌之地,浑沌待之甚善。儵与忽谋报浑沌之德,曰:'人皆有七窍,以视听食息,此独无有,尝试凿之。'日凿一窍,七日而浑沌死。"这半为神话半为寓言的记载,使浑沌的形象变得更为真切,原来浑沌乃有人之情却无人之形。

《庄子·天地》曰:"彼假修浑沌氏之术者也,识其一,不知其二。治其内,而不治其外。"浑沌之智力实在有限。这里浑沌更被人化而冠以"氏"。

当然,这还不是最原始状态的浑沌。

《山海经·西次三经》:"天山……有神焉,其状如黄囊,赤如丹火,六足四翼,浑敦无面目。是识歌舞,实惟帝江也。"毕沅《山海经新校正》注曰:"江读如鸿。《春秋传》云:帝鸿氏有不才子,天下谓之浑沌。"毕氏所云《春秋传》即《左传·文公十八年》,其原文讲浑沌"顽嚚不友",为凶德不才之辈。杜预注曰:"浑沌,不开通之貌。"章太炎先生据之在其《新方言·释言》中说:"今音转谓人不开通者为昏蜑。"并谓:"中央之帝为浑沌,无七窍,亦此义也。"按昏蜑,即今人常说之混蛋[1]。

又《神异经·西荒经》曰:"昆仑西有兽焉,其状如犬,长毛四足,似羆而无爪,有目而不见,行不开,有两耳而不闻……天使其然,名曰浑沌。"则更由神沦为兽,混然无知至极。这当是庄子笔下浑沌的原形。

而由于"浑沌"之被物化、神化和人化,人们便很自然地将其与神话或传说中的黄帝联系起来。《史记·五帝本纪》裴骃《集解》引贾逵云:"帝鸿,黄帝也。"《春秋纬·命历序》曰:"(黄帝)号曰寿鸿,即轩辕,有熊之子也。"似可为证。又《吕氏春秋·季夏纪》曰:"中央土,其日戊己,其帝黄帝,其神后土。"故袁珂认定浑沌即黄帝[2]。庞朴先生更作专文《黄帝与混沌》论证之[3]。

且不论浑沌是否即黄帝,但在后来的文献中,浑沌确实堂而皇之地进入了上古传说之所谓三皇五帝之类世系之中,并居之前列。

宋张君房《云笈七签》称:"太素以下……名曰上古;太素既没而有混沌……混沌以来,名曰中古;太连之后而有伏羲,……女娲没后而有神农,……神农没后而有

---

[1] 庞朴:《一分为三:中国传统思想考释》,海天出版社,1996年,第24页。
[2] 袁珂:《山海经校注》,上海古籍出版社,1980年,第24页。
[3] 庞朴:《一分为三:中国传统思想考释》,第1页。

燧人,……燧人没后而有祝融,……三皇之后而有轩辕黄帝。"

南宋罗泌《路史》说:"乃谓天地之初,有浑沌氏者,出为之治。继之以天皇氏、地皇氏、人皇氏,若至于所谓盘古氏异矣。"

而当此同时,浑沌所由来之"大一",也在被神化和物化,最终成为上帝,成为自然主宰大神。《尚书·舜典》:"肆类于上帝。"郑玄注引马融曰:"上帝,大一神,在紫微宫,天之最尊者。"孔颖达疏:"上帝谓天皇大帝,北辰之星也。"《楚辞·九歌》首列"东皇太一",而统领"东君(日神)""云中君""大司命、少司命(星神)""河伯""山鬼""湘君、湘夫人(水神)"诸神。《文选·五臣注》:"太一,星名,天之尊神,祠在楚东,以配东帝,故云东皇。"宋玉《高唐赋》曰:"醮诸神,礼太一。"《史记·天官书》张守节《正义》则云:"泰一,天帝之别名也,刘伯庄云:'泰一,大神之最尊贵者也。'"

"大一"神之居所为北极星。《春秋公羊传·宣公三年》何休注:"中宫天极星,其一明星,太一常居也。"原因甚为简明:斗极乃"天之中"(《广雅·释言》:"极,中也。")。

与之相对应,人道之帝浑沌之居所亦必在地之中,即中国之昆仑。《礼记·曲礼》孔颖达疏引《河图括地象》曰:"地中央曰昆仑。"《纬书集成·尚书纬》:"北斗居天之中,当昆仑之上。"《春秋纬·命历序》:"天体始于北极之野,地形始于昆仑。"而如上所言,昆仑实即浑沌之音转,故昆仑之名亦源于浑沌无疑。

《庄子·天地》曰:"黄帝游乎赤水之北,登乎昆仑之丘。"《庄子·至乐》曰:"崑崙之虚,黄帝之所休。"《穆天子传》:"天子升于昆仑之丘,以观黄帝之宫。"至于《山海经·西次三经》曰:"昆仑之丘,是实惟帝之下都。"《海内西经》曰:"海内昆仑之墟……帝之下都。"此帝亦均释为黄帝。庄子"寓言十九",《山海经》更属神话,自不能过于当真。愚以为此帝均非浑沌莫属,此"黄"以训"皇"为上[1]。

总而言之,"大一"主要指向宇宙大自然,属天道,是关于世界本原的概念,并最

---

[1] 参见《古史辨》中编顾颉刚、杨向奎《三皇考》,吕思勉《三皇五帝考》;上编杨宽《中国上古史导论》第四篇、第五篇,上海古籍出版社,1982年。

终演化为天(上)帝;"浑沌"由"大一"而来,则主要指向人际社会,属人道,是关于人类社会本原的概念,最终演化为人(皇、黄)帝。

三、礼生于分别

如上所述,浑沌是古代哲人对于人类社会由来的一种认识,是对人类社会最初时期在人们头脑中留下的传统映像的一种概括。因此它实际代表了中国社会的开端或发端时期最为蒙昧原始的一个历史阶段。

《庄子》《韩非子》《淮南子》《论衡》等文献记载或追述了此阶段的一般状况。

《庄子·缮性》:"古之人,在混芒之中,与一世而得澹漠焉。当是时也,阴阳和静,鬼神不扰,四时得节,万物不伤,群生不夭。人虽有知,无所用之,此之谓至一。当是时也,莫之为而常自然。"

又上引《庄子·天地》:"浑沌氏之术者也……识其一,不知其二;治其内,而不治其外。"

《韩非子·十过》:"师旷曰:……昔者黄帝合鬼神于泰山之上,驾象车而六蛟龙,毕方并辖,蚩尤居前,风伯进扫,雨师洒道,虎狼在前,鬼神在后,腾蛇伏地,凤皇覆上,大合鬼神,作为清角。"

《淮南子·氾论训》:"当此之时,阴阳和平,风雨时节。万物蕃息,乌鹊之巢可俯而探也,禽兽可羁而从也。"又《览冥训》:"当此之时,禽兽蝮蛇无不匿其爪牙,藏其螫毒,无有攫噬之心。"

《吕氏春秋·恃君览》:"昔太古尝无君矣,其民聚生群处。知母不知父,无亲戚(父母)兄弟、夫妻、男女之别,无上下、长幼之道。"

《论衡·自然》:"三皇之时,坐者于于,行者居居,乍自以为马,乍自以为牛,纯德行而民瞳矇,晓惠之心未形生也。当时亦无灾异,如有灾异,不名曰谴告。何则?时人愚蠢,不知相绳责也。……谴告之言,生于今者,人以心准况之也。"

《路史·中三皇纪》:"老儋子曰:古者被发而无卷领,以王天下,其德生而不杀,予而不夺。天下之人,非其服而同怀其德。当是之时,阴阳和平,万物无息,蛰鸟之巢可俯而探也,走兽可系而从也。盖执中涵和,除日无岁,无内而无外者,此浑沌氏之治也。"

由此可见,此一阶段的基本特征是:天地万物,磅礴为一,民智瞳蒙,混然无知,"人神杂糅"(《国语·楚语上》),"兽处群居"(《管子·君臣下》),"男女杂游"(《列子·汤问》),生死无别,浑然一体,笼而统之。这由古籍散见此时所谓人文始祖或黄帝形象亦可证之。诸如:帝江(鸿)"状如黄囊","浑敦无面目"(《山海经·西次三经》),七窍不生;伏羲、女娲、轩辕皆"人面蛇身"(《山海经·海外西经》),五体不分;颛顼"骈齿、通眉"(《山海经·西次三经》),眉目不清等等。

总而言之,一切一切不得不用一个词来概括之:即浑沌。既浑沌,则必天地不分,万物不分,天人不分,人兽不分,男女不分,死生不分,更谈不上什么夫妇、父子等。"人类……既不以一切非人为异己,也不知道自己是什么万物之灵","无彼无此,难解难分"[1],浑浑噩噩。人类社会之初就是在如此状态下极其缓慢地发展,由此构成了人类历史上最为漫长、占人类整个生命史99%以上的历史阶段,这就是考古学所称之旧石器时代。而造成其缓慢和漫长的根本原因只有一个,即没有分,没有分别,没有分化。一般而论,分、分别或分化既是人类社会的起点,又是其获得发展的基础和动力。距今10 000—8 000年左右,正是由于建立在人类最初的性行为的分化和由天赋、需要及偶然性所导致的自然性分工基础上的三次社会大分工相继发生,人类社会才获得了为远古时代二三百万年所不可能达到的加速大发展。

人类社会最初和最基本的分、分别无非有两个,其一是与天分,即把自己与外部自然界分别开来,其主要包括天人之分和人兽之分,或曰与非己异类之分;其二是与人分,即把自己与他性、他人,与群体分别开来。其基点是男女之分,其他则为随之而发生的夫妇之分、父子之分、兄弟之分,以及最后发生的君臣之分、上下等级之分等。

与天分是一个相对漫长的过程。人类从动物界分化出来之后相当长的时间内,虽然客观上已经成为与自然界相分离的独立存在,但并未认识到自身与自然的

---

[1] 庞朴:《一分为三:中国传统思想考释》,第5页。

区别,这时的人还是"本能的人"或"野蛮的人"。只有当具备了与天相分的自我意识,或曰人格初步觉醒的时候,人才能真正与自然分开。而只有天人相分、人物相分之后,人类才可能有对天的认识,才有人们对世界本原的追寻探讨。于是才有了大一、道、太极、阴阳、四仪、八卦之类概念,才有了中国古人"天地者,生之本"(《荀子·礼论》)的主体认识。同时才有了人应该对天、对大自然持什么态度,或曰如何处理天人关系这一根本性问题的提出,也才有了中国独具特色的天人合一及"循天道、尚人文"观念。而何以循天道?其首要的当然是交好上天,亲和大自然。于是"事神致福"(《说文解字》)行为便发生了。而后"礼",这一基于中国独特的生态机制的伟大人文创造便终于诞生了,并由此形成中国传统的对待大自然的基本态度:以礼相待,合理取予[1]。

与人分是一个更为复杂悉细而又更具基础性的人文工程,进程当更为漫长。把自己与他性、他人,乃至群体相区别,在与上述与天分的同时已经开始。其首当其冲便是男女之分,因为这直接关系到人类自身的生产和社会的延续。

恩格斯说:"一定历史时代和一定地区内的人们生活于其下的社会制度,受着两种生产的制约:一方面受劳动的发展阶段的制约,另一方面受家庭的发展阶段的制约。"[2]人类社会的最初级分工——性行为分工是一种自然状态的男女之分,还不是真正意义的,即社会角色意义的男女之别。金景芳先生认为"男女有别就是实行个体婚,因为实行个体婚制以前,是实行群婚制,知有母不知有父,既谈不到夫妇,也谈不到父子"[3],这是很有见地的。因此可以说男女之分是整个与人分工程的基点和首要构成。只有在此基础上,才有可能实现其他分别。而人人相分全部实现则是氏族社会解体以后的事情。因为在以血缘关系为基础的氏族公社中,氏族观念笼罩一切,根本不可能有个人独立人格的自觉,而只有一种与氏族意识无差别的群体意识。

随着男女之分及与他人、群体区分的实现,人们对人类自身的由来,即人类社

---

[1] 张辛:《礼、礼器与玉帛之形上学考察》,《中国文物报》2000年12月24日学术版。
[2] 《马克思恩格斯选集》第4卷,人民出版社,1995年,第2页。
[3] 金景芳:《谈礼》,《知止老人论学》,东北师范大学出版社,1998年,第145页。

会本原的探讨便成为可能。于是才有了所谓"浑沌""洪元""阴阳"之类的概念,才有了有巢氏、燧人氏、伏羲氏及黄帝、颛顼等所谓皇帝或人文始祖,也才有了灵魂观念和祖先崇拜,并最初导致以"反本修古"(《礼记·礼器》)为目的,旨在规范和调整人际关系的礼的正式诞生。

同时所谓与人分,说到底就是人伦之分,即夫妇、父子、兄弟及后来出现的君臣、上下之分,也就是所谓"五伦"的名分定位。而只有明确了社会人伦关系,才会有人的社会角色和社会职责的定位,才能使人各安其位,各守其分,各尽其能,各行其宜。由此最终达到社会的和谐乃至天人的和谐与整个宇宙自然的和谐——太和。这正是礼的基本精神和基本意义所在。

在这里古代先哲大多有明确的认识,而且有出奇一致的论证。

诸如《左传》。《庄公二十三年》(曹刿)曰:"夫礼,所以整民也。故会以训上下之则,制财用之节,朝以正班爵之义,帅长幼之序。"《襄公三十一年》(北宫文子)曰:"礼仪之本,在于区言君臣、上下、父子、兄弟、内外、大小皆有威仪也。"《宣公十二年》(随武子)曰:"君子小人,物有服章,贵有常尊,贱有等威,礼不逆也。"《昭公二十五年》(子大叔)曰:"礼,上下之纪,天地之经纬也,民之所以生也。"

诸如《礼记》。《哀公问》:"礼为大,非礼无以节事天地之神也;非礼无以辨君臣、上下、长幼之序也;非礼无以别男女、父子、兄弟之亲、昏姻疏数之交也。"《曲礼上》:"夫礼者,所以定亲疏,决嫌疑,别同异,明是非也。……道德仁义,非礼不成;教训正俗,非礼不备;分争辩讼,非礼不决;君臣上下,父子兄弟,非礼不定。"《坊记》:"夫礼,坊(防)民所淫,章民之别。"《中庸》:"仁者人也,亲亲为大;义者宜也,尊贤为大。亲亲之杀,尊贤之等,礼所生也。"《乐记》:"礼者,天地之序也,……序故群物皆别。"

诸如《荀子》。《致士》:"礼以定伦。"《君子》:"故尚贤使能,等贵贱,分亲疏,序长幼,此先王之道也。"

而有的径以天道自然秩序释礼。如《礼记·乐记》:"天尊地卑,君臣定矣。卑高已陈,贵贱位矣。动静有常,小大殊矣。方以类聚,物以群分,则性命不同矣。在天成象,在地成形,如此则礼者天地之别也。"

还有的以人兽之别来谈礼。如《管子·形势》《仪礼·冠义》《礼记·曲礼上》等。《仪礼·冠义》曰:"凡人之所以为人者,礼义也。"《礼记·曲礼上》曰:"夫唯禽兽无礼,故父子聚麀。是故圣人作为礼以教人,使人以有礼知自别于禽兽。"

总而言之,所谓"本于大一"而为"人道之极"的礼是分或分别的结果,是天人相分和人人相分的结果,也是中国古典社会发展的必然要求。因此可以说分是礼的基点,又是礼的本质。

下面我们可以借助当代人类学研究和原始社会史以及考古学研究的成果,对礼何以由分别而生作进一步的分析。

《周易·序卦传》曰:"有天地然后有万物,有万物然后有男女,有男女然后有夫妇,有夫妇然后有父子,有父子然后有君臣,有君臣然后有天下,有上下然后礼义有所错。"这段材料实际构画出了一部礼由孕育、出生至长成的衍生史,言简意赅。在此意义上称之为一部社会发展史,亦不为过。

《礼纬·含文嘉》曰:"礼有三起,礼理起于太一,礼事起于遂皇,礼名起于黄帝。"纬书之虚妄,已是历史定论,但并非全然荒诞无理。这段话即在《礼记·礼运》的基础上进一步对礼的本原作了揭示,反映了古代哲人对礼之本原的一种深入思考。理者,无形之道理、意义;事、名者,则有形之谓。太一,不言自明,即浑沌。言礼之本原,理应由此开始。

然此际人类初始,民智未开,"纷混沌而未分兮,与禽兽乎无别"(《文选·班昭〈东征赋〉》李善注引曹植《迁都赋》),只能依赖于一种下意识的自然结合体而生存,这就是所谓"原始群团"时期。"男女杂游、不媒不聘"(《列子·汤问》),故此阶段的特征是"外内混通,男女无别"(《韩非子·亡征》)。这无疑是人类历史上最为漫长的蒙昧时期。

之后,血缘家庭公社取代原始群体,群婚制取代杂交。此一阶段之前期约为"以同胞兄弟和姊妹之间的结婚为基础的"[1]血缘婚。伏羲、女娲神话当其遗迹;此一阶段之后期则为排除了兄弟姊妹行辈婚的普那鲁亚婚。"天命玄鸟,降而生

---

[1] 马克思:《摩尔根〈古代社会〉一书摘要》,人民出版社,1965年,第18页。

商"(《诗·商颂·玄鸟》)、"厥初生民,时维姜嫄"(《诗·大雅·生民》)当其子遗。"民知其母,而不知其父"是当时的真实写照。此阶段的特点可概括为:分而不清。

进入氏族公社时期,由于近亲婚的排除,人类的身体素质大大提高。在母系氏族社会,夫从妇居的氏族外婚得以确定,这就是所谓"对偶婚"。"确实的生身父亲"自兹开始确认。由此际开始的试图追寻其氏族祖先的朦胧意识所导致的图腾主义与之伴生。《左传·昭公十七年》所载郯子"龙纪""鸟纪"之论等是之明证。在随之而来的父系社会,作为"文明社会的细胞形态"[1]的一夫一妻个体婚制终于历史性地发生。真正意义的男女有别彻底实现了,夫妇之分明确了,于是"出自一定父亲的子女"便成为"确凿无疑"[2]。于是父系家庭出现,"为宫室,辨内外",也势在必行。"大人世及以为礼"(《礼记·礼运》)终于成为可能。此阶段的特点可概括为:基本分别。

夫妇为人伦之始。夫妇和父子关系的釐清是人类历史上具有划时代意义的巨大进步,为最终告别蒙昧、战胜野蛮、步入文明时代奠定了内在基础。

随着私有制和阶级的出现,随着氏族制度的解体,个体与群体无所差别的"大同"观念和平等意识已不复存在,凌驾于氏族制度之上"和人民大众分离的公共权力"由此产生。于是"君臣"之分形成,最后注入了全新的"尊尊"概念的上下之分也终于成立。由此用以调节社会人伦关系的礼才最终得以完成。

当然,君臣、上下之分的形成和定位并非一蹴而就。据文献记载,在夏代乃至之前就已出现君臣,但最初并不具备上下等级的性质,实际上还属于一种自然关系,即有类于氏族部落首长与族属的关系。故王国维《殷周制度论》指出:"自殷以前,天子诸侯君臣之分未定也,……盖诸侯之于天子,犹后世诸侯之于盟主,未有君臣之分也。"[3]即使商代,由于"殷尚质"或"殷道亲亲",真正意义的政治社会的君臣关系也并未确立。直到西周,才由于嫡庶的区分和大小宗的定位,所谓"君统"才真正居于"宗统"之上,上下等级秩序才正式确立,至此完整意义的礼才告完善,也

---

[1]《马克思恩格斯全集》第 21 卷,人民出版社,1978 年,第 78 页。
[2]《马克思恩格斯选集》第 4 卷,第 57 页。
[3] 王国维:《观堂集林》卷十,中华书局,1984 年,第 466 页。

就是古籍所谓"终于隆"(《大戴礼记·礼三本》)。

总之,礼生于分别,并由分而"脱",由分而"文",由分而"隆",而分之基础或最根本之分是男女之分。故先秦典籍对于礼的本原的论述不由令人击节叹赏:

《礼记·昏义》:"男女有别而后夫妇有义,夫妇有义而后父子有亲,父子有亲而后君臣有正。故曰昏礼者,礼之本也。"

《礼记·内则》:"礼始于谨夫妇,为宫室,辨内外。"

《礼记·中庸》:"君子之道,造端乎夫妇。及其至也,察乎天地。"

综上所述,我们可以把礼之衍生史作如下图示:浑沌→(天地万物)→男女→夫妇→父子→君臣上下→礼制[1]。我们不难发现,这一链系与前面所作以大一为本原的天道自然生成变化过程图式基本对应,岂不正暗合"天人合一"伟大思想的基本精神么?

故"礼虽人为的创设,但却是效法天地,以宇宙的自然秩序作为自己存在的坚实基础"[2]。

四、礼是中国文明产生的重要标志

现今学术界公认的文明标志有四个:青铜器、文字、城市和国家。世界四大古文明莫不如是(古埃及为"没有城墙"的国家文明)。国家应是高于其他物化形式最为重要的标志。因为上述三者无不与国家相关联,其作用无不集中体现在国家这一文化形态中,故恩格斯在《家庭、私有制和国家的起源》中说:"国家是文明社会的概括。"[3]

虽然世界各文明古国的特点不尽相同,但基本点是一致的,这就是"和人民大

---

[1] 礼制,指西周中期礼之完善后所成制度,而礼之产生乃在其前,即三代文明之始。参见张辛:《礼、礼器与玉帛之形上学考察》(《中国文物报》2000年12月24日学术版);又《长江流域早期青铜文化形上观察》(《长江流域青铜文化研究》,科学出版社,2002年,第39页)。

[2] 余敦康:《易学与中国伦理思想》,《中国哲学论集》,辽宁大学出版社,1998年,第445—446页。

[3]《马克思恩格斯全集》第21卷,第200页。

众分离的公共权力"[1]和"按地区来划分的国民"[2]。

所谓"分离",就是阶级和上下等级的确立,就是在政治上脱离旧社会的"血缘关系"。这就是古代典籍所谓"君臣有正"和上下、贵贱之分。我国三代文明时期由于旧社会维系氏族公社的血缘关系没有受到像希腊社会在实现由野蛮向文明过渡时那样强烈的否定,所以基本保留了原有的宗法习俗。但是并非原样延续,而是将其一步步政治化,确立宗法制和等级制,"不以亲亲害尊尊"(《穀梁传·文公二年》),而最终实现"分离"。

所谓"按地区划分国民",是指地缘因素注入国家的下层构成,这是一种超氏族的外部力量,是氏族部落之间征服战争的结果。我国商取代夏,周克商,乃至周初大分封均具如是性质。

恩格斯说:"氏族制度是从那种没有任何内部对立的社会中生长出来的。"[3] 也就是说,氏族制度是以建立在氏族成员彼此平等、血缘亲情之上的原始民主制为基础。因此由野蛮到文明的过渡,绝不可能在氏族内部发生和完成,而只能是在氏族之外,只能有待于氏族社会外部之力。所以即使氏族公社中出现私有制,甚至有了明确的等级或阶级分化,也并不等于国家就可以由此产生。由于"氏族社会本质上是民主的,君主制度和氏族制度是不相容的"[4],因此在"氏族制度之上不可能建立一个政治社会和国家"[5]。

以此来考量我国三代文明之前的龙山文化及良渚、石家河等考古学文化,便可以得出与某些学者认为龙山文化已进入文明时代的相反的结论。我们的理由主要有以下四点:

1. 迄今所发现的几十座龙山文化及同时代的城址,均系一般防御性城堡,其规模有限而相差无多。城址之间看不出任何类似后代城市与城市之间的某种内在联

---

[1]《马克思恩格斯选集》第4卷,第135页。
[2]《马克思恩格斯全集》第21卷,第138页。
[3]《马克思恩格斯全集》第21卷,第192页。
[4]《马克思恩格斯全集》第21卷,第176页。
[5]《马克思恩格斯全集》第21卷,第108页。

系性,如从属性等级等。而古城址内文化遗迹遗物一般具有同一文化属性。同时当尤其重要的是,上述诸考古学文化的古城址内没有发现有类三代时期城址,诸如郑州商城、偃师商城那样,不同的建筑设置所具有的明确职能分工或性质差别,比如独立于某一特定区域的大型宫殿性建筑、宗庙等[1]。

2. 还没有发现任何类似后代王陵,即与其国民完全分离的大型贵族专用墓地,而只有反映一种平等关系的公共墓地。即使出现一些大型墓葬,也均与一般中小墓葬同处,并未出现明显的"和人民大众分离"的迹象[2]。

3. 没有发现质材和形制相对固定和规范化、有明确社会功能分工、成体系的礼器。虽然有为数不少的甚至大型的所谓玉钺、玉琮、玉璧等玉器、器内绘彩的陶器和石磬、鼓等乐器出土,但均不成系统,远不具备像商周时代礼器那样严整、完备的体系性,也不具备任何功能区分和程序性特征。且质材选择随意,甚至与日常用具没有十分明显的差别[3]。

4. 从龙山文化的典型遗存构成来看,其代表性文化遗物——陶器的形制发展演变已构成一个没有缺环的完整的年代序列。也就是说龙山文化是一个具有独立性质、前后一脉相承的自成体系的考古学文化是毫无疑问的,其间既无缺环,更无性质突变。其之所以被称为龙山文化而不是其他,就是因为其有独立的性质和前后一贯的发展演变逻辑序列。

---

[1] 城市的出现是社会分工和城乡分化的结果,而其基础自然应是定居农业。恩格斯在《家庭、私有制和国家的起源》中提出文明特征有二:一是城乡对立,二是财产私有。就国家文明起源说来,城市的出现确是划时代的大事件。但是龙山文化城址显然尚不具备或不完全具备典型意义上的城市品格。

[2] 近日看到吴春明先生《再说龙山时代还不是真正的文明时代》一文,吴先生也谈到墓地之分离问题。见《古代文明研究通讯》总第9期,2001年。

[3] 我在先前所写关于礼研究的几篇文章中多次指出,礼是由原始社会的以原始、无序和盲目为特征的巫觋者流事神活动脱胎而产生的。而由于巫觋者流事神活动的无序和盲目,决定了其所使用的法具或灵物的无序或随意性,和多质材、多形制,其既没有明确的专业职能分工,更不可能有什么体系性。即使在相当于夏商时代的南部中国出现了一些青铜制品,也不能径直认为其就是礼器。这里社会功用和体系性是最为重要的。参见张辛:《长江流域早期青铜文化的形上观察——关于三星堆和大洋洲青铜器的历史定位》(载《长江流域青铜文化研究》第37—46页);又《礼与礼器——中国古代礼器研究札记之一》,《考古学研究(五)——庆祝邹衡先生七十五寿辰暨从事考古研究五十年论文集》,科学出版社,2003年,第1165—1172页等。

上列第三点最为重要,因为礼器是礼活动——中国古典社会生活最高尚、最重要的活动中所使用的特定性器物,是礼的重要物质构成和中国礼文明的重要载体[1]。

而要真正认识礼器的重要意义,其关键在于礼的基本意义、基本内涵和性质的认识和把握。《礼记·中庸》所载孔子的一段话可视为对礼的内容的经典解释:

子曰:仁者人也,亲亲为大;义者宜也,尊贤为大;亲亲之杀,尊贤之等,礼所生也。

其中重要的有两点;一是亲亲之杀,二是尊贤之等。二者便构成礼的最基本内涵。所谓亲亲之杀,是指宗统意义上的血亲关系的区分(递减)。其核心是仁,仁者爱人,仁爱自血亲始,故爱有亲疏之分。在氏族社会中这种亲疏关系属于自然关系,在君主社会便被赋予一种贵贱或等级的含义。

所谓尊贤之等,则是指向社会,是指君统意义上的上下等级。其重心是义。义者宜也,应该做什么之谓。因此只适于血族之外,血族之内是无所谓应该或不应该,即无所谓义的,故义的概念是国家出现以后产生的。因此以仁、义二者为主要内容的礼是文明的产物。

而由前面所述已知,礼是君臣关系、上下关系形成和定位后才真正完成的,而君臣、上下无疑属于君主社会和国家政治的概念。正如司马光《通鉴》所说:"天子之职,莫大于礼。礼莫大于分,分莫大于名。何谓礼? 纪纲是也。何谓分? 君臣是也。何谓名,卿大夫是也。……夫礼,辨贵贱、序亲疏。裁群物、制庶事。"因此礼便最终成为君主治政之重要工具和手段(器)。由之构成中国古代国家政治的最基本特色,并使中国文化具有了一种特有的礼乐文化的特质。

综上所述,人类社会乃由浑然一气为始,一步一步分别,一步一步开通。分化

---

[1] 张辛:《礼与礼器——中国古代礼器研究札记之一》,《考古学研究(五)——庆祝邹衡先生七十五寿辰暨从事考古研究五十年论文集》,第 1165—1178 页。

浑沌,告别蒙昧,战胜野蛮,步入文明。而礼由是脱胎诞生,礼制随之卓然确立。分化浑沌,则男女性有别,是礼理(道)出;告别蒙昧,则排除血婚,是礼事现;战胜野蛮,则夫妇定位,是礼形生,礼器成。而随着君臣有正,上下贵贱等级有分,则礼制完成。于是中国历史由浑沌,而三皇,而五帝,终于实现三代文明。因此我们说礼生于分别,成之文明。礼是野蛮与文明的分野,礼是中国文明的基点,是中国文明形成的重要标志。

［原载于《北京大学学报(哲学社会科学版)》2002年第4期;该文被《高等学校文科学报文摘》(CUPA)2002年第6期等转载］

礼与礼器

——中国古代礼器研究札记之一

一、导言

中国文化是以中庸观念为核心的礼乐文化。《尚书·大禹谟》曰:"人心惟危,道心惟微,惟精惟一,允执厥中。"宋人将此奉为道统。这里的"中"并非古来一些人所理解的,为不偏不倚之谓,实际是《礼记·中庸》所谓圣人"不勉而中""从容中道"之"中",即被孔子称为最高道德的中庸之"中"[1]。

中庸是孔子的重大理论发现,是孔子对中国传统文化中由来已久的核心内容的理论之总结。其基本有两个含义:一是中;二是庸。中者,乃最佳、最适合、最恰当之谓也,或曰精粹所在、真谛之境。冯友兰先生说:"事物若臻至完善,若要保住完美状态,它的运行就必须在恰当的地位、恰当的限度、恰当的时间。"[2]此恰当便是中。庸者,用也,常也,规律也,常行不易之则也。朱子曰:"庸是常然之理。"引申之,即圣人先王之彝则,是实现或达到中的规律和途径。

中庸观念是处理天人关系、人人关系以及人与自我身心关系的最高准则,故"君子尊德性而道问学,致广大而尽精微,极高明而道中庸"[3]。极,则也。高明者,上天大自然;极高明而道中庸者祖先圣人[4]。中国古哲认为,是我们人文祖先以天为原则,为法本,为根据,自然而然地走出来一条道,一条中华文明之道,这就

---

[1]《论语·雍也》:"中庸之谓德矣,其至矣乎! 民鲜久矣。"
[2] 冯友兰:《中国哲学简史》,北京大学出版社,1985年,第202页。
[3]《礼记·中庸》。
[4] 张辛:《中腐精神与中国书法》,《魏维贤七十华诞论文集》,北京大学出版社,2000年,第142页。关于"极高明而道中庸",孔颖达疏《礼记·中庸》,将天释为高明,贤人则道中庸,冯友兰先生据之将高明与中庸视为对立之统一。见冯友兰:《儒家哲学之精神》,《中央周刊》第五卷41期。

是中庸之道。

因此,中国人对大自然始终持一种亲和态度,相通相融,"与天地合其德",以一种"最高度地把握生命和最深度地体验生命的精神境界"[1]成就了一种礼乐文化。

印度诗哲泰戈尔说:"世界上还有什么事情比中国文化的美丽精神更值得宝贵的?中国文化使人民喜爱现实世界,爱护备至。他们已本能地找到了事物的旋律的秘密;不是科学权力的秘密,而是表现方法的秘密。这是极其伟大的一种天赋,因为只有上帝知道这种秘密。我实在妒忌他们有此天赋,并愿我们的同胞能共享此秘密。"[2]

中国文化的这一美丽精神,即事物旋律的秘密是什么呢?这就是秩序与和谐,或曰节奏与和谐。秩序或节奏即礼的精神,和谐即乐的精神。而"一个理想的人,或是一个理想的社会,必须具备乐的精神和礼的精神,才算完美"[3]。中国古典社会正是这样一种社会,"礼和乐是中国社会的两个柱石,'礼'构成社会里的秩序条理;……'乐'涵润着群体内心的和谐与团结力。然而礼乐的最后根据,在于形而上的天地境界"[4]。"天高地下,万物散殊,而礼制行矣;流而不息,合同而化,而乐兴焉"。"乐者,天地之和也;礼者,天地之序也"[5]。总之,秩序与和谐是宇宙,是大自然和人类社会运行之大规律、大准则。

于是,我们的祖先,以一种"和平的音乐的"心境把此种事物旋律的秘密,把礼的精神和乐的精神全面贯彻于日常生活,装饰到日用器皿,"使形下之器,使日常生活启示着形上之道","使现实的人生启示着深一层的意义和美",进而升华到一种"天人合一的艺术境界,进入混然无间,灵肉不二的大节奏、大和谐。"[6]

于是中国古代玉器、丝帛、青铜器、印玺乃至漆器便应运而生,而诸如此类便不

---

[1] 宗白华:《艺术与社会》,《学识》半月刊1卷12期,1947年。
[2] 转引自宗白华:《中国文化的美丽精神往哪里去》,《艺境》,北京大学出版社,1986年。
[3] 朱光潜:《乐的精神与礼的精神》,《思想与时代月刊》第7期,1942年。
[4] 宗白华:《艺术与社会》,《学识》半月刊1卷12期。
[5] 《礼记·乐记》。
[6] 宗白华:《艺术与社会》,《学识》半月刊1卷12期。

仅成为宇宙秩序、宇宙生命的表征,更成为中国古代礼乐文化的表征和典型载体。因为这些古代文物本身即是古代中国社会中一项最重要的活动——礼活动所使用的主要器物。

因此我们说,美轮美奂的中国古代文物无不是中庸观念的产物,无不是礼乐文化的产物。而这一点正是我们认识和研究中国古代文物,尤其是其中最主要和最有代表意义的构成——礼器的基点或前提所在。

二、说礼

欲认识和研究中国古代礼器,无疑当从解读礼乐文化中的核心内涵"礼"开始。

释义

《说文》:"礼,履也。所以事神致福也。从示,从豊,豊亦声。"许氏以声训解之(礼、履二字上古皆为脂部来母字),实有所本。《荀子·大略》"礼者,人之所履也",当为始作俑者。《诗·商颂·长发》:"率履不越,遂事既发。"毛传:"履,礼也。"《集疏》:"三家,履作礼。"《尔雅·释言》:"履,礼也。"是二字常互训。古经典中亦多见以履解礼者,如《礼记·祭义》"礼者,履此者也";《礼记·仲尼燕居》"言而履之,礼也";《汉书·公孙宏传》"礼者,所履也";《白虎通·礼乐》"礼之为言履也";《白虎通·情性》"礼者,履也,履道成文也",等等。故许解无疑是正确的。但这并非唯一的解释,较早则有以"体"解礼者,《诗·鄘风·相鼠》"相鼠有体,人而无礼",是体与礼对言。《礼记·礼器》"礼也者,体也,体不备,谓之不成人"等[1]。也有以"理"解礼者,如《礼记·仲尼燕居》《荀子·乐论》《礼记·乐记》《管子·心术》等。但问题的关键和重要性并非训履亦或体、理,而是所履者是什么。故许慎

---

[1]《淮南子·齐俗训》《释名·释言语》《释名·释典艺》《广雅·释言》《大戴礼记·曾子大孝》《礼记·丧服四制》注等亦以体训礼。此解均当出之《左传·桓公二年》所载师服语:"礼以体政,政以正民。"参见刘家和:《先秦儒家仁礼说新探》,《孔子研究》1990年1期。

作了补释"所以事神致福也",这很重要。徐灏《说文注笺》说:"履谓履而行之也,礼之名起于事神,故许云'所以事神致福也'。"因此,关于"礼"字的完整的解释应该是:事神致福的行为谓之礼。

然而,由"礼"字传达给我们的信息远非如此。19世纪末甲骨文的发现,为我们关于"礼"的形义研究尤其是字源学研究的深入进行提供了可能。原来,礼之本字乃豊,甲骨卜辞多见,作"▨""▨""▨"诸形。《说文》亦收有此字:"豊,行礼之器也。从豆,象形。"由时代和材料所限,许氏于此字显然不甚了解。段注曰:"上象形也。林罕《字源》云,上从丰。郭氏忠恕非之。按说文之例,成字者则曰从某。假上作丰,即不曰象形。"可见解释此字的关键乃在于其上部之"曲"。王国维对此有非常精辟的考释:

> 案殷虚卜辞有▨字,……古珏、玨同字,卜辞作丰丰丰三体,则▨即豊矣。……此诸字皆象二玉在器之形。古者行礼以玉,故说文曰"豊,行礼之器",其说古矣。惟许君不知珏即玨字,故但以从豆象形解之,实则豊从玨在凵中,从豆,乃会意字而非象形字也。盛玉以奉神人之器谓之曲若豊。推之而奉神之酒醴亦谓之醴,又推之而奉神人之事通谓之礼。其初当皆用曲若豊二字,其分化为醴、礼二字,盖稍后矣[1]。

这里观堂先生指认"豊"上所从珏为玉,断"豊"字为会意字而非象形,并肯定"古人行礼以玉",这是非常重要的三大发明,从而把人们对礼的认识提升到一个新的境界。于是许多治礼学者都信从是说。但王国维和许慎一样仍认为礼字从豆,这自然使得许多学者,尤其古文字学者不能心安。

马叙伦最早怀疑从豆之说,其根据郑玄注《仪礼·公食大夫礼》"饮酒,实于觯,加于豊"句曰"豊,所以承觯者,如豆而卑"等认为"豊"乃承尊之器[2]。

---

[1] 王国维:《观堂集林》卷六,中华书局,1959年,第290页。
[2] 《马叙伦学术论文集》,科学出版社,1958年,第191页。

诚然,"豆"字于卜辞、于金文均有见,作"♂""♀"和"♂",绝不类卜辞"♂"下之形,故晚近许多学者认定其字乃"壴"即"鼓"字初文。郭沫若曰:"'壴'当为鼓之初字,象形,作♂,乃伐鼓之意。卜辞二字相通用。"唐兰先生力赞其说。以后林沄、裘锡圭先生更专文论证"豐"下非豆而从壴[1]。

鼓为乐器,这已属常识。然以鼓盛玉似又于理不通。故裘锡圭先生因此而疑惑:"豐字为什么从玨,还有待研究,也许这表示'豐'是用玉装饰的贵重大鼓吧。"[2]其实周一良先生早就指出"鼓"乃"壴"之引申,其本义亦训饮食器,其后作量器,又用作乐器而击之,于是加"支"而成"鼓"[3]。

至此问题实际已告明确,不必费解。"礼"字乃取象于"玉"和"壴(鼓)"的会意字。以中国古文字会意字之造形例,玉、壴二部并列成字亦无不可,未必非形成某种必然联系。"玨"置"壴"之中完全受制于汉字形体结构之内部平衡律。而礼字如此结构正揭示出玉和鼓是礼乐活动中最重要和最有代表性的器物。此于卜辞、于先秦文献都明确有征,如卜辞数见"冓玉""五玉""三玉"或"燎玉"、以"玨酌河"等[4];《左传》《周礼》等文献中时见"沉玉""沉璧"及以玉"礼天""礼地"等[5];又如卜辞中有"五鼓上帝若王""壴于天乙六牛""其鄣壴告于唐牛"等[6];《诗·商颂·那》"奏鼓简简,衎我烈祖",《周礼·春官》有"鼓人"以"雷鼓""灵鼓""路鼓"祭鬼神等[7];《礼记·明堂位》"夏后氏之鼓足,殷楹鼓,周县鼓";又贾公彦疏《周礼·大宗伯》引郑玄语曰"先奏是乐以致其神,礼之以玉而祼焉";《易·系辞》"鼓之舞之以尽神"等等皆是。孔子曰:"礼云礼云,玉帛云乎哉?乐云乐云,钟

---

[1] 唐兰:《殷虚文字记》,中华书局,1981年,第673页。林沄:《豊豐辨》,《古文字研究》第十二辑,中华书局,1985年。裘锡圭:《甲骨文中的几种乐器名称——释"庸""豐""鞀"》,《中华文史论丛》1980年2期。

[2] 裘锡圭:《甲骨文中的几种乐器名称——释"庸""豐""鞀"》,《中华文史论丛》1980年2期。

[3] 引自《金文诂林》卷五上。

[4] 分别见《邺·四五、五》《粹·四四一》《明后·二五四四》《明后·二四八五》《乙·六七三八》《粹·十二》《后·上二六、一五》《佚·七八三》《佚·一二七、二》。

[5] 《左传·昭公二十四年》《左传·定公三年》《左传·襄公十八年》和《周礼·春官·大宗伯》等。

[6] 分别见《甲·一一六四》《佚·二三三》《帝·二七》。

[7] 《周礼·地官·鼓人》:"掌教六鼓四金之音声,……以雷鼓鼓神祀;以灵鼓鼓社祭;以路鼓鼓鬼享。"郑玄注,"神祀,祀天神也……社祭,祭地祇也,……鬼享,享宗庙也。"

鼓云乎哉?"[1]其虽意在否定形式而强调内心之诚,但无意之中却明确道出了玉、鼓等在礼乐活动中的显要地位。因此我们的祖先择此二者来构造礼字,实在是高明和正确之举,既准确无误地表达出应有意义,也同时把行礼以玉以鼓这一重要文化现象永久地记录下来。尔后随时代的进展和汉字形体结构自身规范化的演变,"豐"字复加"示"而为"礼"[2]。这里,郭沫若对王国维的论述曾作过重要补释:

> 礼是后来的字,在金文里面我们偶尔看见有用豐的。从字形结构上来说,是在一个器皿里面盛满两串玉贝以奉事于神,《盘庚》篇里说的'具乃贝玉',就是这个意思。大概礼起于祀神,故其字后来从"示",其扩展而对人,更其后扩展而为吉、凶、军、宾、嘉的各种仪制,这都是时代进展的结果[3]。

鼎堂先生虽仍未彻底割舍旧解(以器皿盛玉),但提出一个重要观点,即"礼起于祀神",后"扩展而对人",继而又形成"各种仪制",而"这都是时代进展的结果"。我们知道,中国古代文明是农业文明,农业无论粟作、稻作,在它起始阶段均有一个特性,即靠天吃饭,尤其是在不易形成大面积灌溉农业的黄河流域。于是与上天、大自然交好,向上天献媚示诚,自在情理之中。而稍后随着社会的进步,智力的开化,人们复由对自然的崇拜开始转向对人类自身的关注,于是对自己祖先,基于中华民族特有的自然生态环境作出了农业这一高明而必然的生产方式选择的祖先的崇拜便由之发生。于是"反其所自始"[4],向祖先献爱示诚,也自然成为顺理成章的事情,这就是礼的本来意义或曰最初的意义。而"祀神"、向上天和祖先示诚示孝、尽情交通的目的当然是"致福","有右(祐)[5],人人得其

---

[1] 《论语·阳货》。
[2] 从古文字学角度而言,从"示"之礼出现很晚,最早当见于《诅楚文》。
[3] 郭沫若:《十批判书·孔墨的批判》,《郭沫若全集·历史编》第二卷,人民文学出版社,1982年,第96页。
[4] 《礼记·乐记》:"礼也者,报也。"又:"礼,反其所自始。"《礼记·礼器》:"礼也者,反其所自生。"《礼记·檀弓上》:"礼,不忘其本。"
[5] 《甲·一六四》:"五鼓上帝若王……有右。"

养,社会安定有序"[1]。故《荀子·礼论》曰"礼者,人道之极也",《周书·武顺》曰"人道曰礼"[2]。因此礼之初即人事,即人的行为,也就是说是取向于人类自身事务,属文化现象。郭沫若所谓"扩展而对人",实指礼由原发阶段而逐渐向社会功能化和政治化演进,所以才有了后来的所谓"五礼""六礼"之类制度化、体系性的礼。

总之,由汉字形义学而言,"礼"字的本义乃指以玉以鼓事神之行为。如果再作进一步的文化的考察,则可以由"礼"字得出如下认识:(1)礼,履也,礼是有相当认识性的行为;(2)礼行为起于事神,即交好神祇;(3)礼行为旨在"致福",使人自身得以福祐;(4)事神需要一些器具,即行礼之器,而主要以玉、鼓和醴等为代表。

礼的起源

关于礼起源问题的探讨,我们认为其关键或前提有两点:一是"礼"意义的界定和把握。我们不能把礼视之为无所不包的文明体系,礼不等于文明,更不等于文化。如果说礼即文明,礼即文化,那么礼从人类诞生之日起就开始了,这就无疑失去了探讨的意义。如杨宽把礼起源的时间锁定在父系家长制,认为由敬献乡老之醴进而发展为对神的敬献,于是"礼"便产生了[3]。邹昌林更认为礼起源于母系社会,乃至指认礼始于其时的分食礼,甚至认为更早,渔猎时代即已有"礼"[4]。

杨、邹二先生之说显然难于取信于人,其原因是把"礼"概念泛化了,从而把礼之起源年代无限期地提前。

二是礼作为一种文化形态,是中国社会发展到一定阶段的产物。礼固然导源于一种在朴素、蒙昧、原始的意念驱使或指导下的媚事神灵的行为,但决不能说蒙昧状态的事神行为已是礼,也不能说一切事神行为都是礼,如巫术性事神即不是

---

[1]《左传·庄公二十三年》:"夫礼,所以整民也。"《左传·僖公二十八年》:"定人之谓礼。"《左传·成公十三年》:"礼,身之干也。"《左传·昭公十七年》:"礼,人之干也。"
[2] 何谓人道,《礼记·大传》有明确的解释:"上治祖祢,尊尊也;下治子孙,亲亲也;旁治昆弟,合族以食,予以昭穆,别之以礼义,人道竭矣。"
[3] 杨宽:《古史新探》,中华书局,1965年,第308页。
[4] 邹昌林:《中国古礼研究》,文津出版社,1992年,第97、98页。

礼。我们认为这里对"礼"字形义学或字源学的探讨是非常有意义的。

上文我们已经对礼的字义作了形义学的分析,得出几点认识。但为何祀神,又如何祀神,这就涉及更深一层次的问题,这就是礼的渊源问题。礼作为一种文化现象或者确切地说一种文明形态,必应有其深刻的历史渊源和思想渊源。

这里西方一些人类学家的论述可以给我们以一定的启示或参照。

霍尔巴赫、费尔巴哈、孔德及泰勒等都指出,人类历史上最初的宗教意识形态是"拜物教",或曰"万物有灵"的多元拜物教,即崇拜那些与人的生活密切相关或人类对之依赖性很强的自然物体。费尔巴哈说:"自然里的变化尤其是那些最能激起人的依赖感的现象的变化,乃是使人觉得自然是一个有人性的、有意志的实体,而虔诚地加以崇拜的主要原因。"而从拜物教逐步发展出多神教,最后达到一神教,上帝于是便被创造出来。宗教即是在此基础上产生的。

西方学者还认为巫术是前宗教阶段,亦即"万物有灵"阶段最后的文化产物。泰勒说:"巫术是建立在联想之上而以人类的智慧为基础的一种能力,……同样也是以人类的愚蠢为基础的一种能力。"[1]而巫术的特点是企图通过动作、言语来强制性地操纵所谓自然力量。

在中国远古社会,"万物有灵"的拜物教之存在当属客观事实。如太阳崇拜,月神崇拜,风、雨、雷、电的崇拜及龙、凤、虎等图腾崇拜等等皆是,这已为学术界所公认。但西方学者所谓巫术(Magican 或 Wizard)在古代中国显然是不存在的,中国古文献中时时出现的巫、觋与其判然有别。

《说文》:"巫,祝也。女能事无形,以舞降神者也。象人两褎舞形,与工同意。古者巫咸初作巫。"巫,古或称灵巫。《说文》:"霛,灵巫以玉事神,从玉霝声。灵(靈),霛或从巫。""灵"字从玉,或从巫,说明巫之专职是以玉事神、降神。此由甲骨卜辞巫字作 ✝,正象两玉交错之形可证。又查古代文献,巫之职能所见者有如下诸端:(1)"事鬼神曰巫";(2)"巫者,接神之官";(3)"巫能制神之处位主者";(4)"巫是祷神之人";(5)"巫以告庙";(6)巫是"祷解以治病、请福者也";

---

[1] 泰勒:《原始文化》,上海文艺出版社,1987年,第19页。

(7)"医师在女曰巫"[1]。因此张光直先生认为中国文献中的巫应译为 Shaman(萨满)[2],是较为有理的。

正如前所论以及许多先贤时哲所指出的,中国文化是一种天人合一的文化,一种礼乐文化,因此与大自然交朋友、尚和平、讲礼乐是中国文化的特点。古代先民素来在天人合一观念的支配下,把自己视为自然界之一成员,而与自然万物和谐亲近,以礼相待,彼此认同,相通相融。因此较少孤独和恐惧,亦不会感到寂寞无助。大自然对于人既不具任何威慑作用,人类也就不必采用任何强迫手段向其硬性索取,以求得自身某种需要。人完全可以与大自然沟通、交往,完全可以从大自然那里合理予取。

因此,我们有理由赞同如下观点:

第一,中国古巫的活动是以神灵观念为基础的,这与弗雷泽所记述的许多蒙昧社会的无神灵的自然巫术是不同的。第二,中国古巫的活动,主要地不是像自然巫术那样,强迫或压制神灵,而是谄媚和取悦神灵[3]。

《尚书·伊训》:"敢有恒舞于宫,酣歌于室,时谓巫风。"孔传:"常舞则荒淫,乐酒曰酣,酣歌则废德,事鬼神曰巫。"孔颖达疏:"巫以歌舞事神,故歌舞为巫觋之风俗也。"这一段记载对于中国古巫之风盛行年代的探讨很有意义。这里伊尹对所谓巫风是明确予以否定的。这一方面说明,"巫风"之盛行当在成汤之前,而商初伊尹之时尚未绝迹。同时又说明时代发展了,人们智力提高了,起码在商代这种情况已近乎历史之陈迹。这从先秦文献中巫字并不多见似可证明:《周易》《诗经》中不见是字;《尚书》四见,但除上述者外,余皆人名,"巫咸"或"巫贤"而已;《春秋》亦不

---

[1] 见《尚书·伊训》"时谓巫风"孔传;《左传·襄公二十九年》"乃使巫以桃茢先祓殡"疏;《周礼·春官·序官》"男巫"郑注;《左传·僖公二十一年》"主祈祷请雨者"疏;《易·巽》"用史巫纷若"注;《公羊传·隐公四年》"于钟巫之祭焉"注;《淮南子·说山训》"巫之用楮"注。
[2] 张光直:《美术神话与祭祀》,辽宁教育出版社,1988年,第35页。
[3] 陈来:《古代宗教与伦理》,三联书店,1996年,第41页。

见是字;《左传》也只有三例,且与本文所论无大关联,其他则为"巫山""巫臣""巫尪""巫皋"之类。较晚的文献除较多的"巫咸"及其事迹追述外,较有意义的是"巫鬼"并称,如《汉书·地理志下》"(楚地)信巫鬼、重淫祀",《楚辞·九歌》:"沅湘之间,其俗信鬼而好祀,其祀必使巫觋作乐,歌舞以娱神。"但显然已打上了新时代的烙印。故"巫"在先秦之时确已属茫茫古邈之事。

总之,在中国上古时代巫觋行为及其观念确实存在,甚至可能是一种主导性观念形态,而与"万物有灵"观念相适应。但随着三代文明之到来,这种观念形态便逐渐消亡而为一种新的先进文化形态所取代。

《国语·楚语下》那段关于"绝地天通"事迹的记载,实际正揭示出中国巫觋文化阶段及其正向新的文化形态——礼乐文化转化之时的社会状况:

> 昭王问于观射父曰:"周书所谓重、黎实使天地不通者,何也?若无然,民将能登天乎?"对曰:"非此之谓也。古者民神不杂。民之精爽不携贰者,而又能齐肃衷正,其智能上下比义,其圣能光远宣朗,其明能光照之,其聪能听彻之,如是则明神降之,在男曰觋,在女曰巫,是使制神之处位次主,而为之牲器时服。……于是乎有天地神民类物之官,是谓五官,各司其序,不相乱也。民是以能有忠信,神是以能有明德,民神异业,敬而不渎。故神降之嘉生,民以物享,灾祸不至,求用不匮。
>
> 及少皞之衰也,九黎乱德,民神杂糅,不可方物。夫人作享,家为巫史,无有要质。民匮于祀,而不知其福,烝享无度,民神同位。民渎齐盟,无有严威,神狎民则,不蠲其为,嘉生不降,无物以享,祸灾荐臻,莫尽其气。"

"民神杂糅""民神同位""夫人作享、家为巫史",人人均可以自由地与神祇交流,家家都有男觋或女巫,正当是此一历史阶段的真实写照,反映出一种原始自然崇拜的情况。或者说,这实际正反映出原始宗教的早期阶段人类的一种人神混同,天神可以到世间,人人均可与之交往的朴素的、原始的思维。而在这之前,所谓"民神不杂"、民"有忠信"、神"有明德"、"民神异业、敬而不渎"则显然是后儒笔下的一种理想，非常类同《礼记·礼运》之所谓大同：

> 大道之行也，天下为公，选贤与能，讲信修睦，故人不独亲其亲，不独子其子。使老有所终，壮有所用，幼有所长，矜寡孤独废疾者皆有所养，男有分，女有归。
> ……是故谋闭而不兴，盗窃乱贼而不作，故外户而不闭。是谓大同。

固然这是被高度美化了的社会，正如后人评论的是一种空想的乌托邦，但实际上这段记载也并非完全凭空杜撰，它所描述的正是我国原始蒙昧社会的情况：没有私有财产，没有统治特权，人际关系基本处于一种自然状态，根本无需什么外在的规范性的东西，比如礼来制约。

然而后来发生的事情却大大不同了，《国语·楚语下》接着讲：

> 颛顼受之，乃命南正重司天以属神，命火正黎司地以属民，使复旧常，无相侵渎，是谓绝地天通。

《尚书·吕刑》则记载为：

> 皇帝哀矜庶戮之不辜，报虐以威，遏绝苗民，无世在下。乃命重黎，绝地天通，罔有降格。

"皇帝"命令南正重和火正黎分管人事和神事，断绝天地之间、人神之间的联系，一般平民便不能随意与天神交通，而交通天神的权力便被社会上层垄断了。于是专业的神职人员便出现了，原有的巫觋很自然地得以地位的提升，其职责开始日趋专业化。而随着人神关系的变化，人际关系也必然会相应调整。于是一种外在的规范和调节人际关系的准则便慢慢产生了，一种新的文化形态即礼乐文化终于取代旧有的巫觋文化形态。这种先进文化形态的核心，就是规范和调节人际关系的准则,就是"人道之极者"——礼。

当然实际的历史进程可能正好相反,所谓"绝地天通"的宗教改革决非先社会变革而行,而只能是社会发展变革的反映。《礼记·礼运》接着讲:

> 今大道既隐,天下为家,各亲其亲,各子其子,货力为己,大人世及以为礼。城郭沟池以为固,礼义以为纪,以正君臣,以笃父子,以睦兄弟,以和夫妇,以设制度,以立田里。以贤勇知,以功为己。故谋用是作,而兵由此起。禹、汤、文、武、成王、周公,由此其选也。此六君子者,未有不谨于礼者也。以著其义,以考其信,著有过,刑仁讲让,示民有常,如有不由此者,在执者去,众以为殃。是谓小康。

原始社会解体了,天下成为家天下,财产成为私有,阶级诞生,国家出现了,于是"大人世及以为礼"成为必然;父子、兄弟、夫妇等人际关系必随着新的君臣关系的出现,而相应地需要调整和制度性规范。于是"礼义以为纪"势在必行;而制定礼仪,"著其义""考其信""示民有常"者当然是"君",是"大人",即禹、汤、文、武以至周公。而他们正是"绝地天通"的制造者和交通天神权力的垄断者。

王国维在其著名的《殷周制度论》一文中根据新发现的甲骨卜辞和金文材料与传世文献的互证也对当时的社会状况作过阐释:

> 自殷以前,天子诸侯君臣之分未定也,……盖诸侯之于天子,犹后世诸侯之于盟主,未有君臣之分也……于《牧誓》《大诰》皆称诸侯曰"友邦君"是君臣之分亦全未定也[1]。

王氏所论无疑是可信的,故"绝地天通"之改革的年代必不会太早,只能是三代之前不太远的事情。《国语》中还有一段关于帝尧进行类似宗教整顿和改革的记载,

---

[1] 见《观堂集林》卷十,第466—467页。

很可能与前面所述为同一事件。如此记载除了说明"绝地天通"确属无争的史实外,更重要的则是证明此事件发生的年代必在颛顼之后。

总之,"绝地天通"是中国历史和思想史上的重要事件。其意义就在于它是中国原始蒙昧社会向文明社会过渡在意识形态方面的直接反映,这在世界文明史上是很特殊的,并由此从根本上决定了中国文明的独特走向和发展途径。进一步而言,"绝地天通"实际标志着旧有文化形态,即巫觋文化向新的文化形态,即礼乐文化和历史性演进。而"礼"正是在这一时刻正式诞生的——从原有无序的、盲目的原始巫觋行为中正式脱胎和提升出来,而成为一种有明确的认识性、带有相当理性的规范的文明体系。其文化特征当有如下两点:

(1)礼是为求得人人关系和谐和社会的安定,而试图求助于超世间力量的一种有明确意识指向的自觉的行为,而不再像巫觋行为那样只是为满足自身个体的某种需要而单纯和孤立地谄媚和取悦神灵;

(2)礼拜对象既有自然界的唯一神——上帝,更有"反其所自始"的祖先,而绝非先前巫觋那样只是"事无形",取悦形形色色的多种自然神。

因此可以说,礼是中华民族顺应自然生态的一种伟大创造,她对于维系以血缘关系为基础的宗法社会有重要的文化价值和宗教意义。由此构成中国文明社会最基本的特征和最重要的标志之一,由此奠定了中国文化的最基本的素质。

礼的发展

降及三代,从甲骨卜辞的记载看,起码在晚商时期,人们所崇拜的自然神已日渐人格化。于是综合了各种自然神灵属性的"一神化""人格化"的上帝便被创造出来。而所谓"人格化",就是在一定意义上说上帝是按世间最高统治者——氏族先王的形象创造的至上神[1]。这一变化实际与中国历史由氏族社会向文明社会之过渡相适应的。卜辞中最多见者便是对上帝的求旨和乞恩,内容涉及祭祀、求年、田猎、战争、天气等一切活动。陈梦家在其《殷虚卜辞综述》中将上帝的权力归

---

[1] 参见胡厚宣:《殷卜辞中的上帝和王帝》,《历史研究》1959年9、10期。

纳为十六种之多。又据罗振玉的统计,卜辞中祭名之多令人称奇,如衣祭、翌祭、肜祭、协祭、岁祭、㞢祭、龠祭等。

对上帝的信仰必然是对祖先崇拜的强化。卜辞中所见先公先王的权威与上帝的权威已很难区别,卜问先王祖先甚至先贤(如伊尹)的事也几乎无所不包。其原因很简明,即在当时人们的观念中,先祖死后是可以宾配上帝的。如武丁卜辞所说"贞,咸宾于帝;贞,大〔甲〕宾于帝;贞,下乙宾于帝"等[1]。卜辞中反映出来的"殷王对先公先王和先妣的崇拜,其主要特点之一便是祭祀的频繁和隆重。据董作宾研究,武丁时祭祀祖先的祀典有彡、翌、协、㞢、褅、勺、福、岁、御、匚、酓、帝、炏、告、求、祝等;以彡、翌、祭、酓、协五种祀典为主干,……依次举行,遍及祖妣,周而复始,秩然有序"[2]。故陈梦家说:"(商)祖先崇拜的隆重,祖先崇拜与天神崇拜的逐渐接近、混合,已为殷以后的中国宗教树立了规范。"[3]由此可见,对上帝天神和对氏族先王祖先的两大思想崇拜已成为商代社会的主导性观念。

于是,由于与上帝沟通的权力,此时已全然被领主贵族所垄断,故由非理性的巫觋迷信脱胎和升华出来的礼便开始注入了"尊君"的时代内容,神权和政权开始合一。而占卜,这种原始的沟通天神的方式此时适应礼的需要而获得了突出的发展,成为殷王交流上帝和祖先的重要手段。商代占卜是具有明显的理性特征的,它已不像巫觋行为那样具有简单的操作性和随意性。正如一些学者所指出的,占卜是人类最早的预测学,反映了人们探求事物发展因果关系的愿望,是企图神秘地去发现事物之间的联系,进而通过超自然的启示来了解人类自身理性与感性所不能了解的东西[4],而更重要的是,占卜与文字联系在了一起,因此在此基础上便诞生了高级形态的专业神职人员——史(尹、作册)。《周礼·春官·占人》:"君占体……史占墨、卜人占坼。"《礼记·玉藻》:"卜人定龟,史定墨,君定体。"可见史与

---

[1]《乙》2293、7197、7434、7511、7549、8328 合。
[2] 参见吴浩坤、潘悠:《中国甲骨学史》,上海人民出版社,1985 年,第 294 页。
[3] 陈梦家:《殷虚卜辞综述》,科学出版社,1956 年,第 561、562 页。
[4] 参见刘志诚:《汉字与华夏文化》,巴蜀书社,1995 年,第 188 页。陈来:《古代宗教与伦理》,第 74 页。

书写有关,故王国维讲:"掌文书者谓之史。"[1]显然,商代占卜已成为相当程式化和规范化的事神行为。因此可以肯定地说,此间礼已获得了相当的发展。这从大量占卜档案殷墟卜辞、先秦文献,特别是诸多考古发现,诸如青铜礼器、玉器,祭祀遗址等完全可以证实。

总之,在商代以祭祀为中心和特征的礼乐文化适应社会政治的需要而发展起来,已渐渐形成一套初具规格的程式,甚至已有了一定的成文规定。这就是孔子所谓的"因于夏礼"并有所"损益"的"殷礼"[2]。

《史记·礼书第一》曰"凡礼始乎脱,成乎文,终乎税",《大戴礼·礼三本》作"终于隆"[3]。如果说三代之初或曰大禹之时礼初生,"始乎脱",商礼即可基本称之为"成乎文",那么到了周代就完全可以说是"终于隆"了。

周代可资研究的材料增多。"周因于殷礼"[4],是不争的历史事实,周与商之间确实存在着特殊之相成相因的密切联系,无论文献还是考古学资料都可证明。但时代进步了,社会发展了,人类智力提高了,旧礼之"损益"自当在所难免,因此就有了所谓周公"制礼作乐"之说[5]。实质上,周公制礼作乐就是指周礼在商礼的基础上对以祭祀活动为中心的礼乐进行了系统的归整和分类,严格地划分了等级、增加了新的内容,形成了系统的典章制度、仪式及各种繁文缛节,确立了亲亲、尊尊体制,进而从神治走向人治,又引"德"入礼,使之最终成为节制或调节人人社会关系和人们一切活动的至上准则。

首先,周礼的礼拜对象已被明确规范为两大类:一是以上帝为中心的天神、地祇以至四望山川自然神一类,《周礼·春官·大宗伯》中列为:"昊天、上帝、日、月、

---

[1] 王国维:《释史》,《观堂集林》卷六,第 263 页。
[2] 《论语·为政》。
[3] 《史记·索隐》:"脱,犹疏略也。税,音悦,言礼终卒和悦人情也。《大戴礼》作'终于隆',隆谓盛也。"又《史记·礼书第一》:"贵本之谓文,亲用之谓理,两者合而成文,以归太一,是谓大隆。"见《史记》,中华书局,1959 年,第 1169、1170 页。这里涉及礼之起源问题,可参见拙作《由大一、浑沌说礼》,《北京大学学报(哲学社会科学版)》2002 年 4 期。
[4] 《论语·为政》。
[5] 《左传·文公十八年》:"先君周公制周礼。"《礼记·明堂位》:"周公践天子位以治天下,六年,朝诸侯于明堂,制礼作乐。"

星辰、司中、司命、风、雨。"二是以氏族先王为中心的祖先圣人一类,或曰整齐化为三大祭:天神、地祇、人鬼。又明确规定了礼名:"天神为祀、地祇为祭、人鬼为享。"[1]而且周礼有一个显著特点,就是礼拜天地自然神同祭祀祖先一样,也成为一种以"报德反始"观念支配下的理性行为。《礼记·郊特牲》:"万物本乎天,人本乎祖。此所以配上帝也,郊之祭也;大报本反始也。"《史记·礼书第一》曰:"天地者,生之本也;先祖者,类之本也;君师者,治之本也。无天地恶生？无先祖恶出？无君师恶治？三者偏亡,则无安人。故礼,上事天,下事地,尊先祖而隆君师,是礼之三本也。"在这里杨向奎先生有很好的见解,他说:"古礼的对象,一是天,一是人。对于天、自然、上帝,因为他们给与人类的东西太多,所以人们对之要报。"朱光潜先生也有十分精到的阐释:

  天地是人类的父母,父母是个人的天地,无天地,人类生命无自来,无父母,个人生命无自来。我们应孝敬父母,与应孝敬天地理由只是一个,礼所谓"报本反始"。……曾子说"慎终追远,民德归厚矣"……祭礼以祭天地之郊社禘袷为最隆重。孔子说:"明乎郊社之礼,禘尝之义,治国其如示掌乎！"这话初看来很奇怪,实在含有至理。知道孝敬所生,仁爱才能周流,民德才能归厚。《乐记》甚至以为礼乐的本原就在此:"乐也者施也,礼也者报也;乐乐其所自生,而礼反其自始。乐章德,礼报情,反始也。"[2]

  其次,周礼中对祭祀的方式也有非常明确的规定。对天神地祇,主要是禋祀、实柴、槱燎、类、禅、血祭、土埋、水沉、疈辜等;对祖先则主要有祼礼、馈献,以及祠、礿、尝、烝宗庙四时祭等。而且诸祭名义也更为规范、专业和明确。如祭,指杀牲献血腥之专门祭名,后泛指一般祭祀;祀,为偶像拜祀,由尸代神灵受礼;享,即饗,由乡人饮酒聚会推升至享人鬼;而祠、礿、尝、烝则为四时荐新于祖先宗庙之祭;祠即

---

[1] 孔颖达疏《尚书·盘庚上》"兹预大享于先王"曰:"《周礼·大宗伯》祭祀之名:天神曰祀,地祇曰祭,人鬼曰享。"
[2] 朱光潜:《乐的精神与礼的精神》,《思想与时代月刊》1942 年 7 期。

食,祔即酌,尝即尝新谷,烝即进或登;祼,为灌酒降神之礼;类,为有事而仿祭天礼而举行的临时性祭天仪式;禅,扫地为墠(祭祀场地)而祭,等等不一而足。《周礼·春官·肆师》中还有大祀、中(次)祀、小祀的规定[1]。

同时,周礼还在如何行礼,用什么器皿、穿什么礼服等方面均作了详细规定,这里我们可从《礼记·明堂位》所记载成王特许鲁公以天子礼乐祀周公之仪式可见一斑。

> 孟春乘大路,载弧韣,旂十有二旒,日月之章,祀帝于郊,配以后稷,天子之礼也。季夏六月,以禘礼祀周公于大庙,牲用白牡,尊用牺、象、山罍,郁尊用黄目,灌用玉瓒大圭,荐用玉豆、雕篹,爵用玉琖仍雕,加以璧散、璧角,俎用梡嶡。升歌《清庙》,下管《象》,朱干玉戚,冕而舞《大武》,皮弁素积,裼而舞《大夏》。《昧》,东夷之乐也;《任》,南蛮之乐也。

其他又有所谓"吉、凶、宾、军、嘉"五礼;"冠、昏、丧、祭、乡、相见"六礼;"冠、婚、朝、聘、丧、祭、宾主、乡饮酒、军旅"九礼。还有所谓"郊社之礼""馈奠之礼""食飨之礼""尝禘之礼""射御之礼"。《周礼·春官·序官》郑注:"礼谓曲礼五:吉、凶、宾、军、嘉,其别三十有六。"《礼记·礼器》则谓:"经礼三百、曲礼三千。"可谓悉细入微,繁复之至。

复次,周人行礼有了严格的等级规定。《尚书·洛诰》"王肇称殷礼,祀于新邑,咸秩无文",言祭祀时各有等差,皆次序之,无有紊乱也[2]。

《周礼·春官·大宗伯》:"以玉作六瑞,以等邦国,王执镇圭,公执桓圭,侯执信圭,伯执躬圭,子执谷璧,男执蒲璧。"可知周人已有用玉之制度性规章。

《国语·楚语下》:"天子举以太牢,祀以会;诸侯举以特牛,祀以太牢;卿举以少牢,祀以特牛;大夫举以特牲,祀以少牢;士食鱼炙,祀以特牲;庶人食菜,祀以

---

[1]《周礼·春官·肆师》:"肆师之职……立大祀,用玉、帛、牲;主治祀,用牲、帛;立小祀,用牲。"
[2] 王引之:《经义述闻》卷四。

鱼。"太牢者九鼎、七鼎；少牢者，五鼎；另三鼎、一鼎又分称三牢和特。《公羊传·桓公二年》何休注："礼，祭天子九鼎，诸侯七，大夫五，元士三也。"《仪礼》中《聘礼》和《公食大夫礼》则有如下记载：天子九鼎大牢所实（盛）乃牛、羊、豕、鱼、腊、胃、肤、鲜鱼、鲜腊；七鼎大牢则分盛牛、羊、豕、鱼、腊、肠胃、肤；五鼎少牢则以羊为首，分盛羊、豕、鱼、腊、肤；三鼎则盛豚、鱼、腊；一鼎盛豚。足见周人祭祀用鼎制度之等级森严。

诸如此类，不胜枚举，《三礼》等先秦文献随处可见。周礼为何或何以有此等级规定呢？原因甚明，亲亲、尊尊也。故史家常言，等级制源于宗法制，信有征也。

《礼记·中庸》："仁者人也，亲亲为大；义者宜也，尊贤为大；亲亲之杀，尊贤之等，礼所生也。"《礼记·大传》："上治祖祢，尊尊也；下治子孙，亲亲也；旁治昆弟，合族以食，序以昭穆，别之以礼义，人道竭矣！"这两段话既说明了礼的内容，更道出了周礼等级之由来。"亲亲"者即仁，而"仁者人也"，"仁"乃人之本性。"杀"即等差，行仁则必有亲疏厚薄之别。《礼记·丧服小记》说："亲亲以三为五，以五为九，上杀、下杀、旁杀，而亲毕矣。"郑玄注："己上亲父，下亲子，三也；以父亲祖，以子亲孙，五也；以祖亲高祖，以孙亲玄孙，九也。杀谓亲益疏者，服之则轻。"也就是说，所谓亲亲即以自身为起点，上亲父、祖、曾祖、高祖；下亲子、孙、曾孙、玄孙，合为九代之亲属关系。"尊贤"即尊尊，社会关系之谓也，即由"尊祖敬宗"而推衍至政治，尊祖敬宗必以祭祀为主要表现，而并非所有人都有祭祖之资格和权力，继祢者只祭祢，继祖者只祭祖，继曾祖者祭曾祖，继高祖者祭高祖，各有其所宗及其所祭。只有继始祖者的"宗子"，才有主祭的特权。而无论何人又不能不祭祖，而为了祭祖，只有尊敬能祭始祖的"宗子"，所以"尊祖故敬宗"。如此宗子之地位便成为天下独尊，于是以嫡长子中心，亲其所亲，尊其所尊，由此衍生为宗法制、等级制，而礼便成为维护此社会关系的保障体系。是《左传·桓公二年》曰："名以制义，义以出礼，礼以体政，政以正民，是以政成而民听。"

最后，需特别强调的是，周礼中增加了明确的"德"之成分，或曰"进德制礼"，立德于礼。一般来讲，随着文明的发展，宗教追求必越来越多地带有明显的德性成分，这主要是由人的主观能动性，或曰人事进取精神必日以增长的缘故。同时对周人而言,"德"观念的产生还有一个直接的原因,就是两大思想崇拜中对人道祖先崇拜的加强。明确言之,即由于周人对文王、武王卓越功德的追颂和膜拜。因为文、武二王是能配上帝或昊天的"德"的典范。侯外庐先生说:"德是先王能配上帝或昊天的理由,因而也是受命以'乂我受民'的理由。"[1]这里实际正反映出周人观念的一种进步,反映出人文精神的进一步发展。而商朝的灭亡又使周人隐隐感到"天命靡常"[2]"天命不彻"[3]。对天神开始有所怀疑:"浩浩昊天,不骏其德,降丧饥馑,斩伐四国。"[4]于是渐渐认为崇天不知孝祖敬德来得更可靠:"皇天无亲,惟德是辅。""非德,民不和,神不享。"[5]敬德不废天命,有德即合天命。统治者也因此屡屡强调敬德:"惟不敬厥德,乃早坠厥命。"[6]"以荡陵德,实悖天道。"[7]"丕则敬德,用康乃心,顾乃德,远乃猷,裕乃以民宁。"[8]均明显地表明了周人对德性的追求和援德入礼的倾向,最终使宗教精神与政治伦理完全契合起来。《易·乾·九三》:"君子终日乾乾,夕惕若厉,无咎。"正是周人崇天敬德的生动写照。看来《庄子·天下》称周人"以天为宗、以德为本",并非浪漫虚诞之词。

为此,一些学者认为周人具有更多的历史理性,属于所谓的"日神型",商人则具有更多的宗教狂热,更接近所谓"酒神型",固然有其道理[9]。但是,倘若以此来解释殷礼、周礼之区别,显然有涉"史"[10]之嫌。我们更倾向于历史学家的传统说法"殷道亲亲、周道尊尊"。前者乃美学家、哲学家者言,属之横向性比较。我们则认为二者之区别主要还是属于历史发展阶段性的问题。

纵观人类发展史,人类社会的演进一般是由血缘走向地缘,或曰地缘取代血

---

[1]侯外庐:《中国思想通史》第1卷,人民出版社,1957年,第90页。
[2]《诗·大雅·文王》。
[3]《诗·小雅·十月之交》。
[4]《诗·小雅·雨无正》。
[5]《左传·僖公五年》。
[6]《尚书·召诰》。
[7]《尚书·毕命》。
[8]《尚书·康诰》。
[9]李泽厚:《华夏美学》,香港三联书店,1956年,第20页。陈来:《古代宗教与伦理》,第145页。
[10]《论语·雍也》:"质胜文则野,文胜质则史。"

缘,文明亦多由此而实现。因为血缘关系毕竟是一种原始的、落后的社会关系。地中海沿岸社会历史的演进可以视为地缘取代血缘,而告别蒙昧、实现文明的典型。然而古代中国社会的演进却走向另一条不同的道路,即实现蒙昧向文明的过渡,不像西方那样通过殖民,伴随一场革命,一场血与火的洗礼,而是以农村公社为载体,把维系蒙昧社会的血缘关系原原本本地带入文明社会之门。而且在此之后,血缘关系不仅没有渐渐退化,反而得到进一步的发展,以致到西周中期竟发展成为一种政治制度——宗法制。宗法制正构成周礼的基础或实质性内核,其中自然仍是以"亲"为中心。所谓"周道尊尊",实际正是指宗法关系的政治化,亦即由"亲"而"尊",由宗统而君统。而实现"尊尊"的前提或基础无非有二:一是分别大宗小宗;二是区分嫡庶。王国维说"商人无嫡庶之制,故不能有宗法"[1],当言之有据。而据晚近甲骨学研究,认为商代已有亲者等差意识和大宗小宗之谓。我们以为即使确有一些迹象可寻,也只能是"雏形"而已[2]。在商代,固然也依血缘关系的远近来决定其在宗族中的地位,但众子地位则是相等的,都有继承王位的权利。也就是说,商代的社会关系还更多地保留着一些自然特性,与周代强调直系嫡子的正宗尊贵地位自然有别。这就是所谓"殷道亲亲"的真正含义。当然不可否认,殷礼中自然崇拜的成分也在逐步减少,祖先崇拜的成分也由于比前者更真实或更实在而渐渐变得更重要起来。因此,周人继承了商礼,进一步向社会人伦化和政治化迈进,终于实现了礼的制度化。

总之,随着殷礼损益过程的结束,随着上层领主贵族垄断交通天神的特权的最终合法化,随着祭祀祖先重要性的日益提升并导致祖先崇拜的社会功能化和政治化,到西周中期,礼终于发展演化成为一个相当规范和严整的灿然制度体系,以宗法制为基础和核心的礼制终于得以确立。于是产生于中国文明社会之初的礼,经过商代神学化的重要发展之后,最终步入其最辉煌、最隆盛的巅峰阶段。

高峰既过,必为低潮,世间任何事物之生成发展途径,莫不如此。时间进入春

---

[1] 王国维:《殷周制度论》,《观堂集林》卷十。
[2] 胡厚宣:《甲骨学商史论丛初集》,齐鲁大学国学研究所石印本,1944年;台湾大通书局本,第143页。

秋战国,社会的发展,文明的进步,尤其是人文的觉醒,使生成和发展了一千多年的中国古礼第一次面临重大考验和危机。士人中对礼的怀疑,批判和重新解读的思潮潋然兴起。由此礼的发展又进入一个新的阶段——"礼崩乐坏"[1]。于是孔子诞生了,儒学诞生了,道家、墨家、法家也相继出现了。百家争鸣,或继承、或批判[2]、或扬弃,各从不同角度对礼作以理性的论证。由此便出现了许许多多关于礼的不同解释。

或把礼提升为经天纬地之大准则:

《左传·昭公二十五年》:"夫礼,天之经也,地之义也,民之行也。天地之经,而民实则之。""礼,上下之纪;天地之经纬也,民之所以生也。"

《礼记·礼运》:"夫礼,必本于大一,分而为天地,转而为阴阳,变而为四时。""礼也者,合于天时,设于地财,顺于鬼神,合于人心,理万物者也。""夫礼,先王以承天道,以治人之情。"

《礼记·乐记》:"礼者,天地之序也。"

《礼记·丧服四制》:"凡礼之大体,体天地,法四时,则阴阳,顺人情,故谓之礼。"

《礼记·经解》:"礼为大,非礼无以节天地之神也;非礼无以辨君臣、上下、长幼之序也;非礼无以别男女、父子、兄弟之亲,婚姻疏数之交也。"

或把礼解释为治理国家的大纲和根本:

《左传·隐公十五年》:"礼,经国家、定社稷、序民人、利后嗣者也。"

《左传·昭公五年》:"礼,所以守其国,守其政令,无失其民者也。"

---

[1] 刘泽华:《先秦礼论初探》:"春秋战国时期的礼崩乐坏只是礼发展中的一个阶段,并不是礼本身的废弃。因为礼赖以存在的社会土壤依然存在。"见《中国文化研究集刊》,复旦大学出版社,1987年。

[2]《老子》卷三十八:"夫礼者,忠信之薄而乱之首也。"《庄子·知北游》:"礼者,道之华而乱之首也。"《墨子·非儒下》:"繁饰礼乐以淫人。"

《左传·昭公十五年》:"礼,王之经也。"
《国语·晋语》:"夫礼,国之纪也。"
《左传·襄公二十一年》:"礼,政之舆也。"
《左传·僖公十一年》:"礼,国之干也"。
《左传·庄公二十三年》:"夫礼,所以整民也。"
《论语·为政》:"为国以礼。"
《礼记·礼运》:"礼者,君之柄也。"

或把礼视为调节人与人关系、约束个人行为的法则:

《左传·僖公二十八年》:"定人之谓礼。"
《左传·昭公七年》:"礼,人之干也。"
《左传·僖公三十三年》:"礼以行义。"
《礼记·曲礼》:"夫礼者,所以定亲疏,决嫌疑,别同异。"
《礼记·郊特牲》:"礼也者,犹体也,体不备,谓之不成人。"
《孟子·万章下》:"礼,门也。"

或者把礼的本义解释为"根本反始":

《礼记·礼器》:"礼也者,反本修古,不忘其初也。""礼也者,反其所自生。"
《礼记·乐记》:"礼也者,报也。""礼,反其所自始。"

或把礼释为人与动物区分的标志:

《管子·形势》:"辨明礼义,人之所长而蝾螈之所短也。"
《礼记·曲礼上》:"鹦鹉能言,不离飞鸟,猩猩能言,不离禽兽。今人而无礼,虽能言,不亦禽兽之心乎?"

《仪礼·冠义》:"凡人之所以为人者,礼义也。"

当然最成体系或曰对礼的发展作出重要贡献的还属孔子以及荀子。

孔子主要是承周礼之统绪,以仁释礼,"礼之用,和为贵""道之以德,齐之以礼",大力倡导"克己复礼";荀子则发展了孔子的礼学说,援法入儒,援法入礼。限于篇幅与本文之主题,乃不赘述。

总之,在春秋战国时期特定的社会人文背景下,经过以孔子为代表的士人们的多方阐释,礼的含义和内容大大拓展开来,而多去其原始意义似乎越来越远,以至当时及以后一些人对于礼的起源产生诸多说法。

《礼记·礼运》:"夫礼之初,始诸饮食。"

《礼记·昏义》:"夫礼,始于冠,本于昏,重于丧祭,尊于朝聘,和于乡射,此礼之大体也。"

《礼记·内则》:"礼始于谨夫妇,为宫室,辨内外。"

《左传·文公二年》:"孝,礼之始也。"

这些说法或强调技术文明的意义,或强调男女之别,或讲冠礼在礼体系中的序位。对于礼之渊源的探讨并无太大意义,但对于我们认识礼之结构及其类别则甚有助益。

礼的构成与行礼方式

西周中期以降,随着礼的一步步社会人伦化和政治化,随着礼制的最终建立,礼体系的结构便日益完善起来。就其基本结构而言,礼大致可分为两大系统:

其一,国家制度意义的礼。此最为重要,因而成为本文论证的重点。

《周礼·春官·大宗伯》:"大宗伯之职,掌建邦之天神、人鬼、地示之礼,以佐王建保邦国。以吉礼事邦国之鬼神示,……以凶礼哀邦国之忧,……以宾礼亲邦国,……以军礼同邦国,……以嘉礼亲万民。"

这段记载明确指出大宗伯掌管"五礼"事务,文中又对五礼的具体内容作了说明:

1. 吉礼。即事鬼神祇之礼。事神则有:"以禋祀祀昊天上帝,以实柴祀日月星辰,以槱燎祀司中、司命、飚师、雨师";事祇则有:"以血祭祭社稷、五祀、五岳,以埋沉祭山林川泽,以疈辜祭四方百物";事鬼则有:"以肆献祼享先王,以馈食享先王,以祠春享先王,以禴夏享先王,以尝秋享先王,以烝冬享先王"。

2. 凶礼。即关于丧葬、荒祸、寇乱方面的礼仪:"以丧礼哀死亡,以荒礼哀凶札(疾疠),以吊礼哀祸灾,以襘(消除)礼哀围败,以恤礼哀寇乱。"

3. 宾礼。即天子、诸侯、盟国之间礼尚往来之礼节:"春见曰朝,夏见曰宗,秋见曰觐,冬见曰遇,时见曰会,殷见曰同,时聘曰问,殷覜曰视。"

4. 军礼。即有关军事活动方面的礼节。有"大师之礼,用众也;大均之礼,恤众也;大田之礼,简众也;大役之礼,任众也;大封之礼,合众也"。

5. 嘉礼。即有关喜庆活动的礼节:"以饮食之礼亲宗祖兄弟,以昏冠之礼亲成男女,以宾射之礼亲故旧朋友,以飨燕之礼亲四方之宾客,以脤膰之礼(以祭社稷宗庙之牺牲赐同姓国)亲兄弟之国,以贺庆之礼亲异姓之国。"

显然这是以国家为主体而进行的祭祀礼仪制度,此可谓礼之最重要的构成。

《礼记·仲尼燕居》又载孔子所讲五礼:"郊社之义,所以仁鬼神也;尝禘之礼,所以仁昭穆也;馈奠之礼,所以仁死丧也;射乡之礼,所以仁乡党也;食飨之礼,所以仁宾客也。"与上述《周礼》所载大同小异,亦当指国家之典礼。

其二,社会交际礼节意义的礼,亦即"交接会通之道"[1]。《礼记·王制》所谓"冠、昏、丧、祭、乡、相见"六礼;上揭《礼记·昏义》所谓"冠、昏、丧、祭、朝聘、乡射"诸礼;《礼记·礼运》所记"丧、祭、射、御、冠、昏、朝、聘"八礼;还有《大戴礼记·本

---

[1]《易·文言》传:"是以会礼。"何妥注:"礼是交接会通之道。"

命》所谓"冠、昏、朝、聘、丧、祭、宾主、乡饮酒、军旅"九礼。大同小异,《昏义》等之"朝聘"即《王制》之"相见"。《大戴礼记·本命》只是多出"宾主"和"军旅"二礼,《王制》之"乡",《大戴》解为"乡饮酒",而《昏义》则记为"乡射",当从《大戴礼》。至于《礼运》之御,系"乡"之误甚明,故当以《王制》为正说。

《礼记·昏义》:"夫礼,始于冠。"所谓冠礼,即成丁加冠礼。《仪礼·士冠礼》和《礼记·冠义》记之甚详;《礼记·郊特牲》:"夫昏礼,万世之始也。"婚礼依《仪礼》等书记载,约有纳采、问名、纳吉、纳征、请期和亲迎等六种基本礼节;丧礼为古礼中最复杂者,《礼记·坊记》《礼记·丧大记》《仪礼·士丧礼》《礼记·丧服》《礼记·服问》《礼记·丧服小记》《礼记·檀弓上》和《檀弓下》都有记载,大致分"迁尸""殡葬""服丧"和"吊唁"四部分。祭礼,乃指宗庙四时祭:《仪礼》中有《特牲馈食礼》,讲诸侯之士四时祭之礼;《少牢馈食礼》讲诸侯之卿大夫四时祭之礼。二者所论具体仪节大同小异而以后者为详,其基本分三步进行:(1) 正祭;(2) 脀尸;(3) 傧尸。乡即乡饮酒。此礼甚古,《仪礼·乡饮酒礼》记之颇悉;相见礼可分"士与士相见""士见大夫""士尝为大夫臣者见大夫""大夫相见""大夫士见君""他邦之人见于君"等礼,主要见于《仪礼·士相见礼》。

礼之结构大体如是,实际非常复杂,每一礼均有十分悉细的规定,这里不作详述。我们所关注的主要还是制度意义的礼,因为这与我们的主要研究标的——礼器有至关重要和直接的关系。

而欲进行礼器的研究,必须对行礼之方式作以概要而正确的了解。

关于商人的行礼方式虽有甲骨卜辞记载的"彡、裛、协、翌"之类祭名等,但不足以据此得以全面的了解和具体的认识。先秦文献的记载也相对有限。因此我们的研究主要还是依据诸多周代文献进行。上揭《周礼·春官·大宗伯》可以说是其中最重要和十分有代表意义的记载。

由《周礼》所记我们知道周人礼拜对象主要是天神、地祇和人鬼,亦即《大宗伯》中所谓五礼之首"吉礼"之主要内容。下面我们就祀神、祭祇、享鬼三大类分别作以分析。

1. 祀天神之礼。其礼拜对象是昊天、上帝、日、月、星辰、司中、司命、飌师、雨师等。行礼方式主要是禋祀、实柴和槱燎。

郑玄注《大宗伯》曰:"禋之言烟。周人尚臭,烟,气之臭闻者。槱,积也。《诗》曰:'芃芃棫朴,薪之槱之。'三祀皆积柴实牲体焉,或有玉帛,燔燎而升烟,所以报阳也。"据《周礼·春官·肆师》:"立大祀用玉帛牲牷;立次祀用牲、币;立小祀用牲。"[1]可知所谓禋祀,即积柴置以玉、帛和牺牲,燔燎而祭;实柴则积柴置帛和牺牲而燎祭;槱燎仅置牺牲于柴上燎祭而已。《说文》:"禋,洁祀也。一曰精意以享为禋。从示,垔声。"许说非本义,疑取说于《国语·周语上》:"(内史过)以告王曰:虢必亡矣,不禋于神而求福焉,神必祸之……精意以享,禋也。"孔颖达疏《诗·大雅·生民》"克禋克祀"曰:"凡祭祀无不洁,而不可谓皆精。然则精意以享,宜施燔燎,精诚以假,烟气上升,以达其诚故也。"至于孙诒让《周礼·大宗伯》正义:"窃以意求之,禋祀者盖以升烟为义,实柴者盖以实牲体为义,槱燎者盖以焚燎为义。礼各不同,而礼盛者得下兼,其燔柴则一。"当属强生分别。故郑玄说"禋之言烟"是正确的。禋即燎,即燔。燔柴祭天是上古非常普遍的宗教仪式。高诱注《吕氏春秋·季冬纪》:"燎者积聚柴薪,置璧与牲于上而燎之,升其烟气。"何休注《公羊传·僖公三十一年》:"天燎地瘗,日月星辰布,山悬水沉,风磔雨升。燎者,取俎上七体与其珪宝,在辨中置于柴上烧之。"

《周礼·春官·司服》:"祀昊天、上帝则服大裘而冕。"《典瑞》:"四圭有邸以祀天,旅上帝。"可知禋祀之时主祭者(周天子)需穿黑色羔羊裘衣,所燔之玉亦有规格形制,即中央置一璧,其四周各置一圭[2]。上揭高诱、何休说当取之于此。《礼记·礼器》:"天子无介,祭天特牲。"《书·召诰》:"越三日丁巳,用牲于郊,牛二。"是用牲亦有规定,即一般用特牲,即一牛,有时用二牛[3]。

《左传·桓公五年》《周礼·夏官·节服氏》,以及《礼记》之《礼运》《明堂位》《郊特牲》等均言祭天有所谓"郊祀"或"郊祭"。如《左传·桓公五年》"凡祀,启蛰

---

[1]《周礼·春官·典瑞》又曰:"圭璧以祀日、月、星辰。"可见中祀亦应有玉,与《肆师》所云不同。

[2] 邸,即柢,依郑玄引郑司农说:"于中央为璧,圭著其四面,一玉俱成。《尔雅》曰'邸,本也'。"又"圭本著于璧,故四圭有邸,圭末四出故也"(郑玄语)。

[3] 孔颖达疏《召诰》:"常以此处祭天也,礼郊用特牲,不应用二牛。以后稷配,故二牛也。"

而郊,龙而雩";《礼运》"故祭帝于郊,所以定天位也";《明堂位》"祀帝于郊,配以后稷,天子之礼也";《郊特牲》"郊之祭也,迎长日之至也"。实际郊祀就是祭天之禘祀,由于禘祀一般在南郊举行,故言之。《礼记·中庸》:"郊社之礼,所以事上帝也。"朱熹集注:"郊,祭天;社,祭地。"《汉书·郊祀志下》:"古者天子夏亲郊,祀上帝于郊,故曰郊……帝王之事,莫大乎承天之序,承天之序莫重于郊祀……祭天于南郊,就阳之义也。"《汉书·王莽传上》:"成王之于周公也……赐以附庸殷民六族、大路大旂、封父之繁弱,夏后之璜,祝宗卜史,备物典策,官司彝器,白牡之牲,郊望之礼。"颜师古注:"郊,即祀上帝于郊也;望谓望山川而祭之也。"《淮南子·人间训》:"郊望禘尝,非求福于鬼神也。"高诱注:"郊,祭天;望,祭日月星辰、山川也。"因此,郊实即祭天之礼的代称或概称。而禘祀以祭天,故必以玉、帛、牺牲。故《国语·楚语下》:"郊禘不过茧栗。"韦昭注:"角如茧栗,郊神祭天也。"

《礼记·郊特牲》:"祭天,扫地而祭焉,于其质而已。"《礼记·礼器》:"至敬不坛,扫地而祭。"所言可能为早期祀天之礼。《礼记·祭法》则曰:"燔柴于泰坛,祭天也。"是周代祭天燔柴禘祀必设神坛,《周礼·夏官·掌次》"大旅上帝则张毡案,设皇邸"可以证之。《周礼·春官·大司乐》:"冬日至,于地上之圜丘奏之,若乐六变,则天神皆降。"郑玄注《大宗伯》曰:"昊天上帝,冬至于圜丘所祀天皇大帝。"此圜丘当即泰坛,王肃早有明言[1]。徐旭生说:

古人祭天,在野外扫地而祭,就叫作墠;以后封土而祭,就叫作坛。……因为在野外,所以后来又得了郊坰的意思。再后,又不能限于封土,遂于坛上盖点房子,……开始大约是为了祭天,以后保存原来专用的意义就叫做郊,叫圜丘[2]。

---

[1]《礼记·郊特牲》孔颖达疏引王肃《圣证论》曰:"郊则圜丘,圜丘则郊。所在言之则谓之郊,所祭言之则谓之圜丘。于郊筑泰坛,象圜丘之形,以丘言之,本诸天地之性。故《祭法》云'燔柴于泰坛',则圜丘也。"
[2] 徐旭生:《中国古史的传说时代》,文物出版社,1988年,第89—90页。

郊祀或禋祀天神之礼在冬至之日举行，《左传·襄公七年》和《桓公五年》所谓"启蛰而郊"，《礼记·明堂位》所谓"孟春……祀帝于郊"，当为鲁国所改之制。

再据《明堂位》所记鲁君郊祀天神"乘大路、载弧韣，旂有十二旒、日月之章，祀帝于郊"，行"天子之礼"。可知祭天乃当时最为隆重的大典礼，其时必配以专车（大路）和专用旗帜（以弧韣之竹为竿，饰以十二旒，绘以日月形象的大常之旗），再设以特定之舞乐（奏黄钟、歌《大吕》、舞《云门》），其礼之盛况可想而知。

至于所用牲牷还有更细悉的规定。首先其名称，先秦礼书称之为"郊牛"或"帝牛"。《春秋·宣公三年》："郊牛之口伤，改卜牛。牛死，乃不郊。"《春秋·哀公元年》："正月，鼷鼠食郊牛。夏四月辛巳，郊。"[1]三月以后伤愈再郊。《礼记·郊特牲》："帝牛不吉，以为稷牛。帝牛必在涤三月，稷牛惟具，所以别事天神与人鬼也。"郊祀之时须先选牛，角如茧栗，不能过长，毛色骍等，再卜牛，再专圈豢养三月，再卜郊祀之日。配祀后稷之牛则不必先养三月，只要体完不损即可。是可见周人对祭天之重视。原因无他，但因祭祀天地是君主专有的特权。

关于日、月、星辰之祀，文献有专名，曰"朝日"、曰"夕月"。其祭礼有三：一曰正祀；二曰从祀；三曰时祀。每年春分之晨祀日，秋分之夕祀月为正祀；郊祀昊天、上帝配祀日、月为从祀；遇灾害或会诸侯而临时行祀为时祀。祀日、月又有分祀、合祀两种：《礼记·祭义》"祭日于坛，祭月于坎，以别幽明，以制上下；祭日于东，祭月于西，以别内外"是分祀；《周礼·春官·大宗伯》"以实柴祀日、月、星辰"是合祀。

《国语·鲁语下》："天子大采朝日，……少采夕月。"《周礼·春官·典瑞》："王晋大圭，执镇圭，缫藉五采五就[2]，以朝日。"《仪礼·觐礼》："天子乘龙，载大旆，象日月，升龙降龙，出拜日于东门之外。"可知祀日月之礼亦为古代之重要典礼，天子乘以高头大马（马八尺以上为龙）；着以绘有十二章之羔皮大裘冕服；举以大常之旗，腰间插以三尺大圭，手执用五采丝帛包缠五匝的尺二镇圭，实柴置牲、币燎以祭日。祭月则着以绘九章有卷龙之冕服，可谓隆重有加。

---

[1]《穀梁传·哀公元年》记为"鼷鼠食郊牛角"。
[2] 五彩即青、黄、赤、白、黑五色。《山海经·中山经》："祈酒大牢祠，婴用圭璧十五，五采惠之。"五就，郑玄注"五帀也"，帀即匝。

至于祭祀司命以下风师、雨师之类天神,为小祀。郑玄注《大宗伯》引郑司农语曰:"风师,箕也;雨师,毕也。"言以两星配祭风师、雨师。又有雩礼,为求雨之祭,则古之大礼,由来已久。《左传·桓公五年》:"龙见而雩。"杜预注:"龙见,建巳之月。苍龙,宿之体,昏见东方,万物始盛,待雨而大,故祭天,远为百谷祈膏雨。"《礼记·月令》:"(仲夏之月)乃命百县雩祀百辟卿士有益于民者,以祈谷实。"郑玄注:"雩,吁嗟求雨之祭也。"雩礼必以坛,曰雩禜,或雩宗。《礼记·祭法》:"雩宗,祭水旱也。"郑玄注:"宗,皆当为'禜'字之误也……雩禜,水旱坛也。"雩礼常用乐舞,《周礼·春官·司巫》:"大雩帝,用盛乐。"甚至以人为牺牲(焚尪)行雩礼祭天求雨。《荀子·大略》等记载成汤以自身为牺牲祷于桑林实亦类于雩礼[1]。

总之,祀天神之行礼方法主要是积柴加玉、帛、牺牲于其上燔燎,使烟气上达以祭之。此礼古或称柴。《说文》:"柴,烧柴焚燎以祭天神。"其本字实即柴。《正字通》:"按祡字本作柴,后人因祭天改从示。"

或称"燎"。《说文》:"尞,柴祭天也。"罗振玉考证曰:"字实从木在火上。卜辞中尞祭皆用天帝及一切自然物,大凡昊天、上帝及日、月、星辰、风、雨皆以尞祭祭之。"[2]

另外,祀天神之礼还有禷,《说文》:"禷,以事类祭天神。"桂馥《说文义证》引钱大昭语曰:"类祭之事,见于经典者有五:……祷祈之类也;……巡守之类也;……行师之类也;……战胜之类也;……摄位之类也。"是禷祭乃指有事件发生随时祀天之礼,禷即类。《周礼·春官·肆师》:"类造上帝,封于大神,祭兵于山川亦如之。"郑玄注:"造,犹即也,为兆以类礼即祭上帝也,类礼依郊祀而为之者。"此为出师征伐时于社祭天神,乃非常之祭。《礼记·王制》:"天子将出,类乎上帝,立乎社,造

---

[1]《文选·思玄赋》李善注引《淮南子》:"汤时大旱七年……乃使人积薪,……将自焚以祭天。火将燃,即降大雨。"《荀子·大略》所记略同。尪乃肢体残障之巫,据人类学资料,巫为专职求雨者,当祭天求雨无望时,往往自焚以感天。裘锡圭先生考证卜辞中已有焚尪之记载。见裘《说卜辞的焚巫尪与作土龙》,《古文字论集》,中华书局,1992年。又杜预注《左传·僖公二十一年》"夏,大旱。公欲焚巫尪"曰:"瘠病之人,其面向上,俗谓天哀其雨,恐雨入其鼻,故为之旱,是以公欲焚之。"又关于雩《春秋》竟21见,又《礼记·檀弓上》《左传·僖公二十一年》《周礼·地官·舞师》等均有详细记载。可见雩祭求雨为古之大礼。

[2] 罗振玉:《古文字中之商周祭礼》,《燕京学报》19期,第114页。

于祢。"孔颖达疏:"此一经论天子巡守之礼也,……类乎上帝者,谓祭告天也。"其他不一一论列。

2. 祭地祇之礼。《说文》:"祇,地祇。提出万物者也。"据《周礼·大宗伯》,地祇包括社稷、五祀、五岳、山、林、川、泽以及四方百物。祭祀方式则为血祭、埋、沉、疈、辜诸种。

郑玄注《大宗伯》曰:"阴祀自血起,贵气臭也。社稷,土谷之神,有德者配食焉。……五祀者,五官之神在四郊,四时迎五行之气于四郊,在而祭五德之帝,五岳:东曰岱宗,南曰衡山,西曰华山,北曰恒山,中曰嵩高山。……祭山、林曰埋,川泽曰沉,顺其性之含藏。疈,疈牲胸也,疈而磔之,谓磔禳及蜡祭。"

血祭,即杀牲以血献祭。《说文》:"血,祭所荐牲血也。"《礼记·郊特性》"血祭,盛气也","郊血,大飨腥,三献爓,一献孰。至敬不享味而贵气臭也"。郑玄注:"郊,祭天也;大飨,祫祭先王也;三献,祭社稷五祀;一献,祭群小祀也。"是血为尊,腥(生肉)次之,爓(过热汤之半生之肉)再次之。故贾公彦疏《大宗伯》:"此经言祭地示三等之礼,尊卑之次,亦是歆神始也。社稷、五祀、五岳,此皆地之次祀,先荐血以歆神,以下二祀不复用血也。"荐血,即以血滴于地,使血气下达于渊泉[1]。

埋,或称瘗。是将牲牲(当取血之牲)、玉、帛掩埋于土,方法是挖一坎,或深或浅,然后将祭品埋藏。甲骨卜辞有埋字,作"〔图〕"[2]。正象于地掘坎阱,牛倒置其中,周围并有土块飞舞。另外卜辞中此字所从之牛,或作羊,或作犬,可知埋祭不限于牛。山西曲沃天马曲村遗址祭祀坑有的深达十数米,坑底可见牛首及璧,是可证。《诗·大雅·云汉》:"不殄禋祀,自郊徂宫;上下奠瘗,靡神不宗。"毛传:"上祭天,下祭地,奠其币,瘗其物。"《周礼·秋官·犬人》:"掌犬牲,凡祭祀共犬牲,用牷物,伏瘗亦如之。"郑玄注引郑司农曰:"瘗谓埋祭也。"

沉,即将牲、币、玉等礼器沉之于水。甲骨卜辞作"〔图〕"[3],象倒牛沉于水,并有水花溅起以祭川泽之形。《淮南子·说山训》:"尸祝斋戒以沉诸河。"高诱注:

---

[1] 见金鹗:《求古录礼说十四·燔柴瘗埋考》,《皇清经解续编》卷六六七。
[2] 见《甲·八九〇》。
[3] 见《粹·九》。

"祀河曰沉。"李贤注《后汉书·祭祀志上》引《汉祀令》:"天子行有所之,出河,沉用白马、珪璧各一。"是所沉礼品不惟牺牲,还有玉器等。《左传》中数见"沉璧""沉玉"之事,可证。

疈辜二祭义近音近,疈(pì),劈牲之胸肉;辜,磔也,肢解牲体。《周礼·夏官·小子》:"凡沉辜侯禳,饰其牲。"郑玄注:"辜,谓磔牲以祭也。"疈实乃副之古写。《说文》:"副,判也。"《玉篇》:"副,破也。"《礼记·曲礼上》:"为天子削瓜副之。"郑玄注:"副,析也,既削又四析之。"《山海经·中山经》:"其祠泰逢、熏池、武罗皆一牡羊,副。"郭璞注:"副,谓破羊骨磔之以祭。"疈祭起源甚古,甲骨卜辞用牲祭祀之法有箙,《林·二、三、十一》:"卯三宰,箙一牛于宗。"《前·五、九、八》:"酒黄尹于丁……箙二牛。"箙即疈字[1]。辜,即磔,《说文》:"磔,辜也。"段玉裁注:"凡言磔者,开也,张也,剖其胸腹而张之,令其干枯不收。"《周礼·秋官·掌戮》:"杀王之亲者辜之。"郑玄注:"辜之言枯也,谓磔之。"孙诒让正义:"辜,即枯也……辜、枯,字古通。"

又《周礼·春官·典瑞》:"两圭有邸以祀地,……璋邸射以祀山川。"郑玄注:"两圭者,以象地数二也,僢而同邸。祀地,谓所祀于北郊神州之神。……璋有邸而射取杀于四望。郑司农云:'射,剡也'。"《周礼·考工记·玉人》:"两圭五寸有邸以祀地,以旅四望。……璋邸射素功,以祀山川,以致稍饩。"郑玄注引郑司农语云:"素功,无瑑饰也。"《周礼·春官·典瑞》:"以黄琮礼地。"可知祭祀地祇之礼之用玉或沉或埋,也是有既定规制的。

《周礼·春官·大司乐》:"乃奏大蔟,歌应钟,舞咸池,以祭地示;……乃奏姑洗,歌南吕,舞大磬,以祀四望;……乃奏蕤宾,歌函钟,舞大夏,以祭山川。……若乐八变,则地示皆出,可得而礼矣。"其所列之地祇名目与《大宗伯》大同小异。亦由此可知,祭地祇之时,无论血祭之礼社稷,埋沉之礼山川,疈辜之礼四方百物[2],均有相应等级规格的乐舞相配合,以助其祭,以隆其盛。

---

[1] 雷汉卿:《说文示部字与神灵祭祀考》,巴蜀书社,2000年,第99页。

[2] 郑玄注《大司乐》之六乐:"变,犹更也,乐成则更奏也,此谓大蜡(zhà)索鬼神而致百物。六奏乐而礼毕。"又注:"四望、五岳、四镇、四渎。"

上节言祀昊天、上帝之禋祀,古籍或曰"郊"。与之相对,祭社稷、五祀、五岳诸地祇之礼,古籍则曰社。《尚书·召诰》:"越三日丁巳,用牲于郊,牛二;越翼日戊午,乃社于新邑,牛一、羊一、豕一。"《礼记·郊特牲》:"社,所以神地之道也。地载万物,天垂象,取材于地,取法于天,是以尊天而亲地也,故教民美报焉。"《礼记·礼运》:"故祭帝于郊,所以定天位也;祀社于国,所以列地利也;祖庙,所以本仁也。"

社,本字即土,《说文》:"土,吐出万物者。"对土生息万物之功的神化即为社。《说文》:"社,地主也。"是社神即土地神。故郑玄注《礼记·郊特牲》曰:"国中之神,莫尊于社。"又注《礼记·月令》曰:"社,后土也,使民祀焉,神其农业也。"《礼记·王制》:"天子将出,类乎上帝,宜乎社,造乎祢。诸侯将出,宜乎社,造乎祢。"是社祀乃祭地祇之礼中之大礼。《礼记·祭法》:"王为群姓立社曰大社,王自为立社曰王社;诸侯为百姓立社曰国社,诸侯自为立社曰侯社;大夫以下成群立社曰置社。"天子出征立军社。《左传·定公四年》:"君以军行,祓社衅鼓,祝奉以从。"杜预注:"师出,先事祓祷于社,谓之宜社。于是杀牲以血涂鼓鼙,为衅鼓。"祈求丰年、求雨要祭社[1],遇不时之灾也要祭社,《春秋·庄公二十五年》:"六月辛未朔,日有食之,鼓,用牲于社……秋大水。鼓,用牲于社"。诸侯间盟誓于社[2]每年年底之蜡祭亦行于社[3]。《礼记·月令》记载了蜡祭之仪式,十分隆重。其由国君亲自主持,国君"皮弁素服(白皮帽,白色礼服)",附祭者则黄冠、黄衣。此外,社还是男女欢爱肆情之所,故求子之礼也在社中举行。因此陈寅恪说:

> 余尝治我国文化史者,当以社为核心。大抵人类生活中最基本者不过二事,自个人言之,曰男女曰饮食;自社会言之,曰庶曰富。故先民之礼俗之重要者,莫如求子与求雨,而二事又毕寓于社[4]。

---

[1]《周礼·春官·肆师》:"社之日,涖卜来岁之稼。"贾公彦疏:"祭社有二时,谓春祈秋报也。"
[2]《左传·定公六年》:"阳虎又盟公及三桓于周社,盟国人于亳社。"
[3]《礼记·郊特牲》记载蜡祭之神有八:先啬、司啬、农、邮表畷、虎、猫、坊、水庸。
[4] 陈梦家:《高禖郊社祖庙通考》附录《陈寅恪跋》,《清华学报》12卷3期。

至于"四方百物"之类地祇小神,《礼记·祭法》言有"七祀",即司命(命运之神)、中霤(宅神)、国门(门神)、国行(管出入之神)、泰厉(杀罚灾害之神)、户(与门、行类似)、灶(主饮食主神)。《礼仪·聘礼》记使者将出行,须"释币于祢",使者归则"释币于门"。此门即门神,"释币"则是一种最简单的祭礼,即在庙中或门口置币于几案之上,祝告之后将币埋于阶下。可见,祭祀此类小神之礼当相对简约。

3. 享人鬼之礼。即宗庙之祭。商代享祖先宗庙之祭已较发达,据甲骨卜辞所揭示,商人礼拜对象可分二类:一类是高祖远公,如夔、亥、河等;一类是上甲以下的近祖及成汤以下的先王、先妣。礼前者,以燎祭为多,可知其已接近自然神[1]。礼后者则有独祭、合祭和周祭三类[2]。其行礼方式已不可考。宗庙之祭则为周礼中之最重要,也最繁复者。其祭拜对象相对单一,不似天神、地祇之种类繁多,只是先王祖宗。然而祭祀名目,却多种多样。《国语·楚语下》:"古者先王日祭、月享、时类、岁祀。诸侯舍日,卿大夫舍月,士庶人舍时。"韦昭注:"告以事类曰类。日祭于祖考,月荐于曾高,时类及二祧,岁祀于坛墠。"由此可知,享人鬼之礼基本有四类:日祭、月享、时类、岁祀。而诸侯不行日祭、卿大夫不行月享、士庶人不行时类。时类,即时祀,四季之祭,为周代礼节隆重的大礼。而据晚近有的学者考证,商代无四时概念,只有春、秋,而无夏、冬,如是,则商无享祖先四时之祭。

《周礼·春官·大宗伯》:"以肆献享先王,以馈食享先王,以祠春享先王,以禴夏享先王,以尝秋享先王,以烝冬享先王。"郑玄注:"宗庙之祭,有此六享,肆、献、祼、馈食,在四时之上,则是祫也,禘也。肆者,进所解牲体,谓荐孰时也。献,献醴,谓荐血腥也。祼之言灌,灌以郁鬯,谓始献尸求神时也。……必先灌乃后荐腥荐孰。于祫逆言之者与下共文,明六享俱然。"故所谓时祭,即春祠、夏禴、秋尝、冬烝。关于四时之祭,先秦礼书和其他经典所言甚夥,如《诗·小雅·天保》《礼记·明堂位》(少春祠)、《国语·鲁语上》《礼记·祭统》《礼记·祭义》《礼记·玉制》等,只

---

[1] 陈梦家:《殷虚卜辞综述》,科学出版社,1956年,第345—352页。
[2] 参见许进雄:《殷墟卜辞中五种祭祀的研究》,"台湾大学文史丛刊"之二十六,1968年。常玉芝:《商代的周祭制度》,中国社会科学出版社,1987年。朱凤瀚:《殷墟卜辞所见商王室宗庙制度》,《历史研究》1990年6期等。

是或谓夏礿为夏禘,其他三祭名目均同。但郑玄认为四时祭之上还有二礼,即祫与禘,而《祭义》《王制》《祭统》等所言祫禘乃夏殷祭名。并言"禘,大于四时而小于祫"(《诗·周颂·雍》郑玄笺),且"三年一祫,五年一禘"[1]。疑郑玄受时风,即神谶学说及《公羊春秋》学之影响,恐怕言之不经,"不足以证周代之礼制"[2]。实际上祫祭并不属享人鬼之专用祭名。《说文》:"祫,大合祭先祖亲疏远近也。"《左传》《仪礼》《周礼》均不见是字,《礼记》中三见,但均不与禘并列而为祭名,而与犆对言。犆,特也,一也。而祫,合也,一无疑义。《礼记·王制》:"天子犆礿,祫禘,祫尝,祫烝。诸侯礿则不禘,禘则不尝,尝则不烝,烝则不礿。诸侯礿犆,禘一犆一祫,尝祫,烝祫。"是至为明确[3]。

禘者,确为周代享宗庙祖先一大祭。金文禘作啻,无一例外,如《小盂鼎》:"王各周庙……用牲,啻周王、武王、成王。"如《剌鼎》:"王啻,用牡于大室,啻邵王。"又《繁卣》《大簋》也有王禘其祖先的记载[4]。《左传·昭公二十五年》:"禘于襄公。"《左传·定公八年》:"禘于僖公。"与金文相合。金文之"啻"实"帝"之繁写。《礼记·曲礼》:"措之庙,立之主,曰帝。"《易·益》郑玄注:"帝者,生物之主,兴益之宗。"故《礼记·丧服小记》曰:"王者禘其祖之所自出,以其祖配之,而立四庙。……礼,不王不禘。"周人立嫡不以长。嫡子,宗子也,非宗子则不为王,不王则无资格禘其始祖,上揭金文实亦可证之。故《礼记·祭法》:

有虞氏禘黄帝而郊喾,祖颛顼而宗尧;夏后氏亦禘黄帝而郊鲧,祖颛顼而宗禹;殷人禘喾而郊冥,祖契而宗汤;周人禘喾而郊稷,祖文王而宗武王。[5]

且不论其是否符合历史事实,但禘礼之为享祖先一大祭是无可置疑的。同时

---

[1] 段玉裁《说文解字注》引郑玄语。
[2] 钱玄《郑玄〈鲁礼禘祫志〉辨》,《古籍整理研究学刊》1994年5期。
[3] 可参见崔述《经传禘祀通考》,《崔东壁遗书·王政三大典考》卷二。
[4] 参见刘雨《西周金文中的祭祖礼》,《考古学报》1989年4期。另可参考董莲池《殷周禘祭探真》,《人文杂志》1994年5期。
[5] 《国语·鲁语上》所记与《祭法》大致相同。

《礼记·祭法》又给我们一个新的提示,即享宗庙祖先除禘礼之外,还有郊、祖和宗。

然《国语·鲁语上》又曰:

> 夫圣王之制祀也,法施于民则祀之,以死勤事则祀之,以劳定国则祀之,能御大灾则祀之,能扞大患则祀之。……非是族也,不在祀典。……凡禘、郊、祖、宗、报此五者,国之典祀也。

能当此"法施于民""以死勤事"等五者,非祖先莫属,而"非是族也,不在祀典"。故可知此段亦讲享宗庙人鬼之礼,但除禘等四礼外似还有报礼。且让我们逐次作以分析。

禘者,已如上述。郊者,如前文本指祀天之礼,但祀天神之时须配祭始祖,故此处乃指郊祀配祭始祖;祖者,由其礼拜对象可知是指对开创基业者的祭祀;宗者,宗祖上德高者,《孔子家语·庙制》云:"古者祖有功而宗有德。"是此宗指对祖上德高者的祭祀。至于报,当非专名,《国语·鲁语上》:"幕能帅颛顼者也,有虞氏报焉。"韦昭注:"报,报德,谓祭也。"《诗·周颂·良耜》序:"良耜,秋报社稷也。"孔颖达疏:"秋物既成,王者乃祭社稷之神,以报生长之功。"是报当泛称,非专以享祖先。因为礼之本义实即报,"报本反始也"[1]。

至于前揭《周礼·春官·大宗伯》之"肆""献""祼"和"馈食",既非郑玄所云"祫言肆、献、祼,禘言馈食",分属祫、禘。那么究竟应作何解?我们认为当从时贤钱玄先生的观点,其中多属享宗庙祖先时的具体礼节[2]。时祭、岁祀和禘礼甚至月享,诸享祖先之典祀均行之。《周礼·春官·司尊彝》:

> 春祠、夏禴(礿),祼用鸡彝、鸟彝、皆有舟,其朝践用两献(牺)尊,其再献用两象尊,皆有罍,诸臣之所昨(酢)也。秋尝、冬烝,祼用斝彝、黄(觥)彝,皆

---

[1] 见前所引《礼记·礼器》。
[2] 钱玄:《三礼通论》,南京师范大学出版社,1996年,第468—469页。

有舟,其朝献用两著尊,其馈献用两壶尊,皆有罍,诸臣之所昨(酢)也。"郑玄注:"祼,谓以圭瓒酌郁鬯,始献尸也。后于是以璋瓒酌亚祼。……朝践,谓荐血腥;酌醴,始行祭事。……馈献,谓荐孰时(食)。"

这里讲时祭的基本仪程,第一步祼礼,即祼鬯以降神;第二步朝践,荐血腥;第三步酌醴,祭祀正式开始;第四步馈献,即荐熟食。至于郑玄所云九献之礼,无更多的材料可资论证,本文暂不论列。其实,祼、朝践、酌醴、馈献也并非四时祭所特有。尤其祼,如《礼记·祭统》所云:"夫祭有三重焉:献之属,莫重于祼;声莫重于升歌;舞莫重于武宿夜(武曲)。"是祼为献祭宗庙先王祖先之要礼。其义也甚明确,如《大宗伯》所言:"以时将瓒果(祼)。"郑玄注:"祼之言灌。"即以瓒(以玉圭或璋为柄的大勺)酌郁鬯灌地(浇灌在白茅上)降神、敬神。礼家所争论者只有一点,即王直接灌地,拟或灌尸而由尸灌地,我们从后者[1]。"祼"字《易经》借为"盥",《诗经》作"祼",《周礼》"祼""果"并用,《论语》《礼记》则均作"灌"。

《礼记·郊特牲》:"周人尚臭,灌用鬯臭,郁合鬯,臭阴达于渊泉。灌以圭璋,用玉气也。既灌,然后迎牲,致阴气也。"夏商时祼礼之实施情况无从细考,周人享祖之用祼礼,酒用郁鬯,即用郁金香草调和秬鬯,以取其香味,借以灌地招徕祖神。其具体过程是,王酌郁鬯先授以尸(神主偶像),尸得献而以祭酒灌地降神。由于祼礼为享先王之大礼,故所用祼器、配合之歌舞都非常讲究,《礼记·明堂位》所记甚为详明,且待下文再论。又祼礼只用于享宗庙祖先。郑玄注《周礼·天官·小宰》"凡祭,赞王币爵之事,祼将之事"说得很对:"唯人道宗庙有祼,天地大神至尊不祼,莫称焉。"贾公彦疏:"用鬯者,唯有宗庙。"

肆,如郑玄注《大宗伯》:"进所解牲体。"实即第二阶段朝践之内容,"谓荐血腥"。章炳麟《新方言·释词》:"古以肆为杀,今以杀为肆。"《小学答问》又曰:"《诗》《礼》皆谓祭牲体解为肆,以肆为剔。"是肆即杀牲取血腥,如上揭,血为尊,本专用于郊祀天神,而为歆社稷、五祀、五岳地祇大神,亦用之血祭。此处则用于享祖

---

[1] 参见邹衡:《试论夏文化》,《夏商周考古论文集》,文物出版社,1980年,第149页。

先人鬼祼礼之后,亦旨在歆神无疑。

献,当非祭祖之专名。献鬯曰祼,献血腥,曰朝践,献熟食曰馈,义甚广泛。郑玄注《仪礼·乡饮酒礼》:"献,进也。"《周礼·天官·玉府》:"凡玉之献金玉……之物,受而藏之。"郑玄注:"尊之则曰献,通行曰馈。"贾公彦疏:"正法:上于下曰馈,下于上曰献。"又上揭《祭统》:"献之属。"是以礼器祭献鬼神均曰献。主人进酒于客曰献酒;后宫献丝帛之属曰献功[1]。

馈食,即献熟食。《周礼·天官·笾人》:"馈食之笾。"郑玄注:"馈食,荐孰者。今吉礼存者……不祼,不荐血腥,而自荐熟始,是以皆云馈食之礼。"馈者,即进食于人。《周礼·天官·膳夫》:"凡王之馈,食用六谷,膳用六牲。"郑玄注:"进物于尊者曰馈。"与上郑注《玉府》有异,当从是注。馈献不必对称,献则泛,馈则专也。

关于时祭宗庙四礼:祠、礿(禘)、尝、烝。《说文》:"祠,春祭曰祠,品物少,多文祠也。从示,司声。仲春之月,祠不用牺牲,用圭璧及皮币。"礿,即酌,酌新酒;尝,尝新谷;烝,《尔雅·释诂下》:"烝,进也。"《诗·周颂·丰年》:"为酒为醴,烝畀祖妣。"毛传:"烝,进。"《春秋繁露·四祭》:"四祭者,因四时之所生孰而祭其先祖父母也。故春曰祠,夏曰礿,秋曰尝,冬曰烝。"

四时祭所用礼品,《礼记·王制》记载甚明:"春荐韭,夏荐麦,秋荐黍,冬荐稻。韭以卵,麦以鱼,黍以豚,稻以雁。"以粮食作物为主,同时配以新获副食品。《春秋繁露·祭义》曰:"宗庙之祭,物之厚无上也。春上豆实,夏上尊实,秋上朹(簋)实,冬上敦实。豆实,韭也,春之所始生也;尊实,曲(麴)也,夏之所长也;朹(簋)实,黍也,秋之所先成也;敦实,稻也,冬之所毕熟也。"

四时祭名有其三出现于金文,即禴(礿)、尝和烝。如《臣辰盉》:"隹王大禴于宗周。"《姬鼎》:"用糦(烝)用尝,用孝用享,用匄(祈)眉寿无疆。"《大师虘豆》:"大师虘作羞(烝)障豆,以邵洛朕文祖考。"《六年召伯虎簋》:"用作朕剌祖召公尝簋……用享于宗。"等等。三祭礼时间未必在夏、冬、秋,但均用于享宗庙祖先,一无

---

[1]《周礼·天官·内宰》:"佐后受献功者。"郑玄注:"献功者,九御之属,郑司农云:'烝而献功。'"贾公彦疏:"谓内宰助后而受女御等献丝枲之功、布帛等。"

例外。其实禴、烝二礼商代已有，如《后上·四、三》："王宾小乙乡禴叔，亡尤。"如《林·一、二六、一七》："畀于祖乙。"可知此二礼于商代亦为享宗庙祖先之用。尤其后者卜辞或作"登"，畀即登，《陈侯午敦》："以登以尝"。

卜辞中常见"登鬯""登麦""登黍""登米"[1]之例，亦为享祖之礼。西周金文中惟不见祠礼，但周原甲骨出现二例：《H11：20》"祠自蒿于丰"；《H11：117》"祠自蒿于周"[2]。因此可知四时祭由来已久。故礼书之外其他经典也时见烝、尝之例。如《书·洛诰》："王在新邑，烝祭岁，文王骍牛一、武王骍牛一。"《左传·桓公五年》："闭蛰而烝。"《左传·桓公十四年》："秋八月壬申，御廪灾。乙亥，尝。"《诗·鲁颂·閟宫》："秋而载尝，夏而福衡。"等等。

总之四时祭确为享宗庙祖先之中最为隆重者。行礼之时，除祭献粮食作物、副食之类馈食外，还要行祼礼，行荐血腥之礼还要酌醴。其礼器规格、种类、形制也是所有吉礼中最为显赫、最为讲究的，如祼器之玉瓒和盛器鼎俎、簠簋、笾豆之属。再自始至终配以乐舞[3]。其盛况可想而知。

至于享人鬼之日祭、月享和岁祀，先秦礼书或失载，或语焉不详。礼学家一般认为日祭、月享均较为简约。有人更以为周王七庙，如一日一祭七庙，必力所不及，故否定日祭之说，如金鹗、黄以周。《礼记·祭法》："考庙，王考庙，皇考庙，显考庙，祖考庙，皆月祭之。"是月享于古有征。月享分两步进行，一为告朔，二为朝庙。即每月初一告朔于明堂，然后遍祭诸庙，行朝庙之礼。诸侯则告朔于太庙。《论语·八佾》："子贡欲去告朔之饩羊。"则诸侯每月告朔之后行朝庙之礼须祭献特牲——饩羊。朱熹集注《论语·八佾》曰："月朔，则以特羊告庙，请而行之。饩，生牲也。"孔颖达疏《礼记·玉藻》曰："天子告朔以特牛，诸侯告朔以特羊。"

享祖先人鬼之礼在周代最重视，故亦最复杂，以上所述乃其大概。

下面，将本章简要总结一下：

---

[1] 分别见于《甲·二四〇七》《库·一〇六一》《掇·一、四三八》《屯南一八九》。

[2] 刘雨：《西周金文中的祭祖礼》，《考古学报》1989年4期，第513页。不过此祠，当立祠而祭，与时祭之祠有别。

[3] 《周礼·春官·大司乐》"王出入则令奏王夏，尸出入则令奏肆夏"；《叔钟》"叔作宝钟，用享先祖"；《礼记·祭统》"及入舞，君执干戚入舞位，……以乐皇尸"。

（1）中国文化是一种礼乐文化。中国古代文明属于农业文明，农业是我们的祖先做出的自然而高明的选择，无论粟作、稻作均有一个特性，即靠天吃饭。因而向上天献媚示爱，继而向祖先贡献示孝自在情理之中，这正是礼的本义和由来。

（2）礼是由中国史前时期巫觋者流事神活动脱胎发展而来。中国古巫与西方所谓"巫术"有本质的不同，彼是一种企图对自然神实施强迫性手段以满足人们的某种需求或愿望。而中国古巫则是以一种亲和的态度、一种和平的方式力求交好自然神灵，而这一点正构成中国古礼的基本素质。

（3）礼是一种文明形态，具有明确的认识性特征。礼是中国文明产生的重要和主要标志之一，而且也是区别于其他古文明的重要特点。礼是由对自然神的崇拜转向对人自身的关注，并由之产生以氏族先王为中心的祖先崇拜之后的产物。

（4）确切地讲，礼产生于三代文明之初。夏礼由于缺乏文献记载尚不能确知，但由考古发现可以证明夏礼的存在，其基本状态当如文献所云"脱"，即较为粗疏。到了商代，特别是晚商，礼已获得了相当的发展，商礼虽然尚明显保留一些对自然神的信仰，但祖先崇拜的地位已得以很大地提升，并渐渐形成一套初具规格的程式，因之以祭祀为中心的商礼已基本"成于文"。周代，礼则进入全面制度化阶段，礼制终于建立了起来。因此西周时期是中国古礼最辉煌和鼎盛的时期，亦即文献所谓"隆"。春秋以降，随着人文精神的发育，礼进入新的阶段——"礼崩乐坏"，由此中国古礼无可逆转地走向式微和衰落。

（5）礼基本有两大构成，一是国家制度意义的礼，二是社会交际意义的礼。我们关注的是前者，其主要是《周礼》所谓"吉、凶、宾、军、嘉"五礼，而其中吉礼最为重要和最具代表性，最能体现礼的性质和品格，代表着礼发展演变的主流及其规律。

（6）吉礼主要分两大系统，即以天地为中心的天道自然神系统和以氏族先王为中心的人道祖先神系统。两大系统的行礼方式有着重要差别，天道系统主要以燎祭为主，即禋祀，包括实柴、槱燎、埋、沉、血祭、疈、辜等，而可概称为郊、社；人道系统主要以祼和馈献为主，有庙有尸，包括禘及祠、礿（禴）、尝、烝，四时祭以及告朔、朝庙等，而可概称禘、祖、宗。

三、说礼器

释义

《说文》：" 豊,行礼之器也,从豆,象形。"如前所揭,王国维以殷墟卜辞之 󰀀 字驳许氏从豆象形之说,并指出:"盛玉以奉神人之器谓曲若豊,推之而奉神人之酒醴亦谓之醴,又推之而奉神人之事通谓之礼。"[1]王氏所论至当不移。我们由礼字之构形已清晰可知,古来行礼本以玉以鼓,而醴、礼本一字,故又以醴。《仪礼·士昏礼》:"宾入,接如初礼。"郑玄注"古文礼为醴";《仪礼·聘礼》:"明日宾拜于朝。"郑玄注"今文礼为醴",是又可证之。这里的玉、鼓及醴之属所谓"奉神人之器",或曰行礼之器,即礼器。

《礼记·表记》:"无礼不相见也。"郑玄注:"礼谓挚(贽)也。"《仪礼·士相见礼》:"不以挚,不敢见。"在"国之大事,在祀与戎"[2]的中国上古社会环境中,人伦交际会通尚且如此,又何况祭祀上帝祖先。《礼记·哀公问》:"是故君子无物而不礼矣。"《史记·五帝本记》曰:"絜(洁)诚以祭祀。"《礼记·中庸》曰:"齐(斋)明盛服,以承祭祀。"《礼记·郊特牲》曰:"取财于地,取法于天,是以尊天而亲地也,故教民美报焉。"《国语·楚语下》曰:"礼乐之宜,威仪之则,容貌之崇,忠信之质,禋絜之服,而敬恭神明者,以为之祝。"礼的主体精神之一即"报",《礼记·曲礼》:"礼尚往来。"《礼记·乐记》:"礼报情反始也。"杨向奎先生认为礼即是报答恩情而回溯起始的,确有其道理[3]。既要祭祀,既要行礼,既要"尊天地,傧鬼神"[4],既要"美报",则必须有所表示,此乃人之常情,事之彝则。《礼记·祭统》:"是故贤者之祭也,致其诚信,与其忠敬,奉之以物,道之以礼。"不然何以示忠信,示诚、示孝？故礼必有物有质,必有祭品,必有礼器。《孟子·滕文公下》:"牺牲不成,粢盛不絜

---

[1] 王国维:《释礼》,《观堂集林》卷六,第290页。
[2] 《左传·成公十三年》。
[3] 杨向奎:《礼的起源》,《孔子研究》1986年创刊号。
[4] 《白虎通义·礼乐》:"礼者,所以尊天地,傧鬼神,序上下,正人道也。"

(洁),衣服不备,不敢以祭。"《穀梁传·成公十年》:"衣服不修不以祭,车马器械不备不以祭。"《左传·庄公十年》:"牺牲玉帛,弗敢加之,必以信。"[1]这里的牺牲、粢盛、礼服、车马器械等就是祭祀所必备的礼器。

那么进而申之,既为礼器,既为祭献交通上帝祖先的礼器,必不同于日常社会生活所用器具,其祭献方式也必不同于日常社会生活中的一般行为,而必须具备一定的特殊性,即必须具有一定的超世间的神圣意义。

同时,礼器既为行礼之器,那么其毋庸置疑是礼的必然产物,或曰礼的构成之一。而如上述,礼为一种文明形态,它不同于史前蒙昧社会巫觋者流的事神行为,而带有明显的认知性,因此礼器就必然又与巫觋活动中所使用的法具、灵物之类有着本质的差异。

由此,我们可以给礼器下这样的一个定义:所谓礼器,就是礼活动——中国古典社会生活中最重要、最高尚的活动中所使用的特定性器物,也就是向上天和祖先敬献的特定礼物及其敬献时所使用的特定器具。

而这种特定性就是礼器的基本品格或基本特征:(1)质材和形制相对固定;(2)职能或社会功能专业化;(3)敬献仪式程序化[2]。

当然这种特定性,与史前巫觋者流事神行为中的法具、灵物的差异起初是不明确和不固定的,或者说仍带有相当的偶发性、随意性和无序性。但随着礼的逐步发育和成熟,特别是随着礼制的确立,礼器才终于得以规范而固定下来,并最终实现专业化和程序化。如果说,中国三代古礼的生成发展是遵循着由"脱"而"成文"而"隆"这样一条规律,那么礼器的发展也同样经历了大致相同的三个历史阶段。

总之,礼器是中国古礼体系中最重要的最基本的物质构成,是礼乐文明的表征和重要载体。

---

[1] 杜预注《左传·庄公十年》:"祝辞不敢以小为大,以恶为美。"钱钟书《管锥篇》说:"'加'者,夸诬失实也,为'信'之反。"

[2] 张辛:《长江流域早期青铜文化的形上观察》,《长江流域青铜文化研究》,科学出版社,2002年。

礼器的质材品类选择

《礼记·礼运》："夫礼之初，始诸饮食，其燔黍捭豚，汙尊而抔饮，蒉桴而土鼓，犹若可以致其敬于鬼神。"

这段文字本是讲礼起源于向神灵奉献饮食，燔烧好黍稷，用手撕开猪肉，凿地为尊，用手掬水，再用草枝和泥做成鼓槌以敲击土鼓作乐，如此即可将虔敬之情传达给神灵。但是这种史前事神情况的描述却给人们传达出一个非常重要的信息，即中国古代的事神行为自古就具有一个重要特点，即形式尚简，礼器尚简，重精神而不重物质形式。《礼记·郊特牲》："扫地而祭，于其质也；器用陶匏，以象天地之性也……笾豆之荐，水土之品也，不敢用亵味而贵多品，所以交于神明之义也。"又郑玄注上揭《礼记·礼运》句曰："言其物虽质略，有斋戒之心则可以荐羞于鬼神，鬼神享德不享味也。"鬼神既"惟德是辅"，那么要取悦于鬼神，必须投其所好。《左传·僖公五年》记载虞国大夫宫之奇，反对晋假虞伐虢而与虞公的一段对话：

公曰："吾享祀丰絜，神必据我。"对曰："臣闻之，鬼神非人实亲，惟德是依。故《周书》曰……：'黍稷非馨，明德惟馨。'又曰：'民不易物，惟德繄物。'如是，则非德民不和，神不享矣。神所凭依，将在德矣。若晋取虞而明德以荐馨香，神其吐之乎？"

可见"物贵由人"，"所贵在于德"[1]，而不在于礼器是否丰厚洁美。故孔子曰："礼云礼云，玉帛云乎哉！乐云乐云，钟鼓云乎哉！""礼，与其奢也，宁俭。"[2]均是在强调礼的这一主体精神。《左传·昭公五年》关于礼之质与礼之仪的争论也集中反映了这方面的问题。

---

[1]《尚书·旅獒》伪孔传："言物贵由人，有德则物贵，无德则物贱，所贵在于德。"
[2]《论语·八佾》。

然而,与中国文化的所有产品一样,礼虽强调俭或简,但并非一味求俭,一概求俭。而且此俭亦并非低级、原始之俭,而是抽象之俭,是要而不繁,是减迹象以增内含,是形式与内容的有机统一。"文质彬彬,然后君子"[1]。《礼记·礼器》:"先王之礼也,有本有文。忠信,礼之本也;义理,礼之文也。无本不立,无文不行。"忠、信、诚、孝乃"德之则"、礼之本,而义理、仪节、礼器等则属于礼之外在形式,可谓"礼之经"[2]。礼是内在道德与外在形式的统一,这也正是中庸精神的基本要求。《礼记·仲尼燕居》:"礼乎礼,夫礼所以制中也。"既为礼,既为礼器,太奢太俭,太美太菲,太繁太简,太多太寡,太文太素等均不合义理[3],均有悖礼之本。故必适度把握、恰如其分。《礼记·礼运》:"是故先王之制礼也,不可多也,不可寡也,唯其称也。"何以称呢?其基本原则只能是《礼记·礼器》所云:"合于天时,设于地材,顺于鬼神,合于人心。"其具体标准规定在先秦礼书和《国语·楚语下》等文献中则均有所记载。

关于礼器的质材选择,作为礼器制作或配备的前提,无疑是至关重要的。既然要不同于一般的社会物质文化产品,既然要彰显其某种特定性,故首当其冲的条件和标准便是圣洁。由此,礼器的质材当主要有如下四大类。

其一,必为当时社会生产等活动之必需品中相对精美,而为人们所普遍钟爱者。如玉器。《说文》:"玉,石之美有五德,润泽以温,仁之方也;䚡理自外,可以知中,义之方也;其声舒扬,専以远闻,智之方也;不挠而折,勇之方也;锐廉而不枝,絜(洁)之方也。"自古,人们对玉之赞美不绝于耳,《国语·楚语下》:"玉帛为二精。"《楚语下》又载王孙圉语曰:"国之宝有六,玉乃其一,'玉足以庇荫嘉谷,使无水旱之灾,则宝之'。"《韩诗外传》载孔子语曰"水之精为玉",《管子》讲"夫玉之所以贵者,九德出焉","是以人主贵之,藏之为宝、刻以为符瑞"。《大戴礼记》:"玉在山而木润,……玉者,阴中之阳也。"《财货源流记》则曰:"玉,天地之精也。"当然最著名

---

[1]《论语·雍也》。
[2]《左传·隐公十一年》:"恕而行之,德之则也,礼之经也。"礼之经与德之则既对立又相互联系,礼之经却以德之则为基础。
[3]《礼记·中庸》:"义者,宜也。"《礼记·丧服四制》:"理者,义也。"郑玄注:"行而直之谓之义。"

者还是《礼记·聘义》所载孔子那段话：

> 子贡问于孔子曰："敢问君子贵玉而贱碈者，何也？为玉之寡而碈之多与？"孔子曰："非为碈之多故贱之也，玉之寡故贵之也。夫昔者君子比德于玉焉。温润而泽，仁也；缜密以栗，知也；廉而不刿，义也；垂之如队，礼也；叩之其声清越以长，其终诎然，乐也；瑕不掩瑜，瑜不掩瑕，忠也；孚尹旁达，信也；气如白虹，天也；精神见于山川，地也；圭璋特达，德也；天下莫不贵者，道也。诗云：'言念君子，温其如玉。'故君子贵之也。"

这是典型的天人合一，以玉的物理性质来象征、比附人的品行，故《老子·七十章》："君子被褐怀玉。"《新书·道德说》："能象人德者，独玉也。"《礼记·礼器》："束帛加璧，尊德也。"当然以玉比德的基础还在于玉的物理性质之特出：质坚外柔，清明温润，色泽美而声音舒扬。然而更为重要的是，人们崇玉尚玉，并寄之以情感和愿望的根本原因，最终还是来自根深蒂固的石崇拜。因为石器是主宰了人类社会99%以上历史的生产力的代表，由之将其中最美丽、最圣洁的玉作为向神祇敬献的礼物自然是最为理想、最合适不过的了[1]。

其二，必为当时人类社会生活所最为依赖，或曰须臾不可离之的必需品中之相对超常特出者。即牺牲、粢盛之类。《周礼·地官·牧人》："凡祭祀，共其牲。"《国语·周语上》："使太宰以祝史……奉牺牲、粢盛、玉帛往献焉，无所祈也。"韦昭注："纯色曰牺。"凡牺牲必纯色，而肢体必完具，故又称牲牷，《左传·桓公六年》："吾牲牷肥腯。"杜预注："牷，纯色完全也。"《周礼·地官·牧人》："牧人掌牧六牲而阜蕃其物，以共祭祀之牲牷。"郑玄注："郑司农云'牷，纯也'，玄谓牷，体完具。"又称牺牷，《管子·形势》："牺牷圭璧，不足以饗鬼神。"《礼记·祭义》："牺牷祭牲，必于是取之，敬之至也。"孔颖达疏："牺，纯色，谓天子牲也；牷，完也，谓诸侯牲也。"是牺牲与一般日常食用之六牲的最基本的区别就是要求毛色纯正，肢体完具。而且

---

[1] 参见张辛《礼、礼器与玉帛之形上学考察》，《中国文物报》2000年12月24日学术版。

还有一个标准即"毋用牝"[1]。又周尚赤,故毛色亦须纯赤色。《诗·鲁颂·閟宫》:"皇皇后帝,皇祖后稷,享以骍牺。"毛传:"骍,赤;牺,纯也。"《礼记·郊特牲》:"于郊,故谓之郊。牲用骍,尚赤也,用犊,贵诚也。"是牺牲专用以犊,齿高不用。《礼记·王制》:"祭天地之牛角茧栗,宗庙之牛角握,宾客之牛角尺。"孙希旦《集解》:"茧栗,谓牛角初出,若茧栗,栗突然也,祭天地之牲用犊,贵诚之意也。"而且牺牲在行祭之前,还须特意装饰。《周礼·夏官·小子》:"凡沉辜侯禳,饰其牲。"《庄子·列御寇》:"子见夫牺牛乎?衣以文绣,食以刍叔(菽),及其牵而入于大庙,虽欲为孤犊,其可得乎?"是可证之。

同时,既为牺牲,则须专职官员负责饲养。如上揭《周礼·地官·牧人》:"牧人掌牧六牲而阜蕃其物,以共祭祀之牲牷。"郑玄注六牲为马、牛、羊、豕、犬、鸡,而以牛为长。故牧人之下又有牛人,充人专司牧牛。《地官·牛人》:"牛人掌养国之公牛以待国之政令,凡祭祀共其享牛、求牛,以授职人而刍之。"郑注:"享,献也,献神之牛谓所以祭者也;求,终也,终事之牛谓所以绎者也。"贾公彦疏:"云享牛者谓正祭之牛,云求牛者谓绎祭(附祭)之牛。"《地官·充人》:"充人掌系祭祀之牲牷,祀五帝,则系于牢,刍之三月,享先王,亦如之。凡散祭祀之牲,系于国门,使养之。展牲,则告牷。"可见,牲牛还须再专槽饲养三月,才可用于祭祀,史曰:"在涤三月。"《公羊传·宣公三年》:"帝牲必在涤三月,稷牛惟具。"所以天神与人鬼所用牲牛也有所区别,祀天神者曰帝牛或帝牲,享人鬼者曰稷牛。《礼记·郊特牲》:"帝牛不吉,以为稷牛,帝牛必在涤三月,稷牛惟具,所以别天事与人鬼也。"当然并非牛人所养公牛皆可用为享牛,而必须事先择其牛而卜之。《礼记·祭义》:"古者天子诸侯必有养兽之官,及岁时,斋戒沐浴而躬朝之,牺牷祭牲,必于是取之,敬之至也。君召牛,纳而视之,择其毛而卜之,吉,然后养之。君皮弁素积,朔月月半君巡牲,所以致力,孝之至也。"而为别于人日常食用之牲,牺牲还有专称,以示其美,以示其尊。《周礼·春官·大祝》:"辨六号,一曰神号,二曰鬼号,三曰示号,四曰牲号,五曰齍号,六曰币号。"郑玄注:"号,谓尊其名,更为美称焉。"《礼记·曲礼下》:"凡祭

---

[1]《礼记·月令》:"牺牲毋用牝。"

宗庙之礼，牛曰一元大武，豕曰刚鬣，豚曰腯肥，羊曰柔毛，鸡曰翰音，犬曰羹献……"最后，一旦选定为牺牲，便不准在市场出卖，《礼记·王制》："牺牲不粥于市。"乃因牺牲属"非民所宜有"之"尊贵"之物。总之，正由于六牲是人们日常食用之必需的上乘美味，故从中选出其最精洁完美者敬献天地鬼神确是顺理成章，既"合于人心"，又"顺于鬼神"。

至于粢盛，《周礼》作齍盛。《天官·甸师》："掌帅其属而耕耨王籍，以时人之，以共齍盛。"郑玄注："齍盛，祭祀所用谷也。粢，稷也。"贾公彦疏："六谷曰粢，在器曰盛。"《地官·舂人》："祭祀共其齍盛之米。"郑玄注："齍盛，谓黍稷稻粱之属，可盛以簋筐实。"可见祭祀所用无非日常之主食，如古曰五谷、六谷之类，即黍、稷、麦、豆、麻或黍、稷、稻、麦、粱、豆。《说文》："稷，齌也，五谷之长。"故《左传·昭公二十九年》"稷，田正也"，又谷神自古即称稷。但祭祀用谷与日常所用必有所区别，考之其当主要有两点。(1) 选择标准只有一条，即洁，古籍作絜。如上《孟子·滕文公下》"牺牲不成，粢盛不絜，衣服不备，不敢以祭。"(2) 必为本原性的原粮。《左传·桓公二年》："大羹不致，粢食不凿，昭其俭也。"孔颖达正义："粢食不凿，谓以黍稷为饭不使细也。"孔说乃概称，实粢者稷也，非黍也。稷者乃贱者所食粗粮。许氏所说非本义，当从郑玄说。享祖以原粮，正示不忘本之意。

又祭祀神祇还有荐羞、大羹、铏羹之类。《周礼·天官·宰夫》："以式法掌祭祀之戒具，与其荐羞。"郑玄注："荐，脯醢也；羞，庶羞、内羞。"又郑玄注《膳夫》曰："羞出于牲及禽兽，以备滋味，谓之庶羞。"可知荐羞是指肉馅、肉酱及腌菜之类，有时用为祭祖之配料。《周礼·天官·享人》："祭祀共大羹、铏羹。"郑玄注："大羹，肉湆。郑司农：'大羹，不致五味也，铏羹加盐菜矣。'"《仪礼·特牲馈食礼》："祭铏，尝之告旨。"郑玄注："铏，肉汁之有菜和者。"

总而言之，正如《诗·小雅·楚茨》所言："苾芬孝祀，神嗜饮食。"故人们将毛纯体完之牲和纯净无秽之粢等敬献给神祇，正是歆神悦神、以求福佑的理所当然的也很恰当的选择。

其三，由上古人类潜意识中存在着的"物类相感"观念生发，而将某种特殊情愫和愿望寄予某些特殊的带一定天然性的物质，这种物质就成为礼器的理想之选择。如币帛、酒醴。《礼记·坊记》:"礼之先,币帛也。"《尚书·召诰》:"我非敢勤,惟恭奉币,用供王能祈天永命。"孔传:"惟恭敬奉其币帛用供侍王,能求天长命。"《礼记·礼运》:"故先王秉蓍龟、列祭祀、瘗缯。"郑玄注:"埋牲曰瘗,币帛曰缯。"孔颖达疏:"瘗,埋也,谓祀地埋牲也。……币帛曰缯,缯之言赠也。谓埋告又赠神也。"《仪礼·聘礼》:"币美则没礼。"郑玄注:"币,谓束帛也。享用币,所以副忠信,美之者则是主于币而礼之本意不见也。"故享神之用币帛,当以纯素为尚,此可谓币帛之所以成为一种重要礼器的第一位的原因和标准。《墨子·尚同中》:"其祀鬼神也……珪璧、币帛,不敢不中度量。"《礼记·曲礼下》:"凡祭宗庙之礼……玉曰嘉玉,币曰量币。"孙希旦《集解》:"量币者,言币之长短广狭合制度也。"故可知无论祀地祇、享祖先,其必用帛,而其长短广狭须合于制度,以示诚信。那么古人为何必以币帛祀享神祇祖先呢?原因其实至为简明,即如《国语·楚语下》所言丝帛为天地化育之精。何以言之? 丝乃蚕所吐也。蚕为中国人最早豢养的昆虫,古人视之为神物。新石器时期就出现了用玉塑造出的蚕形象,可谓中国历史上最早的神造像。甲骨文中多次出现"省于蚕""蚕示三牛""蚕示三宰"等记载,其至"以蚕神与上甲微并祭"[1],可见被崇拜之程度。又《礼记·祭义》曰:"古者天子诸侯必有公桑蚕室。"《后汉书·礼仪志上》:"祠先蚕,礼以少牢。"[2]而之所以蚕被视为神物,其原因无非有二:一是蚕有吐丝结茧之本能;二是蚕有特殊的生命史——蜕皮、羽化、升天。因此我们绝不应该把如此圣洁、轻柔,又如此费心费工而成的丝帛简单地同人身御寒的本能需要联系在一起[3]。故《礼记·礼器》和《郊特牲》均曰:"束帛加璧,尊其德也。"[4]

如果说,丝帛属于一种典型的形而上的观念的产物。那么酒醴之在古代中国起源并得以特别的发展则更不能进行单纯的物质性的解释。《诗·周颂·丰年》:"为酒为醴,烝畀祖妣,以洽百礼,降福孔皆。"《左传·庄公二十二年》:"酒以成

---

[1] 见《后·下·十一、九》《宁·三、七九》《续补·七四〇二》《续补·九九九九》《后·上·二八、六》等。
[2] 胡厚宣:《殷代的蚕桑和丝织》,《文物》1972年11期。
[3] 张辛:《礼、礼器与玉帛之形上学考察》,《中国文物报》2000年12月24日学术版。
[4]《郊特牲》:"往德也。"

礼。"中山王𰻞方壶铭曰:"铸为彝壶,节于禋酔,可法可尚,以飨上帝,以祀先王。"《礼记·郊特牲》:"酒醴之美,玄酒明水之尚,贵五味之本也。"《礼记·礼运》:"玄酒以祭……醴醆以献。"《礼记·礼器》:"醴酒之用,玄酒之尚。"孔颖达疏:"言四时祭祀有醴酒之美,而陈尊在玄酒之下,以玄酒之尊,置在上,此是修古也。"由此可见,酒亦为祭祀所用重要礼品或礼器。而其地位仅在玄酒之下。所谓玄酒,又曰上水,即清水。《礼记·玉藻》:"凡尊,必上玄酒。"郑玄注《礼记·士冠礼》曰:"玄酒,新水也。虽今不用,犹设之,不忘古也。"

而既为祭祀神圣之用,故礼酒之制作自特别讲究。《礼记·月令》:"秫稻必齐,曲蘖必时,湛炽必洁,水泉必香,陶器必良,火齐(剂)必得。"即原料须纯净,蘖曲选择要适时,浸渍蒸炊须清洁,掺和之泉水须香甜,装贮之陶器须精良,酿选火候要适宜。

考之先秦礼书,用于祭祀之酒主要是醴,《礼记·杂记上》:"醴者,稻醴也。"醴是用稻米蒸熟而酿成的甜酒[1],《说文》:"醴,酒一宿孰也。"如前所论,醴者,礼也,事神以醴也,会意字。《周礼·天官·酒正》所谓"五齐(剂)"之二即"醴齐"。郑玄注:"醴犹体也,成而汁滓相将,如今恬酒矣。"是醴为含滓未沛(过滤)之浊酒。贾公彦疏《酒正》曰:"五齐味薄,所以祭者也。是以下经郑玄注云:'祭祀必用五齐者,至敬不尚味,而贵多品。'"故可知祭礼之用酒醴的品质是以味薄为尚(酒精度低)。醴作为事神专用酒而后又广泛用于社会人伦礼仪之多种场合。如迎宾,《礼记·丧大记》:"始食肉者,先食干肉;始饮酒者,先饮醴酒。"如周王会诸侯,《左传·庄公十八年》:"虢公、晋侯朝王,王飨醴。"杜预注:"王之觐群后,始则行飨礼,先置醴酒,示不忘故。"诸如此类,皆可证。

商周祭祀,尤其享祖之礼又常用鬯。鬯,是用黑小米酿成的香酒。《说文》:"鬯,以秬酿郁草,芬芳攸服以降神也。"而《周礼·春官·鬯人》:"掌共秬鬯而饰之。"郑玄注:"秬鬯,不和郁者。"郑玄又注《春官·序官》"鬯人"曰:"鬯,酿秬为酒,芬香条畅于上下也。秬如黑黍,一稃二米。"与许说不合,当以郑说为是。朱骏

---

[1] 郭宝钧:《中国青铜器时代》第三章,三联书店,1963年。

声《说文通训定声·壮部》:"鬯,酿黑黍为酒曰鬯,筑芳草以煮曰郁,以郁合鬯为郁鬯。"商代即有鬯,亦用于享先王。《前一·九·七》:"鬯于祖乙。"周人尚臭,故鬯在周代更受重视。上揭《礼记·郊特牲》:"周人尚臭,灌用鬯臭,郁合鬯,臭阴达于渊泉。"《周礼·春官·郁人》:"掌祼器,凡祭祀宾客之祼事,和郁鬯以实彝而陈之。"《礼记·礼器》:"诸侯相朝,灌用郁鬯。"金文中也常见"锡汝鬯一卣"。《诗经·大雅·江汉》:"釐尔圭瓒,秬鬯一卣。"郑玄笺:"秬鬯,黑黍酒也。谓之鬯者,芬香条鬯也。王赐召虎,以鬯酒一樽,使以祭其宗庙,告其先祖。"总之可见,周人贵味,故行祼礼降神惯用郁鬯,不求味厚,但求味香。

三代用酒亦有味厚者,这就是礼书所谓"三酒",即"事酒、昔酒、清酒"。皆过滤去糟之酒,而尤以清酒品质最好,也最具盛名,常用于享宗庙祖先之礼,但并非神祇所享,而是参祭者所饮用。故贾公彦疏《天官·酒正》:"三酒味厚,人所饮者也。"此酒又称凡酒,郑注《周礼·春官·司尊彝》"凡酒脩酌"曰:"诸臣自酢用凡酒。"《礼记·礼运》:"故玄酒在室,醴醆在户,粢醍在堂,澄酒在下。"澄酒即清酒。《诗经》中多次出现"清酒"之名。如《小雅·信南山》:"祭以清酒,从以骍牡,享于祖考。"《大雅·旱麓》:"清酒既载,骍牡既备,以享以祀,以介景福。"或"酒醴"并称,如《周颂·载芟》:"为酒为醴,烝畀祖妣,以洽百礼,有飶其香。"《大雅·行苇》:"酒醴维醹。"由于是诗的语言,故是享神,是人用不必强生分别,因为贾公彦疏《周礼·天官·酒正》明言:"酒与齐(剂)异,通而言之,五齐亦曰酒,故《礼记·坊记》云:'醴酒在室,醍酒在堂'是也。"但《信南山》《载芟》《旱麓》等所言清酒当非"三酒"之清酒。不过我们特别关注的是,为何享祀祖先时参祭者必须饮酒。张光直先生解释说:"通天,必在迷离状态,方可与神灵对话。在《尚书·酒诰》中,虽然周公以商人嗜酒为戒,却一再说明,'你们要喝酒,只能在祭祀时喝','越庶国饮,惟祀','尔尚克羞馈祀,尔乃自介用逸','惟姑教之,有斯明享'。换言之,祭祀时,不但可以喝酒,而且应该喝酒,这是与彝器之中酒器之多相符的。……看来祭祀时喝酒的人是巫觋,喝酒的目的之一,很可能便是把巫觋的精神状态提高,便于沟通神界。"确有其道理。

那么,为什么古人必须以酒醴祭祀祖先,又为何祭祀祖先时参祭者必饮酒?易言之,为何古人选择酒作为交通鬼神之媒介或礼器? 原因实际也至为简明,即与蝉有直接或必然的联系。《荀子·大略》:"饮而不食,蝉也。"《淮南子·精神训》:"抱素守精,蝉蜕蛇解,游于太清,轻举独往,忽然入冥,凤凰不能与之俪。"《春秋繁露·天道施》:"蜩蜕浊秽之中,含得命施之理,与万物迁徙而不自失者,圣人之心也。"晋郭璞《蝉赞》:"潜蜕弃秽,饮露恒鲜。"《后汉书·张衡传》:"欻神化而蝉蜕兮,朋精粹而为徒。"很显然,蝉在古人眼里也近乎神虫。故红山、良渚、石家河及殷墟均发现玉蝉,而青铜爵、觚及个别水器上也堂而皇之地装饰以蝉纹。为何出现如此现象,为何古人如此赞美一区区小虫呢? 原因当有二:(1)蝉与蚕有着共同的生命史——蜕皮、羽化、登天;(2)蝉具有一个特殊的生命本能,即"饮而不食"。饮者,饮清露也。而清露者何? 物类相感,非酒莫属也。《礼记·礼运》"故天降膏露,地出醴泉"正乃确证。故魏酒仙嵇康《琴赋》曰:"含天地之醇和兮,吸日月之休光。"当然,正如我们早已指出的,人们对于蝉的特别关注还在于有一个更深刻的原因,就是它涉及到一个重要的人生命题,中国人的终极生命关怀问题:不必亦不欲从彼岸世界寻求解脱,而力求在此岸世界学做圣贤。或如蝉一样,由地之醴泉养育而羽化升天,浮游于尘埃(生人社会)之上,继续关注社会,继续关注后代[1]。由此我们完全有理由认定,酒是形而上的精神文明的产物,是中国文化的典型产品。因之虽然"清醠之美,始于耒耜"[2],但其未必是粮食达到充分剩余之后才得以产生。

此外,木、石、皮、羽等也同时被古人历史性地选择为祭祀天地祖先的特殊用品,当属同样原理,限于议题,又由于诸类用量较少,故不赘述。

其四,或为当时社会所普遍新奇或珍视者,如当时高新技术之产物——青铜。青铜是人类最早冶炼、制造和使用的金属。先秦文献一般作"金"。《考工记·总叙》之"烁金以为刃""攻金之工六",均是。如分言之则专指铜。如《考工记·总叙》:"吴粤之金锡,此材之美者也。"《辀人》:"金有六齐。六分其金而锡居一,谓之

---

[1] 张辛:《由蚕·蝉说龙》,1998 年为北大文物爱好者协会讲座稿,将刊于《中国古玉与玉文化高级研讨班论文集》,科学出版社,2002 年。
[2] 《淮南子·说林训》。

钟鼎之齐；……"《桌氏》"改煎金锡则不耗"，《周礼·地官·卝人》："掌金玉锡石之地，而为之厉禁守之。"《国语·周语下》："如是而铸之金，磨之石。"韦昭注："铸金以为钟也。"此乃以金指钟。《左传·宣公三年》"贡金九牧，铸鼎象物，百物为之备"，是指以金铸鼎。而《墨子·兼爱下》："以其所书于竹帛、镂于金石、琢于盘盂，传遗后世子孙知之。"高诱注："金，钟鼎也；石，丰碑也。"则概指钟鼎礼器之属。

考先秦礼书以青铜所制礼器称为祭器，或"宗庙之器"，以别于日常所用之"养器""燕器"。《礼记·曲礼下》："凡家造，祭器为先，牺牲为次，养器为后。"《礼记·王制》："大夫祭器不假，祭器未成，不造燕器。"既为祭器，就是被赋予了神圣意义，那么就要受礼之规范和约束。《礼记·曲礼下》："君子虽贫，不粥祭器。"《礼记·王制》："宗庙之器，不粥于市。"《礼记·曲礼下》"祭器衣服不假""士大夫去国，祭器不逾竟"。《礼记·曲礼上》："祭器敝则埋之。"《礼记·郊特牲》："宗庙之器，可用也，而不可便其利也。"而其制作也须有一定之规。《礼记·月令》："命工师效功，陈祭器，按度程，毋或作为淫巧，以荡上心，必功致为上。"郑玄注："淫巧，谓伪饰不如法也。"按《礼记·孔子闲居》："子云：敬则用祭器，君子不以菲废礼，不以美没礼。"菲，薄也，为礼器不能过薄，过薄则"不及礼"，不合礼的要求，便不能行礼。也不能作工太精，过于华美，"华美其事没过于礼"。又《左传》等典籍又概称青铜礼器为彝器，或"宗彝"。《左传·襄公十九年》："大伐小，取其所得以作彝器，铭其功烈以示子孙，昭明德而惩无礼也。"杜预注："彝，常也，谓钟鼎为宗庙之常器。"《左传·昭公十五年》："诸侯之封也，皆受明器于王室，以镇抚社稷，故能荐彝器于王。"《周礼·秋官·司约》："凡大约剂，书于宗彝，小约剂，书于丹图。"

为何选择青铜来制造如此神圣的宗庙"常宝之器"呢？《礼记·礼器》作了明确的解答：

"三牲鱼腊，四海九州之美味也，笾豆之荐，四时之和气也，内（纳）金，示和也。束帛加璧，尊德也；龟为前列，先知也；金次之，见情也。"郑玄注："金炤物，金有两义，先入后设。"

何谓两义？一示和；一见情。郑玄注曰："此所贡也，内(纳)之庭实先设之，金从革，性和。"郑氏显然受到阴阳五行学说之影响，当属望文生义。清朱彬《礼记训纂》疑之，乃引王懋竑语曰："金主断割，无示和之意。《郊特牲》以钟次之，以和居参之也(《郊特牲》实无此句——作者注)与此正同。则金即指钟而言。钟，乐器，故曰示和。"虽其记忆有误，然确属的论。故以金为乐器，"所以和安乐也"。因为"乐者，天地之和也"[1]。至于第二义见情，愚以为当指鼎之属礼器而言。《礼记·哀公问》："是故君子无物而不在礼矣，入门而金作，示情也；升歌清庙，示德也。"金作，则钟鼎，何以示情见情？《哀公问》又曰"鼎得其象"，《左传·宣公三年》："铸鼎象物，百物而为之备，……用能协于上下，以承天休。"又如上揭《左传·襄公十九年》："铭其功烈以示子孙，昭明德而惩无礼。"是故"金，炤物"，乃昭示敬畏之情。

青铜器是农业文明的产物。中国古代青铜器区别于其他古文明青铜器的一个最为显著的特征就是更多地不是以工具的形式出现，而广泛用于生产领域，而主要是作为"礼器"在当时社会生活中发挥着至关重要的作用。因此在一定意义上可以说，青铜器同玉器、丝帛，乃至酒醴等一样也是形而上的文化产物，是观念形态的产物，是中国礼乐文化的典型产品[2]。

礼器的功能、类别及其体系构成

礼器是礼体系的重要物质构成，或曰礼的主要载体。由前面对礼的结构及行礼方式的探讨可知，礼基本有两大系统，即天道自然神，包括昊天、上帝、地祇、日月星辰、五岳、五祀、山林川泽等天道系统和氏族先王人鬼，即人道祖先系统。对于前者行礼方式或敬献礼物的方式主要是禋祀，即燔、燎(实柴、槱燎)和血祭、埋、沉、疈、辜等；对于后者行礼方式主要是裸享、馈献和禘以及祠、礿、尝、烝等。行礼方式的不同便决定了行礼时所祭献礼物和祭献礼物所用法定器具的不同。易言之，各

---

[1]《礼记·乐记》。
[2] 张辛：《长江流域早期青铜文化的形上观察》，《长江流域青铜文化研究》，科学出版社，2000年。

种礼器都有其特定的职能或功能,并由此决定了各自在礼活动中的既定角色和位置。下面分别来探讨。

第一,玉器。

玉由其夺人的物理性质和中国传统的天人合一观念而成为最佳和最主要的交通天人的媒体。《易·说卦》云"易称乾玉之美,与天合德","万物资生,玉禀其精体,乾之刚,配天之清"。因之,玉器作为天地之精,而成为报天地之功[1]、报天地之德[2]的最佳礼器洵乃至当不易。也就是说,玉器的基本功能是祭祀天道自然神,即主要用于禋祀及埋、沉等祭礼,而在其中扮演主要角色。具体说来,就是以玉器为主要礼物祭献天神地祇,并力图使之接受。

《周礼·春官·大宗伯》:"以禋祀祀昊天、上帝,以实柴祀日月星辰,以槱燎祀司中、司命、风师、雨师。"郑玄注:"禋之言烟,周人尚臭,烟气之臭闻者。……三祀皆积柴实牲体焉,或有玉、帛燔燎,而升烟所以报阳也。"

《周礼·春官·大宗伯》:"以玉作六器,以礼天地四方,以苍璧礼天,以黄琮礼地,以青圭礼东方,以赤璋礼南方,以白琥礼西方,以玄璜礼北方。"《尚书·舜典》:"肆类于上帝,禋于六宗。"六宗者,即天、地、东、南、西、北[3]。祀之以禋,禋者烟也,"积柴以实牲体、玉帛而燔之,使烟气之臭上达于天"[4]。

《周礼·春官·典瑞》则记载了礼天祭地各类祭祀中所用各种玉器的名称和用途:

四圭有邸以祀天旅上帝;两圭有邸以祀地旅四望;……圭璧以礼日月星辰;璋邸射以礼山川;……土圭以致四时日月……

《考工记·玉人》则作了进一步的解释:

---

[1] 王充《论衡·祭意》:"凡祭祀之义有二:一曰报功,二曰修先。"
[2] 《诗·小雅·蓼莪》:"欲报之德,昊天罔极?"
[3] 见《尚书·舜典》孔颖达疏引晋司马彪说。
[4] 《尔雅·释天》:"祭天曰燔柴。"邢昺疏:"祭天之礼,积柴以实牲体、玉帛而燔之,使烟气之臭上达于天,因名祭天曰燔柴也。"

"四圭尺有二寸,以祀天;……土圭尺有五寸,以致日,以土地;……圭璧五寸,以祀日月星辰;……璋邸射素功,以祀山川。"郑玄注:"郑司农云:'素功,无瑑饰也。'"

商代,由于礼之相对粗疏,故天神人鬼之礼畛域不清,常见祭先王先公尤其是上甲以上高祖[1],多用燎玉:如《邺·三·四五、五》:"丙寅贞:王其再玉,乙亥三小牢,卯三大牢。"《粹·四四一》:"尸酌再……牛……玉……卯三。"《明后·二五四四》:"丁卯贞,王其再玉基燎三宰,卯三大牢。"再玉,即举玉,何以举?必非燎莫属。在侯家庄1567号方坑,即假大墓中火烧炭灰层中夹杂许多玉片,当是燎玉之实证。

《仪礼·觐礼》:"祭天,燔柴……祭地,瘗。"《礼记·祭法》:"燔柴于泰坛,祭天也;瘗埋于泰圻,祭地也。"《山海经·中山经》:"凡大夫之山,……其祠:皆肆瘗。"郭璞注:"肆,陈之也,陈牲玉而后貍(埋)藏之。"又《山海经·五藏山经》也记载祭山用玉有瘗、婴、祈。婴者,萦也,环而陈列;祈,即"庪县(悬)"。《尔雅·释天》:"祭山曰庪县,祭川曰浮沉,祭地曰瘗薶(埋)。"《穆天子传》"河宗柏夭道天子,劳用束帛加璧","天子授河宗璧,河宗伯夭受玺,西向沉璧于河"。是祭祀地祇山川之神用玉则有瘗、沉等几种方式,而大多可以得到诸多考古发现的证明,诸如:

(1)安阳小屯丙二基址下发现二玉璧;
(2)曲沃天马曲村遗址的祭祀坑底发现牺牲之下有玉璧等;
(3)辉县周围村战国墓的墓角上方祭祀坑中有多种玉器;
(4)《甲·合集·一四三八八》"汝玨酌河"。

另外,《左传·昭公二十四年》《僖公二十四年》和《襄公三十年》也均有沉玉以河的记载。

以上无论采用燎、瘗、沉何种方式,无非是力图使天地神祇能够接受,因此祭天具有相当大的消耗性是毋庸置疑的。如《诗·大雅·江汉》所云:"圭璧既卒,宁莫

---

[1]参见陈梦家:《殷虚卜辞综述》,科学出版社,1956年,第345—352页。

我听。"言圭璧等已消耗殆尽,竟未能如人所愿而降雨。而既要大量消费,那么祭祀所用玉尤其禋祀燔燎所用玉一般当为"素功",即不必雕饰或不必过于雕饰。因为,在三代时期社会生产力条件下,琢玉无疑属于最为费时、费心、费工的事情。故玉器在一般祭祀中可能省而不用,或许只是在特别隆重的国家祀天大典中才用质地较精良也较精工的成型玉器。《周礼·春官·肆师》:"立大祀,用玉、帛、牲;治祀用牲、帛;小祀,用牲。"似可证之。这类用于祭祀天神地祇的带有消耗性的玉器,我们可以称为祭玉,古人或以"燔玉"[1]称之。考之先秦礼书或其他典籍,在祭祀天地之礼中实际还有另外一类玉器,其不作燔燎消费之用,而是用于主祭者和参祭者所执或所佩。以标志祭祀者的社会身分或尊卑地位。这类玉器我们可以称为瑞玉,而以玉圭为首。《礼记·礼器》:"诸侯以龟为宝,以圭为瑞,家不宝龟、不藏圭,不台门,言有称也。"孔颖达疏:"以圭为瑞者,圭兼五等玉也。诸侯之于天子如天子之于天也,天子得天之物谓之瑞,故诸侯受封于天子,天子与之玉,亦谓为瑞也。"是此类瑞玉乃国君所封授。

《周礼·春官·大宗伯》:"以玉作六瑞,以等邦国。王执镇圭,公执桓圭,侯执信圭,伯执躬圭,子执谷璧,男执蒲璧。"又《周礼·春官·典瑞》:"王晋大圭,执镇圭,缫藉五采五就以朝日;公执信圭,侯执桓圭,伯执躬圭,缫皆三采三就;子执谷璧,男执蒲璧,缫皆二采再就,以朝觐宗。"郑玄注:"天子常春分朝日,秋分夕月,《觐礼》'拜日于东门之外'。……郑司农云:'晋读为绅之揖,谓插于绅带之间,若带剑也。'"《考工记·玉人》对六瑞之尺寸作了详细说明,此不悉述。《典瑞》:"典瑞掌玉瑞玉器之藏,辨其名物,与其用事,设其服饰。"郑玄注:"服饰,服玉之饰谓缫藉。"故可知六瑞皆有以丝帛制作的衣饰。所谓"五采五就",就是以五采丝帛包裹或装饰大圭(三尺)和镇圭(尺有二寸)。《周礼·春官·大宗伯》讲完六器各自功能之后曰:"皆有牲帛,各放(仿)其器之色。"因此玉器必以币帛相配,或以帛为荐。《周礼·秋官·小行人》:"合六币,圭以马,璋以皮,璧以帛,琮以锦,琥以绣,璜以黼。"即此。

瑞玉乃国君因祀天而临时授封诸侯等,事毕须交还。《尚书·舜典》:"修五

---

[1] (宋)庞元英:《文昌杂录》卷四:"前代礼神,有祭玉、燔玉二品。"

礼、五玉、三帛、二生、一死贽。如五器,卒乃复。"而周王所用大圭、镇圭,礼后则由天府负责典藏,"凡国之玉镇、大宝器藏焉。若有大祭之丧,则出而陈之,既事,藏之"[1]。

至于享宗庙祖先之用玉,古代文献时或有见,诸如:《尚书·金縢》:"周公……植璧秉圭,乃告太王、王季、文王。"《周礼·春官·典瑞》:"祼圭有瓚,以肆先王。"《礼记·郊特牲》:"周人尚臭,……灌以圭璋,用玉气也。"《礼记·明堂位》:"灌用玉瓒大圭。"《礼记·曾子问》:"孔子曰,天子诸侯将出,必以币帛皮圭告于祖祢。"等等,至为明确,与上述祀天祭地之用玉是完全不同的,享祖先用玉只是"灌以圭璋,用玉气"而已,属于祼享之礼中祼尸降神之礼[2]。上述周公所"植璧"旧释把璧立于祭坛,使祖先神灵有所依附,恐非确论,此于礼书无征。

最后《礼记·祭统》"升歌清庙,下而管象,朱干玉戚,以舞大武,八佾以舞大夏,此天子之乐也",是讲以玉为仪仗之器。此外,《周礼·夏官·射人》"其挚,三公执璧"等,是讲以玉为领主贵族间会通交际之贽。又《诗经》屡见"介圭"、"命圭"云云,则是反映出西周社会的一种制度——命圭制度[3]。而所谓贽和命圭无疑属于以玉事神意义之向社会人伦政治的延伸,亦是"君子比德于玉"的直接结果。因非本文之重点,且待专文详述。

总之,玉器在三代礼体系,尤其在其中祭祀天地自然神系统中处于一种至为重要或曰主导性地位,其功能主要有四:一为祭玉,或燔、或瘗、或沉以敬献神祇;二为瑞玉,祭祀者或执或佩,以助事神之礼,以别尊卑身分;三为享人鬼祼器之柄,以玉气鬯臭降神;四为仪仗之器。如玉戚、玉钺之属。

第二,丝帛。

《周礼·春官·大祝》:"辨六号,……六曰币号。"郑玄注《礼记·礼器》"祝

---

[1]《周礼·春官·天府》。
[2]《礼记·祭统》:"君执圭瓒祼尸,大宗执璋瓒亚祼。"
[3] 参见许倬云:《西周史》增订本,三联书店,1995年,第172—173页。又本人一直认为圭乃中国最早之信器,其当脱胎于事神之礼圭,而后渐脱离神事而专用于人际。至春秋或由印玺取而代之。印玺既为人际之信器,又为最后之礼器。同时之符节乃专用于军事或商业行为之信器,与印玺性质有别。参见张辛:《礼器与信器》(待刊)。

号"曰:"祝号……者,所以尊神显物也。"可见币帛同玉一样亦为事神礼器之"显物"。先秦经籍中常常"玉帛"并称。《论语·阳货》:"礼云礼云,玉帛云乎哉。"《仪礼·聘礼》:"礼玉、束帛、乘皮皆如还玉礼。"《国语·楚语下》:"牺牲之物,玉帛之类,采服之仪,彝器之量。"《礼记·礼器》:"牺牲玉帛,尊德也。"《左传·庄公十年》:"牺牲玉帛……必以信。"等等。实际均道出了丝帛作为礼器在礼神活动中所处的重要位置。

关于丝帛的社会功能,先秦礼书中有明确的记载:

其一,祭币。上揭《周礼·春官·大宗伯》载以玉作礼天地四方之六器,并云:"皆有牲帛,各放(仿)其器之色。"是可证郑玄注《大宗伯》"以禋祀祀昊天上帝"所曰:"三祀皆积柴实牲体焉,或有玉帛燔燎而升烟,所以报阳也。"甚为有理,此为与牺牲、玉器一起燔燎以祀天神。又上揭《礼记·礼运》:"故先王秉蓍龟,列祭祀,瘗缯。"郑玄注:"埋牲曰瘗,币帛曰缯。"孔颖达疏:"瘗,埋也。谓祀地埋牲也。《祭法》云:'瘗埋于泰坼,祭地也。'币帛曰缯,缯之言赠也,谓埋告又赠神也。"《礼记·曾子问》:"孔子曰:'天子诸侯将出,必将币帛皮圭告于祖祢,……反必告设奠,敛币玉,藏诸两阶之间,乃出。'"藏,即埋。又《仪礼·聘礼》使者将出行"释币于祢",言将帛置于庙堂之几,祝告后,将帛埋于西阶。此为瘗埋或缯帛以祭地祇或享祖庙,以求护佑。

其二,荐玉之藉。所谓荐玉之藉,即荐献玉器以丝帛为藉。藉者,凭借也。上揭《周礼·春官·典瑞》:"王晋大圭,执镇圭,缫藉五采五就以朝日。"郑玄注:"缫有五采文,所以荐玉。"《周礼·秋官·大行人》:"上公之礼,执桓圭九寸,缫藉九寸。"郑玄注:"缫藉,以五采韦衣板,若奠玉则以藉之。"《礼仪·聘礼》:"圭与缫皆九寸。"郑玄注:"所以荐玉。"又如上揭《周礼·秋官·小行人》:"合六币,圭以马、璋以皮,璧以帛,琮以锦,琥以绣,璜以黼。"实际亦同上述郑玄注《春官·典瑞》,以丝帛与六瑞相配一样,当以丝帛作六器之缫藉。

其三,祭服。礼书或称"郊庙之服""禘袷之服""采服""端委"[1]"玄端""纯

---

[1]《左传·哀公七年》:"大伯端委以治周礼。"杜预注:"端委,礼衣也。"孔颖达疏引服虔曰:"礼衣端正无杀,故曰端;又德之衣尚褒长,故曰委。"

(zī)服"等。《礼记·中庸》:"齐明盛服,以承祭祀。"《国语·楚语下》:"礼乐之谊,……忠信之质,禋絜之服,而敬恭神明者,以为之祝。……奉其牺牲,敬其蠲盛,……慎其采服,禋其酒醴。"此"禋絜之服""采服"即祭祀时所穿法定性礼服,故须谨慎为之,以防违礼。如《礼记·玉藻》"诸侯玄端以祭",玄者,黑也,玄端即黑色礼服,为常规礼服,必祭祀时服之。《周礼·天官·司服》:"其齐(斋)服有玄端、素端。"《周礼·天官·内宰》:"中春,诏后帅外内命妇始蚕于北郊,以为祭服。"《礼记·月令》:"季春之月……使以劝蚕事。蚕事既登,分茧称丝,效功以共郊庙之服,无有敢惰。"《礼记·祭统》:"王后蚕于北郊,以共纯服。"因此可知祭服必以纯丝为之,无疑取其圣洁之义。

其四,朝礼会盟之质。《国语·周语》:"为挚币瑞节以镇之。"上揭《尚书·舜典》:"修五礼、五玉、三帛、二生、一死挚。"郑玄注:"三帛,诸侯世子执纁,公之孤执玄,附庸之君执黄。"贾公彦疏:"所用玉帛生死皆为贽,以见天子也。"《周礼·夏官·射人》:"其挚,三公执璧,孤执皮帛,卿执羔,大夫执雁,士执雉。"是朝拜天子必以贽,一为示信,二为标志尊卑身分。《礼记·郊特牲》:"大夫执圭而使,所以申信也。"《左传·哀公十二年》:"盟,所以周信也,故心以制之,玉帛以章之,言以结之,明神以要之。"可知春秋时诸侯国间政治会盟亦须以玉帛之类至为圣洁之物来书写誓词以彰显其义:即化干戈为玉帛,弭兵结好。山西侯马盟誓遗址发现诸多空坑,当属瘗埋帛书的遗迹或曰缯书遗迹。此类以帛为贽,以帛为缯书也无疑是丝帛礼神之本义向社会人伦政治的延伸。

第三,牺牲。

牺牲为祭祀天地宗庙所敬献礼物之又一大宗。《考工记·梓人》:"天下之大兽五。脂者、膏者、蠃(裸)者、羽者、鳞者。宗庙之事,脂者、膏者以为牲。"郑玄注:"脂,牛羊属;膏,豕属。"故牺牲之中又以牛、羊、豕为主。《周礼·秋官·犬人》:"掌犬牲,凡祭祀共其犬牲。"《仪礼·乡饮酒礼》及《燕礼》:"其牲狗也,亨于堂东北。"《周礼·秋官·大司马》:"大祭祀,飨食,羞牲鱼。"故犬、鱼亦属供祭祀之用的牺牲。

如果说玉帛之类主要用于祀神祇天道之礼,那么牺牲作为人类日常上乘美食,则天神、地祇、人鬼三大祭无一或缺,只是在祭法、祭类、祭名等方面有所不同。

《大戴礼·曾子天圆》:"宗庙曰刍豢,山川曰牺牷。"朱熹集注《孟子·告子上》曰:"草食曰刍,牛羊是也;谷食曰豢,犬、豕是也。"牺牷则一般指毛纯体完之牛、羊、豕。又如上揭《礼记·曲礼下》:"凡祭宗庙之礼。"有牛、羊、豕、鸡、犬、豚、雉、兔、脯、槀鱼、鲜鱼等十数种,而且均有牲号美称。此例不见于祀天神之禋祀、实柴等所用之牺牲,甚至不见祭地祇、社稷等血祭、埋、沉等所用之牺牲。

《礼记·王制》:"天子社稷皆大牢,诸侯社稷皆少牢,大夫士宗庙之祭。"[1]而郑玄注《周礼·天官·宰夫》曰:"三牲牛、羊、豕具,为一牢。"一牢即大牢。何休注《公羊·桓公八年》:"牛、羊、豕凡三牲曰大牢……二牲曰少牢。"[2]是宗庙祭牲又有大牢、少牢及特牲之谓,此例亦不见于祀天神之礼。

又《礼记·郊特牲》:"腥、肆、爓、腍祭,岂知神之所飨也,主人自尽其敬而已矣。"陈澔《礼记·集说》:"祭之为礼,或进腥体,或荐解剔,或进汤沉,或荐煮孰。"腥者,生肉;肆(tì)者,"肆解骨体"[3];爓者,"汤肉曰爓"[4],即将生肉进热汤浸之,故半生不熟;腍者,熟肉也。据《礼记·祭义》"进庙门……祭,祭腥而退,敬之至也",知此亦宗庙之祭。

《穀梁传·定公十四年》:"脤者,何也?俎实也,祭肉也。生曰脤,熟曰膰。"《左传·定公十三年》:"国之大事,在祀与戎。祀有执膰,戎有受脤。神之大节也。"又《周礼·春官·大宗伯》:"以脤膰之礼,亲兄弟之国。"郑玄注:"脤膰,社稷宗庙之肉,以赐同姓之国,同福禄也。"贾公彦疏:"分而言之,则脤是社稷之肉,膰是宗庙之肉……而《公羊》《穀梁》皆云:'生居俎上曰脤,熟居俎上曰膰,非郑义耳。'"由此可知享祖先人鬼当以熟肉为主,社稷之祭或用生腥之牲。然此例绝不见于郊

---

[1]《王制》此处明显是讲宗庙之祭。又社稷固属之地祇,但又有别于其他地祇,因为社稷立庙,即所谓左祖右社是也。

[2] 邹衡先生于郭宝钧《商周铜器群综合研究》(文物出版社,1981年)整理后记中考证甚详,可参考,见是书第208—209页。又可参见俞伟超、高明:《周代用鼎制度研究》(上),《北京大学学报》1978年1期,第89—92页。

[3] 郑玄注《周礼·地官·大司徒》:"进所肆解骨体。"

[4] 郑玄注《礼记·祭义》:"爓祭,祭腥,祭爓肉,腥肉也,汤肉曰爓。"

祀祭天神之礼。"

而如前揭《周礼·春官·大宗伯》郑注及《礼记·郊特牲》："取膟膋燔燎升首，报阳也。"等可知，祀天神之用牺牲大抵只是积柴置牲及玉帛于其上而燎之，以其气臭报天神。又据天马曲村祭礼坑的坑底发现牲首和玉器，由此可知祭地祇所用牺牲大抵也只是瘗埋而已，而其必为腥体无疑。

总之，由上述文献可见，牺牲固然在祀天神、祭地祇、享人鬼三大祭中均占以重要位置，或曰是三大祭中必备之重要礼器。但是，牺牲毕竟属于人类豢养，并为人类日常必需之上乘美味，所以在享宗庙祖先人道之礼中较之祀天地之礼似乎居于更为重要甚至主导性的地位。其祝号之雅，名目之多，祭类之众，祭法之复杂确无与伦比。而在祀天、上帝之禋祭、实柴和槱燎中，牺牲则居于玉、帛之后[1]。而特别有意义的是，在享宗庙祖先之礼中更有所谓太牢、少牢和特牲的特殊等级规定，这当更标志着牺牲在整个礼制体系中的独特社会功能。

第四，酒醴。

如上节考证，酒醴大抵可分为三类：一曰鬯或郁鬯；二曰醴；三曰酒。三者功能自各不相同。首先鬯，其基本功能是享宗庙祼礼降神之用。审之先秦礼书大抵有以下数条文献可证：其一即前揭《礼记·郊特牲》"灌用鬯臭"。其二为前揭《周礼·春官·郁人》"凡祭礼宾客之祼事，和郁鬯以实彝而陈之"。其三《礼记·曲礼下》"凡挚，天子鬯，诸侯圭……"，此挚非贽礼之贽，乃如郑玄注："贽之言至也。"言天子至诸侯国，因"天子无客礼……所以唯用告神为至也"[2]，告神之法，即以鬯祼地以告。其四《礼记·王制》："天子将出，类乎上帝，宜乎社，造乎祢。诸侯将出，宜乎社，造乎祢。天子无事，与诸侯相见曰朝。……诸侯……赐圭瓒，然后为鬯，未赐圭瓒，则资鬯于天子。"实亦言以鬯祼享宗庙。总之鬯之功用甚明，即专用于祼礼。又《尚书·洛诰》："予以秬鬯二卣，曰明禋，拜手稽首，休享。"孔颖达疏："以黑黍为酒，煮郁金之草，筑而和之，使芳香调畅，谓之秬鬯酒，二器明洁致敬，告文

---

[1]《周礼·春官·肆师》中规定了大祀、中祀和小祀所用礼器，玉仅用于大祀，帛用于大、中二祀，牺牲则三祀均用之。

[2] 郑玄注《曲礼下》曰："挚之言至也。天子无客礼，以鬯为挚者，所以唯用告神为至也。"

王、武王,以美享,谓以太平之美味,享祭也。"亦以鬯享祖之证。《诗·大雅·江汉》:"釐尔圭瓒,秬鬯一卣。"乃言祼享,故亦如是。惟《礼记·表记》:"天子亲耕,粢盛秬鬯,以事上帝。"与之不合,故孔颖达对此也感到有疑,故最后乃以和郁不和郁勉强释之,因为郑玄注《周礼·天官·小宰》曰:"惟宗庙人道有祼,天地大神至尊不祼,莫称焉。"

其次醴。祭祀用酒以鬯为尊,其次乃醴。由上述我们已知,醴即《周礼·天官·酒正》五齐之"醴齐",为含糟之浊酒。《释名·释饮食》曰:"醴,礼也。酿之一宿而成,礼有酒味而已也。"故醴成为祭祀用酒特选。但事神之醴,圣洁为尚。是以醴享人鬼之前,必先以明水和之,再涗之使清。《礼记·郊特牲》:"明水涗齐,贵新也。凡涗,新之也。其谓之明水也,由主人之絜(洁)著此水也。"郑玄注:"涗犹清也,五齐浊,涗之使清谓之涗齐。"孙希旦《礼记集解》:"涗齐,谓五齐皆涗水也。新,谓明洁也。祭祀取明水于月,及涗五齐之酒,皆为贵其明洁也。……所以说此酒者,致其新洁以敬鬼神也。"所谓明水,据《周礼·春官·司烜氏》"以鉴取明水于月"可知,即夜间以鉴所承接之露水。故《郊特牲》又曰:"酒醴之美,玄酒、明水之尚,贵五味之本也。"

如上节享人鬼之礼所考,祭祀宗庙祖先基本分四大步骤,即祼地,朝践,酌醴和馈食。那么第二阶段朝践之后之用酒,主要为醴。《礼记·礼运》"故玄酒在室,醴醆在户,粢醍在堂,澄酒在下,陈其牺牲,备其鼎俎,……以降上神,与其先祖";"作其祝号,玄酒以祭,荐其血毛,腥其俎……醴醆以献,荐其燔炙"。郑玄注:"朝践之时用醴,馈食之时用醆。"孔颖达疏:"醴谓醴齐,醆谓盎齐。"

《礼记·礼器》:"醴酒之用,玄酒之尚,割刀之用,鸾刀之贵。"孔颖达疏:"醴酒,五齐第二,酒也;玄酒;是水也。……言四时祭礼有醴酒之美,而陈尊在玄酒之下,以玄酒之尊置在上,此是脩古也。"四时祭是享宗庙祖先之大礼,是可知醴亦主要用于享人道祖先之礼。至于《礼记·祭义》所谓"以事天地山川社稷、先古,以为醴酪粢盛,于是乎取之,敬之至也"。孔颖达疏:"祭祀诸神,须醴酪粢盛之属。"此当概而言之。至于《诗·大雅·旱麓》《周颂·载芟》《商颂·烈祖》和《小雅·信南山》所谓"清酒"或"清酤",均是醴,无疑为享祖之用。

最后酒。酒即《酒正》与五齐对言之"三酒",因别于醴等五齐用之于神,而专用于人,故称"凡酒"。为祭宗庙祖先时参祭者所饮用,旨在渲染气氛,以助其祭。《诗经·周颂·丝衣》:"自堂徂基,自羊徂牛,鼐鼎及鼒,兕觥其觩,旨酒思柔,不吴不敖,胡考之休。"《诗·大雅·凫鹥》:"旨酒欣欣,燔炙芬芬。"二诗均是讲绎祭,即正祭之次日再行之祭时"宾尸"或"公尸"饮酒情景,此旨酒即三酒中之清酒。旨者,美也。至于《仪礼》所记宾客饮食之礼中酌醴、饮酒以及献、酢之类,非本文议题,此不备述。

第五,粢盛。

粢盛与酒醴一样,也主要用于享宗庙祖先之礼,《诗·小雅·楚茨》所述乃享祖之岁祀之情景。其第一章曰:"我艺黍稷。……以为酒食,以享以祀。"第四章曰:"苾芬孝祀,神嗜饮食。……既齐(粢)既稷,既匡既敕。"可知粢盛之献是岁祀之礼中与酒醴之献(苾芬)同等重要的仪节。而这里"粢稷"并言,是可证周代享祖之粢盛必用粗粮以示尚古,以尽诚敬(匡、敕,肃正诚敬之意)。《尔雅·释草》:"粢,稷。"《史记·李斯列传》:"粢粝之食,藜藿之羹。"郑笺《诗·周颂·良耜》:"丰年之时,虽贱者犹食黍。"孔颖达疏:"贱者当食稷耳。"可见稷乃下层民众日常所食。以此享祖,"乃昭其俭",以示不忘本,并非主祭或参祭者所食。上揭《周礼·地官·舂人》:"祭祀共其齍盛之米。"郑玄注:"粢盛,谓黍稷稻粱之属,可盛以簠簋实。"舂人乃掌舂米,故其所供当不尽是略舂之粗米,而必含祭祀时生人所食黍粱(粱,精米),故郑玄作此注。

至于《国语·楚语下》所云:"天子禘郊之事,必自射其牲,王后必自舂其粢。""(天子)日入监九御,使絜奉禘郊之粢盛。"亦当为概指祭祀,未必确指郊祀上帝所用粢盛。

第六,青铜器。

青铜器在三代祭祀中居于极为显赫而重要的位置。言其显赫主要由于以下原因:(1)铸造时需要相当规模的社会协作;(2)造型卓奇、庄严肃穆、纹饰富丽、明德象物;(3)制作技术先进,工艺要求高;(4)全新的材质。言其重要,则主要指:(1)在祭祀礼仪中地位重要;(2)器中所实之物重要;(3)品类众多,超过所有礼器。

　　查先秦礼书及其他古籍,青铜器的具体名目或品类计有鼎、镬、铏、豆、甗、甑、鬲、簠、簋、敦、尊、彝、觚、爵、斝(散)、卣(脩)、觯、角、觞、觥(觵)、壶、罍、缶、舟、禁、鉴、勺、瓒、盘、匜、匕、钟、铙、錞(錞于)、镯(钲)、镈、铎等[1],最多见者则为鼎、豆、簠、簋。而鼎一般与俎相配,故常以鼎俎并称。《周礼·天官·内饔》:"陈其鼎俎,以牲体实之。"郑玄注:"取于镬以实鼎,取于鼎以实俎。"《天官·外饔》:"陈其鼎俎,实之牲体鱼腊。"又《仪礼·公食大夫礼》:"宰夫设铏四于豆西,东上。"郑玄注:"铏,菜和羹之器。"贾公彦疏:"据羹在铏言之,谓之铏羹;据器言之,谓之铏鼎;正鼎之后设之,谓之陪鼎;据入庶羞言之,谓之羞鼎,其实一也。"是鼎分三种:一曰镬鼎,"煮肉及鱼、腊之器";二曰升鼎,或正鼎,由镬实肉其中,曰升,故名;三曰铏鼎,或曰陪鼎、羞鼎,以盛和味之羹[2]。关于鼎之陈列,于各级领主贵族之等级数目,及各自所实之物,考古学家所考甚悉,多已知晓,自不必多述[3]。而豆者,亦实肉之器,于鼎甚有关联。《周礼·夏官·小子》:"掌祭祀,羞羊肆(ti)、羊殽肉豆。"郑玄注:"肉豆者,切肉也。"殷墟所见豆,其中盛以兽腿或碎肉,可证之[4]。牲肉"煮于镬曰烹",取于镬以实鼎曰升或脀;由鼎取之以实俎曰载,而由俎切割之后,再盛于豆而进享曰登。故礼书常以"鼎俎"或"俎豆"[5]连称,以代指盛放牲肉之礼器,而与代指盛黍稷稻粱之礼器的"簠簋"对举。《周礼·地官·舍人》:"凡祭祀共簠簋。"郑玄注:"方曰簠,圆曰簋。"《仪礼·聘礼》"堂上八簋,盛黍稷","两簠继之,粱在北"。郑玄注《周礼·秋官·掌客》曰"簠,粱器也","簋,黍稷器也"。而《诗·秦风·权舆》:"于我乎,每食四簋。"毛传:"四簋,黍稷稻粱。"是簋亦可盛稻粱[6],《仪礼》或以敦代簋,《少牢馈食礼》:"执一金敦黍、敦稷。"至于盛酒醴之器

---

[1] 《礼记·大学》:"汤之盘铭曰:'苟日新,日日新,又日新。'"《左传·僖公二十三年》:"奉匜沃盥。"《国语·吴语》:"奉盘匜以随诸御。"《仪礼·公食大夫礼》:"小臣具槃匜,在东堂下。"

[2] 俞伟超、高明:《周代用鼎制度研究》,《北京大学学报》1978年1期,第85—94页。

[3] 参见郭宝钧遗著,邹衡、徐自强整理:《商周铜器群综合研究》后记。

[4] 中国社会科学院考古研究所安阳工作队:《1987年夏安阳郭家庄东南殷墓的发掘》,第877页。

[5] 《礼记·曾子问》:"诸侯之祭社稷,俎豆既陈。"《礼记·乐记》:"簠簋俎豆制度文章礼之器也。"《礼记·燕义》:"俎豆牲体荐羞,皆有等差,所以明贵贱也。"

[6] 《礼记·玉藻》:"少牢五俎,四簋。"郑玄注:"四簋,则日食粱稻各一簋而已。"

可分为二小类：其一为贮酒器，包括尊、彝、罍、壶、瓿、卣等。其中王国维曰："尊有大共名之尊（礼器全部），有小共名之尊（酒器名称），又有专名之尊者。"[1]后人多有从者。又《周礼·春官·司尊彝》有所谓六尊，即"献（牺）尊、象尊、著尊、壶尊、大尊、山尊"之说。郑玄以降或以饰翡翠、或饰凤凰、或太古之瓦尊等解之。唯王肃解释为"牺尊，以牺牛为尊，然而象尊，尊为象形也"[2]。考之今天考古发掘所得，王说近是，足证郑说或有望文生义之嫌。彝则亦有二义，一为宗庙礼器，即钟鼎俎豆之总称；一为盛酒器专名，如殷墟五号墓所出"偶方彝"。卣常见于《诗经》等文献，而不见《周礼》，《周礼·春官·鬯人》："凡祭祀……庙用脩。"郑玄注："脩，读曰卣。卣，中尊。"是指卣即《周礼》之脩，亦为宗庙常器。罍则为贮酒器中之最大者。壶既可贮酒醴，又可为和醴（以明水兑醴）节量之具[3]。如中山王䁻方壶[4]。

其二饮酒器。包括爵、觚、斝（散）、盉、角、觯、觥（觵）等。旧说多以容量之多少区别诸器。如《广雅·释器》："一升曰爵，二升曰觚，三升曰觯，四升曰角，五升曰散。"觥，《说文》作觵，容量最大，或五升，或七升[5]。散即斝，王国维先生考证甚详而确[6]。而觥即《诗·周南·卷耳》和《诗·周颂·丝衣》所谓"兕觥"[7]，亦即《周礼·春官·司尊彝》所谓"黄彝"。又《礼记·明堂位》："灌尊，夏后氏以鸡夷（彝）。"邹衡先生考证鸡彝即盉，其祖形乃鬶，至确[8]。鸡彝为裸器，而爵亦用为裸器，马融注《易·观》："进爵，灌地以降神。"爵亦当由鬶之类演变而来，观其形制亦甚相类。《说文》："爵，礼器也。象爵（雀）之形，中有鬯酒。"[9]又《礼记·礼器》："礼有以小为贵者，宗庙之祭，尊者献以爵，卑者献以散，尊者举觯，卑者举

---

[1] 王国维：《说彝》，《观堂集林》卷三。
[2] 孔颖达疏《诗·鲁颂·閟宫》引王肃语。实"尊"并非器名，当为形容词，与"宝"同义。详可见另文《商周青铜器分类再研究》（待刊）。
[3] 《周礼·天官·酒正》："齐者，每有祭祀，以度量节作之。"
[4] 此壶有铭文"铸为彝壶，节于醴酴"。见河北省文物研究所：《䁻墓》上册，第513页图三九（B）。
[5] 《诗·周南·卷耳》："我姑酌彼兕觥。"陆德明释文："《韩诗》云：'容五升。'《礼图》云：'容七升。'"
[6] 王国维：《说斝》，《观堂集林》卷三。
[7] 王国维：《说觥》，《观堂集林》卷三。
[8] 邹衡：《试论夏文化》，《夏商周考古学论文集》，文物出版社，1980年，第149页。
[9] 邹衡：《试论夏文化》，《夏商周考古学论文集》，第165页。

角。"而上揭《礼记·祭统》："夫祭有三重焉；献之属，莫重于祼。"爵为尊，故必为祼器也。此外，觩见于《左传·成公二年》："（韩厥）再拜稽首，奉觞加璧以进。"《礼记·孔子闲居》："觩酒豆肉。"均指实酒之器，当非饮器专名。又，祭祀需要洁诚，故参祭者行礼前必沐浴，以洁其身，以示其诚敬，故需盘、匜、鉴之类沐水之器。

以上所述乃礼书所谓"祭器"。《周礼·春官·典庸器》："掌藏乐器、庸器。"此庸器亦青铜礼器，郑玄注："庸器，伐国所藏之器，若崇鼎、贯鼎及以其兵物所铸铭也。"又郑玄注《春官·序官》引郑司农云："庸器，有功者铸器铭其功。"郑注似有含混之嫌，以郑司农所云为是。庸者，常也；庸器，实即常器、彝器。与《礼记·祭统》所云"铭者，论譔其先祖之有德善、功烈、勋劳、庆赏、声名，列于天下而酌之祭器，自成其名焉，以祀其先祖者也"并无二致，故此庸器与上述祭器必同类无疑。

三礼及《诗经》《左传》等先秦古籍中所见青铜器有钟、铙、钲、镦（镦于）、镈（鏄）、铎等。如《考工记·凫氏》："凫氏为钟。"《周礼·地官·鼓人》"以金铙止鼓"，"以金镯（钲）节鼓"，"以金镦和鼓""以金铎通鼓"。《仪礼·大射仪》："笙磬西面，其南笙钟，其南鏄，皆南陈。"鏄即镈，大钟也，或作镛，《尔雅·释乐》："大钟谓之镛。"郭璞注《书》"笙镛以间"，曰"亦名鏄"。关于各自之形制，多由出土文物可证。又孙机先生《汉代物质文化资料图说》所述也甚详备。

如前所述，祭祀天地祖先之各种典礼中均需以钟鼓乐舞以助祭，以隆其盛。《周礼·春官》中所述乐器名目繁多，不可胜数，如《大司乐》所记，钟即有圜钟、黄钟、应钟，鼓有雷鼓、雷鼗、灵鼓、灵鼗、路鼓、路鼗，其他则有管、琴、瑟等。《大师》更曰："播之以八音：金、石、土、革、丝、木、匏、竹。"郑玄注："金，钟也；石，磬也；土，埙也；革，鼓鼗也；丝，琴瑟也；木，柷敔也；匏，笙也；竹，管箫也。"

又祭祀天地祖先之各种典礼中还需以车马、旌旗、戈戟等仪仗器以助其祭，以渲染气氛，以保证祭礼之正常进行。三礼及其他先秦古籍中可见以青铜器制造的作仪仗之用的长兵器即有戈、矛、戟、殳、钺、戚等，这些青铜兵器用于实战者实甚寥寥，大多属礼仪性之兵。而有许多径用作舞具。如《周礼·夏官·司戈盾》："祭祀，授旅贲殳、故士戈盾，授舞者兵亦如之。"《诗·卫风·伯兮》"伯也执殳，为王前驱"，言殳为前驱仪仗之用。《书·牧誓》"王左仗黄钺，右秉白旄，以麾"，言钺乃象征权威,类似权杖。《诗·大雅·公刘》:"弓矢既张,干戈戚扬。"亦如之,又《礼记·祭统》:"及入舞,君执干戚就舞位。"言君亲执干戚作武舞。《礼记·乐记》:"比音而乐之,及干戚羽旄,谓之乐。"郑玄注:"干,盾也;戚,斧也;武舞所执也。羽,翟羽也;旄,牛尾也,文舞所执。"

总之,青铜器作为商周礼器系统的重要构成,其主要或基本功能有三:

1. 盛具。以其所实之物可分为四类:

（1）牺牲之盛:鼎、豆之属,包括铏、鬲及镬等烹熟、煮熟和调味之器。

（2）酒醴之盛:尊、彝贮器之属,包括罍、壶、卣、瓿等和爵、觚、斝、盉饮器之属,包括觯、觥等。

（3）黍稷稻粱之盛:簋、簠之属,包括盨、敦;以及甗、甑之类炊熟之器。

（4）盥沃之盛:盘、匜之属,包括鉴等。

2. 乐器。包括钟、铙、钲、錞、铎、镈(镛)等。

3. 仪仗器。包括戈、矛、戟、钺、殳、戚等。

由于青铜礼器的特殊性能(坚固耐用,不具有玉帛之类所有的大的消耗性),特殊的造型(奇异多样),特殊的纹饰(象物寓意)和最具体系的陈列方式(奇偶相配或大小等级相列),以及重要实物(牺牲、酒醴、粢盛)或主要功能,而使之在各种祭祀典礼尤其享宗庙祖先之礼中处于非常突出的地位。而其中仪态最高贵、功能最重要,布列最显赫的牺牲之盛之首——鼎自然受到更特别的关注,进而被赋予了更多、更特殊的意义,其地位便自然日益提升而最终成为所谓国家之重器[1]。

其他礼器诸如皮革制品(裘服、鼓、鼗)、陶制品(白陶和原始青瓷)、漆器等等,不一一悉述,暂付阙如。

综上所述,玉器、币帛、牺牲、酒醴、粢盛、青铜器等质材不同,造型各异,特别是各自功能有明确的制度性区分。因之使得各种礼器在整个商周古礼系统中处于不同的位置,担当不同的职能,由此终于构成一个组合严整规范、功能齐备的灿然的

---

[1] 关于青铜器的分类,旧说立论的基点均在生人饮食,愚以为此有待重新考虑。由青铜器的功能性质决定,其类别划分理应以事神之礼为基点。本人将有另文专论《青铜礼器分类之再研究》。

制度体系。其主要包含五大部类:

一、主礼器。即人们向天神、地祇、人鬼敬献并试图使之接受的礼物,包括玉器、币帛、牺牲、酒醴、粢盛等。

二、盛器,即盛装所敬献礼物之专用器具,或典礼时主祭人沐浴用具,包括荐玉之藉、牺牲之盛、酒醴之盛、黍稷稻粱之盛、沐水之盛等(还有笾、登之类)。

三、礼服,即举行典礼时主祭人和助祭者所穿着之法定性专用服装及冠冕,即先秦礼书中所谓"禋絜之服""郊庙之服""端委"之类,包括冕服:大裘(黑羔大衣)、衮冕、鷩冕、毳冕、希冕、玄冕(皆玄衣、纁裳);弁服:爵弁、韦弁、皮弁;冠服:朝服、玄端。

四、乐器,即祭典时自始至终所用之乐器,以迎神祇,以隆其盛,以营造庄肃和谐之氛围。包括钟、镈、铙、钲、镎、铎、鼓、磬、琴、瑟、笙、箫、埙、管等[1]。

五、仪仗器,即祭典所用法定性道具,以保证典礼之正常、有序地进行,并助其祭、渲染气氛。包括主祭者、助祭者及随从兵士所凭所执之物,诸如车马(玉路、金路、象路、革路、木路、四牡)、旗、旌(大常、大旅、大赤、大白、大麾及旗、旟、旐等)、瑞玉(大圭、镇圭、桓圭、信圭、躬圭、谷璧、蒲璧等)、长兵(戈、戟、矛、殳、钺、戚)和甲盾之属。

礼器的产生及其演变

礼器作为行礼之器,是礼之物质的或技术的构成和体现。在这个意义上讲,礼器属于技术文明体系。因此考古学的发现和研究对于礼器起源问题的探讨有特殊重要的意义。然而如上所述,礼器的诸多构成多属于形而上的观念形态的精神文明产物(如玉、帛、酒等),或被明确地赋予了一种超物质甚至超世间的神圣意义的物质产品(如牺牲、青铜器等)。因而我们的探讨又不能像研究石器、陶器及瓷器那样过多地关注其技术工艺或形体造型甚至材质,也不能简单地以物论物,一切依考

---

[1]《周礼·春官·大司乐》及《乐师》《大师》等述之甚详,并可参见钱玄《三礼通论》之《名物编·乐舞》。

古发现的有无或早晚来论。比如我们不能因为"兴隆洼遗址发现了玉质器物,就说中国玉器的历史已有8 000多年"[1]。又比如我们不能因为三星堆遗址发现了青铜器制品,就因此说其已进入高度发达的文明社会[2]。还比如我们不能因为某一、二类似印玺的铜小件据传出自安阳,就说中国印玺起源于商代[3]。

我们认为关于礼器起源的探讨必须首先建立在对礼器性质、意义和功能的把握和正确认识之上。然后再进行起码两方面的工作:其一结合文献对考古学文化材料进行研究;其二技术工艺渊源的探讨(包括形制)。当然此研究不能脱离礼体系而孤立进行,而必须以礼体系起源的研究为基础和前提。

由前面的研究我们已经获知,礼是由蒙昧社会之以原始、无序和盲目为特征的巫觋者流事神活动脱胎而产生出来的,礼是有着明确的认知性和相当理性规范的文明体系。那么我们关于礼器起源问题的探讨无疑应首先着眼于巫觋者流事神行为所使用的法具或灵物之属。

瞿兑之在研究中国古巫时有一段话讲得好:"人嗜饮食,故巫以牺牲奉神;人乐男女,故巫以容色媚神;人好声色,故巫以歌舞娱神;人富言语,故巫以词令歆神。"[4]言中国古巫从人自身之喜好来交好、媚事神祇,这无疑是正确的。一方面说明中国古巫觋者流事神活动的基本特色是以牺牲、歌舞、词令等交好神祇而与西方学者所谓企图以强迫手段来使神祇满足人们某些需要的原始巫术有明显之区别。另一方面说明中国古巫媚事神灵的方式及奉献神灵的礼物有一个特点,即简单、"质略"而随意。这与前揭《礼记·礼运》所谓"燔黍捭豚、汙尊而杯饮、蕢桴而土鼓"以"致其敬于鬼神"相吻合,不过彼用"牺牲"一词似过于庄重。《礼运》之"捭豚"实际即后来的牺牲,"燔黍"实即后来的粢盛,"杯饮"和"汙尊"实即后来的玄酒和祭器,而"蕢桴""土鼓"及《礼记·明堂位》所谓"土鼓、蕢桴、苇籥,伊耆氏之乐也"之苇籥等,实即乐器之前身。又《礼记·明堂位》在追述上古所谓"礼制"时,

---

[1] 见《中国文物报》2001年4月15日第八版《用考古学构筑玉学基础》一文中张辛发言之第三部分。
[2] 张辛:《长江流域早期青铜文化的形上观察》,《长江流域青铜文化研究》,科学出版社,2002年。
[3] 张辛:《论中国印玺的起源》,《文化的馈赠——国际汉学会议论文集》,北京大学出版社,2000年。
[4] 瞿兑之:《释巫》,《燕京学报》七期,第1327页。

还列举出有虞氏之鸾车、旗、泰、鞁等。《墨子·节用中》还讲尧"饭于土塯,啜于土刑"。《韩非子·喻老》也讲"以为象箸,不必加于土铏"。这里的泰,只言为尊类物,具体形制无考。土塯即陶簋[1],乃铜簋之前身。土刑或土铏,即陶鼎,为铜鼎之祖型。

陈梦家《殷虚卜辞综述》由商烄祭求雨的诸多卜辞讲到古文献中记载的一些古代求雨事迹。如《左传·僖公十一年》:"夏大旱,公欲焚巫尪。"《淮南子》所记成汤以自身为牺牲求雨。《公孙龙子·迹府》:"昔宋景公时大旱,卜之,必以人祠乃雨。景公……将自当之,言未卒而大雨。"还有《礼记·檀弓下》所记暴尪求雨事等,陈先生认为成汤实即群巫之长[2]。

又《山海经·海外西经》:"巫咸国在女丑北,右手操青蛇,左手操赤蛇,在登葆山,群巫所从上下也。"又言:"夏后启于此舞九代,乘两龙,云盖三层,左手操翳,右手操环,佩玉璜。"欲以登天。

又《礼记·檀弓下》:"君临臣丧,以巫祝桃茢执戈,(鬼)恶之也。"《周礼·夏官·戎右》:"赞牛耳桃茢。"郑玄注:"尸盟者,割牛耳取血,助为之,及血在敦中,以桃茢拂之,又助之也。……桃,鬼所畏也;茢,苕帚,所以扫不祥。"《左传·襄公二十九年》也记有桃茢祓殡之事。

以上所述皆古巫之行为或古巫行为之孑遗,而古巫所用之人牲、赤蛇、九代、龙、翳、环、璜、桃茢以及土鼓、黄桴等均属于灵物或法具之类。而这些灵物或法具是否属于历史的客观存在,如是,那么其形制、品类及特征又是如何?这只能结合考古学的发现和研究来探讨。几十年来,我国新石器时代考古的一系列遗迹遗物的发现实际已经为我们提供了重要的材料和证据。

诸如:辽宁凌源牛河梁所谓红山文化"女神庙"遗址[3],浙江余杭瑶山、汇观

---

[1] 陈梦家:《殷虚卜辞综述》,第602—603页。
[2] 《史记·秦始皇本纪》:"(二世曰)吾闻韩子曰'尧舜饭土塯,啜土刑'。"《史记·太史公自叙》则引作:"食土簋。"裴骃《集解》引徐广语:"一作塯。"引服虔语:"土塯,用土作此器。"土铏,即陶铏,调羹之器,即后来的铏鼎或羞鼎。
[3] 辽宁省文物考古研究所:《辽宁牛河梁红山文化"女神庙"与积石冢群发掘简报》,《文物》1986年8期。

山所谓良渚文化"祭坛"[1]，乃至嘉兴南河浜所谓崧泽文化"祭坛"[2]。

诸如：辽宁凌源牛河梁[3]、内蒙古翁牛特旗三星他拉[4]等遗址出土的红山文化 c 型蜷体玉龙和玦形蜷体玉龙、玉鸟、玉蚕；安徽含山凌家滩[5]、湖北天门肖家屋脊、钟祥六合[6]等遗址出土的新石器时代玉龙、玉鸟、玉蝉，以及良渚文化的玉鸟、玉蝉[7]等。

诸如：浙江余杭反山墓地所出良渚文化神人兽面大玉琮（M12∶98）和大玉钺（M12∶100）；余杭安溪所出两面雕鸟纹刻符大玉璧[8]；江苏溧阳杨庄所出良渚文化兽面鸟纹平首玉圭[9]；宁夏海原莱园 F3 遗址所出大型红色漆璜[10]；山东泰安大汶口、临朐朱封、胶县三里河、日照两城镇等遗址所出龙山文化玉钺、牙璧、兽面纹玉圭[11]；以及石家河文化和山西陶寺遗址龙山文化以及齐家文化的玉璧和玉琮[12]等。

诸如：浙江桐乡罗家角所出马家浜文化的白陶盘[13]；上海青浦崧泽遗址所出

---

[1] 参见吴汝祚、牟永抗：《良渚文化的礼制》，《苏秉琦与当代中国考古学》，科学出版社，2001 年；浙江省文物考古研究所：《余杭瑶山良渚文化祭坛遗址发掘简报》，《文物》1988 年 1 期。

[2] 刘斌、蒋卫东：《嘉兴南河浜遗址发掘取得丰硕成果——发现崧泽文化祭坛和重要墓地》，《中国文物报》1996 年 12 月 15 日。

[3] 辽宁省文物考古研究所：《牛河梁红山文化遗址与玉器精粹》，文物出版社，1997 年。

[4] 翁牛特旗文化馆：《内蒙古翁牛特旗三星他拉村发现玉龙》，《文物》1984 年 6 期。《内蒙古又发现一件新石器时代玉龙》，《中国文物报》1988 年 4 月 8 日 1 版。孙守道：《三星他拉红山文化玉龙考》，《文物》1964 年 6 期。

[5] 张敬国：《安徽含山凌家滩新石器时代墓地发掘简报》，《文物》1989 年 4 期。张敬国：《安徽含山凌家滩新石器时代墓地第二次发掘的主要收获》，《文物研究》7 辑，1991 年。

[6] 参见任式楠：《中国史前玉器类型初析》，《中国考古学论丛——中国社会科学院考古研究所建所 40 年纪念》，科学出版社，1995 年。院文清：《石家河文化玉器概论》，《故宫文物月刊》15 卷 5 期。

[7] 参见朱乃诚：《良渚文化玉器纹饰研究》附表说明，《苏秉琦与当代中国考古学》。

[8] 王明达：《反山良渚文化墓地初论》，《文物》1989 年 12 期。

[9] 汪青青：《溧阳出土的良渚文化玉器珍品——神人兽面鸟纹圭》，《东方文明之光——良渚文化发现 60 周年纪念文集》，海南国际新闻出版中心，1996 年。

[10] 李文杰：《宁夏莱园窑洞式建筑初探》，《中国考古学会第七次年会论文集》，文物出版社，1992 年。

[11] 邵望平：《海岱系古玉略说》，《中国考古学论丛——中国社会科学院考古研究所建所 40 年纪念》。刘敦愿：《记两城镇发现的两件石器》，《考古》1972 年 4 期。

[12] 杨建芳：《区系类型原理与中国古玉研究》，高炜、张岱海：《汾河湾旁磬和鼓》，均见《苏秉琦与当代中国考古学》。

[13] 牟永抗：《试论长江流域史前时期的白色陶器》，《长江中游史前文化暨第二届亚洲文明学术讨论会论文集》，岳麓书社，1996 年。

彩绘盘形豆(M42∶9)[1];山东大汶口文化的骨牙雕筒[2]、觚形器、高足镂孔豆[3];山东龙山文化的红陶鬶、薄胎黑陶高足杯[4];仰韶文化的一些彩绘红陶盆(特别是内彩者)[5];以及山西襄汾陶寺遗址出土的彩绘蟠龙盘、特磬、土鼓等[6]。

甚至还有许多造型奇特,目前还不知其为何物的各种质料的器物,还有许多漆器、木器、骨器之类,等等。总之都有待我们去认识或重新审视。

这些遗迹遗物应与远古巫觋者流事神行为联系起来,而其中必有许多器物实际就是当时古巫事神活动所用的灵物或法具,因此视其为巫觋文化的产物应该是可以肯定的。因为这类器物很难与社会日常一般物质文化生活用具同等看待,他们分明已具备了一定的形而上的性质。明确言之,他们已初步具备了一种交通天地的神性品格。不然有许多现象根本无法解释,诸如为什么由北而南,从早到晚,甚至跨越两河的不同的考古学文化,凡出玉器者几乎有着共同的动物造型玉器种类,即玉龙、玉鸟(凤)、玉蝉和玉蚕;又为什么凡出土玉器的几个新石器时代晚期文化遗址中同时出现玉璧、玉琮之类后来被周人称之为礼器的器类;还为什么有不少玉器,特别如良渚文化玉器上出现如此奇特甚至相当繁缛的雕刻纹样,如神人兽面纹等等,这些决不能以一般物质文化的原理来解释,而只能进行形而上的、思想观念的甚而宗教学的解释。

而正由于这些器物已具备了一定的交通天地的神性品格,因此我们完全有理由认为,礼作为一种相对发达的文化形态,应该是在此间开始萌芽的。也因此我们把此一时期的这些具有一定神性的器类,即史前巫觋事神活动中所使用的一些自

---

[1] 上海市文物保管委员会:《崧泽——新石器遗址发掘报告》,文物出版社,1987年。
[2] 栾丰实:《论大汶口文化和崧泽、良渚文化的关系》,《中国考古学会第九次年会论文集》,文物出版社,1997年,第65页。
[3] 山东省文物管理处、济南市博物馆:《大汶口——新石器时代墓葬发掘报告》图版76—77,文物出版社,1974年。
[4] 邹衡:《夏商周考古学论文集》图版1,文物出版社,1980年。
[5] 石兴邦:《白家聚落文化的彩陶——并探讨中国彩陶的起源问题》,《文博》1995年4期。
[6] 高炜、高天麟、张岱海:《关于陶寺墓地的几个问题》,《考古》1983年6期。

然的或人为的所谓灵物或法具称之为准礼器或前礼器。

这些准礼器或前礼器尚不完全具备礼器品格,而是以多质材、多形制、随意性强、没有明确的专业职能分工,以及不成体系的无序性为基本特征,如陶、石、木、革以至玉帛等不一而足,甚至一根树枝、一只鹿角、一握牛尾等均可用来作为灵物、法具。因此如将其视为礼器而以《周礼》等先秦礼书来解读一些与其有关的考古现象往往是行不通的。如良渚文化的一些"制作精致的玉璧放置在墓主人的背腹部,还有大量的玉璧制作粗糙,厚薄不匀,边缘常有缺损,叠放在墓主人的腿脚部"[1]。这显然与《周礼·春官·大宗伯》所云"以苍璧礼天"不相符合,因此使得考古学家为此感到困惑,于是竟有人提出玉璧是财富的象征物的说法。

我们之所以提出这样一种前礼器的概念,主要是基于目前普遍存在于考古学研究、玉学研究以及青铜器研究中的将礼、礼制和礼器意义泛化的现象。其意义在于,我们不能把中国文明无限期地提前,这样无助于中国文化在古代世界的定位,无助于中国文明特质的认识,当然更无助于中国文明起源问题的探讨。与之相应,有几个具体概念须首先要明确,第一,如前所论,玉器是古代中国最为主要和重要的礼器之一,但并非一切以玉为材质的器物都是礼器。真正的玉器是指具有完整的礼器品格的玉器,即职能必须专业化,祭献方式必须程序化。至于形制也许是次要的,因为玉器的某些类别一旦成形,或圆,如璧;或方,如圭;或外方内圆,如琮,则往往要延续相当长的时间,甚至一成不变,这是由玉器制作的特性,即工艺技术传统的继承性等决定的;第二,并非一切青铜制品(甚至容器)都是青铜礼器,都是文明的产物。这里造型、功能和体系性具有决定性意义。如以青铜铸造所谓人像、人面像、树枝、树干之类恐怕就不能与"器以藏礼"的青铜礼器同日而语了,充其量只能说是用了当时技术文明的最高成果(由外引进或由外传播)而已;第三,并非一切畜肉、畜体均是牺牲。牺牲是由严格的意义限定的,如要卜选、要毛纯体完、要"在涤三月"等等。其他则可以此类推。我们认为只有真正明确了这些概念,才能

---

[1] 吴汝祚、牟永抗:《良渚文化的礼制》,《苏秉琦与当代中国考古学》,第679页。

正确地解读一些考古现象，正确认识一些考古学文化的特质，也才能对某一考古学文化进行科学的历史定位[1]。

然而，虽然说史前时期巫觋所用事神之灵物法具之类是随意的、无序的、孤立的，但毕竟已具备了一定的神性，而正在此一意义上我们称之为准礼器。而且既经持久，其必然逐渐趋于固定（所事对象及材质）、趋于规范（职能及仪程、手法词令、舞蹈动作），势必形成一套不成文的传统，巫觋之流也必然日益专业化。而一旦社会阶级形成、国家出现；一旦"绝地天通"，通天的权力被领主贵族所垄断；一旦人们由对自然神的崇拜转向对自身的关注，而导致对祖先的崇拜；一句话，一旦礼正式诞生，这些灵物、法具，即准礼器便终于实现了一种质的飞跃，或曰一种历史的跨越，而最终发展成为礼器，成为严格意义的礼器。

这里我们还可以从礼字的构成及巫觋职事的考察来印证这一历史进程。

礼字如上述所论，为会意字，从玉从壴（鼓），已明确标明了玉在礼活动中的独特，甚而独尊的地位。上面我们又讲到"巫"字和"灵"字，甲骨文和金文均有巫字，作 ✛、或 ✢。旧释作癸，非是。张光直释从工，工即矩，言"巫以矩为基本道具"[2]，亦难令人服膺。郭沫若言巫"像两玉交错的形状"[3]，至确无疑。再看霊字，或作灵。王逸注《楚辞·九歌·东皇太一》："灵，谓巫也。"字亦从玉。许慎直言"霊，巫以玉事神"。再看保字，金文作 🙾 或 🙾。《诗·小雅·楚茨》三言"神保"，朱熹《集传》："神保，盖尸之嘉号，《楚辞》所谓灵保，亦以巫降神之称也。"朱子言之有据，又由其构形可知，均亦以玉事神者。又尪，为突脊残障之巫，本字作"尤"，许慎解作曲胫之人。《左传》首见是字，从"王"，王即玉。似又可证。

总之，巫、灵、保之类事神者均有一个共同的符号或标志，即玉。所以进入三代文明、文字产生之时，便径以玉为义符来构造其名字，从而把此一重要文化现象永久地记录了下来。这也从另一个侧面说明巫觋文化的灵物、法具，在文字产生之

---

[1] 张辛：《长江流域早期青铜文化的形上观察》，《长江流域青铜文化研究》，科学出版社，2002年。
[2] 张光直：《商代的巫与巫术》，《中国青铜时代》，三联书店，1999年，第254—255页。
[3] 郭沫若：《殷契粹编》，科学出版社，1965年，第164页。

前,准确地说,在原始社会晚期,已由随意性、偶发性的多质材、多形制的无序状态逐渐规范、定型,最终固定、集中或落实在了以璧、琮、钺之类玉器为主的礼器之上。上述新石器时代晚期几个出土玉的文化遗址,如良渚、石家河、齐家、陶寺,甚至如三星堆不约而同地均拥有玉璧、玉琮和玉钺等正是绝好的印证。

如果说中国上古三代古礼的产生及其发展演化大致走的是一条"始于脱,成于文,终于隆"的道路,那么礼器的生成发展也无疑是与"脱"俱"脱"、与"文"俱"文"、与"隆"俱"隆"。

夏代是中国古礼生成和初步发展时期,由于相对缺乏文献记载,更多地只能由考古学的发现和研究,即目前学术界已公认的二里头一至四期文化来认识。这里邹衡先生已做了较详尽和令人信服的论证[1]。《韩非子·十过》:"(舜)斩山木而财之,……流漆墨其上,输之于宫,以为食器。……舜禅天下而传之于禹,禹作为祭器,墨染其外,而朱画其内,缦帛为茵,蒋席颇缘,觞酌有采,而樽俎有饰。"如果韩非子所说并非全然空穴来风,则大禹之时已经以漆器为礼器,并"墨染其外,而朱画其内",这似乎隐约可从陶寺内彩蟠龙纹陶盘见其端倪。青铜礼器始于夏代,这已由二里头的发现所证实。其共有鼎、爵、鸡彝(盉)、斝、觚、铃、戈和戚,可见其大多属酒醴之盛,这当与《墨子·非乐上》《大戴礼记·少用》等记载的"启淫溢康乐,……湛浊于酒","桀……乃荒于酒,淫佚于乐"大致相符。

就目前所得材料,夏代酒醴之盛当由陶礼器和漆礼器等发展而来,二里头一期和二期所出均为陶、漆礼器,三期以后才出现铜礼器,且不出陶、漆礼器之种类范围,是可证。其酒醴之盛已有明确的组合关系,即大多为爵和盉(鸡彝)。或加觚、或加斝,四期出现完整组合爵、觚、盉(鸡彝)、斝。盉(鸡彝)最为多见,为夏代表性之礼器。据邹衡先生研究,盉即鸡彝,为夏人祼享宗庙之器[2],而二里头三期每每盉、爵同出,似说明以盉行祼礼时或配以爵[3]。夏人已有粢盛簋、甗等;牺器有鼎、

---

[1] 邹衡:《试论夏文化》,《夏商周考古学论文集》,第147—157页。
[2] 同上注。
[3] 王国维《说盉》:"盉之为用,在受尊中之酒与玄酒而和之,而注之于爵。"且无论盉是否为和水酒之具,拟或"煮郁鬯之用(丁山语)",注之爵当甚为有理。见《观堂集林》卷三。

罐;尊当为贮酒器。夏代的玉器形制也已具有一定的规范性,已发现有戚璧、圭、钺、戈、柄形器及大型玉刀(璋)。总之,如果说夏代礼器已粗具规模体系当不为过[1]。

历史的时钟进入商代,随着以祭祀为中心的礼乐文化的发展,随着礼的规模、体系的基本奠定,礼器进入了一个新的重要发展阶段。首先玉器,以数量多、形体大、雕琢精工、种类齐全和材质精良[2]为特征,礼器有璧、琮、璜、琥及龙、凤、蝉等;仪仗器有钺、戈、戚、矛等,还有玉簋和玉盘。然而其大多发现于墓葬中,遗址尤其宗庙遗址发现相对要少,这很可能是玉器的祭献方式多为燔燎(耏玉)的缘故,所以对我们全面认识商代玉礼器形成一定困难。但从前揭甲骨卜辞及一些文献的记载来看,商代用玉,尤其祭祀用玉肯定是相当可观的。诸如《合集》32535"进燎于祖乙",《屯南》1138"大御自上甲六大宰,燎六小宰,卯卅牛"等,商人对先公先王的祭礼或用燎祭,而燎牲如此之多令人咋舌,想必玉器亦不在少数。《逸周书·世俘解》:"商王封取天智玉琰五,缝身厚以自焚。凡厥有庶告,焚玉四千。……凡武王俘商旧玉亿有百万。"总之可以肯定的是,商代玉器已基本定于一尊,成为礼器系统中最主要,恐怕也是最大的构成[3]。

其次,青铜礼器,商代礼器系统中最为显赫的组成部分即青铜礼器,其器形之恢硕、种类之繁多、工艺之精湛、纹饰之瑰异,可谓独步当时古代世界。而其中酒醴之盛的特别发达无疑是商代青铜的第一大特点,据郭宝钧先生对晚商铜器群的统计,酒器居全部青铜礼器的三分之二以上,而尤以爵、觚二器最多。酒醴之盛的基本组合是爵、觚、斝,斝为享宗庙祖先祼尸降神之礼器。其次,牺牲之盛鼎也居以比较重要的位置,其形体之大,在商代青铜器中占据首位,其数量之多,仅居爵、觚之

---

[1] 关于二里头的材料参见《考古》1974年4期;《考古》1975年5期;《考古》1976年4期;《考古》1983年3期;《考古》1984年1期;《考古》1984年7期;《考古》1985年12期;《考古》1986年4期;《考古》1991年12期;《考古》1992年4期等。

[2] 商代最早使用真玉,即所谓和阗软玉,商晚期和阗玉已占相当大的比例。参见杨伯达《中国古玉面面观》,《故宫博物院院刊》1989年1、2期,近年来有从事地质研究的学者认为殷墟所用真玉并非和阗玉,而是由东北岫玉产地附近而来。参见《中国古代玉器与玉文化高级研讨会论文摘要》,2000年,第13页。

[3] 参见郑振香、陈志达:《近年来殷墟新出土的玉器》,《殷墟玉器》,文物出版社,1982年。

下。这可以视为商代青铜礼器已相当成熟的标志性特点。第三，商代青铜器类别多而功能已趋明确，形制和纹饰已相当规范。牺牲之盛、酒醴之盛、粢盛、水盛、乐器、仪仗器一应俱全，形成一个相当严整的青铜礼器体系。

再次，商代还发现白陶礼器、漆礼器，尤其仪仗之用车马。车为夏代所发明为文献所明确记载[1]，而商代车之发达更由考古材料可资证明[2]。商代车除用于交通、车战之外，更多地当用于祭祀。

最后，也最为重要和最为闻名，即大量占卜材料的发现。占卜是商人交通天神上帝和先公先王的最主要方式之一，因此也为商礼的主要构成。这方面古文字学家的研究成果相当丰硕，自不必评说。

总之，商代礼器已相当体系化和规范化，尤其是已创制出当时古代世界最为发达、最具特色的青铜礼器系统以及占卜制度。因此我们说在夏礼基础上大大发展的商礼已经"成乎文"，是完全符合历史事实的，商代礼器的发展便无疑是其更为有力的证明。

周因商礼。西周时期在对商礼进行了全面损益之后，礼进而向社会人伦方向大大迈进，最后终于步入全面制度化的鼎盛时期。而随着西周中期礼制的确立，礼器也终于发育成为一个构成严密、功能齐备、严格制度化的成熟体系。

西周玉器无论在数量、质量，还是在雕琢工艺方面都保持着有商以来的一种持恒发展的态势。而由于周礼的制度化，因此在玉器形制和种类上并未有更大的突破，玉礼器仍以璧、琮、圭、璜等为主，另有钺、戚、戈等。相对于晚商玉器而言，西周玉器一个最大的特点就是开始使用成组的葬玉佩饰之类，如天马曲村遗址晋侯8号墓、63号墓和92号墓中所出连环玉佩[3]。这一现象无疑是礼器向社会人伦方

---

[1] 吕思勉说："车之兴，必有较平坦之道，故其时文明程度必更高。"《先秦史》，第363页；《世本·作篇》："奚仲造车。"《墨子·非儒》《管子·形势》等所记亦然。实际上我同意晚近车西来之说，且待专文申之。

[2] 参见《商周考古》，文物出版社，1980年。

[3] 北京大学考古系等：《天马—曲村遗址北赵晋侯墓地第二次发掘》、《天马—曲村遗址北赵晋侯墓地第四次发掘》、《天马—曲村遗址北赵晋侯墓地第五次发掘》，分别载《文物》1994年1期、1994年8期、1995年7期。

向发展的有力证明。其次,西周玉器雕刻纹饰上也由商玉较多兽面纹向几何化方向发展。而又据一些学者的研究,西周金文中玉名有四瑞:圭、璧、璜、璋,而周初只见一瑞,到西周中期,玉礼器之名日益增多,到西周晚期的金文中,玉器之名则几乎成为不可或缺[1]。此一研究成果从一个新的角度再次证明"真正的周礼",或曰"严格制度化"的周礼确应是西周中期穆王以降才形成的[2]。

西周青铜器在商代大发展的基础上获得进一步发展,尤其青铜礼器更为发达和更为规范。西周铜礼器不同于商器的最大特点主要有二:其一,酒醴之盛大为减少,牺牲之盛和黍稷稻粱之盛相应增加,亦即郭宝钧先生所说,由"重酒的组合"转变成"重食的组合"。而后者中的鼎和簋日益居于重要地位,几乎在所有的墓葬中,它们都是成规律地配合出现。这一重要现象除了至少说明周礼明确的社会人伦化取向之外,同时也反映出周人观念的进步,即认为"天命靡常"。天道远而人道迩。其二,出现长篇铭文,其作用和意义无非有二:一是借助超社会的神祇之力和世间舆论的力量,肯定周人新贵的政治地位;二是把祭祀者的社会利益同祭祖联系起来,由亲亲而尊尊,由神而人,以最终获得尊贵的社会地位。也同样明显地反映出周礼向社会政治人伦的进步,亦即对祖先祭祀的社会功能化和政治化。

其他如葬制、宗庙制等等均明确地反映出周礼的这一特征。总而言之,周代的礼器已高度规范化、严格制度化,已形成一套包括用玉制度、用鼎制度、用牲制度、用乐制度等在内的庞大而成熟的礼器系统。而此一系统也日益社会人伦化和政治化,直接不服务于当时的宗法制、等级制以及分封制。

春秋战国,礼进入了一个新的历史阶段——礼崩乐坏。随着人文的觉醒、智力的开化,随着儒家思想体系的形成,礼器作为礼的体现、礼的载体也不可避免地日益式微和衰落。此间的礼器大抵有如下特征:

其一,传统的礼器融进了越来越多、越来越明显的人伦或人性内容:诸如玉器中成组佩饰的进一步盛行,而用于朝聘、盟誓、赏赐的社会人伦器类发达起来,纹饰

---

[1] 张永山:《金文中的玉礼》,《东亚玉器》第1卷,香港中文大学中国考古艺术研究中心,1998年,第26—33页。
[2] 郭宝钧遗著,邹衡、徐自强整理:《商周铜器群综合研究》整理后记,第108页。

中庄严肃穆风格渐被和谐流美的装饰性所取代;诸如丝帛渐渐从神圣的祭坛走下来,而用于领主贵族以及新兴官僚阶级的日用服饰,或用于此间经常发生的旨在弭兵结好的政治会盟之盟誓仪式之中(缯书),同时,旨在表现人的出世、登天等思想观念(当然必带有一定的宗教意识)的帛画,也在此间出现[1];又如青铜器渐渐从神圣的庙堂走出来,而逐渐成为社会人伦日常实用器具,新出现了货币、铜镜、带钩、灯、度量衡具等全新器类。青铜礼器的纹饰也发生重大变化,商周时期的主导性纹饰,饕餮纹基本消失,而转为几何性或纯粹图案性纹饰,特别新出现以人伦生活为题材的刻划纹。这种写实风格纹饰的出现标志着由神到人,由虚幻的神的天道世界到现实的人道社会的转变和进化,等等。

其二,周王室礼器锐减,诸侯国礼器大量涌现,其主要表现在青铜礼器上,如出现许多媵器,这无疑是"申之以盟誓、重之以婚姻"[2]的政治产物。同时下层民众墓葬中大量出现仿铜陶礼器。这一切均反映了自上而下的社会关系的大调整、大变革,这就是文献中所谓的"僭越"。

其三,符节、印章之类人伦信器出现。这一方面表明商业经济的发展,而商业的发展必然会对旧的传统礼制产生冲击。另一方面反映了传统的社会宗法秩序和等级秩序面临灭顶之灾。而信器实际也是最后的礼器,既是新兴官僚贵族为确立自己的社会政治地位而与旧有领主贵族斗争的产物,也是"青铜礼器走下神坛进入社会日常生活的自然演进的结果"[3]。

总而言之,春秋战国是中国文化史上一次大变革时期,而此一变革必然首先表现为社会上层建筑的变革。礼制作为上层建筑的核心构成,便理所当然地成为首当其冲的"革命"对象。因之礼器也就理所当然地打上了时代的烙印。

纵观中国古代礼器从三代文明之初脱胎生成,以至春秋战国之"礼崩乐坏",

---

[1] 黄文昆:《战国帛画》,《中国文物》第 3 期,文物出版社,1980 年。湖南省博物馆:《新发现的长沙战国楚墓帛画》,《文物》1973 年 7 期。湖南省博物馆:《长沙子弹库战国木椁墓》,《文物》1974 年 2 期。

[2]《左传·成公十三年》。

[3] 张辛:《论中国印玺的起源》,《文化的馈赠——国际汉学会议论文集》,北京大学出版社,2000 年,第 283—284 页。

走向式微,长达一千五百余年的历史以及产生之前更为长期的孕育过程,我们把礼器的衍生史分为四个大的历史阶段:

(1) 前礼器期,即史前时期。以多质材、多形制、随意性强、没有明确的功能区分为基本特征;

(2) 生成和滥觞期,即夏商时期。礼器的质材和形制已相对固定,已有较明确的职能分工,形成了初具规模的礼器系统;

(3) 规范和鼎盛期,即西周时期。礼器高度规范化,严格制度化,形成一套包括用玉制度、用鼎制度、用牺制度、用乐制度等在内的构成严密、功能齐备的庞大而成熟的礼器系统;

(4) 式微和衰落期,即春秋战国时期。礼器体系已渐趋崩坏,出现僭越;玉器、币帛和青铜器渐渐走下神坛而逐渐进入社会日常人伦生活。

四、结语

中国文化是礼乐文化。产生于中国三代文明初期的,以玉器,币帛和青铜器为代表的礼器是中国文化的直接表征和典型载体,而中国古代礼器又是中国考古学材料的重要构成。

关于中国古代礼器的研究,其作为古代礼学的一部分,即名物制度之学从东汉郑玄之前业已开始;而作为古代金石学的一部分,至少从宋代也已开始,如出现了诸如宋聂崇义《新订三礼图》、清程瑶田《考工创物小记》、清黄以周《礼书通故·名物图》等重要著作。但真正获得突破性进展的还是王国维以降,观堂先生的《殷周制度论》《释史》《释礼》《释斝》等论著可谓空前绝伦之作。近五十年来,随着中国考古学的发展,礼器研究复作为考古学研究之一部分更获得重要发展,尤其是属之考古类型学的青铜器形态学以及在其基础上的断代研究,郭沫若、容庚、唐兰、邹衡等可谓是青铜器研究方面的卓荦大家。近年来关于红山玉、良渚玉以及齐家玉和殷墟玉器的研究也取得不少成绩。

然而很多的研究还属于分别的、专门的或个案的研究,或者是考古学的类型学和断代学研究。而从文化学角度,结合考古学的研究,结合古文献特别是其中礼学经典的研究和再研究,把中国古代礼器作为一个有机的整体,进行全面系统的综合性研究尚属空乏,而这应该是一个有重要学术意义的课题。

以商礼,尤其周礼为代表的中国古礼,既然是中国传统文化的重要组成部分,故对中国文化,对中国文化的特质、核心和构成,对中国人的文化心理素质,尤其是思维方式、审美方式等方面的深入认识和进一步研究,就成为中国古礼和中国古代礼器研究的必要基础。而以往的研究不尽如人意,在一定意义上说,就是缺乏文化学的形上考察和宏观把握。

既为礼器,既为行礼之器,故对礼的认识和研究就显得至为重要。因此结合考古学的发现和研究、结合古文字学和古文献学研究的新成果,对中国古礼,特别是商礼、周礼的内涵、结构、类别,尤其是行礼方式及其发展演变的重新审视和系统研究就成为本研究的重要前提。

古代礼器既为中国考古学材料的重要构成,因此考古学的研究,即对古代礼器的类型学以及在此基础上的年代学研究,就应该成为此一研究的关键一环。而此一方面的研究成果相对丰富和可靠,诸如邹衡先生等对于夏、先商、商、先周、周三代诸时期青铜器的考古学研究,可以说为本研究打下了相当坚实的基础。

基于此,我们的研究是从中国文化的高度,以考古学研究为基础,以古文字学和古文献学研究基础上的礼学研究为前提,而对中国古代礼器进行的全方位和系统的研究,其主要从道、器和流变[1]三方面进行,内容主要包括:

1. 礼器的文化意义、性质和主要社会功能;
2. 礼器的类别及其主要构成;
3. 礼器的质材及其造型特点;
4. 礼器的起源及其发展演变。

主要论点有:

1. 礼器即行礼之器,是随着礼的生成和发展逐步定型和演化,随着礼制的确立

---

[1]《易·系辞下》:"形而上者谓之道,形而下者谓之器,化而裁之谓之变,推而行之谓之通。"

而发展成一套灿然的制度体系。

2. 礼器的前身是史前巫觋活动或其他事神行为中所使用的自然的或人为的一些所谓灵物或法具。而以多质材、多形制、随意性强、无明确职能分工和不成体系为特点,应称为前礼器。

3. 礼器的基本品格是:一、质材和形制相对固定;二、职能专业化;三、祭献仪式程序化。

4. 随着西周中期礼制的确立,礼器发育成一个构成严密、功能齐备的成熟系统。其主要包括五大部类:(1)主礼器,即向上帝或祖先敬献并试图让其接受的礼物。包括玉器、币帛、牺牲、酒醴和稻粱等;(2)盛器,即盛装所敬献礼物的专用盛具及荐具,其中主要是青铜器;(3)礼服,主要为丝织物;(4)乐器,即配合祭祀所用钟鼓等乐器,以隆礼之盛;(5)仪仗器,即玉圭、干戚、旌旗、车马之属。

5. 由于周礼基本有两大构成,即祭祀天、上帝、地祇、日月星辰、山林川泽等自然神系统和享宗庙祖先人道系统。因而敬献礼物的方法、品类等必有所不同。前者行礼方法主要是燎祭和血祭、埋、沉等,故其主礼器主要是玉器、币帛和牺牲;后者行礼方式主要是祼礼和馈献以及祠、礿、尝、烝四时祭,故其主礼器主要为酒醴、牺牲、黍稷等。

6. 玉器是中国最早的交通上天、神祇的礼器。由于石器主导了人类历史上一个最漫长的历史时期(占99%以上),因而将其中最美丽圣洁的玉器作为向天地敬献的礼物是顺理成章的。然而并非一切玉制器皆为玉礼器。

7. 丝帛是作为中国古代重要礼器而起源和发展起来的。主要是因为丝是蚕所吐的天地化育之精。

8. 青铜器主要是用来盛放享宗庙祖先之礼物,即酒醴之盛、牺牲之盛和黍稷稻粱之盛。当然也用作祭者之沐水之盛以及钟、铙之类乐器和钺、戟之类仪仗器等。

9. 印玺作为人伦之信器,实际也是最后的礼器,它产生于中国古礼的礼崩乐坏阶段前期,即春秋时代。

由于此一研究属于一种跨学科性的综合研究,因而我们相信,通过此一研究有望把中国古代礼器的研究提高到一个新的阶段;同时对中国传统文化的研究,对中国传统礼学的研究、对于考古学的专业研究也有其特殊意义。

然而,由于本人学力、专业研究范围以及时间所限,此一研究未能更深一步地进行,本文所完成的只是一个粗略的大的框架,许多问题还未能展开,其中错误和不成熟之处也在所难免,这一切尚祈大家多多指正。而随后,围绕上述论点的深入具体、分门别类的论述,将陆续奉献给大家。犹望不吝赐教。

(原载于《考古学研究(五)——庆祝邹衡先生七十五寿辰暨从事考古研究五十年论文集》,科学出版社,2003年)

玉器礼义论要

中华民族是世界上最尚玉的民族。《国语·楚语下》曰"玉帛为二精",又称玉乃国之六宝之一[1]。《易·说卦》曰:"乾为天,为圜,为玉。"《淮南子·俶真》曰:"(玉)得天地之精也。"《礼记·聘义》曰:"君子比德于玉。"《说文》曰:"玉,石之美而有五德者。"玉作为一种天然产物,为何受到如此尊崇?其根源何在?这无疑是一个饶有意义的学术问题,足以构成玉学研究的基础。

一

中国文化是以中庸观念为核心的礼乐文化。所谓中庸,其含义有二:一曰中,一曰庸。中者,乃适宜、适中之谓;庸者,规律也,常也。《论语》称中庸为至德[2],《礼记》曰:"极高明而道中庸。"在古代先哲那里,高明者,上天大自然也;极之而道中庸者,则祖先圣人。上天和祖先乃是中庸的标本和典范[3]。

中庸的基本形态或最高表现是秩序与和谐。秩序与和谐是宇宙天体运行的大准则,也是人类社会运行的大准则。而秩序即礼的精神[4],和谐即乐的精神。秩

---

[1]《国语·楚语下》:"(王孙圉曰)圉闻国之宝六而已,明王圣人能制议百物,以辅相国家,则宝之;玉足以庇荫嘉谷,使无水旱之灾,则宝之,……"韦注:"玉,祭祀之玉。"

[2]《论语·雍也》:"中庸之为德也,其至矣乎!"

[3] 参见张辛:《礼与礼器》,《考古学研究(五)——庆祝邹衡先生七十五寿辰暨从事考古研究五十年论文集》,科学出版社,2003年;又《中庸精神与中国书法》,《魏维贤先生七十华诞论文集》,北京大学出版社,2000年。

[4]《书·尧典》:"帝曰:'……有能典朕三礼?'佥曰:'伯夷。'帝曰:'俞,咨伯,汝作秩宗。'"(本文从《书·尧典》与《舜典》本为一篇之说)《书·皋陶谟》:"天秩有礼,自我五礼有庸哉。"《书·洛诰》:"惇宗将礼,称秩元祀,咸秩无文。"《左传·文公六年》载赵宣子执国政为九事,其中之一即"本秩礼"。秩,璧中古文作"䄻"。《说文·豊部》:"䄻,爵之次弟也。"且引《书·尧典》"平秩东作"为"平䄻东作"。王夫之《张子正蒙·王禘》:"三礼之义,皆礼之大者,先王所以顺天之秩而精其义者也。"

序是基础,是条件,和谐则是目的。惟有秩序才能和谐,天体运行即其标本。故"礼和乐是中国社会的两大柱石",而其"最后根据,则在于形而上的天地境界"[1]。这就是《礼记·乐记》所谓"乐者,天地之和也;礼者,天地之序也","大乐与天地同和,大礼与天地同节"。

《说文》曰:"礼,履也,所以事神致福也。"此即礼的本义。所事之神就是上天及祖先,而"致福"乃礼的目的所在。故"夫礼,国之大节","人之命在天,国之命在礼","圣人以神道设教,而天下服矣","礼者,人道之极也"[2]。

中国文明为大陆型农业文明,农业文明是不假外求的内足文明。由于农业生产所必需之土壤、水分、气候等条件均由大自然给予适中安排,而我们的祖先也正是基于中国特定的适中的生态环境,明智而自然地选择了农业这一生产方式。因此中国先民从来对天地大自然有一种视同父母的依赖情感,由衷地赞美大自然的化育和厚赐,进而力求亲和、友好,力求回报上天以及祖先的恩泽,于是礼行为便自然而然地发生了。

礼的基点是分,礼生于分别,成之文明。所谓分主要有二:一是天人之分,二是人人之分。只有天人相分,才可能有对天的认识("知天"),才可能生出中国人特有的以礼相待的对天态度和最具特色的"天人合一"观念;只有人人相分,即与他人、他性及群体相分,才可能有对自身由来的认识,才可能出现祖先崇拜[3],也才可能有"五伦"的名分定位,而终于"百物不失"[4],实现社会的和谐。总之,只有天人,尤其是人人得以区分,人类才能最终告别愚昧,战胜野蛮,实现文明[5]。

礼的特质或基本意义是报,"报以介福","报情反始也","礼得其报则乐,乐得其反则安"。而既要报,则必"致其诚信,与其忠敬,奉之以物,道之以礼"[6],则必

---

[1] 宗白华:《艺术与中国社会》,《学识》半月刊1卷12期,1947年。
[2] 分别见《书·洪范》《荀子·强国》《易·观》和《荀子·礼论》。
[3] 中国文化乃宗法伦理型文化,祖先崇拜在中国文化中占非常突出的地位,此与西方文化大相径庭。威廉·施密特《原始宗教与神话》中译本:"谈到原始文化我们不能说祖先崇拜有什么固定的形式,因为祖先崇拜根本就很稀少。"上海文艺出版社,1987年,第92页。
[4] 《礼记·乐记》:"大乐与天地同和,大礼与天地同节。和故百物不失,节故祀天祭地。"
[5] 张辛:《由大一、浑沌说礼》,《北京大学学报(哲学社会科学版)》2002年4期。
[6] 分别见《诗·小雅·楚茨》《礼记·乐记》《礼记·祭义》和《礼记·祭统》。

选择最适中的交好报答方式,选择最能表达情意的最适宜的礼物,以报天地以及祖先的大德[1]。"玉之美,与天合德"[2],于是玉器便历史性地应运而生,成为沟通天人的最适中之礼器的首要之选,成为礼器系统中主要礼事天地"至尊大神"的核心构成。这里我们可以由"礼"字以及上古事神者流"巫""灵""保""尪"等字的原初形体均由"玉"字为主构形来证明之:

豐,会意字,从玉从壴(鼓)。孔子曰:"礼云礼云,玉帛云乎哉!乐云乐云,钟鼓云乎哉!"[3]从一个侧面证明玉与鼓乃主要行礼之器。

中或巫、𠮛(巫),前者"象两玉交错的形状"[4];后者"从工,象巫在神幄中而两手奉玉以事神"[5]。

靈,灵(靈)或从玉。《说文》:"靈,巫以玉事神。"《诗·大雅·灵台》:"经始灵台,经之营之。"毛传:"神之精明者称灵。"灵台即祭台,或曰"坛场"[6]。玉逸注《楚辞·九歌·东皇太一》:"灵,谓巫也。"王国维《宋元戏曲考》:"古之所谓巫,楚人谓之曰灵。"[7]

保(保),《诗经》中事神者流或称"神保"[8],《楚辞》称"灵保"。《楚辞·九歌·东君》:"思灵保兮贤姱。"洪兴祖补注:"灵保,神巫也。"《书·周官》所立三公

---

[1]《说文》:"中,……上下通。"许慎可谓抓住了中字之本义。何谓上下?神人或天人也,天人相通则为中,乃最适宜之所在。"致中和,天地位焉,万物育焉"。杨儒宾《道家的原始乐园思想》:"'中'是绝天地通以后,人复'太初之人'之权的唯一管道,其象征意义无与伦比。"何以通天人,最适宜之中介即玉。玉通过"中"这一"管道"而实现"上、下通"。

[2](晋)傅咸《玉赋》序:"易称乾为玉,玉之美,与天合德。"见《艺文类聚》卷八十三《宝玉部上》引,中华书局,1965年,第1429页。

[3]《论语·阳货》。并参见张辛《礼与礼器》"二、说礼",《考古学研究(五)——庆祝邹衡先生七十五寿辰暨从事考古研究五十年论文集》,第852—855页。

[4] 郭沫若:《殷契粹编》,科学出版社,1965年,第164页。

[5] 罗振玉:《增订殷虚书契考释》中,1914年,第15页上。又孙海波:《卜辞文字小记》:"巫卜辞作𠮛,从工,即所奉之玉也。"见《考古社刊》第四期,1936年。李孝定:《甲骨文字集释》,第1591页。

[6]《国语·楚语下》:"牺牲之物,玉帛之类……坛场之所。"

[7] 又可参见桂馥《说文解字义证》卷二:"灵,或从巫者,楚屈巫,晋申公巫臣并字子灵。……《楚辞·九歌》:'灵连蜷兮既留。'王注:'灵,巫也。楚人名巫为灵子。'"

[8]《诗·小雅·楚茨》:"先祖是皇,神保是飨。""神保是格,报以介福,万寿攸酢。"毛传等释保为安。郑笺:"鬼神又安而享其祭祀。"误。诗中"神保"与"先祖"及四章"工祝"对举,必为名词。朱熹《集传》曰:"神保,盖尸之嘉号,《楚辞》所谓灵保,亦以巫降神之称也。"

之一的"太保"实乃由"神保"转化而来。《书·顾命》:"太保、太史、太宗皆府冕彤裳。太保承介圭……"《书·召诰》"惟太保先周公相宅",并记太保"牲于郊""社于新邑"等事,是可知太保与"秩宗"一样,属礼官。贾谊《新书》:"天子处位不端,受业不敬,教诲讽诵诗书礼乐不经不法,言语不序……凡此其属,太保之任也。"显然以理"秩"为本职。

尪,《说文》:"尪,曲胫人也……古文从㞷。"段注为形声字,误,实乃会意字,意为突脊残障之巫。《左传》《礼记·檀弓下》和《吕氏春秋》有是字。《左传·僖公二十一年》"公欲焚巫尪"句,杜预注:"巫尪,女巫也,主祈祷请雨者。"[1]

总之,"巫""灵""保"之类事神者及"礼"字均有一个共同的符号或标志,即玉。所以中国文明之初汉字产生之时,便径以玉为义符来构造其字,从而把事神或行礼以玉这一重要文化现象永久地记录下来。

二

我们的先人为什么历史性地选择了玉器作为沟通天人的主要媒介,而由此使玉在古代中国承担了如此重要和高尚的社会职能?究其根本原因,当不外乎如下三端:

其一,在于玉石的特殊的物理性质。历代哲人对玉多极尽美誉,诸如"温润而泽""缜密而理""坚强而不屈""折而不挠""锐廉而不技""䚡理自外""其声清阳而远闻",又如"膏无其润,雨无其泽""温温亲人,皎皎耀月"[2]等。归纳之,古人所感观的玉石的物理性质主要是:质坚外柔,清明温润,色理美泽,声音悠扬。《逸论语》载孔子评价美玉璠玙的一段话非常重要[3]:

---

[1] 郑玄注《礼记·檀弓下》曰:"尪者面向天,觊天哀而雨之。"高诱注《吕氏春秋·尽数》:"突胸仰向疾也。"未明言其为巫,恐不确。
[2] "锐廉而不技""䚡理自外",出自《说文解字·玉部》,"膏无其润"后几句出自刘子芬《古玉考·玉德颂》,余均出自《荀子·法行》。
[3] 见徐坚《初学记》卷二十七《玉第四》,京华出版社,2000年,第423页。

>　　远而望之，焕若也；近而视之，瑟若也。一则理胜，一则孚胜。

理者，即文、纹理、肌理、次序、条理、道理之谓。如天文、人文、地理、物理、性命之理等[1]。"德辉动乎内……理发乎外"，理的意义有似品格，近于隐性内质，"刀锯不加，理乱不知"[2]，与"大圭不琢"之琢义有别。故这里是指玉的文理，由内而外的自然纹理，亦即上揭荀子所谓"缜密而理"和《礼记·聘义》所载孔子曰不可掩翳之"瑕瑜"，以及许慎所谓"䚡理"。而此"理"实际正与礼的基本精神或特质相吻合[3]，因此"理"乃玉石第一位的自然属性。"孚"，则指玉的色彩，言玉之鲜洁，即上文所言"瑟若"。《礼义·聘义》曰："孚尹旁达，信也。""孚尹"即孚筠，孚者浮也。故孚乃玉的次于理的外在属性。

总之，玉"乃石之精也"，是山川之精、"天地之精"，是大自然的钟灵造化[4]。

其二，在于人们头脑中根深蒂固的"石崇拜"。石器是人类最早制造并用来调适生态环境以求生存的最重要的劳动工具，是人类社会漫长的原始时期物质文明的首要标志和生产力的主要代表，主宰了人类社会99%以上的历史。因此石器在人类心目中无疑有着无与伦比的崇高地位。古籍中一些星散的记载正透露着这种信息。诸如《淮南子·览冥》所载之"女娲炼五色石以补苍天"；《淮南子·修务》所载"禹生于石"；《随巢子》及颜师古注《武帝纪》等引《淮南子》所载"石破北方而启

---

[1]《广韵·止韵》："理，文也。"《韩非子·解老》："理者，成物之文也。"《荀子·正名》："形体色理以目异。"杨倞注："理，文理也。"《荀子·正名》："道也者，治之经理也。"杨注："条贯也。"《孟子·告子上》："谓理也义也。"赵岐注："理者，得道之理。"《礼记·仲尼燕居》："礼也者，理也。"孔疏："理谓道理。"《淮南子·说林》："不如循其理，若其当。"高诱注："理，道也。"《易·文言》："君子黄中通理。"孔疏："通晓物理。"贾谊《胎教》："《易》曰，正其本而万物理。"

[2]《礼记·祭义》："故德辉动乎内，而民莫不承听，理发乎外，而众莫不承顺。"韩愈《送李愿归谷序》："刀锯不加，理乱不知。"

[3]《礼记·礼器》："义理，礼之文也。"《管子·心术》："故礼者，谓有理也……理也者，明分以谕义之意也。"《荀子·乐论》："礼也者，理之不可易者也。"《孔子家语·论礼》："礼者，理也。"又《礼记·祭义》："礼也者，动于外者也。"《礼记·文王世子》："礼，所以修外也。"《礼记·礼器》："礼也者，反其所自生。"总之，理与礼的意义从根本上相通。

[4]《初学记》引《地镜图》曰："玉，石之精也。"《韩诗外传》载孔子语曰："水之精为玉。"《大戴礼记》："玉者，阴中之阳也。"《孝经·援神契》："神灵滋液，则有玉英。"《淮南子·俶真》："昆仑之玉……得天地之精也。"

生";王韶之《南康记》所记"启生而母化为石"[1];袁康《越绝书》所载"轩辕、神农、赫胥之时,以石为兵"等。在西方神话中实际也有类似记载,甚而或传说基督也是从石头中生出来的[2]。

然而"石润苞玉"[3],玉"乃石之精""石之美者"。于是先人将石头中最温润、清明、圣洁,"焕若瑟若",又为数甚少的玉选择出来,精心制作成某种适宜的形制,作为向天地至尊大神敬献的礼器,这自然是最为理想和适中的。"玉石得宜,则太白常明"[4]。因此我们说,玉器是"石崇拜"观念的必然升华。

其三,在于中国人独具特色的"天人合一"观念。"天道演运,万物化生","天地之大德曰生"[5]。玉既然"得天地之精",既为天地造化的精华,因此"物类相感",很自然地被先人视为天地大德的化身和体现。"德者,得也","化育万物谓之德"[6]。在先秦哲人那里,道为天地的本原,德是天地的本性。"天地絪缊,阴阳化生"是为至德。"苟不至德,至道不凝焉"[7]。只有德才能体现出道,"是以万物莫不遵道而贵德"[8]。故必"恭德裕天"[9]、"敏德以行本"[10]。而"大哉乾元,万物资生"[11],"乾为天,为圜,为玉"[12]。玉"体乾之刚,配天之清",因此"玉之美,与天合德"[13]。远古先民必由玉石之理之孚,即质地外观之美隐约感到天地造

---

[1] 女娲补天事另见《列子》,《初学记》卷五《石第九》有引;禹生于石的记载还见于《全上古三代秦汉三国六朝文》所辑《蜀王本纪》和郦道元《水经注·若水》;《隋巢子》语见《艺文类聚》卷六《地部·石》所引,其曰:"禹产于昆石,启生于石。"是书并引王韶之云:"启生而母化为石。"疑出之《南康记》。启生于石的记载还见于洪兴祖《楚辞补注》所引《淮南子》,颜师古及洪所引均不见于今本《淮南子》。
[2] 参见朱狄《信仰时代的文明》,中国青年出版社,1999年,第245页。
[3] 《孝经·援神契》。
[4] 《礼·含文嘉》。
[5] 见《礼记·中庸》。
[6] 《易·系辞上》和《管子·心术》。
[7] 《礼记·中庸》。
[8] 《老子》。
[9] 《何尊》。
[10] 《周礼·地官·师氏》。
[11] 《易·乾·象传》。
[12] 《易·说卦》。
[13] 傅咸:《玉赋》。

化的厚赐,由此便赋予其一种特殊的情愫或愿望。于是我们的祖先很自然地选择了以玉充任当时最高尚的社会职能——沟通天人的中介。继而随着人文开化又很自然地把玉这一天然嘉物与人的德行联系起来。《管子》:"夫玉所以贵者,九德出焉。"《礼记·礼器》:"束帛加璧,尊德也。"《新书·道德说》:"能象人德者,独玉也。"《老子》:"君子被褐怀玉。"《礼记·聘义》:"君子比德于玉焉。""以玉比德"这一中国独具特色的传统观念便由此生发。因此说玉器是"天人合一"观念的结晶和产物,是毋庸置疑的。

实际上,玉器的产生还有一个非常重要的前提条件,这就是表现于作为玉器制作主体的我们祖先群体性格上的耐性、韧性和规律化、秩序(理)化的生活方式。而这种性格和生活方式正是农业文明,准确地讲是中国农业文明所特有的。以黄河流域为中心,不易形成大面积灌溉的中国农业生产,相对于其他生产方式而言具有明显的特色:一是定居,二是不违农时。春播、夏作、秋收、冬藏,"与四时合其序,……先天而天弗违,后天而奉天时"[1]。由此先民天然地形成了一种特有的耐性、韧性和规律化、有序的理性生活。这实质上正是中国文化之所以成为天人合一的礼乐文化的最后根据所在。而这一点也恰恰成为玉器产生的内在基础和必要前提。因为制玉在生产力相对低下的条件下无疑是一种异常费心、费力、费时的特殊劳动,这在"内不足"的流动性文明中是不可思议的事情。由此可以肯定地说,玉器是农业文明的产物。而且还有非常重要的一点,即玉器雕琢制作直接以石器制作作为其技术前提,玉器的诸多形制也正是以某些石器作为其祖型的。

玉器之所以在沟通天人、祭祀天道自然神的礼器系统中定于一尊,还有更为特殊和悠久的历史渊源。玉器与其他礼器,诸如丝帛、青铜器等一样,均不是偶然性产物。玉器的产生有着深刻的文化背景,玉器乃是由史前巫觋者流在事神活动中所使用的多材质、多形制,以无序性为特征的灵物或法具脱胎演化而来,并最终定型和规范的。关于这一点,我们将在下文着重阐述。

---

[1]《易·文言》。

三

"绝地天通"[1]是中国上古时期具有划时代意义的大事件。从此以降,随意、随时进行的事神或交通天神的权力被社会上层(大人)所垄断,于是所谓"人道之极"的礼终于从先前巫觋者流事神行为脱胎和提升出来,于是礼这一有明确认知性、带有相当理性规范的社会文明体系正式诞生。而后基于社会发展的需要由"脱"而"文",由"文"而"隆"[2],至西周时终于发育成为相当严整、规范的制度体系。

礼的最主要或基本的构成是以"吉、凶、宾、军、嘉"五礼组成的国家典章制度意义的礼,而其中最重要者则是吉礼。《左传·成公十三年》:"国之大事,在祀与戎。"《礼记·祭统》:"凡治人之道,莫急于礼,礼有五经,莫急于祭。"吉礼实即祭祀之礼,其分两大系统:一为天道自然系统,一为祖先人道系统[3]。天道系统居于尊位。人道系统的行礼方式主要是肆祼献,可概称为禘;天道系统的行礼方式主要以燎(禋)为主,包括燎、瘗(埋)、沉、疈悬等,可概称为郊、社。玉器是主要用于天道系统祭礼的最重要的礼器,可称之为"主礼器",亦即向天地日月山川等自然神祇敬献的主要礼器。当然也包括郊社之时主祭和参祭人所执所佩,以标识身分地位和等级的玉器(瑞)。总之,可以说,玉器的基本社会功能是礼天道自然神[4]。当然这主要是基于当时人们对天地日月山川等自然神祇性

---

[1]《书·吕刑》:"皇帝……乃命重黎,绝地天通,罔有降格。"《国语·楚语下》:"颛顼受之,乃命南正重司天以属神,命火正黎司地以属民,使复旧常,无相侵渎,是谓绝地天通。"
[2]《史记·礼书第一》:"凡礼始乎脱,成乎文,终乎税。"《大戴礼记·礼之本》作"终于隆"。
[3]《周礼》所记周人礼拜对象为天神、地祇和人鬼三类。然天地相分实际是很晚才实现的。"地"字出现甚晚,不见于甲骨和金文。郭沫若《金文丛考·金文所无考》:"金文无与天对立之地字。天地对立之观念,事当后起。"又古籍中常以"天地"连称。天地均属之自然,故古人基本不视为对立。对立者,乃天人也。因此我们将天神地祇归为一大系统。
[4]《山海经·五藏山经》将我国山地划分为26个山区,而对每一区描述的最后一段均记载祭祀该山神灵所用礼器,几乎每山均用玉、吉玉、瑞玉、藻玉、璧玉等玉器祭祀。是亦可证玉之用当主要是礼天道自然神。

灵的认知或期冀。

功能决定类别。玉器的分类至关重要,可谓玉器研究的最基础环节。而此研究正是建立在对玉器社会功能的全面认知的基础上,否则任何形式的分类的意义均将大打折扣。

基于对玉器特定的社会功能,即以玉行礼的对象和主要方式,及玉器在礼活动中所担当角色的认知和把握,可以把玉器分为如下三大类:

(一)祭玉。此类为玉礼器之大宗,郑玄专名谓之"器"[1]。为礼天道自然神所专用,而据行礼对象的不同而具有不同的形制。即文献所谓"礼神之玉"[2]。其大抵如《仪礼·觐礼》所谓"六玉"[3],《周礼·大宗伯》所谓"六器"之属,而主要以璧、琮为主,通过燎(燔)、埋(瘗)、沉及庪悬等方式实施。祭天则燎,祭地则瘗,祭川则"浮沉",祭山则"庪县(悬)"[4]。燎者可称为燔玉,埋沉则称瘗玉和沉玉。此类玉无论燔、沉或埋,用量当至为可观,故诗人吟曰:"圭璧既卒,宁莫我听。"[5]而既为消费品,故大多当为无琢"素功"[6],尤其燔玉,更不必雕琢。古人或解释为"至敬无文","大圭不琢……此以素为贵","白玉不雕,美珠不文,质有余也"[7]。瘗玉、沉玉或施雕琢,天马曲村遗址祭祀坑中所见当可证之。

(二)瑞玉。即行郊社甚而祼享祖庙之礼时主祭者和参祭者所执或所佩,以标志其政治身分或尊卑等级地位。此类被郑玄名之为"瑞"。"瑞,符信也"[8]。大抵如《书·尧典》所谓"五瑞""五玉",《周礼·春官·大宗伯》所谓"六瑞"之属,而以圭、璋、璧为首。《书·尧典》:"肆类于上帝,禋于六宗,望于山川,遍于群神,辑

---

[1] 玉器分类应有文献根据。《周礼·春官·典瑞》:"典瑞掌玉瑞、玉器之藏,辨其名物,与其用事,设其服饰。"郑注:"人执以见曰瑞,礼神曰器。瑞,符信也。服饰,服玉之饰谓缫籍。"
[2] 《周礼·春官·天府》"季冬,陈玉",郑注:"陈玉,陈礼神之玉。"
[3] 《礼仪·觐礼》:"设六玉,上圭、下璧、南方璋、西方琥、北方璜、东方圭。"姚际恒《仪礼通论》认为:"此一节乃后人所窜入者……其文与仪礼绝不类。"颇有道理。见是书卷十,中国社会科学出版社,1998年,第346页。
[4] 《尔雅·释天》:"祭山曰庪悬,祭川曰浮沉。"庪悬与《书·尧典》"望于山川"之"望"祭正相对应。
[5] 《诗·大雅·云汉》。
[6] 《考工记·玉人》:"璋邸射素功,以祀山川。"郑注引郑司农曰:"素功,无琢饰也。"
[7] 见《礼记·礼器》和《淮南子·说山》。
[8] 见上引郑注文。

五瑞,觐四岳群牧,班瑞于群后。"可见瑞玉于行礼之前由主祭者(周天子)封授,而"卒乃复",典礼完毕则交国府典藏[1]。此外玉钺之类仪仗玉亦当归入此类。至于文献所载为"挚"之璧、"命圭"以及盟誓之质(圭、璋)[2]等,则是瑞玉向社会人伦进一步拓延,或曰玉器日益政治化的直接结果,故亦可归入此类。瑞玉一般雕琢精美,似乎"非文无以辅德"[3]。

（三）重器配件。由于玉之圣洁品性和其高贵的社会功能,玉之用必有日益拓展之趋势,上述礼瑞如是,挚璧、介圭、盟誓之圭璋亦如是,甚至《左传·文公十二年》和《周礼·地官·调人》所谓"瑞节"亦无不如是。而有一些国家重器,如宗庙之用青铜彝器、漆器以及祼享(瓒)之器也或有以玉作为配件以加强其神性,如珥、环、扉棱、镶件以及插件、挂件等等。故有"圭瓒""璋瓒""祼圭""鬯圭""瑶爵""瑾圭""玉琖""玉鬯"[4]之称。商周考古文化遗址所见一些带插隼和穿孔的立体雕或片状雕件,如龙、凤、蝉人物以及牛、羊等疑属此类,且多有精璆。

除上揭三类之外,还有一类本不属于礼器,但由来最古,这就是玉制日用装饰品。此类玉饰件或佩或饰或陈设,史前即多有出现,三代以降乃至更晚一直盛行不衰,足见国人尚玉之深忱。郑玄称此类为"玉"。西周以后出现成组佩饰,或项佩、或胸佩,《诗经》称之"佩玉""杂佩"或"佩璲"[5]。周代墓葬,诸如山西天马曲村遗址晋侯陵墓、河南三门峡虢国陵墓中多有发现。这类成组玉佩无疑具有一定的礼仪意义,除质地、数量、雕工等显示尊卑等级特征外,则如文献所谓"改玉改行",

---

[1]《书·尧典》："协时月正日,同律度衡,修五礼、五玉、三帛、二生、一死挚,如五器,卒乃复。"《周礼·春官·天府》："掌祖庙之守藏……凡国之玉镇,大宝器藏焉。若有大祭大丧,则出而陈之。既事,藏之。"
[2]《周礼·夏官·射人》："其挚,三公执璧。"《诗·大雅·崧高》等及《国语·吴语》均记载有"锡命圭""介圭"之事。又侯马与温县盟书大都作玉石圭、璋之形。
[3]《汉书·董仲舒传》："或曰良玉不瑑,又曰非文无以辅德;二端异也。"
[4] 分别见于《说文·瑒》及段注、《书·顾命》《周礼·春官·典瑞》《左传·昭公十七年》《礼记·祭统》《周礼·天官·大宰》《礼记·明堂位》《国语·周语上》等。瑁,孔传《书·顾命》："所以冒诸侯圭。"《说文》言其似黎冠;瑾,杜注《左传》曰"珪也";琖,孔疏《明堂位》："夏后氏之爵名也,以玉饰之。"韦昭注《国语》："玉鬯,鬯酒之圭。"
[5] 见《诗·卫风·竹竿》《诗·郑风·女曰鸡鸣》《诗·小雅·大东》。

具有某种"节行止"的意义[1]。《礼记·曲礼下》"君无故玉不去身",《礼记·玉藻》"古之君子必佩玉",当由此滥觞。

当然墓葬所出玉器除佩饰之外,大多当属于明器或专用敛玉,前者如圭,后者如"珠玑"[2]、瑱、幎目(覆面)、含、握以及敛尸之璧琮之类,均不属吉礼之礼玉范畴。如果宽以言之,或可归之为"凶礼礼器"。此类古人概称为"明器"或"鬼器"[3],我们可称之为"冥(明)玉"。总之,不能与前述礼神之器或生佩之瑞同等视之。

四

作为古代中国最为重要和主要的礼器,玉器的产生不是也不可能是偶然的,必然有其深刻而悠久的历史文化渊源,并经历了一个相对漫长的过程。

由于玉器从根本上说属于形而上的观念形态或精神文明的产物,因而我们的探讨不能像研究石器、陶器等那样过多地关注其技术工艺、形体造型甚至材质,也不能简单地以物论物,一切但依考古发现的有无或早晚论定。不能因为兴隆洼发现了玉质器物,就说中国玉器的历史有8 000余年;也不能把一切以玉为材质的器物都视为玉器。因为真正的玉器是指具有完整的礼器品格的玉器,即职能必须专业化,祭献方式必须程序化,形制也基本规范化。

而如上揭,礼是由史前社会巫觋者流事神活动脱胎而产生的。那么巫觋者流事神所用灵物或法具自然应成为我们探讨玉器起源的着眼点。由此使我们不得不格外地关注史前古玉,关注红山、凌家滩、石家河及良渚等考古学文化的玉龙、玉鸟、玉龟、玉蝉之类;关注龙山、红山晚期、良渚、石家河以及齐家、陶寺等考古学文

---

[1]《国语·周语中》:"先民有言曰:'改玉改行。'"韦注:"玉,佩玉,所以节行步也。"《左传·定公五年》:"改步改玉。"同义。《说文》:"玼,佩上玉也,所以节行止也。"
[2]《庄子·列御寇》:"庄子曰:吾以天地为棺椁,日月为连璧,星辰为珠玑,万物为赍送,吾葬具岂不备耶。"珠玑实即今天墓葬所见珠、管之类,或当为棺椁墙柳之挂件。
[3]《礼记·檀弓下》:"其曰明器,神明之也。涂车刍灵,自古有之,明器之道也。……夫明器,鬼器也。"

化的玉钺、玉璧、玉琮之类[1]。

我们完全有理由认定上述诸类是巫觋文化的产物,而其中有一些就是巫觋者流事神的灵物或法具。因为它们根本不同于社会日常一般性物质文化产品,分明已具备了明确的交通天人的神性品格。否则将无法理解:为什么由北而南,或早或晚,甚至跨越两河的不同考古学文化,凡出古玉者几乎都有着共同的龙、鸟、蝉、龟等动物造型器类;为什么凡出古玉的新石器时代晚期文化遗址中同时出现玉璧、玉琮、玉钺等被后来周人称为礼器的器类。为此,笔者把这些具有一定神性的器类称之为准礼(玉)器或前礼(玉)器。提出此一概念的基本意义就在于,我们不能把中国文明无限期地提前。那样将无助于中国文明在古代世界的正确定位,无助于对中国文明特质的认识和中国文明起源问题的探讨[2]。

礼器是礼体系的重要物质或技术构成。因此关于包括玉器在内的中国古代礼器研究,尤其是其生成与发展演变的研究不能脱离礼本身的研究而孤立地进行。如果说中国古礼自巫觋事神行为脱胎诞生,其后大致走了一条"始于脱,成于文,终于隆"的道路,那么玉器同其他礼器一样,也基本经历了一种由简略粗疏而成立系统而规范鼎盛的发展过程,由之必然呈现出一定甚至明显的阶段性。

据此,笔者把玉器起源及其发展演变的历程划分为三期:

第一期,前礼器期,即史前古玉时期。此间随着礼的孕育,随着礼从巫觋者流事神行为的脱胎提升,玉器的礼(理)性在不断发育增强。本期玉器的基本特征是质材和造型多样化,反映出明显的随意、原始、盲目和无序性。各遗址所出古玉的玉质多属地方玉,造型等也具有明显的地方性特征,晚期出现统一趋势,无论东西南北不约而同地拥有璧、琮、钺和龙、鸟、龟、蝉及蚕等器类。制作工艺相对原始。

第二期,定于一尊的主礼器期,即三代玉器时期。此间由于"绝地天通",实现

---

[1] 据不完全统计,红山文化古玉的器类除云形器、马蹄状器等以外,计有龙、鸟、蝉、蚕、龟,晚期出现璧;凌家滩遗址有龙、鸟、龟;良渚文化有鸟、蝉、龟和璧、琮、钺、璜以及蛙、鱼等;石家河文化有龙、鸟、蝉和璜、圭以及牙璋、刀、斧等;三星堆遗址有璧、圭、璋等;中原地区龙山文化亦出现璧、琮、钺等。

[2] 参见张辛《礼与礼器》中《礼器的产生及其演变》一节。

了巫觋文化向礼乐文化的历史性演进,巫觋者流的社会角色发生转换,"大人世及以为礼"[1]终于确立,神权、政权开始合一。尔后"殷礼"承因并损益"夏礼"[2],"率民以事神,先鬼而后礼"[3]。祭祀对象,即神灵谱系初步形成,祖先崇拜日益占据主导地位。至于西周,礼则进一步向社会人伦方向迈进,由亲亲而尊尊,"终于发展演化成为一个相当严整规范的灿然制度体系,以宗法制为基础和核心的礼制最终得以确立"[4]。于是,玉器终于在礼器中定于一尊,从而形成了明显不同于前期的文化特征:质材、形制趋于规范化,职能专业化、祭祀方式程序化,总之制度化、等级化特征(礼义)最终凸显出来。

根据质材、形制、纹饰及组合关系等方面发展演变情况,本期可分前后两个阶段:

前段即夏商时期,为玉器初步规范并获得重要发展的阶段。夏代缺乏文献记载,但由考古发掘材料可知其已粗具一定的规范性,有圭、钺、戚、璧、柄形器、大玉刀等玉器。商代玉器则以数量多、形体大、雕琢精工、种类齐全和材质精良为重要特征。殷墟妇好墓出土精美玉器750多件。甲骨卜辞中有许多关于燎祭、冓玉及"伇珏彭河"等记载[5]。《逸周书·世俘》也有"凡武王俘商旧玉亿有百万"之说。商代玉器有璧、琮、璜、钺、圭、戚以及簋、盘等礼器,也有龙、凤、蝉、蚕等,种类繁多。动物造型玉器数量极为可观。制作工艺已相当精湛,明显反映出玉器工业的专业性和传统继承性。中原地区使用真玉的历史亦由此开始[6]。

后段即西周时期,为玉器规范并最终实现制度化(礼制)阶段。此际文献记载

---

[1] 《礼记·礼运》。
[2] 《论语·为政》:"子曰:殷因于夏礼,所损益可知也。"
[3] 《礼记·表记》:"殷人尊神,率民以事神,先鬼而后礼……周人尊礼而尚施,事鬼敬神而远之。"
[4] 张辛:《礼与礼器》,《考古学研究(五)——庆祝邹衡先生七十五寿辰暨从事考古研究五十年论文集》,第864页。
[5] 《前1.24.3》:"贞燎于土(社)……沉十牛。"《簠文68》:"于中土燎。"《后上23.4》:"其燎于河。"《前7.26.1》:"燎于岳。"《邺3.45.5》:"王其禹玉,燎三牢。"《合集》14388:"伇珏彭河。"
[6] 参见杨伯达《中国古玉面面观》,《故宫博物院院刊》1989年1、2期。近年来有学者认为殷墟所见真玉并非和阗玉,而是由东北岫玉产地附近而来,见《中国古代玉器与玉文化高级研讨会论文摘要》,2000年,第13页。

既多,考古发现及金文材料亦夥。所谓"六器""六瑞"乃由此时出现,并形成定说。柴天、瘗地、沉川、望(悬)山,形制一应俱全。考古发现虽大多出于墓葬,然率可与诸多文献相印证。周代玉礼器有璧、琮、圭、璜、钺、戚等。动物造型器大为减少,成组玉佩出现并盛行。表明礼器的制度化和向社会人伦化方向进一步迈进的演变趋势。西周玉器制作工艺亦明显较商玉规范,切割成形,镂空打孔,雕纹造型,均呈现明显的程序化特征。主体纹饰亦由商代盛行之兽面纹向几何化方向发展。《周礼》中《天官》《地官》《春官》及《考工记》记载周代专设玉府、天府、典瑞、卝人、玉人等多种职官管理玉器及玉器生产。西周铜器铭文中共出现四种玉礼器名称,即圭、璧、璜、璋,而西周中期之后的铭文则几无一不见玉名[1],可见严格制度化的周礼确是西周中期穆王以降正式形成的。

第三期,礼崩乐坏,日渐走下神坛的时期,即春秋、战国以降。此间随着封建制度的崩溃,尤其是人文的大觉醒,作为礼的载体的礼器必不可避免地走向衰落。于是本期玉器呈现如下基本特征:造型日益装饰化和艺术化,纹饰基本几何化,主题纹饰以虺龙纹和头尾缠绕的蟠螭纹为主,晚期更出现所谓蒲纹。表明庄严的神性已趋于式微。玉礼器功能也进一步世俗化,开始作为信物甚至吉祥物广泛用于朝觐、婚聘、盟誓等各个方面,佩饰更为流行,并出现许多日常实用型新形制,诸如玉带钩、符节、印玺、书版等。总之,玉器由于其本身礼制意义的逐渐消失而不可逆转地日益走下神坛。

秦汉以后,随着中央集权官僚专制制度的建立,礼完全成为专制皇权的统治工具,故礼器的性质便从根本上发生了变化,其原初的神性和礼义渐渐消失殆尽。是恕不一一。

(原载于《中国历史文物》2003 年第 6 期)

---

[1] 张永山:《金文中的玉礼》,《东亚玉器》(第 1 卷),香港中文大学中国考古艺术研究中心,1998 年,第 26—33 页。

青铜器礼义论要

青铜是人类最早冶炼和使用的金属。由于青铜的主要成分或以自然状态出现，由于青铜本身作为一种合金所具有的一些物理性能，诸如熔点低、硬度高、易于铸造成型等，使得其排他地成为人类使用金属的首选和发端。于是青铜器便成为人类发明陶器之后的又一项重大发明，一次以火为能源的又一次科技革命。

青铜器的出现对于提高社会生产力、促进人类社会的全面进化和加速发展，起了划时代的历史作用。因此成为继石器时代——这一人类社会史上最漫长、最黑暗的历史时期之后一个新的时代的主要标志，这就是考古学所谓的"青铜时代"。

青铜器是农业文明的产物。农业文明是内足性文明，首先需要定居，定居使农业文明获得了空前的和最大程度的文化积累，从而使其发展日益高出其他文明。定居农业是青铜器起源的基本前提和必要基础。这在内不足的流动性文明，如游牧文明、海洋文明那里，特别是在生产力相对落后的历史条件下简直是不可思议的事情。大致同时或先后拥有青铜器的所谓世界四大古文明均为农业文明就是很好的说明。

青铜器的冶铸制造除定居外还起码需要两个前提性条件：其一是农业与手工业的社会分工和随之导致的专业工匠的出现，以及人类物质生产劳动与精神生产劳动的分离；其二是相对大规模的社会协作。青铜器生产属于一种社会化生产。人类的社会化生产是建立在社会分工基础上的，是分工提高了劳动效率和技术水平，促进劳动过程的统一和协作之后实现的。而这种分工基础上的统一协作必须要在一种凌驾于社会之上的力量，即国家政权的督导下才能实施。青铜器生产需要造模、制范、冶炼、浇铸等工序，而浇铸更有严格的时间限制，需要诸多人同时操作，因此必然是在国家政权督导下完成的。

青铜器冶铸是集当时全社会智慧而为之的高尚行为，或者说青铜器是当时社会最高智慧聚焦的产物,代表着当时社会物质文化和精神文化的最高水平,是史前社会文化质的飞跃或实变的结果,并因此才真正奠定了人类社会实现由蒙昧到文明历史跨越的物质文化基础。也就是说,从此人类社会才最终得以告别蒙昧、战胜野蛮、步入文明。

一

青铜器的最初产地并非中国[1]。中国古文献记载夏禹之时"收九牧之金铸九鼎"[2],"以铜为兵"[3]。晚近诸多考古发现也同时证明,中国青铜文化始于黄河流域的夏王朝时期。中国从公元前21世纪即拥有青铜器,或确切地说即从西亚引进并掌握青铜冶铸技术正说明我们祖先的明智和非凡智慧。

然而更为重要和有意义的是,我们祖先的如此引进乃"先天而天弗违"(《易·乾卦》),并非机械地或简单地仿效或照搬,而是基于我国特有的自然生态及社会机制,对其做了一种大的社会功能的改变,由此使中国古代青铜器与其他古文明的青铜器相比,呈现出明显的特殊性和优点。中国古代青铜器区别于其他古文明青铜器的一个最为显著的特征是:更多地不是以生产工具或武器的形式出现于社会物质生产领域或与之相关的社会层面[4],而是以制造形态各异的青铜礼器在当时社会精神文明中发挥着高尚和至关重要的作用。

我们的祖先为何做出如此历史性的选择,即为何选择青铜器作为礼器,作为沟通人神(鬼)的重要中介?究其根本原因,当主要有如下三方面:

第一,由材质言之,青铜器作为新兴的高端技术产品,必为当时全社会尤其社会上层的普遍新奇和珍视。

---

[1] 参见《中国大百科全书》考古学卷"青铜时代"条,中国大百科全书出版社,1986年,第399页。
[2] 关于大禹铸鼎的记载有如下数条:《左传·宣公三年》:"昔夏之方有德也,远方图物,贡金九牧,铸鼎象物。"《史记·封禅书》:"禹收九牧之金铸九鼎,皆尝亨鬺上帝鬼神。"《汉书·郊祀志》:"禹收九牧之金铸九鼎象九州。"《说文》:"昔禹收九牧之金铸鼎荆山之下。"
[3] 《越绝书·越绝外传纪宝剑》:"禹穴之时,以铜为兵,以凿伊阙,通龙门,决江导河,东往于海。"
[4] 参见张光直:《中国青铜时代》,三联书店,1983年,第22页。

第二，由制作言之，同陶器一样，青铜器是人类采取物质文化的制造手段生产出来的，因此可以随意赋形，可以根据人们特定的功用需求制成一定形状样式，这与玉石等天然产物有所不同。而且青铜又具有恒久不坏，损坏后也可再回炉重铸的特点，这与石器、陶器等一破而不能再合也不相同，经久耐用，可以"子子孙孙永宝用"，满足人们追求永恒的心理。

第三，由功用性质言之，乃取决于青铜器本身的基本性质和社会功能，而这一点尤其重要，特着重予以阐述发明。

《礼记·礼器》曰："三牲鱼腊，四海九州之美味，笾豆之荐，四时之和气也，内金，示和也。束帛加璧，尊德也；龟为前列，先知也；金次之，见情也。"郑注："金炤物，金有两义，先入后设。"是可知，在古人心目中青铜器具有两大功用及其特性：一是"内（纳）"，二是"设"。纳则"示和"，设则"见情"。纳乃是青铜器第一位的基本功用。所纳对象亦即文献所谓"实物"，无非"三牲鱼腊""四时之和气"等，具体而言也就是牺牲、黍稷、酒醴以及沐水之属。其目的则是将诸如此类分别纳入鼎豆尊彝等各类礼盛而调和之以供祭礼之用。《说文》："鼎，和五味之宝器。"《吕氏春秋·本味》载伊尹"负鼎俎，以滋味说汤，致于王道"，此均纳金"示和"本义留存之例证。《国语·郑语》："（史伯曰）夫和实生物，……以他平他谓之和，故能丰长而物归之，……是以和五味以调口，刚四支以卫体。"《左传·昭公二十年》："（晏婴曰）和如羹焉，水、火、醯、醢、盐、梅，以烹鱼肉。燀之以薪，宰夫和之，齐之以味。济其不及，以泄其过。……先王之济五味，和五声也，以平其心，成其政也。"实际都在申明以金调和或"示和"之意。郑玄囿于五行说而不解其旨，注上引《礼器》篇曰："金从革，性和。"后儒或响应之，实谬而不然。

其实所谓以金"示和"还有更深一层的意义。上述纳金以示和是指实物于礼器而调和，此和是"以他平他"之和，旨在和五味以适口，我们可以称之为内和。值得特别注意的是，上揭《国语》史伯所说"丰长而物归之"和《礼器》篇郑玄注"金炤物"之"物"，还有众所周知的《左传·宣公三年》所谓"铸鼎象物"之"物"等。这里的"物"究竟作何解释呢？其实答案非常简明。物者，方物、神物、灵物也。也就是人们所崇拜的神灵，抑或视之为自己祖先所由来的神物，有类于西方所谓"图腾"。

当年傅斯年先生在其《跋陈摛君春秋公矢鱼于棠说》[1]首次发明"物即图腾",可谓真知灼见。其实先秦文献所见诸多"物"字,多可作如是解。如《尚书·旅獒》"毕献方物";《诗·大雅·生民》"有物有则";《左传》之《隐公五年》"取材以章物采",《桓公二年》"五色比象,昭其物",《宣公十二年》"百官象物而动";《国语》之《周语》"服物昭庸",《越语》"民神杂糅,不可方物";以及《周礼》之《春官·大宗伯》"以貍辜祭四方百物",《司常》等"旗物",《大司乐》"六变而致象物及天神"等等。而为什么要炤物、象物呢?为什么要象物于礼器,识物于旗、服呢?其意义可谓重大。如《左传》所说铸鼎象物的目的是"使民知神奸……用能协于上下,以承天休",也就是力求"神人以和"(《尚书·尧典》)。此等"示和",我们不妨可称之为"外和"。中国古代青铜器的文化意义正是在这里得以高度体现。因为中国文化是天人合一的礼乐文化,是道德伦理型文化,其最终根据乃是"形而上的天地境界"[2]。我们的人文祖先以默而识之的关照态度,体悟到天地自然的运行之道,进而以此来规制或构造中国古代社会的范型和运作模式以及人的行为准则或生活范型。由此使中国文化具备了一种"循天道,尚人文",尊天敬祖,既重道统更重血统的道德伦理品格。青铜礼器纹饰象物示和,也就是图饰象征生人自身所由来的神物于宗庙礼器,以求天人或神人之和谐,正反映出这样一种重本重源重传统的意识和一种本然的归属感。这正是我们民族传统文化基本精神的具体体现。因此《易·系辞上》曰:"制器者,尚其象。"尚象即尚和,即尚神人、人人之和。而其和无疑是社会、人道之最高也是最基础之和。

所谓"设",即设金,或曰"次金",也就是设置青铜乐器钟铃之属。《礼记·哀公问》中一段记载可视为上揭《礼器》篇"金次之,见情也"的又一有力佐证:

是故君子无物而不在礼矣,入门而金作,示情也;升歌清庙,示德也。

---

[1] 见《历史语言研究所集刊》七本二分,1938年。
[2] 宗白华:《艺术与社会》,《学识》1卷12期,1947年。

宗庙祭祀时,须首先以青铜钟之类奏乐,激扬和声,以感通神灵,协于上下,振发感情,进而敬献颂歌,用报祖先之大德。《周礼·春官·典庸器》:"掌藏乐器、庸器,及祭祀帅其属而设笋虡。"庸器即彝器,即宗庙礼器。笋虡即钟镈之类青铜乐器的悬架。钟镈悬之方可发声为乐。《左传·昭公二十一年》:"夫音,乐之舆也,而钟,音之器也。天子省风以作乐,器以钟之,舆以行之。小者不窕,大者不槬,则和于物,物和则嘉成。故和声入于耳而藏于心,心亿(杜注:"亿,安也。")则乐。"《国语·周语下》:"(伶州鸠曰)乐从和,和从平,声以和乐,律以平声,金石以动之……如是而铸之金……上作器,民备乐之,则为和。……故谚曰:众心成城,众口铄金。"可见设金为乐即旨在和物、和人。和物即神人相和;和人即人人相和,也就是社会和谐,以至天下和谐。物和是前提,人和是目的。故《周礼·春官·小宰》讲礼职:"以和万邦,以谐万民,以事鬼神。"而三代青铜钟多自铭"和钟""协钟",即其明证。

和则乐,和则"见情"。荀子曰:"乐者,乐也,天地之大齐也,中和之纪也,人情之所必不免也。"(《荀子·乐论》)乐就是使人快乐,齐就是协调一致。乐的基本作用就是可以充分表现人的情感本源及其变化,可以使内在情感以一种适宜的状态表现出来,从而使人心心相通,和合协调。这就是《礼记·中庸》所云:"喜怒哀乐未发谓之中,发而皆中节谓之和。"而典礼时由乐所发或所表现出来的这种情感,之所以中节,之所以适宜,之所以和,就在于它是对祖先的崇敬之情和感恩、报恩之情。这实际也正是礼的根本精神和由来:"先王承天之道,以理人之情。"(《礼记·礼运》)

因此,青铜器之所以被历史性地选择为重要礼器,最终还是在于"礼",在于礼的特质及其规定性。

中国文化是礼乐文化,其核心是中庸观念。所谓中庸,包括"中"和"庸"两个概念。中乃适宜、适中之谓;庸则规律也,常也。中为体,庸为用。中是适宜,庸就是以适宜的方式行为。以适宜的方式行为就是善。《礼记·中庸》曰:"极,则也。高明而道中庸。"极,则也。高明者上天大自然,极(则)之而道中庸者乃祖先。上天大自然何以高明?秩序而和谐。如荀子所谓:"天地以合,日月以明,四时以序,星辰以行,江河以流,万物以昌。"(《荀子·礼论》)秩序即礼的精神,和谐即乐的精神。我们的人文祖先即以天地的序与和为依据,行其所宜,创造了中国社会的模式——礼乐社会和礼乐生活。这就是上揭孔子所谓:"礼,先王以承天之道,以理人之情。"(《礼记·礼运》)《诗·大雅·生民》:"天生烝民,有物有则。"万民由天而来,物、则即人类具体生命本原——神物与人的生命准则——礼同时而生。礼乃先天之本然存在,"本于太一"(《礼记·礼运》),属"天之道",为"天地之经,而民实则之"(《左传·昭公二十五年》)。一言以蔽之,礼是先王,是祖先圣人的伟大发明和创造,于是祖先圣人自然"以德配天",成为道中庸即开启中庸之道者。《礼记·郊特牲》:"万物本乎天,人本乎祖。"《史记·礼书》:"天地者生之本也;先祖者类之本也。"因此礼的本质就是敬天孝祖,"报本反始"(《礼记·郊特牲》),报答上天大自然和祖先的大德。《说文》解释礼的本义:"礼,履也,所以事神致福也。"这就叫"礼尚往来"。对神事之以礼,则"神人以合",即得以福佑,而人自安。其神,一是天,一是祖先。我们在《礼与礼器》一文中称为"天道自然神"和"人道祖先神"。所以孔子说:"明乎郊社之礼,禘尝之义,治国其如示诸掌乎!"(《礼记·中庸》)郊社之礼的主要礼拜对象就是天道自然神;禘尝之礼的主要礼拜对象就是人道祖先神。礼既然由此两大系统构成,其礼拜对象既然分为天人,那么就必有不同的行礼方式,必用不同的礼器,而要在投其所好。对于上天大自然而言,其毕竟"有大美而不言"(《庄子·知北游》),"上天之载,无声无臭"(《诗·大雅·文王》)。因此所用之礼器,亦即沟通天人的媒介,被历史性地选择为以玉、帛为主。因为"玉帛为二精"(《国语·楚语》),二者乃"得天地之精"(《淮南子·俶真》)。至于人道自然神,则相对易于交通,因为"祖者,始也,己所从始也"(孔颖达疏《诗·大雅·生民》),乃生人之本之由来。因此乃"以肆、献、祼享先王,以馈食享先王,"以祠、礿、尝、烝"享先王"(《周礼·春官·大宗伯》),所用之礼器,主要是酒醴、牺牲、黍稷之类。然既为神圣,其用地、用具必不同于生人。是用地必在神主所系处——宗庙;用具必以特定之器——宗彝。所谓宗彝,即"宗庙之器",也就是今天所谓青铜礼器。

青铜器,先秦经典专称"器",是人道之礼或曰宗庙之礼中最为固定而显要的礼器。其主要或核心的功能是用作向人道祖先祭献之礼馈,即上述酒醴、牺牲、黍稷之类的特定盛具,或曰礼盛。此外,由于其材质和制作技术等方面的特点及优势,青铜器还被堂而皇之地用为祭礼,无论天道之礼还是人道之礼均必备的乐器、仪仗器、车马器,以及典礼前参祭者所用的沃盥之器。

而更由于如下方面的原因:1. 青铜器铸造需要大规模协作;2. 青铜材质新奇适用而坚固,并不像玉、帛那样有着明显的消耗性;3. 器物造型特殊:多卓硕、庄重而美观,且纹饰富于重要涵义;4. 设置地点和陈列方式特殊:位置相对固定而显赫,多成列而配套,再加以实物之重要和品类之众多。因此青铜器便自然而然地成为古代礼器系统中最重要的构成,而日益受到人们的重视,进而被赋予了更多和更特殊的意义,其地位也自然得以提升,以致成为所谓"彝器",成为"可常宝之器"(杜预注《左传·昭公十五年》)、"大常之要器"。今所见三代青铜器多自称"宝""尊"或"宗彝"等就是明证。其中功能相对更重要、陈列位置相对更显赫、造型庄重、仪态高贵、纹饰更富于寓意而实以牺牲的首要之器——鼎,自然更是鸿钧独运,最终成为象征或指代国家政权和帝位的所谓传国重器。这一特殊文化现象其实正印证了中国古代礼乐文化以及礼的基本特点和根本属性。中国文化是"超世间而即世间"的文化,是伦理道德型文化,是重人的文化。而"祭神如神在"(《论语·八佾》),"礼云礼云,玉帛云乎哉!乐云乐云,钟鼓云乎哉!"(《论语·阳货》),"六合之外,存而不论"(《庄子·齐物论》)。世间是否真的有神,不必深究,也并不重要,重要的是"祭思敬"(《论语·八佾》)。重要的不是仪式,不是礼器,而是内心之敬、内心之诚。重要的是人是否得到心灵的安和与寄托。所以荀子说"礼者,人之所履也","礼者,人道之极也"(《荀子·礼论》)。王安石说:"礼始于天而成于人。"(王安石《礼论》)

二

分类研究是考古学研究的基础环节,也是古代文物研究的基础环节,而此研究又当建立在对研究对象社会历史功能的把握的基础上,因为功能决定类别。一定的类别，或一定的形制，必然根基于其特定的功能用途。也就是说，不同的功用便有不同的器形和类别。因而不计其功能用途的任何形式的所谓分类，其实都是不可取的，都是片面的，其意义终将大打折扣。

中国古代青铜器的基本社会功能是作为宗庙礼器，在当时最为重要和高尚的礼活动中担纲特殊角色。因此青铜器的分类研究必当首先定位于礼，必当以青铜器在礼活动中的特定功能用途，或曰在礼器系统中的特定位置为基本着眼点和依据。只有当我们对礼，对礼的特质、礼的构成、行礼对象和方式，尤其是所用礼器，乃至礼与礼器的发展演进有一个系统的全面认识和基本把握，才能正确而有效地进行分类。这样的分类才是合乎历史本来的分类，才是正确的分类。以往金石学家或考古学家所作青铜器分类多存在一些偏失，或总令人心有未安，其主要原因就在于偏离或无视"礼"这一根本。即令有以功能用途为标准进行分类者，亦只是从人的现实生活出发，根据人的日常生活行为来推断青铜器的用途而分类。诸如容庚、唐兰、陈梦家及日人滨田耕作、水野清一等，这显然失之一偏[1]。至于单纯以器物表象形态进行分类者，诸如日人梅原末治，和为纠其琐细而简而为之的李济先生[2]，则亦显离题，至今学者少有称引，甚至基本被人遗忘，便是很好的说明。

青铜器分类研究中的首要问题是器物的定名，器物定名是分类研究的基础环节。因之青铜器的定名便成为起始很早，但至今仍困扰学者的一种专门的学问。青铜器定名的方法无非有二，一是根据古代典籍，尤其是先秦礼书的记载；二是根据青铜器铭文的自名。自郑玄、许慎，宋代金石家至今，概莫例外。近代定名研究最有成就者首推王国维，除《说斝》《说觥》《说盉》《说彝》[3]等以外，其最大的贡献是提出"共名"与"专名"说，对学术界有重要启迪。

"共名"说是青铜器分类及定名研究不容回避的问题。其中最主要有三个字至为关要，第一是"器"，第二是"彝"，第三是"尊"。

---

[1] 参见容庚、张维持：《殷周青铜器通论》，文物出版社，1984年，第22—24页；朱凤瀚：《古代中国青铜器》，南开大学出版社，1995年，第60—64页。
[2] 李济：《记小屯出土之青铜器》，《中国考古学报》第三册，1948年。
[3] 王国维：《观堂集林》卷三，中华书局，1959年，第145—153页。

关于"器",当年陈梦家先生把其列入"最大的共名"[1]一类,这是卓有见地并确然有据的。在先秦典籍中,"器"乃青铜器的专称。诸如《尚书·旅獒》:"毕献方物,惟服食器物。"《左传·成公二年》:"惟器与名不可假人,君之所司也。名以出信,信以守器,器以藏礼。"《左传·襄公五年》:"无藏金玉,无重器备。"《左传·文公二年》:"作虚器,纵逆祀,祀爰居,三不知也。"《榖梁传·成公十七年》:"车马器械不备,不可以祭。"《国语·周语上》:"先王之于民也,懋正其德而厚其性,阜其财,求而制其器用。"《易·系辞上》:"以制器者尚其象。"《易·序卦》:"革物者莫若鼎……主器者莫若长子。"等等皆明确无疑。《周礼·天官·大宰》记载所谓"九贡","器贡"赫然居其第三;《秋官·司约》载司约分治"神""地""功""器"和"挚",其器即"笾豆俎簋之属"(郑玄注);《天官·内府》《天官·玉府》和《地官·乡师》等还有见"器"与"兵"、"器"与"玉"等并举,如《玉府》:"凡国之玉镇、大宝器藏焉。……上春,衅宝镇及宝器。"《礼记》亦无所例外。如《郊特牲》:"郊之祭也……器、用、陶、匏,以象天地之性也。"《礼器》:"宫室之量,器皿之度,棺椁之厚,丘封之大,此以大为贵也。"《月令》:"非祭非丧,不相受器。"《中庸》:"修其宗庙,陈其宗器。"而《月令》所谓:"天子居青阳左个,……其器疏以达;……居名堂太庙,……其器高以粗;居大庙大室,……其器圜以闳。"则更指青铜器莫属。先秦典籍中,于"器"又往往由特定的修饰或限定词。诸如"宗器""祭器""彝器""分器""庸器""大器""宝器""重器""吉器""祼器"等等大多专指青铜器。这与青铜器铭文所见是基本一致的。诸如,"吉器""祠器""祥器""念器""尊器""宝器""宝尊器"等等。"器"为何专指青铜器,实际有其深刻的原因,这就在于"器"字之本身。"器"字不见于甲骨文,最早见于西周金文:

《说文》曰:"器,皿也,象器之口,犬所以守之。"许释近是,然云从犬,乃属臆断。小学

---

[1] 陈梦家:《西周铜器断代(三)》,《考古学报》第十一册,1956年。

家对许说多一概否定,有失公允。而大多囿之以犬而作解,则更缪尔不然。其实"器"字四口之中并非"犬",细观今文所见"器"字诸形,其所从正是"物",即上揭"象物""昭物"之"物"。器惟图物才成其为器,也只有器才能铸以"象物""昭物"。所以《礼记·哀公问》说:"鼎得其象。"《易·系辞上》说:"制器者尚其象。"《易·系辞下》说:"象事知器。"今天所见考古发掘所得或传世的大量青铜器上所饰形形色色的象生类图像纹饰,如龙、凤(鸟)、蝉、蚕等,就是由金所昭(炤),而用以"使民知神奸","能协于上下"的"物"象,而既非单纯的美化装饰,又非某学者所谓帮助巫觋通天的动物[1]。于是"器"与"物"融为一体,相得益彰,尊于宗庙,成为礼活动,准确地说人道祖先之礼器中最为固定和显要的构成,因此后来文献多以"器物"联称。

关于"尊"和"彝",王国维均视为"共名",这是对的。然特别强调:"尊有大共名之尊(礼器全部),有小共名之尊(壶、卣等总称),又有专名至尊(盛酒器之侈口者)。"[2]则多属臆断。其实二者判然有别。首先尊实际并非如其说为"大共名",更非"专名"。而彝则属于宗庙礼器之总称或曰大共名,而与"器"相同。古籍常"彝器"并称,或习称"宗彝",而绝不见"尊器"或"宗尊"之谓即其证。金文通例"尊彝"或"宝尊彝",乃属偏正结构组词,"尊"在此只用以修饰或限定"彝",而与"宝"字相类。又金文所见"祭器""祠器""祥器""念器"等,完全可以理解为以"器"代"彝",如称"祭彝""祠彝"似亦无不可。但如称"祭尊",则不合金文辞例。因此当年陈梦家先生将"尊"从"最大的共名"中剔出是正确的[3]。

总之尊与彝的最大不同是:尊只领称盛酒和醴的宗庙礼器,既非专名又非大共名。而彝则既领称盛鬯、灌鬯之器,又为包括尊在内的一切宗庙礼器的总称。也就是说,彝才是所谓大共名,故自古即有"宗彝""彝器"之称。这一点非常重要。我们的先德为何作出如此选择,即不以牺牲之盛或黍稷之盛,也不以酒醴之盛中盛酒、醴的尊,而是以彝这种盛以郁鬯的裸器来代表和通称所有宗庙礼器呢?其最根本和最主要的原因就在于彝的特殊的社会功能,在于彝在人道之礼中所担纲的重

---

[1] 张光直:《中国青铜时代》,第420页。
[2] 王国维:《观堂集林》卷三,第153页。
[3] 陈梦家:《西周铜器断代(三)》。

要角色,即实鬯以行祼祭,以降祖先神灵。宗庙之祭必以祼礼为始,这也是庙祭之常规。所以《说文》释彝为"宗庙常器"是正确的。由此彝字引申为"常"义也是顺理成章的。然而彝何以唯我独尊地成为宗庙礼器的代表和总名,则还有更为深刻的原因,这就是彝字形体结构本身所保留或传达出来的信息:

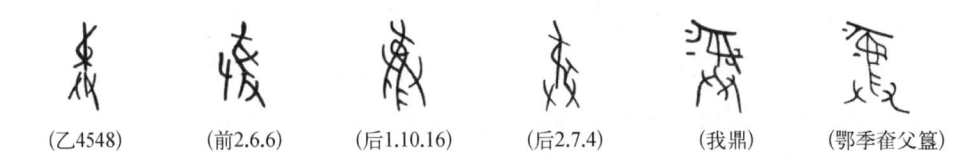

(乙4548)　　(前2.6.6)　　(后1.10.16)　　(后2.7.4)　　(我鼎)　　(鄂季奋父簋)

原来彝字既非许慎所释从系从米,亦非如诸多古文字学家所释"从鸡从廾,象手执鸡,指示彝所从之形体"[1],而是以"图腾来做字形的构造"[2],双手所廾(拱)或所执与上揭"器"字相同,不是别的而正是物,是方物,是神物,亦即图腾。双手拱之自然示以神圣和永恒。因此"彝"便自然成为人们率尔循之的物则和"常道"。是诗人吟唱道:"天生烝民,有物有则,民之秉彝,好是懿德。"于是象物之彝器顺理成章地担纲起实鬯祼鬯之常礼,自然便成为宗庙之常器,彝字也就进而成为一切宗庙之器的代称和总名了。同时,我们的先德作此历史性的选择,即排他地突出彝在礼器中的地位,也正体现出中国传统文化的人本精神,彰显出中国文化是重人的文化这一特质。

那么我们究竟应该如何具体理解"尊"和"彝"呢?只有一条途径,这就是文献与实物相结合,而对古籍,尤其是先秦礼书,在前贤先哲的基础上进行一种全面的系统性的再研究当更为重要。通过对相关全部文献的系统的梳理,通过在此梳理基础上结合出土实物,特别是考古发掘所得实物所作深入考察,我们得出如下结论:

"尊"为盛酒、醴以献祭之器的统称,或曰小共名;尊属"以小为贵","以下为贵(废禁)","以素为贵"(《礼记·礼器》);基本形制是:口较大,容量多,足座实;《周礼·春官·司尊彝》等所谓"六尊"分别是:1. 牺尊,简称"牺",包括今所谓牛尊、羊尊、主尊、犬尊等。均背上开口,有盖。2. 象尊,简称"象",包括今所谓凤鸟尊、鸱鸮尊、鸟兽尊、犀尊、象尊等。背上或颈部(鸟形器)开口。3. 著尊,或曰甒,即著

---

[1]《金文诂林》第7331页引徐中舒解读《古籀补》所载杨沂孙说。
[2] 刘节:《古史考存》,人民出版社,1985年,第168—173页。

地无足或圈足,侈口无盖无耳器。包括今所谓尊、觚、无盖圆觯等。4. 壶尊,体型或圆或方,有盖,或有耳,或有提梁。包括今所谓壶、卣、有盖扁圆觯等。5. 大尊,或曰瓦大、泰、缶。有盖,包括今所见自名缶、罍者。6. 山尊,或曰山罍,即今所见体型较高,肩有双耳,圈足有盖罍等。尊属排序分别为:牺、象、著、壶、大、山,由小而大。罍亦属尊类盛酒、醴器,体型最大,地位最低,居六尊之外,或附之六尊之后,古籍常以尊罍并称便是其证。

"彝"既为大共名,又为盛郁鬯以祼祭之器的总称,亦可曰小共名;为宗庙之常器,属礼器之地位较高者;基本形制是:有流,有鋬,或有可把握之提梁,四足或圈足,并常以"画布巾幂之"(《周礼·天官·幂人》);《周礼·春官·司尊彝》等所谓"六彝"分别是:1. 鸡彝,即今所谓盉(封顶)。2. 鸟彝,即今所谓爵,由鸡彝分化而来,乃祼器而非饮器。3. 斝彝,即今所谓斝。盛鬯或温鬯之用。4. 黄彝,即今所谓觥或觵,俗曰"黄目"。5. 虎彝,今所谓觥中作虎首而四足者。6. 蜼彝,即今所谓觵类器。彝类之排序亦大致是由小而大,小而尊,大而卑[1]。

器与尊彝名义既明,我们就可以进一步结合古代文献,结合出土和传世实物,结合青铜器铭文的自名,对诸多通行器名一一作以具体考察,辨是否非,以最终达到名副其实。

在这里结合具体器形对青铜器自名进行考察有其特殊的意义。三代青铜器自名现象十分普遍,大抵铭文四字以上者都自标其名。只是或共名,或专名,或省称,或代称,或连称,或互称,不一而足,比较复杂。其中对分类最有价值的当属互称。我们可以归纳如下几种情况:1. 鼎、鬲、甗互称。如母生鼎、季贞方鼎、佣浴鼎等自称"鬲";昶仲鬲、矢伯鬲、公姞鬲自称"鼎";王人甬辅甗自称"鼎";诲鼎自称"鬲鼎"等。2. 簋、盨、敦、盖豆等互称。如谏簋、华季益簋、伯鲜簋自称"盨";录盨、伯庶父盨自称"盨簋";公豆(盖豆)、卫始豆自名"簋";滕侯昃豆、节可忌豆自名"敦"。3. 盘、盂、匜、盉、鉴互称。如佣匜、夆叔匜自名为"盘";匽公匜自名"盘匜";毳匜、朕匜自名"盉";郑伯盘、封孙宅盘自名"盘匜";令盘、免盘自名"盘盉";裘卫

---

[1] 参见拙作《器与尊彝名义说》,《黄盛璋先生八秩华诞纪念文集》,中国教育文化出版社,2005年。

盉自名"盘";王盉、王仲皇父盉自名"盘盉";齐侯鉴自名"盂";昶伯盘自名"监（鉴）";4. 钟铃互称。如敬事天王种自称"命（铃）";邾君钟自名"钟铃";许子钟自称"铃钟"。5. 戈、戟互称。王孙诰戈自名"戟";犊共盼戟自名"戈"。诸如此类，当说明其间必然存在某种内在联系，这就为我们分类研究提供了重要依据。

青铜器既为宗庙之器，欲了解其功用，欲弄清其类别，必首先明乎"尝禘之礼"。据先秦礼书等记载，祭祖先人鬼之礼基本有肆、献、祼、馈食和四时祭（即"时类"：祠、礿、尝、烝），还有大祭禘。各礼均有其不同的行祭方式和所用礼器。这就需要对有关记载作一系统的考察和对比分析。如《礼记·明堂位》记载："以禘礼祀周公于大庙，牲用白牡，尊用牺、象、山、罍，郁尊用黄目，裸用玉瓒大圭，荐用玉豆、雕篹，爵用玉琖仍雕，加以璧散、璧角，俎用梡嶡。"联系我们前面对尊彝的考证及其所引文献，就可以从根本上理解这段记载。显然，宗庙之礼器起码有如下类别：1. 盛牲之器，即俎和梡嶡，当然必有鼎豆；2. 尊，即盛醴、酒之器，有牺、象、山、罍等；3. 盛鬯、灌（裸）鬯之器，有郁尊（彝）、瓒、爵、角、散（斝）。其次还有"朱干玉戚""大路（辂）""龙旂弧韣"（《仪礼·觐礼》）之类，当然或不必是铜器。

根据如是系统的考证，基于对青铜器特定的社会功能的认识，我们把中国古代青铜器分为如下五大类。

（一）礼盛——即古代文献所专称之"器"，或所谓"宗庙之器""祭器""庸器""宗彝""大宝器"，可以"尊彝"概称之。以其实物之不同分为四小类：1. 酒醴之盛，即"六彝""六尊"之属，即盉（袋足）、爵、角、斝、觥、镈和牺尊、象尊、尊（侈口）、觚、壶、卣、觯、缶（小口）、瓿、罍等；2. 牺牲之盛，即鼎、豆、俎、鬲、甗之属；3. 黍稷之盛，即簋、簠、盨、敦、盖豆、盏、铺之属；4. 沃盥之盛，即典礼前参祭者盥沐洁身以示虔诚之所用盘、盂、匜（圜底柱足）、匜、鉴、缶（大口）之属。

（二）乐器——即典礼时所用以迎神祇，以隆其盛，以营造和谐之气氛者，亦即文献所谓用以"见情"者。包括钟、铃、铙、铎、钲等。

（三）仪仗器——古代文献所谓"舞器""朱干玉戚"，以及"军器""戎器""兵器"，还有所谓"金辂"等饰件等。即典礼时参祭者和侍卫者所执或所乘用，包括钺、戚、矛、戈之类和车马器等。

（四）明器——文献或谓"鬼器""丧器""窆器""凶器""肂器"（陈尸之器）等。乃墓葬之特殊随葬用器。宽而言之，实亦可谓之礼器，凶礼之用器，人之送终之葬器也。

（五）用器——文献中所谓"燕器""养器""用器""任器"和"射器""宾器""媵器"以及"亵器"（便溺之器）等均属此类，周代青铜器中有自铭"器"者亦当归于此类。此类器之青铜配料或与青铜礼器有所不同，有的则未必是青铜制品。当然此类还包括少数工具等[1]。

三

分类是分期的基础。没有正确的类别分析，就不可能有正确的分期。因为分期是在横向的类型分析基础上的纵向研究，是考察各类器物形制的发展演变的规律性和阶段性。而器物形制的演变必在特定的历史文化背景下进行，必然基于一定的社会意识形态的变化。青铜器的分期不同于一般考古学遗迹遗物的分期。其原因主要在于青铜器的特性，即坚固耐用，造型规范，专业化程度高而工艺传承性明显。同时更为重要的是，青铜器是精神文化的产物——礼器，而作为礼器，其形制及组合关系的发展演变与礼的发展演变有着必然的联系。

我们在《礼与礼器》一文中所指出："礼是中华民族顺应自然生态的伟大创造，她对于以血缘关系为基础的宗法社会有重要文化价值和宗教意义。由此构成中国文明最基本的特征和最重要的标志，由此奠定了中国文化的基本素质。"[2]礼自"绝地天通"之后诞生以来，就成为中国文明社会的重要支柱，而随着人的智力的提高、生产力的发展和社会的进步，其作用和影响也在不断发生变化，因而呈现出一定的规律性和阶段性。这就是司马迁依荀子说所总结出来的："始乎脱，成乎文，终乎悦。"

---

[1] 张辛《礼、礼器与玉帛之形上学考察》，《中国文物报》2000年12月24日学术版；又《长江流域早期青铜文化的形上观察》，《长江流域青铜文化研究》，科学出版社，2001年；又《礼与礼器》，《考古学研究（五）——庆祝邹衡先生七十五寿辰暨从事考古研究五十年论文集》，科学出版社，2003年。

[2] 张辛：《礼与礼器》，《考古学研究（五）——庆祝邹衡先生七十五寿辰暨从事考古研究五十年论文集》，第808页。

夏代史料有限，《礼记·礼运》篇讲"大人世及以为礼"，则显系后儒追述。考古发现除二里头宫殿建筑基址外，礼器亦然无多，只见酒器爵、盉、斝、觚和个别鼎。但陶礼器业已形成一定的组合，玉器形制也具有了一定的规范性。因此夏礼之存在当是毋庸置疑的，只是粗疏脱略而已。

商代史记载在司马迁笔下与夏史同样简略，考古发掘所见的早商遗迹遗物虽然已远较夏代为丰，重要者有数座城址及其宫殿建筑，为数有限但形制较大而且已略成系统的青铜礼器等，但总的来说，礼依然处于一种相对脱略的阶段。晚商由于甲骨卜辞的大量发现，由于大量玉器、青铜礼器和祭祀遗址以及大型陵墓的发现，大大弥补了历史记载的遗缺，使我们的研究有了前所未有而真实可靠的材料和依据。

从甲骨卜辞的记载看，此时多元的自然神灵崇拜已经从人们的意识中淡出，综合了各种神灵属性的"一神化""人格化"的"帝"已经产生。而此"帝"实质上就是依照世间"大人"，即氏族先王或商王的形象创造的至上神。陈梦家在其《殷虚卜辞综述》中将"帝"的权力归纳为十六种之多，祭名之多也令人称奇，可见神权观念之浓烈。然而一个重要的文化现象不可避免地发生了，这就是祖先崇拜的空前强化。卜辞中所见先公先王的权力已与"帝"的权力很难区别。于是神权与政权开始合一，礼已明显注入了"尊君"的时代内容。也就是说礼的社会化、政治化、人伦化的进程已经历史性地向前推进了，由此进入它的新的历史阶段："成乎文。"这就是孔子所谓"因于夏礼"而有所损益的"殷礼"。诸多考古发现有力地说明了这一点。卜辞、玉器、白陶礼器、大型车马器且不必说，单论作为晚商礼器系统中最显赫构成的青铜器，其数量之巨、器型之伟、纹饰之奇、工艺之精，可谓独步整个古代世界。而且功能已趋明确，种类多而齐备，显然已形成一个较为严整的宗庙礼器体系。

如果说"周因于殷礼"确属历史事实，那么"周公制礼作乐"[1]则更应是历史之必然。我们看到，周初物质文化，尤其是青铜器，确实与晚商非常相似，但是不久文化面貌之差异便日益显现出来，这无疑应视为周人"制礼作乐"的直接结果。所

---

[1]《左传·文公十八年》："先君周公制周礼。"《礼记·明堂位》："周公践天子位以治天下，六年，朝诸侯于明堂，制礼作乐。"

谓"制礼作乐"实质上就是对殷礼作以适时、适当而全面的"损益",使之向社会人伦化和政治化进一步推进,"进德制礼",由"神治"逐渐走向"人治",从而建立起周人自己的礼制体系——周礼。具体而言主要有三点。其一是礼拜对象被明确地规范为以上帝为中心的天神、地祇及山川四望等自然神和以氏族先王为中心的祖先神两大部类,并且规定和完善了各相应的行礼方式和仪节。其二最为重要,就是对行礼对象、行礼方式、所使用礼器以及祭礼时所佩玉瑞等都作了严格的等级规定,诸如只有周王才能举行郊祀天地的大礼。诸如"天子举以太牢(九鼎),祀以会;诸侯举以特牛,祀以太牢;卿举以少牢,祀以特牛;……"(《国语·楚语下》),诸如"以玉作六瑞,以等邦国,王执镇圭,公执桓圭,侯执信圭……"(《周礼·春官·大宗伯》)等等。而周礼为何作此严格的等级规定,其原因或基础就在于由亲亲而尊尊、由宗统而君统、由血统而道统的历史演进,在于宗法血缘关系的日益政治化,在于宗法制的最终创立。其三就是"援德入礼"或曰"进德制礼",这直接反映出对人道祖先崇拜观念的进一步加强和人文精神的初步发育。

于是,作为中国文明重要标志的礼在经历夏商两代以至周初数百年发展之后,终于步入它的制度化的鼎盛时期,也就是说,西周礼制终于正式确立。于是,作为其物质载体的礼器也终于发展成为一个功能齐全、构成完备、形制规范的成熟体系。而其中青铜礼器尤为发达和规范。西周青铜器不同于商器的最显著特征,或者说周代青铜器获得进一步发展的重要标志有二:一是酒醴之盛大为减少,牺牲之盛和黍稷之盛相应增加,亦即如考古学家郭宝钧先生所说,由"重酒的组合"转变为"重食的组合"[1]。二是出现长篇铭文。这两大变化同时说明了一个事实,即对人道祖先神的进一步重视和祭祀宗庙祖先之礼的社会功能化与政治化。

春秋战国时期,人文觉醒,社会动荡,宗法封建体制日薄西山,礼终于步入它的新的也是最后一个阶段——礼崩乐坏。人的自觉必然导致礼本然之神性的泯灭,于是礼便顺理成章地抽象升华为单纯理性的道德条目,成为社会生活的基本准则。于是青铜器便随之进入一个新的历史阶段,即逐步走下神坛,而日益深入社会日常

---

[1] 郭宝钧:《商周铜器群综合研究》,文物出版社,1981年。

生活。其时代特征主要是：1.周王室的青铜礼器锐减，诸侯国青铜礼器大量涌现。2.出现铸币、度量衡具、铜镜、带钩、灯，特别是玺印、符、节等新兴铜器种类。3.青铜器纹饰几何化或图案化，庄严肃穆之气消失殆尽，并出现以人的社会生活为题材的写实风格的新型纹样。铭文亦趋于装饰化，由先前器内或盖内转移到器表之显著位置，并极尽装饰美化之能事。

基于对礼及其发展演化规律性的认识，基于对青铜器及其形制发展演变规律性和阶段性的考察，我们把中国古代青铜器的发展大致分为如下四期：

第一期，发祥期，即夏至早商。器类相对简单，酒醴之盛较多，有盉、爵、斝、觚等，早商稍晚出现卣、尊、罍。另有鼎以及个别方鼎、鬲、盘。不见乐器，仅见个别铜钺和矛；工艺较具原始性，形体多较轻薄，早商方鼎等稍厚重；纹饰以单层几何形花纹为主，朴拙而简练，二里岗上层出现兽面纹。尚不见铭文。

第二期，勃兴期，即晚商至周初。器类骤增，各种礼盛基本齐备，乐器、仪仗器、车马器，除钟以外似均已出现。其中酒醴之盛无论数量、种类、形制、工艺都可谓登峰造极，而且空前绝后。尤其动物造型器千奇百怪，牺、象、鸟、雒、虎、兔，形象各异，极尽姿态。纹饰繁缛精细，庄严诡谲，琳琅满目，出现双层乃至三层花纹，动物象生纹种类繁多，形神各具，盛极一时；铭文出现，但为篇尚短，多见所谓徽号之类，字体古拙奇谲，较具象形性。

第三期，规范和鼎盛期，即西周早中期。器类趋少但各得其所，酒醴之盛锐减，牺牲之盛、黍稷之盛相对增多，方鼎消失，青铜钟出现；动物造型器明显减少，器形普遍规整而厚重，工艺精良；纹饰风格肃穆庄重，主题花纹除龙、凤、蝉纹之外，其他动物纹饰陡然消失。出现长篇铭文，字形体势开张敦厚，端庄大气。

第四期，持恒和衰落期，即西周晚期。周王室器有所减少，诸侯国器开始增多。盛行于晚商以至周初的常见的酒醴之盛基本消失。器形尚规整，但渐失庄重之感。出现并多见随葬专用的青铜遣器（明器），器形小而做工粗简。纹饰渐趋图案化，简化或变形龙、凤、蝉纹即窃曲纹、重环纹、垂鳞纹等风行一时，遣器纹饰粗疏。铭文多长篇而行文、措辞套化，内容多为宫廷册命、征伐、狱讼等。字体整齐划一，尚瘦劲匀称，或有方格。

第五期，转型期，即春秋、战国及其以降。青铜器走下神坛，走出宗庙，而进入社会上层日常生活。出现印玺符节、货币、度量衡器、灯、带钩等全新器类。纹饰风格大变，一是更简化和细密化的变形动物花纹，即所谓蟠龙纹成为主体花纹，战国晚期更以几何纹饰带取代通体满饰的纹饰传统；二是出现表现社会生活的写实图案纹饰。铭文多由器内转于器表，或错以金银，富丽有加，其影响及于汉代。

当然应着重申明的是，青铜器的分期研究必须以考古学类型学的研究为基础。这里考古学家邹衡师在其《试论殷墟分期》中所作晚商铜器分期可谓具有开创性意义和典范意义的工作[1]。

青铜器纹饰和铭文的研究是青铜器研究的重要方面。其意义除可作为分期断代的依据之外，更重要的当在于其本身所具有的社会文化意义，这就是我们上揭所谓"炤物""见情"或"象物"的具体表现。

中国古代青铜器花纹千姿百态，种类繁多，然概括之无非有两大类，即动物象生类和几何线纹类。后者主要用作附属性纹饰。较有意义的是前者，而尤其是其中作为主题花纹者。动物象形类花纹主要有龙、鸟、蚕、蝉、龟、鱼、象、虎以及个别鹿、兔，而龟、鱼、象、虎、鹿、兔等均于商代晚期和西周初期滥觞一时之后骤然失传。龙(蚕)鸟(凤)和蝉则是贯穿始终的主题花纹。龙、凤、蚕、蝉最终成为青铜器一贯始终的主题花纹，其象征意义无与伦比，先秦古籍所谓"铸鼎象物"，所谓"昭物""图物"以至于"服物"，其最根本和最终的意义至此便昭然若揭。龙、蚕、鸟(凤)、蝉不是别的，正是"物"，方物、灵物、神物，亦即"图腾"。因此中国青铜器花纹的社会文化意义至为明确和重要："报本反始""慎终追远"。因为"龙，水物也"，"水以龙"[2]，"蚕

---

[1] 邹衡：《试论殷墟文化分期》，《北京大学学报》1964年4期。
[2] 《左传·昭公二十九年》："龙，水物也。"《考工记》："水以龙。"郑注："龙，水物也。"高诱注《吕氏春秋·召类》"以龙致雨"和《淮南子·天文》"龙举而景云属"均曰："龙，水物也。"《管子·水地》："龙生于水，被五色而游，故神。欲小则化如蚕烛，欲大则藏于天地，欲上则凌于云气，欲下则入于深泉。"又殷墟卜辞中常见求雨于龙，求年于龙的记载。如《后编上·三〇》："甲子卜，亚哉，龙母启，弗每，有雨。"《前编四·五三》："乙未卜，在龙面，受之年。"《山海经·大荒东经》："旱而为应龙之状，乃得大雨。"总之，龙为水物，即水神。而水为生命之源，水为农业文明之本和命脉所系，故龙被一直视为中华民族之主要神灵、神物或曰图腾。战国以降则为所谓"四灵"之首。参见拙作《由蚕蝉说龙》(讲演稿，即刊《张辛讲演集》)。

为龙精"[1]；凤者，风也，鸟者，卵之母也[2]；而蝉则"潜蜕弃秽"，"抱朴而长吟"，"饮露恒鲜"。蜕则"有仙都羽化之灵姿"，"与万物迁徙而不自失"。露者非他，酒醴是也[3]。

张光直先生所谓青铜器花纹上的动物是协助巫觋通天的"助理"一说显属千

---

[1]《周礼·夏官·马质》："禁原蚕者。"郑玄注："原，再也。……《蚕书》：'蚕为龙精。'月直大火则浴其种。是蚕与马同气物，莫能雨大……"蚕是古代中国最早豢养的昆虫。由于其特有的生命功能和生命史特征：吐丝结茧及其蜕皮（鳞）、羽化、登天，而自古被视为神物。殷墟卜辞中多见"王省蚕""蚕示三牢"等记载。蚕造像同龙、凤、蝉等一样也是中国最早的神造像之一。而如《说文》所释："龙，鳞虫之长。"《左传·昭公二十九年》："(蔡墨曰)虫莫知(智)于龙。"是古人或认为蚕、龙同为《周礼》所谓"六物"，即羽、臝、鳞、毛、介、象六物之鳞物之属（实际龙为象物）。又如前揭《管子》："龙，……欲小则化为蚕蠋。"其为蚕蠋"隐则黄泉"（晋刘琬《神龙赋》）或"偃伏于泥"，即《周易》所谓"潜龙"而"潜景九渊"（傅玄《龙铭》），蚕羽化飞升即在天之"飞龙"，则"飞曜天庭"（傅玄《龙铭》）。我们认为，青铜器上所谓饕餮纹，实际就是蚕首形象。参见拙作《由蚕蝉说龙》。

[2] 所谓凤凰实由鸟，准确地讲是由玄鸟神化而来。《山海经·南次三经》："丹穴之山……有鸟焉。……五采而文，名曰凤皇。……是鸟也，饮食自然，自歌自舞，见则天下安宁。"孔颖达疏《尚书·益稷》"凤皇来仪"曰："雄曰凤，雌曰皇。"《说文》："凤，神鸟也。天老曰：……五色俱举，出于东方君子之国，翱翔四海之外……"凤或称"大鸟"（《帝王世纪》），或称"孔鸟"（《山海经·海内经》）。或称"鹥"，《说文》："鹥，鸟也。其雌皇，一曰凤皇。"《尔雅·释鸟》："鹥，凤，其雌皇。"或称"翳(鹥)鸟"，《山海经·海内经》："有五彩之鸟，飞蔽一乡，名曰翳鸟。"郝懿行义疏引王逸注《离骚》曰："凤皇别名也。"鹥或翳即燕，燕色玄，故称玄鸟。郑玄注《礼记·月令》"仲春之月玄鸟至"曰："玄鸟，燕也。"《诗·商颂·玄鸟》："天命玄鸟，降而生商。"《楚辞·天问》记此事曰："玄鸟致贻。"然《离骚》却云："凤凰既受诒。"殷墟卜辞中凤、风通假，学者多解释为由于风虚无形，故"假借凤之象形字"为之（董作宾语）。实际鸟、凤、风三者是不分的。卜辞中祭凤也是祭风。鸟羽动则生风，故以鸟羽来象风。风为何物？亦为农业生产所必依赖者，古语有"风雨时若""是耕是获"，无风则无法传媒，作物便无收成，故亦农业之本。所以如果说龙是水，这种为人所须臾不可离之的自然力被神化，而成为水物、水神，而被认为是自己的祖源的话，那么凤则是另一种与农事密不可分的自然力——风被神化，即成为风物或风神，而终于也在人们追寻自己祖源的过程中与龙一样，成为中国人所崇拜的方物，亦即图腾。同时，鸟（凤）之所以成为图腾，还有更内在的原因，就是鸟为卵之母。卵生是东方诸族流行的神话，故《说文》曰凤"出于东方君子之国"。这里有诸多文献可以为证，此不赘述。参见拙作《由蚕蝉说龙》。

[3] 郭璞《蝉赞》："潜蜕弃秽，饮露恒鲜。"王褒《洞箫赋》："秋蜩不食，抱朴而长吟。"郑玄《诗序》："洁其身也，禀君子达人之高行；蜕其皮也，有仙都羽化之灵姿……"董仲舒《春秋繁露·天道施》："蜩蜕浊秽之中，含得施之理，与万物迁徙而不自失者，圣人之心也。"蝉古或称蜩，与蚕一样都是古人极为关注并视为神物的昆虫。其原因十分简明，即蝉有着特殊的生命史或生命功能，即先"潜玄昭于后土"，继而"神蜕灵变""始游豫乎芳林"，最后"吸清露""聆渥露而和鸣"（分别见傅玄《蝉赋》和曹植《蝉赋》）。这种生命史特征给我们的先德以特别启示，这就是欲化有限的生命为无限的存在，须如蝉一般羽化登升，浮游在人群上空，而虽不能食，却能以甘露即酒醴维持存在。这也是中国文化尚酒，酒文化发达的深层原因。

虑之一失，根本不符合古代中国社会之实际。青铜器花纹表现的是一种社会人伦或人文的精神，而绝非超世间更非超自然的理念。因为如上所再三申明，"礼，人之所履也"，"所以事神致福也"，而青铜器乃宗庙人鬼之器。还是那句话，中国文化是重人文化，是"极高明而道中庸"的礼乐文化。

青铜器铭文"乃铭书于王之大常"者，宗庙之器，即彝器、庸器，正乃大常之要器。《左传·襄公十九年》："铭其先祖功烈以示子孙，明明德而惩无礼。"《礼记·祭统》："铭者，论譔其先祖之德善，功烈……列于天下而酌之祭器，自成其名，以祀其先祖者也。"铭文的出现，是礼与礼器发展到一定阶段的产物，是宗法封建领主贵族垄断交通天人的特权合法化，神权、政权合而为一之后，进而实现祖先崇拜的社会功能化和政治化的结果，故而也是宗法制的必然体现。

青铜器铭文之内容及其字形、修辞、句式、文法均构成青铜器断代的重要依据。同时更重要的是，三代青铜器铭文是中国最早而可靠的历史文献之一。而西周中期出现的册命封赏之类铭文则更可直视为宗周宫廷文书，并可证《尚书》等传世文献之可靠。

如果说青铜器花纹所体现的现实人文精神尚不够明确的话，那么与之并存的青铜器铭文则是这种社会政治人伦意义的直接证明。青铜器铭文的出现、定制和发展所反映出的正是原始崇拜，即多神拜物教的自然崇拜日趋淡漠而被祭祀文化、礼乐文化先后取代，礼乐文化最终获得强势发展的中国上古社会的实际历史进程。

2003 年 5 月第一稿
2005 年 9 月定稿

（原载于《考古学研究（六）》，科学出版社，2007 年，本次刊出做了一定增益和修改）

器与尊彝名义说

青铜器定名是青铜器分类研究的基础环节,其起始很早,大抵由郑玄、许慎发其端,由宋代金石学家奠其基,而清人或有补正。近代于定名研究最有成就者为王国维。除《说斝》《说盉》《说觥》《说俎》等论文多有发明外,其主要贡献则是提出青铜器共名与专名说,给学术界以重要启迪,由此使青铜器定名及分类研究大大得以推进。其后容庚、徐中舒、唐兰、陈梦家等先生也都做过卓有成效的专门研究,并各有学术贡献[1]。

按青铜器定名的基本方法无非有二:其一是根据古代典籍,尤其礼书的记载;其二是根据青铜器铭文自名。由宋至今,概莫例外。近几年有学者主要针对金文辞例,从汉语词汇学研究的角度作以铜器称名的探讨,也取得了一些可喜的成果[2]。

然而不能否认的是,关于青铜器定名问题至今并未得到令人心安的圆满解决,特别是一些基础性的甚至关键的议题,诸如尊、彝等依然不得其通解,甚或漠然视之,以致影响着青铜器的分类研究。究其根源,我们认为主要在于没有或缺乏一种定位于"礼"的研究,一种在"礼"的研究上的全面系统的综合性研究,其中首要的就是对古代文献的整体性再审视和系统性的全面梳理分析。

---

[1] 诸如容庚:《殷周礼乐器考略》,《燕京学报》1926年1期;《商周彝器通考》,《燕京学报》专号,1941年。徐中舒:《说尊彝》,《徐中舒历史论文选辑》(上),中华书局,1998年,第635页。唐兰:《参加伦敦中国艺术国际展览会出口图说》,《史学论丛》第二册,1935年,第1—24页。陈梦家:《中国铜器概述》,《海外中国青铜器图录》第一集《序言》,商务印书馆,1946年。罗福颐《青铜器名辞解说》,《文物参考资料》1958年等。

[2] 诸如刘彬徽:《楚国有铭铜器编年概述》,《古文字研究》第九辑,中华书局,1984年。刘翔:《殷周青铜礼器称名研究》,《青年学者论学集》,《深圳大学学报》增刊,1986年。赵平安:《铭文中值得注意的几种用词现象》,《古汉语研究》1993年2期。陈剑:《青铜器自名代称、连称研究》,《中国文字研究》第一辑,广西教育出版社,1999年。

功能决定类别。中国古代青铜器的基本社会功能是在古代中国最重要和最高尚的礼活动中担纲的角色,即礼器。因之青铜器的定名和分类研究必当首先定位于"礼",必须以青铜器在礼活动中的特定功能用途为基本着眼点,而不能从人的现实生活出发,根据人的日常生活行为来推断青铜器的称名或用途。只有当我们对礼、礼的特质、礼的构成、行礼对象和方式,尤其是所用礼器,乃至礼与礼器的发展演进有一个系统的全面认识和基本的把握,才能正确和客观地对青铜礼器进行定名和分类,这样的分类也才是合乎历史之本来的分类,才是有意义的分类[1]。因此在这里对古代典籍,尤其是先秦礼书,在前贤基础上进行一种全面的系统性的研究当至关重要,既是当务之急,又是不二法门。

下面谨就青铜器定名研究中几个必须首先面对,自古即不乏论者,而王国维以降被重新讨论的问题,准确地说是关于青铜器定名和分类的几个要字或曰几个基本术语,发表自己一点不成熟的意见,以就教于同仁方家。

先说"器"。

陈梦家先生在讨论青铜器称名时,把铜器名称和附属用词分为"最大的共名""有限度的共名""专名"和"一般形容词"四类,而在第一类最大的共名中,把"器"列于其中。后来学者多未予重视,或作以否定。其实陈先生是卓有见地并确然有据的[2]。

在先秦典籍中,"器"是青铜器的专称,亦可谓之"共名"。《尚书·旅獒》:"无有远迩,毕献方物,惟服食器用。"《左传·桓公六年》:"(问名)不以国,不以官,不以山川,不以隐疾,不以畜牲,不以器币。……以器币则废礼。"《左传·成公二年》:"惟器与名不可假人,君之所司也。名以出信,信以守器,器以藏礼。"《左传·昭公三十二年》:"慎器与名不可以假人。"《左传·襄公五年》:"无藏金玉,无重器备。"《穀梁传·成公十七年》:"车马器械不备,不可以祭。"《左传·文公二年》:"作虚器,纵逆祀,祀爰居,三不知也。"《国语·周语上》:"先王之于民也,懋正其德

---

[1] 张辛:《中国古代青铜器礼义论要》,《北京大学赛克勒考古与艺术博物馆成立十周年论文集》,待刊。
[2] 陈梦家:《西周铜器断代(三)》,《考古学报》第十一册,1956年。

而厚其性,阜其财,求而制其器用。"《易·系辞上》:"以制器者尚其象。"《易·序卦》:"革物者莫若鼎……主器者莫若长子。"诸如此类记载皆明确无疑,其"器"均专指青铜礼器而与"服""食""用""币"及"备"等并举或对称。《周礼·天官·大宰》记载所谓"九贡",即祀贡、嫔(丝帛)贡、器贡、币贡、材贡、货贡、服贡、斿(旗)贡和物贡。"器贡"赫然居其第三位;《周礼·秋官·司约》载司约分掌"治神""治地""治功""治器"和"治挚"之约。其"器"即礼乐吉凶之器,"笾豆俎簋之属(郑玄注)"。《周礼》中"器"还多与"兵"对称:《天官·内府》:"掌受九贡、九赋、九功之货贿,良兵良器,以待邦之大用。"《地官·乡师》:"简其鼓、铎、旗、物、兵、器,修其卒伍。"其后文并明列器属有祭器、丧器、射器、宾器等"吉、凶礼乐之器(郑玄注)"。《周礼》中甚至还以"器"与"玉"对称:《春官·天府》:"凡国之玉镇、大宝器,藏焉。若有大祭大丧,则出而陈之。既事,藏之。……上春,衅宝镇及宝器。"

《礼记》亦无例外,诸如《郊特牲》:"郊之祭也……扫地而祭,于其质也;器、用、陶、匏,以象天地之性也。"《礼器》:"宫室之量,器皿之度,棺椁之厚,丘封之大,此以大为贵也。"《月令》:"非祭非丧,不相受器。"《中庸》:"修其宗庙,陈其宗器。"其"器"无一不是指代青铜礼器。而《月令》所谓:"天子居青阳左个……其器疏以达。……天子居明堂太庙,……其器高以粗。……天子居大庙大室,……其器圜以闳。"则更指青铜礼器莫属。

先秦典籍中,于"器"又往往有特定的修饰或限定词。诸如"宗器"(《左传》之《襄公二十二年》《襄公二十五年》《襄公六年》《礼记·中庸》)、"祭器"(《仪礼·既夕礼》《周礼·地官·司徒》《孟子·万章下》《礼记·曲礼》等)、"彝器"(《左传·襄公十九年》《左传·昭公十五年》《左传·定公四年》《国语·周语下》)、"分器"(《尚书·洪范》)、"庸器"(《周礼·春官·典庸器》)、"邦器"(《周礼·夏官·小子》)、"宝器"(《左传·庄公二十年》《周礼·春官·天府》)、"大器"(《左传·文公十二年》《左传·哀公十一年》)、"重器"(《左传·成公十四年》《礼记·少仪》《孟子·梁惠王下》)、"吉器"(《仪礼·既夕礼》)、"宗庙之器"(《礼记》之《王制》《杂记下》《郊特牲》),以及"祼器""乐器""舞器""兵器""军器""戎器""射器""行器""刑器"等,亦概指青铜礼器而一无歧义,其完全可视为对青铜礼器的更为明确和具体的指称。而如"燕器""养器""用器""凶器""明器""丧器""窆器"等字义或许稍为宽泛，但主要指青铜器也了无疑问。即如"厴器"，虽不为青铜器，然亦"饰祭器之属(郑玄《周礼·地官·掌厴》注)"。又如"行器"，杜注《左传·昭公元年》："行器，会备。"既为盟誓之用，则未必不与青铜礼器无涉。而"肆器"，郑注《周礼·春官·郁人》曰"陈尸之凶器"，则显系明器之属。

至于《周礼·春官·典瑞》之"玉器""六器"、《尚书·舜典》之"五器"、《仪礼·聘礼》之"四器"，当为"器"之礼义之拓延。其实《周礼·秋官·司寇》所数见之"任器"，如郑司农注为"所用之兵器"，亦与礼器不无关系。当然，《考工记》所见"民器""镈器(田器)""泽器""饮器""庐器"之器已为引申义，与今日所统称器物之器的意思非常接近了。但要知《考工记》成书较晚。总之，"器"之本义是指青铜礼器确凿无疑。金文中亦出现多例"器"之组词，诸如"祭器"(侯簋、陈侯午镎、陈侯因𬫕镎)、"祠器"(赵孟介壶、禺邗王壶)、"念器"(燮簋)、"祥器"(陈逆簋)、"尊器"(皇函父簋)、"宝器"(周㿬鼎、周㿬簋、聋鼎、封簋等)、"宝尊器"(铝尊、康鼎)、"饴器"(满簋)、"行器"(曾子簠)及"媵器"(叔姬簋等)，其更直接和明确地支持了我们的论点。

至于《尚书·盘庚》"人惟求旧，器非求旧惟新"，《左传·闵公元年》"霸王之器"，《论语·为政》"君子不器"，《论语·八佾》"管仲器小也"，《老子》四十一章"大器晚成"，《庄子·田子方》"无器而民滔乎前"，《礼记·礼运》"礼义以为器，故事行有考也"，《礼记·学记》"大道不器"，以及《易·系辞上》之"形而下者谓之器""君子藏器于身"等，亦大多如杜预注《左传·闵公元年》所谓"以器为喻"。

然为什么"器"专称青铜器，实际有着非常深刻的原因，让我们由字源学作一考察。按器字，甲骨文不见，金文作如下诸形(参见《金文编》)，构造各异：

《说文》："器，皿也，象器之口，犬所以守之。"许释近是，乃取之本义而略引申。其为后来小学家多所否定，当有失公允。字之四口"象器之口"或"象众器之形"，至确无疑。小学家或释"犬肉",或以为"结构与嚣同","从犬🐾,即犬之吠声"[1],显然属于望文生训,失之甚远。然许氏所云"犬所以守之",确属臆断,令论者费解或感"可疑"是所必然。白川静《说文新义》释为"犬牲"近是,可谓卓见,但亦未得其旨,难称确诂[2]。毋庸置疑,"器"字四口之中所谓"犬"确为问题的关键所在。其实细察金文所见"器"之诸形,其中所从形态各异,或似犬,或作人,或作"夨",不一而足。而似犬者亦与金文所见之"犬"字作"犭"以及见于他字偏旁之"犬"作"犭"或"犭""犭""犭"等形不类。因此"器"字所从当并非严格意义的"犬"。那究竟是什么呢?我们认为是"物"。即《尚书·旅獒》"毕献方物",《诗·大雅·烝民》"天生烝民,有物有则",《左传·隐公五年》"取材以章物采",《左传·桓公二年》"五色比象,昭其物",《左传·宣公三年》"铸鼎象物",《左传·宣公十二年》"百官象物而动",《国语·周语中》"服物昭庸",《国语·越语下》"民神杂糅,不可方物",《周礼》中《春官·大宗伯》"以疈辜祭四方百物",《春官·司常》《夏官·大司马》《地官·乡师》等"旗物",以及《春官·大司乐》"六变而致象物及天神"之"物"。何谓物呢?物者,方物、神物也,即人们所崇拜的神灵,抑或视之为自己祖先所由来的神物。当年傅斯年在其《跋陈擿君春秋公矢鱼于棠说》一文中首揭"物即图腾",可谓真知灼见,洵为不易之论[3]。

是"器"字并非如高鸿缙等所言为形声字(犬声),而为会意字无疑,其结构与"豊(礼)"字之从玉从壴(鼓)相类[4]。惟彼玉鼓并列构字以示礼,而"器"之🐾和犬若"夨"、若"𠂉"则相辅相成,互为表里,关联更为密切。"🐾"乃本体,"犬"若"夨"、若"𠂉"则是图像于器体之上的"物"。器惟图"物"才成为器,也只有器才能铸以"象物"。《礼记·哀公问》:"鼎得其象。"《易·系辞上》:"以制器者尚其象。"《易·系辞下》:"象事知器。"诸经之"象",即物象。如此我们才可真正理解郑玄注《礼记·礼器》所谓"金炤(昭)物"的本来含义。我们今天有幸看到的考古发

---

[1] 张日昇、加藤常贤等如是解。见《金文诂林》,第1166页;《金文诂林补遗》,第522—523页等。
[2] 白川静:《说文新义》卷三上,第442—443页。见《金文诂林补遗》,第524—526页。
[3] 《历史语言研究所集刊》七本二分,1938年。
[4] 张辛:《礼与礼器》,《考古学研究(五)——庆祝邹衡先生七十五寿辰暨从事考古研究五十年论文集》,第852—855页。

掘所得或传世的大量青铜器上所饰形形色色的象生类图像纹饰，如龙、如凤（鸟）、如蚕、如蝉、如虎、如龟等就是实实在在的由金所昭，而用以"使民知神奸"，"用能协于上下"的"物"象，而绝非单纯的美化装饰，亦非某学者所谓帮助巫觋通天的动物[1]。于是"器"与"物"融为一体，相得益彰，尊于宗庙，成为古代中国重要而高尚的礼活动，准确地说是其中祭祖人道之礼中最为固定和显要的构成。因此后来文献多以"器物"连称。如《周礼·地官·闾师》"任工饬材事贡器物"，《秋官·大行人》"三岁一见，其贡器物"，郑注："器物，尊彝之属。"

至此，"器"之形义昭然若揭，其最初或本义即指青铜礼器，指尊彝之类宗庙礼器。《尔雅·释器》云："彝、卣、罍，器也。"天下器物无法尽数，为何仅举此三例，足证《尔雅》成书之时，器之古义未失。其实甲骨文卜辞不见是字也已从一个侧面予以证明。而由于作为三代祭天之礼中主礼器的玉亦然有"物"，特别是其中之大宗，即玉器的核心构成的"祭玉"上雕饰有"物"，于是也就称为"器"或"玉器"了。以后便又由礼器而"乐器""舞器""戎（兵、军）器"，而"燕（养、用）器""明（凶）器"，以至"民器""田器""饮器"，日益地拓延引申开来。至于许慎，便只得以"皿"训"器"了，而其本义便被泯灭失踪了。

再说尊、彝。

关于尊和彝的名义，说者甚众，或共名，或专名；或动词，或状词，莫衷一是，可谓聚讼久矣。清凌廷堪《礼经释例》卷十一云："盛酒之器见于礼经者，曰甒，曰壶，曰方壶，曰瓦大，曰圜壶，尊其统名也。"此乃据之古代文献——主要是《仪礼》而立说，似为后来学界流行的尊、彝共名说之滥觞。

王国维《说彝》一文正式提出共名说，其曰：

> 尊、彝皆礼器之总名也。古人作器皆云"作宝尊彝"，或云"作宝尊"，或云"作宝彝"，然尊有大共名之尊（礼器全部），有小共名之尊（壶卣等总称），又有

---

[1] 张光直作如是解，参见《中国青铜时代》，三联书店，1999年，第420页。

专名之尊(盛酒器之侈口者)。彝则为共名而非专名[1]。

此乃基于宋金石家据之传世金文而立说,虽未具体论证之,但于青铜器定名及其分类研究给予重要启迪,后容庚、陈梦家诸先生详加阐发并补正。陈梦家将尊从大共名("最大的共名")中剔除,而在小共名("有限度的共名")中重点论列彝和器[2],并提加"一般性形容词"一项。这是青铜器称名研究中非常有意义的进步。

但尊、彝究竟是否共名,抑或专名或兼而有之,其实至今未有一个令人心安的通解。以至晚近有学者对尊彝共名说提出质疑,或直言否定之[3]。考其原因,当主要在于论者,包括晚近否认共名说者,要么单考文献,要么专据铭文,往往顾此而失彼,执其一端。

察青铜器铭文中尊彝二字常联称,或再加一修饰字,作"宝尊彝",此可谓通例。而先秦文献则不见联称,但或见并称者,如《国语·周语中》:"修其簠簋,奉其牺象,出其尊彝,陈其鼎俎。"《周礼·春官》则有职官名"司尊彝",亦并称。可见金文与文献记载有所区别。原因何在,自有必要作一深入探讨。

我们注意到在金文中存在如下现象:

1. "尊彝"或"宝尊彝"是最为常见的组词,据统计约占有铭铜器80%以上,故为通例无疑。而绝少尊彝倒置,若"彝尊""宝彝尊"者。迄今仅见作父丁尊等二、三例外。

2. 尊字多作为限定或修饰词出现,计有尊簋、尊鼎、尊壶、尊鬲及尊盘、尊盨、尊簠、尊盂、尊豆、尊缶、尊献(甗)、尊罍、尊匜、尊需、尊盉(粢)尊斋(粢)。而尤以前四者最为常见,出现频率仅次于尊彝和宝尊彝。但绝少以彝为限定或修饰词者,迄今只见彝壶、彝爵、彝齍(盘)、彝簋各一,与前者显然不能同日而语。

3. 屡见宗彝、祀彝、享彝、齍彝、旅彝、从彝、盟彝、馈彝及宝宗彝、旅宗彝等之类字前加功能性限定词者,而绝少见尊字前加任何限定性,若祀尊、齍尊、旅尊之例。

---

[1]《观堂集林》卷一,第153页。
[2] 陈梦家:《西周铜器断代(三)》,《考古学报》第十一册。
[3] 刘翔:《殷周青铜礼器称名研究》,《深圳大学学报》增刊,1986年。

仅有极个别"宗尊""宝尊"例,如康侯鼎。但与上列性质有异,纯属修饰词。

4. 金文中或有"祭器""祠器""祥器""媵器"之类,此显然以"器"代"彝"。也就是说此类换言之如"祭彝""祠彝"似亦无不可,但若称"祭尊""祠尊"似不合金文辞例,在古文献中更不见此例。如文献习称"彝器",而绝不见"尊器"例。

如上现象当充分说明两点:其一,尊彝二字字义是有区别的。金文通例"尊彝"构词当属偏正结构,尊者偏,彝者正,即尊在这里只用以修饰或限定彝,同"宝"的意思相类。有学者认为"尊"是"附属用词",只在于说明器之功用是用于祭祀,这是正确的。但或认为彝与尊同例,亦属附属用词,则显然言之失当[1]。

其二,尊并非如王国维所言为"大共名",更非器物专名。而彝则判然有别,明显属于统称或曰大共名,而与上揭"器"相同或相类。陈梦家当年将尊从"最大的共名"中剔除洵为高明之见,凿凿有据[2]。从先秦文献习称"彝器"或"宗彝",而绝不见"宗尊"或"尊器"之谓也可得以证明。

再看古代文献。文献中关于尊彝的讨论主要集中在《周礼·春官·司尊彝》和《春官·小宗伯》所载之"六尊""六彝",这至关重要。

为方便起见,我们不厌其烦地把此段经文抄录如次:

《周礼·春官·司尊彝》:"春祠夏禴,祼用鸡彝、鸟彝,皆有舟。其朝践用两献尊,其再献用两象尊,皆有罍,诸臣之所昨(酢)也。秋尝冬烝,祼用斝彝、黄彝,皆有舟。其朝献用两著尊,其馈献用两壶尊,皆有罍,诸臣之所昨(酢)也。凡四时之间祀,追享、朝享,祼用虎彝、蜼彝,皆有舟。其朝践用两大尊,其再献用两山尊,皆有罍,诸臣之所昨(酢)也。"

《周礼·春官·小宗伯》:"毛六牲,辨其名物,而颁之于五官,使共奉之;辨六齍之名物与其用,使六宫之人共奉之;辨六彝之名物,以待果(祼)将;辨六尊之名物,以待祭祀宾客。"

---

[1] 刘翔:《殷周青铜礼器称名研究》,《深圳大学学报》增刊。
[2] 陈梦家:《西周铜器断代(三)》,《考古学报》第十一册。

按六尊、六彝如何解读,其名目和形制究竟如何认识,论者亦夥。从毛传《诗经》二郑注《三礼》到王肃、韦昭、阮谌、刘杳,再到孔颖达、贾公彦,以至王念孙,可谓莫衷一是。1936年徐中舒曾为专文《说尊彝》予以一一评骘,并以其所见一些出土或传世器物作以参证,进而提出自己一些新见解作为结论:

> 尊彝各有广狭二义:广义之尊,为盛酒器之共名,其别有甒有壶。狭义之尊为甒,有甲、乙两种形制,曰甲类尊、乙类尊。象兽类形制之器亦称曰尊,但须各以所象别之,曰牺尊、象尊、虎尊。广义之彝,为宗庙器之共名,或一切贵重饮食器之大共名。狭义之彝,为象鸡或鸟形之器之称[1]。

徐先生所论有些乃发前所未发,其中确不乏精义。比如把尊分为五类,包括甒、壶、兽形器和今日所谓侈口无盖尊(甲类尊等);彝为一切宗庙重器之大共名等。但不免失于浅疏,有些论点盖难成立,诸如所谓狭义之尊曰甒,狭义之彝为鸡、鸟形器等。有些问题仍使人昏昏,不甚了了。其原因当然十分简明,即当时以考古所得材料的认识和研究水平尚为有限。因此连徐先生自己也不得不慨叹:"此外别有其他佐证,则吾人实无从断定其说之孰当孰否。"

其后高亨先生有《古铜器杂说》,对尊彝提出了一些令人颇感新奇的见解。诸如"鸡彝初名当单称曰彝,盖其器作鸡形,其名因曰鸡,……鸡彝二字古音同也";罍其名其形皆得之于螺;"著当读为猪",著尊即猪尊;蜼从郑司农说,读为虺,"蜼彝者器形作虺(蛇)形者也"。虽未必令人信然接受,但高先生引经据典,考训音义,其功力之深厚令人叹服[2]。

黄盛璋先生亦有《释尊彝》一篇,然主要因寿县蔡侯器而发言,旨在驳陈梦家释尊为奠,认为"尊彝(器)非奠器"。虽略失绝对,但采唐兰说指出尊器原"为行礼时陈列不搬动之器",则给人不无启发[3]。

---

[1]《徐中舒历史论文选辑》(上),第651页。
[2] 高亨:《文史述林》,中华书局,1980年,第529—540页。
[3] 黄盛璋:《历史地理与考古论丛》,齐鲁书社,1982年,第337—344页。

晚近一些学者也或有论及尊彝。然或轻言"很难与出土实物一一对照",或依旧说[1];或认为《周礼》等礼书所载乃东周制度,"不必硬与出土先秦礼器套合",而多似简言否定[2];或依铜器形制,于礼记载或有称引,然不置可否;或径以持一种"六合之外,存而不论"的态度[3]。

我们认为尊彝名义的解读,是商周青铜器定名及其分类研究中不容回避的一个基础性的甚至关键的问题,它直接关系到作为中国古代礼器重要构成的酒醴之盛的具体或细部分类。而欲真正会此难通之解,仍首先依赖于文献考证,依赖于对文献的重新和全面审视。我们只有在前贤研究的基础上,注意纠补王国维以降某些古文字学家对文献往往断章取义,取其有用而不计其余,甚至东抓一把西抓一把的缺失,对相关的全部文献记载作进一步的全面而系统性的排比分析。然后结合出土实物,尤其是考古发掘所得实物,在考古类型学研究基础上,注意纠补某些古文字学家往往有望形生义(对器形而言)或望文生训(对金文而言)的偏失,唯有进行综合性尤其是对古器物的社会历史功能的考察,才能最终还尊彝以本来意义。

先秦典籍中有关"尊"的记载除上揭《周礼》外有如下诸条:

1.《易·坎卦》:"尊酒、簋贰、用缶。"
2.《诗·鲁颂·閟宫》:"白牡骍刚,牺尊将将。"
3.《左传·定公十年》:"牺象不出门,嘉乐不野合。"杜注:"牺象,酒器,牺尊、象尊也;嘉乐,钟磬也。"
4.《左传·昭公十五年》"樽以鲁壶",杜注:"鲁壶,鲁所献壶樽。"《周礼·春官·司尊彝》郑注引郑司农语作:"尊以鲁壶。"
5.《国语·周语中》:"修其簠簋,奉其牺象,出其尊彝,陈其鼎俎。"
6.《仪礼·士冠礼》:"尊于房户之间,两甒,有禁。玄酒在西,有勺……侧

---

[1] 钱玄:《三礼通论》,南京师范大学出版社,1996年,第142、144页。
[2] 朱凤瀚:《古代中国青铜器》,南开大学出版社,1995年,第99页。
[3] 诸如马承源《中国古代青铜器》,甚至容庚、张维持《殷周青铜器通论》等多采取此种态度。至于考古学家则更是如此。

尊一甒,醴在服北。"郑注:"置酒曰尊。"

7.《仪礼·燕礼》:"司宫尊于东楹之西,两方壶,左玄酒,南上。公尊瓦大两,有丰,幂用绤若锡,在尊南,南上。尊士旅食于门西,两圆壶。"

8.《仪礼·大射仪》:"司宫尊于东楹之西,两方壶,膳尊两甒在南,有丰,幂用锡若绤;缀诸箭,盖幂加勺,又反之,皆玄尊酒在北;尊士旅食于西鑮之南北西,两圆壶。又尊于大侯之乏东北,两壶献酒。"

9.《仪礼·乡射仪》:"尊于宾席之东,两壶。"

10.《仪礼·乡饮酒礼》:"尊两壶于房户间,斯禁,有玄酒在西,设篚于禁南东肆,加二勺于两壶。"

11.《仪礼·士虞礼》:"尊于堂中北墉下,当户,两甒醴酒……幂用绤布……尊两甒于庙门外之右,少南,水尊在酒西。"

12.《仪礼·特牲馈食礼》:"尊两壶于阼阶东……西方亦如之……尊两壶于房中,西墉下,南上。"

13.《仪礼·少牢馈食礼》:"司宫尊两甒于房户之间,同棜,皆有幂,甒有玄酒……司宫……乃启二尊之盖幂。"

14.《礼记·明堂位》:"季夏六月,以禘礼祀周公于大庙,牲用白牡,尊用牺、象、山、罍,郁尊用黄目,灌用玉瓒大圭。……泰,有虞氏之尊也;山、罍,夏后氏之尊也;著,殷尊也;牺、象,周尊也。"

15.《礼记·礼器》:"五献之尊,门外缶,门内壶,君尊瓦甒,此以小为贵也。……天子、诸侯之尊废禁,大夫、士棜禁,此以下为贵也。……牺尊疏布幂,樿杓,此以素为贵也。……庙堂之上,罍尊在阼,牺尊在西……君西酌牺象,夫人东酌罍尊。"

16.《周礼·天官·酒正》:"凡祭祀,以法共五齐(剂)、三酒,以实八尊。大祭三贰,中祭再贰,小祭一贰,皆有酌数。"

17.《周礼·天官·幂人》:"祭祀,以疏布巾幂八尊,以画布巾幂六彝"。

18.《庄子·马蹄》:"纯朴不残,孰为牺尊。"

由以上记载我们至少可以得出如下认识：

1. 尊类确为盛醴或酒或玄酒（明水）以待酌之属，乃供祭祀和宾客之用，而常置庙堂之上。

2. 尊并非专名，而为盛酒醴之器的统称，或曰小共名。又尊在先秦经典中或用为动词。

3. 尊属"以小为贵"，"以下为贵（废禁）"，"以素为贵"，以周尊牺、象为尊，故以牺、象、著、壶等或甒、壶、缶相次为序。

4. 关于尊之属器，各文献记载看似复杂，实基本一致，或曰大同小异。我们可以表示如下，以便进一步分析[1]。

经　名	尊　类　器						
《周礼·司尊彝》	牺	象	著	壶	大	山	罍
《仪礼》			甒	壶	瓦大		
《礼记·明堂位》	牺	象	著		泰	山	罍
《礼记·礼器》	牺	象	甒	壶	击		罍

首先似须作说明，上列甒、瓦大和泰或许为陶制，但礼器尚古尚质，文献记载十分明确，如《礼记·郊特牲》"器用陶匏，以象天地之性也"，"大羹不和，贵其质也；……丹漆雕几之美，素车之乘，尊其朴矣，贵其质而已矣"。《明堂位》记祀周公"凡四代之服、器、官，鲁兼用之"亦同理。况后来青铜器的形制无一不是由陶器脱胎而来，故此不必强作分别。

众所周知，"宋人凡关于铜器之名称，大率皆取之于《仪礼》"[2]，为此我们先由《仪礼》谈起。《仪礼》所记尊属分别为甒、壶（或方或圜）和瓦大。而《礼记·礼器》所记除牺、象外亦有三类，即甒、壶和缶，鉴于《仪礼》与《礼记》二经之间的特定关系，我们可以认定《仪礼》之"瓦大"当即《礼记》之"缶"。因为二经尊器的尊卑

---

[1]《仪礼》所记乃诸侯以下大夫、士及子男诸礼，故不见牺象二尊。
[2]《徐中舒历史论文选辑》（上），第637页。

次序一致,所以后者可能是前者较晚的称名。孔颖达疏《礼器》所言"瓦甒即《燕礼》公尊瓦大"或"瓦甒与瓦大同",当系失误。因为礼器以素为贵,瓦甒之幂为绤,瓦大之幂为绤。一粗一细,尊卑明矣。又《仪礼》明载"甒有玄酒",礼贵玄酒即明水。而据《礼器》本经"以小为贵",缶大于壶更大于甒,"尊者小,卑者大"[1],最小故最贵而位尊,是瓦大与甒绝非一物,不然《仪礼》一经何必分别为二。而为什么孔氏及晚近学者,如徐中舒误认二者为一,原因有二:其一《仪礼》所记甒和瓦大有大致相类的形态特征,如均设幂有禁或有豊等;其二《仪礼》中甒或瓦大均或与壶并举。殊不知礼经如是记载正说明二者同类,即同为尊属,故形制等必有相类相近之处。而甒与壶并举,一则说明二者同类或相配,二则说明甒(或瓦大)与壶的形制毕竟有别,当为二器。

甒或瓦大既然置幂,则有可能为无盖之器。而壶之有盖则是十分明确的,由金文所见壶字的构形便可一目了然[2]。《说文》:"壶,昆吾圜器也,象形,从大,象其盖也。"而实际这一点亦最早由徐中舒先生所揭示。他说:"有盖则无须有幂,有幂似为无盖之器。"[3]然而,徐先生继而依据《方言》推断甒无足(因为有禁),并认定甒就是"甄"或铜器自名为"盝"之器,则不免令人不安。因为盝,如名器晋公盝,其形制作束领大敞口平底盆形,而且有的盝,如伯戈盝,其铭曰"作饎盆",显系食器。故甒、盝是否同器恐难断言。但甒为无足平底或圈足器当毋庸置疑。《逸周书·器服》:"食器,甒迆膏侯屑。"朱右曾校释曰:"甒,酒器……平底,陶瓦为之。"当有所据。请注意古人言"平底",只是相对于牺象之类四足而言,并非今天考古类型学所谓"平底",郑玄注《礼记·明堂位》"著,殷尊也"曰:"著,著地无足。"注《司尊彝》之"著尊"亦如是。同时《司尊彝》中著与壶相配并举而分别用之于秋尝、冬烝二礼的朝献和馈献。因此我们有足够的理由推定甒实即著,甒、著当系同器而先后异名。

四时之间祀,追享、朝享是次于或低于时享,即祠、禴、尝、烝四祭宗庙之礼。贾

---

[1] 孔颖达疏《礼记·礼器》,见《十三经注疏》(下),中华书局,1980年,第1433页。
[2] 邹衡师曾论及壶字,见氏著《夏商周考古学论文集》,文物出版社,1980年,第142页。
[3] 《徐中舒历史论文选辑》(上),第638页。

公彦疏《司尊彝》径释其为月祭。如是,那么用于此种祭礼的大尊、山尊当然应比牺、象、著、壶要大。故谓大尊或泰,泰者,大也;谓山尊或山罍,"罍者,尊之大者也(邢昺疏《尔雅》)"。罍虽不在六尊之列,但亦尊属,广义言之乃最大之尊。山尊或称山罍,正说明其体大而近罍。《尔雅·释器》:"彝、卣、罍,器也。"郭璞注:"皆酒尊。"这里《尔雅》显然以卣代尊,而卣为壶属。郝懿行疏《尔雅》曰"卣,中尊",是壶及著既为中尊,那么大尊、山尊则自然属于大尊。故此大尊直读亦未尝不可,也许名之为大尊其旨意正在于此。郑司农读为"太古之瓦尊"未必合乎历史实际。又由上述我们已知瓦大实即缶。《说文》:"缶,瓦器,所以盛酒浆。"《礼记·礼器》:"门外缶。"是知缶大于壶,因此缶必在大尊之列。

至于山尊,《明堂位》以山罍并称,郑司农以山罍为一物:"山尊,山罍也。"由此可知山尊形制当更近于罍,属六尊中之形制最大者。又古籍中"山"字或训高,《管子·形势解》:"山,物之高者也。"由此我们似乎可以把山尊理解为罍中之略小而体形较高者。而既为山,其必坐实,《礼记·玉藻》:"立容,……头颈必中,山立时行。"孔颖达疏:"山立者,若住立则巍如山之固,不摇动也。"山尊既以山为名,故应肯定具备此特点,故疑山尊当为外张之圈足,而这一点可能正好与大尊或缶相区别。至于郑玄注《司尊彝》曰:"山尊,山罍也。……亦刻而画之为山云之形。"则显系望文生义,于理不合。

至此,诸先秦文献关于六尊之名目大体可以确定,即牺尊、象尊、著尊或甒、壶尊、大尊(或瓦大、缶)、山尊(或称山罍)。而附之六尊之后的罍,亦为酒醴之盛,礼书常以尊罍并称便是明证。陕西眉县曾出土一騤尊[1],自名为"雷",雷即罍,更说明尊罍同类,只是其地位不及六尊,或用之于较多场合而已。《礼记·礼器》:"庙堂之上,罍尊在阼,牺尊在西。"郑注:"礼乐之器尊,西也。"郑玄注《周礼·春官·鬯人》亦曰:"尊者彝为上,罍为下。"注《司尊彝》曰:"诸臣……酌罍以自酢,不敢与王之神灵共尊。"都说明罍属尊类酒器而器形最大,地位较低,而只能置之"门外"。

关于彝的相关文献记载相对较少,除上揭《周礼·春官·小宗伯》和《司尊彝》

---

[1]《文物参考资料》1957 年 4 期,第 5 页。

以及《国语·周语中》三条外,主要有如下诸条:

1.《尚书·益稷》:"予欲观古人之象,日、月、星、辰、山、龙、华、虫作会宗彝、藻火……"孔传:"宗庙彝樽,亦以山、龙、华、虫为饰。"

2.《尚书·洪范》:"武王既胜殷,邦诸侯,班宗彝,作分器。"孔传:"赋宗庙彝器酒樽赐诸侯。"孔疏:"盛鬯者为彝,盛酒者为尊,皆祭宗庙之酒也。"

3.《诗·大雅·烝民》:"天生烝民,有物有则,民之秉彝,好是懿德。"毛传:"彝,常。"马瑞辰《通释》:"《说文》'彝,宗庙常器也',故引申为彝常。"

4.《左传·襄公十九年》:"取其所得以作彝器,铭其功烈,以示子孙,昭明德而惩无礼也。"

5.《左传·昭公十五年》:"诸侯之封也,皆受明器(纪德明分之器)于王室,以镇抚其社稷。故能荐彝器于王……(昔襄王赐唐叔)鏚钺秬鬯……奉之以土田,抚之以彝器……彝器之来,嘉功之由,非由丧也。"杜注:"彝,常也,谓可常宝之器,若鲁壶之属。"

6.《左传·定公四年》:"武王克商……分鲁公……祝宗卜史,备物典策,官司彝器。"

7.《周礼·春官·序宫》:"司尊彝。"郑玄注:"彝亦尊也,郁鬯曰彝。"

8.《周礼·天官·幂人》:"以疏布巾幂八尊,以画布巾幂六彝。"

9.《周礼·春官·郁人》:"凡祭祀宾客之祼事,和鬯以实彝而陈之。"

10.《周礼·春官·司尊彝》:"凡六彝六尊之酌,郁齐献酌,醴齐缩酌,盎齐兑酌,凡酒修酌。"

11.《周礼·秋官·司约》:"凡大约剂书于宗彝。"

12.《礼记·明堂位》:"灌尊,夏后氏以鸡夷(彝),殷以斝,周以黄目。"

13.《礼记·祭统》:"勒大命施于蒸彝鼎。"郑注:"施犹著也……彝,尊也。"

由如上记载,我们起码可以得出如下三点认识:

其一，彝是祭宗庙之常器，与尊实以酒醴不同而实以郁鬯专用为祼地降神，故在礼器中的地位较尊为高。

其二，彝为青铜礼器之大共名，诸文献常见之"宗彝"或"彝器"之称便可证之；彝并领称盛鬯之祼器，即王国维所谓"小共名"；但彝并非专名。

其三，六彝之名目，诸文献未见歧义，惟《礼记·明堂位》载祼器"周以黄目"，与《司尊彝》所载六彝不同。实际上此黄目即六彝之"黄彝"，郑玄注《司尊彝》便作如是解。

总之，彝与尊有所不同，尊只领称盛酒醴之器，既非专名更非大共名，而彝则为包括尊在内的一切宗庙礼器的总称，这一点非常重要。我们的先德为何做出如此选择，即不以牺牲之盛或黍稷之盛，也不以酒醴之盛中盛酒、醴及玄酒的尊而是以彝这一专实郁鬯的祼器来代表和统称全部宗庙礼器呢？这确是一个饶有意趣，很值得探讨的一个问题。我们认为这里一个最根本或最主要的原因就在于彝类的特殊的社会功能，在于彝在人道之礼即宗庙之礼中所担纲的重要角色：即实鬯以行祼祭，以降祖先神灵。宗庙大祭必以祼礼为始，这也是庙祭之常规。故《说文》释彝为"宗庙常器"是完全正确的。由此彝字引申为"常"也是顺理成章的。然彝何以唯我独尊地成为宗庙礼器的代表和总名，却有着更为深刻的原因，这就需要从字源学，从彝字之结构来寻求最终的答案。

按彝字，甲骨卜辞、金文作如下诸形：

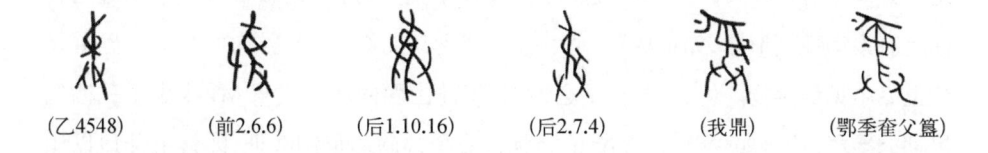

(乙4548)	(前2.6.6)	(后1.10.16)	(后2.7.4)	(我鼎)	(鄂季奞父簋)

旧多释"从鸡从廾，象手执鸡，指示彝所从之形体"[1]，并非许氏所谓从系从米。其实这种解释与许慎一样也是不尽如人意的。问题的关键确如许多小学家所关注的，即彝字双手所执者究竟是什么。这里我们不能简单地望形生训。刘节先生在

---

[1]《金文诂林》第7331页引徐中舒解读《古籀补》载杨沂孙说彝语。

其《古史考存》中指出："彝字的来源有好几个，各族都以其特有的图腾来作字形的构造……最初的彝是拿实物来作的。所以甲骨文里是从两手执玄鸟形，后来到了周朝是成为飘扬欲动的徽帜，……再后来把该氏的图腾刻在宗庙所用的礼器上，则名之曰宗彝。"[1]此可谓慧眼独具，千年疑案，由此便使人一目了然。且无论刘氏所云双手所执是否玄鸟或徽帜，但释彝字是以"图腾来作字形的构造"便高人一步，也是完全正确的。我们认为彝字双手所执者与"器"字所从者相同，不是别的而正是"物"，是方物，是神物，亦即图腾。双手执之自然示以神圣和永恒。因此"彝"便必然成为人们所遵从的物则和"常道"。于是当时诗人咏叹道："天生烝民，有物有则，民之秉彝，好是懿德。"[2]于是象物之彝器便因此成为祭祀祖先的宗庙常器，而彝字也就成为一切宗庙常器的代称和总名了。同时，我们先德作此历史性选择，即以彝这一实鬯裸祭祖先之器来代表或领称全部宗庙礼器，亦正彰显了中国文化的人本精神，彰显出中国文化是重人的文化、是精神文化这一基本特质[3]。

以上我们了解了六尊六彝的名目，下面就可以结合出土实物，结合彝器铭文来进一步探讨其具体意义和具体形制了。

关于六尊六彝的形制，自古纷纭其说，而尤以其中"牺、象"争论最多。徐中舒《说尊彝》一文已将有清以前论牺、象者归纳为三说：其一为毛、郑读牺为沙，器上刻凤凰沙羽之饰说；其二为王肃、刘杳"为牺牛及象之形说"；其三为韦昭、阮谌"牺尊饰以牺牛，象尊以象骨为饰"说，可谓详审。

其实正如徐先生所指出和晚近学者所公认的那样，此三说中当以王、刘所释近是。牺尊，确作牺形，此不容置疑。但论者或单指牛形器，则未免有误。牺尊当包括所有象牺牲之形器，如牛尊、羊尊、猪尊、犬尊等，这些牺形器均可在考古发掘及传世品中见到实物。牛、羊尊自不必说，几年前山西曲沃晋侯墓M113出土一西周早期的猪尊，栩栩如生[4]。今所见牺尊有一个共同的形制特征，即背上开口以出

---

[1] 刘节：《古史考存》，人民出版社，1985年，第168—173页。
[2] 《诗经·大雅·烝民》。
[3] 冯友兰：《中国哲学的特质》，《论中国传统文化》(《中国文化书院讲演录》第一集)，生活·读书·新知三联书店，1988年，第139—140页。
[4] 《文物》2001年8期封面、第17页图二十九。

纳酒醴，此可谓牺尊一个标志性特征[1]。

自王肃发明"牺尊以牺牛为尊，然则象尊为象形"说以来，论者往往把鸟兽形器笼统地归于牺象属下，而牺、象不辨，其实这也是错误的。牺、象二尊，判然为二，不容混淆。牺尊已如上述，象尊如何认识，古自有两解：其一为上揭王肃说，即"尊为象形"。其二乃郑玄、韦昭、杜预说"以象骨为饰"之尊。我们认为不能把象尊简单地理解为仿象形之器，更不能从郑、韦之说。经籍中"牺象"之象，并非热带巨兽大象之象，而是礼书所谓"象物"之象。何谓象物？实即《周礼·春官·大司乐》"六变而致象物及天神"之"象物"。象物乃《周礼》所载"六物"，即羽物、赢物、鳞物、毛物、介物和象物之一。郑玄注《大司乐》曰："象物，有象在天，所谓四灵者，天地之神，四灵之知，非德至和则不至。《礼运》曰：'何谓四灵，麟凤龟龙，谓之四灵。'"总之象物不是自然界所生存的动物，如羽者、赢者、鳞者、毛者、介者之类，而是人们想象的动物，或曰神物。具体讲即龙、凤、麒麟，及怪兽之类，而此类无不是上古图腾崇拜的产物。正如郑樵《通志·总序》所云："夫祭器尚象者，古之道也。"《诗经·鄘风·君子偕老》："如山如河，象服是宜。"毛传"象服，尊者以为饰"，陈奂《毛诗传疏》："象服犹象饰，服之以画绘为饰者。"何谓画绘？象物之绘明矣，所以象服即饰绘象物之服。《国语·周语中》所云"服象昭庸"即此。

而作为"南方之美者"，或陆生动物之最者大象是否亦归于象物，答案当是肯定的。因为象乃南方热带之巨兽，犹韦昭之释"龙，神兽也。非常见，故曰怪"。既非常见，所以或视为瑞应，或视为怪物。如古籍所见"象车"或"象舆"，即"瑞应车也"[2]。《国语·鲁语下》："（子曰）丘闻之，木石之怪曰夔、蝄蜽；水之怪曰龙、罔象；土之怪曰羵羊。"韦注："罔象食人，一名沐肿。"因此象确实在当时人们眼里被视若怪物，故应该属于象物。而象物之所以名之象，想必与此有关。总之象尊是指象龙、凤、麟、夔和包括罔象等在内的一切所谓鸟兽、怪兽之类器物。诸多出土或传世实物，为我们提供了实证。诸如安阳小屯妇好墓所出几件鸮鸮尊、子作弄鸟尊，

---

[1] 容庚、张维持：《殷周青铜器通论》，图版柒贰：145；柒肆：144；柒捌：152。
[2] 颜师古注《汉书·礼乐志》语。

宝鸡茹家庄 M1 乙∶23 象尊，陕西兴平豆马村所出犀尊，长安张家坡 M163 所出中尊及守宫鸟尊[1]和上揭陕西眉县出土的骡尊等[2]。其基本形制是：或与牺尊同皆背上开口，或项部开口，凡作鸟形或鸟首兽体状者多从项后开口。

除牺尊、象尊二类"尚象"之器外，其他四尊的共同特征是无足或圈足或平底。郑玄释著尊之"著"为"著地无足"是正确的。如上述我们绝对不应理解为平底，无足乃区别于牺足兽足而言。著地者，即触地、立地、附着于地。孔颖达疏《礼记·明堂位》："著，无足而底著地，故谓为著也。"那么著尊或瓿最显著的形制特征首先是平底或圈足（假平底）。而由上述我们已知其与壶不同，属无盖之器。又由文献得知"著"为"殷尊"。据此我们转而考察出土或传世实物，着眼点很容易锁定在今天常见的所谓青铜尊，即王国维所云"盛酒器之侈口者"[3]和瓿及无盖高体圆觯之类，诸如《古代中国青铜器》图三·五九：6—13，其大多属于商代器。这里我们不能不佩服先贤先哲的非凡智慧。宋《博古图录》卷六、卷七已将这种侈口酒器冠名为"尊"，而且将觯、瓿、壶及罍，甚至鸟兽形器归入其类，亦名之尊，洵为高视卓见。

此类器的共同形制特征是大口外侈，无颈或束领，无盖。无盖则须设幂，侈口则不便饮用，故为盛器而并非饮器，是必配之斗杓之类从中挹取以实饮具。《诗·小雅·大东》："维北有斗，不可以挹酒浆。"《仪礼·士冠礼》："实勺、觯、角、柶。"郑注："勺，尊斗，所以剩酒也。"《礼记·礼器》："牺尊，疏布幂，樿杓，此以素为贵也。"这里请注意《士冠礼》之"觯"与勺相配，有学者将觯归之饮器，由此当悟其谬。又《仪礼·燕礼》有一条记载，向不为人所注意。其曰："媵爵者洗象觯。"这里象觯并举，是觯属尊类，殆无疑义。象者，即象尊。又今天所见所谓觯中从无自名为觯者，故或属著尊，此乃又一证。

著尊或瓿的形制渊源也是很清楚的，当由二里头夏文化及早商文化常见之陶器大口尊演化而来。此类大口尊或许本名即瓿也未可知。如果再往前追溯，山东大汶口文化的大口尊很可能即其原始祖体。至于瓿则明显是来自大汶口文化之陶

---

[1]容庚、张维持：《殷周青铜器通论》，图版 136—143，146—148，第 150、151、153 页。
[2]《徐中舒历史论文选辑》（上），第 638 页。
[3]《观堂集林》卷一，第 153 页。

觚。如果我们由字源学考察,也足以证明这一推测。请看甲骨文之尊字作:

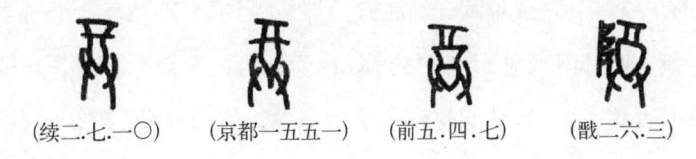

（续二.七.一〇）　（京都一五五一）　（前五.四.七）　（戬二六.三）

尊字所从之酉作:

（燕二）　（乙六六六四）　（林一.一〇.一〇）

与夏及大汶口之大口尊何其相象。尊字象双手持酒器(甒)以祭献祖先神灵,乃会意字。行礼对象既尊贵,行礼行为既高尚,是甲金文或从阜作𨺘,示以尊贵而高尚。于是在其本义即专指祭礼酒醴之盛的基础上很自然地抽象或提升为尊卑之尊。因此许慎释尊为"酒器也"确乃其本义。后有学者不解其旨,竟释尊为奠,殊为谬误[1]。

壶尊似不必赘言,许多商周青铜壶或方或圆,便为我们提供了切实的证据。考古发掘或传世青铜壶中有自名壶者,也有的铭记其功用。如伯庶父壶自名"醴壶",叔季良父壶铭曰"用盛旨酒",孟戬父壶自名"郁壶",中山王方壶则铭:"铸为彝壶,节于醴醻。"盛醴盛酒乃壶的主要功用,或盛郁鬯疑代彝为之,可见壶的用途较广泛。古籍还记载其作水器,金文也有用作水器例。如己侯壶铭曰:"己侯作铸壶,使小臣以汲。"𠤳君壶铭曰:"其成公铸子孟妃媵盥壶。"[2]按壶的形制当源于植物葫芦匏瓜之类。高鸿缙《中国字源》据金文"壶"字考证曰:"字原象器形,上为其盖,非从大……古代之壶则极类葫芦而附裙足,颈旁并有两耳。"二里头文化所见之陶壶当即壶尊的直系前身[3]。壶有圆有方,以前者为主。方壶出现稍晚,商代不见,

---

[1] 陈梦家、金祥恒均持此观点。参见陈梦家:《西周铜器断代(三)》;金祥恒:《释尊》,《中国文字》23册,1960年,第1—12页。
[2]《文物》1983年12期,图版七、四九。
[3] 邹衡师在论夏文化时曾论及壶,可资参考。见氏著《夏商周考古学论文集》,第142页。

西周中期始见而流行于东周,新郑立鹤方壶为其中代表器。但时代较早,约自晚商至西周中期有一种扁体(或扁圆、或椭圆方)器物所谓觯,亦当属于壶尊类,为壶尊的另一种形制,或许即《仪礼》所谓"方壶"。壶亦有高有矮,或有贯耳,或有提梁。今学者多称有提梁者为卣,其实也应归之于壶尊。贾公彦疏《周礼·春官·司尊彝》:"卣是牺象之属,为中罍。"可以证之。卣即《尚书·洛诰》《诗·大雅·江汉》及甲骨文、金文所载之卣。如上揭《尔雅·释器》:"彝、卣、罍,器也。"郭璞注:"皆盛酒尊。"郝懿行义疏:"卣,中尊也。"均当据之贾公彦疏。《尚书·文侯之命》:"用赉尔秬鬯一卣。"《诗·大雅·江汉》:"秬鬯一卣。"可见卣的主要功用可能与常型壶或有区别,作盛鬯之用,即彝壶。

大尊(或瓦大、或缶)和山尊如上揭文献乃相配对举,分别为四时祭、朝践和再献之礼所用,故其形制当较为相近。而如上述,文献中山尊或称山罍,是知山尊与罍及大尊或缶的形制较之六尊之中的前四尊当有较多类似之处。20世纪80年代中期,湖北谷城县出土一件缶,名"蓛儿缶",其自名曰"宝罍"[1],形缶而名罍,便可证二者确属同类。今所见铜器中自铭"缶"者,南北各地均有发现,如著名的栾书缶。河南淅川下寺M1和安徽寿县蔡侯墓均有发现[2]。其基本形制是短颈,直口或微侈,有盖,圆腹上有双耳,小平底或假圈足。又西周及春秋铜器中还有一种器似缶而体形稍瘦,其自名为"罇",形制特征是短颈,口稍外侈,有盖,耸圆肩,肩上有双耳,平底。很可能与缶属同一器而早晚异名,罇的时代早于缶。又小屯M238:R2076、小屯M18:37等(《古代中国青铜器》200页图三、四一:7,8)亦当属于缶或罇类,而显然为缶的早期形制。

大尊或缶的形制非常类似商代陶罐,此类陶罐很可能就是大尊或缶类的直系前身,其称之为瓦大似无不可。《礼记·明堂位》:"泰,有虞氏之尊也。"郑注:"泰用瓦。"龙山文化也多见形制相类的灰陶罐,或许是大尊或缶的最原始祖形。

山尊的基本形制如前揭当小于罍而体形较高并为圈足者,我们认为是今天所

---

[1]《考古与文物》1988年3期,第75页。
[2]《河南淅川县下寺一号墓发掘简报》,《考古》1981年2期。

见青铜罍中之瘦体高领,口稍外侈而多有盖,圆肩并设双耳、圈足者为山尊,我们可以称为壶形罍。其余形体宽博,大口直领无盖,锐肩无耳,圈足者为罍,其中包括体形宽扁而被李济先生名之为"瓿形器"者[1]。

关于六彝形制的考察,同样须以其特定社会功能为前提和出发点。如果说作为酒醴之盛的六尊的基本形制特点是形体相对较大,口多外侈以便挹取,圆腹以便容纳浆液,四足或著地平底或圈足或用禁、豊以便稳定的话,那么作为祼鬯之盛的六彝的主要形制特征无疑至少有两点:其一须便于鬯浆灌注,故设流;其二须便于把握,故置鋬。设流置鋬是六彝区别于六尊的最显著和最基本的形制特征。

基于这一基本特征,我们就较容易把彝类酒器从形态各异的青铜器中分别和提取出来,于是今天为文物考古界所通称的盉、爵、斝、角、觥及镏等便顺理成章地进入我们的视野。

首先说鸡彝、鸟彝。顾名思义,此二彝当分别作鸡、鸟之形,这一点与牺、象二尊同义。但自郑注《周礼》到清孙诒让《周礼正义》皆云:"鸡彝、鸟彝谓刻而画之为鸡、凤凰之形。"实在谬而不然。吾师邹衡先生于 20 世纪 70 年代末有《试论夏文化》,其中一段专论鸡彝。认为"鸡彝这种灌尊就是夏文化中的封口盉",由东方大汶口文化和龙文化的陶鬶发展而来,而"龙山文化的陶鬶"甚至就是鸡彝,并考证西周金文之 ![字] 即古盉之本字。而为何鸡彝造型取材于鸡,邹师认为是因为"用雄鸡祭祀乃是东方特别是鲁国地区的传统习俗"[2]。非常精辟,盖难易之论。至于鸟彝,不用迂曲赘言,当非爵莫属。《说文》:"爵,礼器也。象雀之形,中有鬯酒又持之也,所以饮器象爵(雀)者,取其鸣节节足足也。"又《说文》曰:"雀,依人鸟也。"察甲骨文、金文所见爵字,多"象爵之首有冠毛,有目,有咮。因冠毛以为柱,因目以为耳,因咮以为足"(《甲骨文字集释》第五册 1747 页),"今所见夏文化的陶爵,多有划纹似羽毛状者"[3],便是很有力的证明。又有铜爵自铭"宝彝爵",古未见宝尊爵或尊爵者,"故爵即《司尊彝》之鸟彝"毋庸置疑。而其形制亦"最早从东方传

---

[1] 李济:《记小屯出土之青铜器》,《中国考古学报》第三册。
[2] 邹衡:《试论夏文化》,《夏商周考古学论文集》,第 149、154—156 页。
[3] 邹衡:《夏商周考古学论文化集》,第 165 页。

来",是由鸡彝分化出来[1]。关于爵或鸟彝之功用,实之卣亦无可争议。那么既实卣则必非饮器。传世铜器有伯公父勺,其铭曰:"白公父作金爵。"似给我们以有益的启示,知勺与爵之间存在某种特定关系。由此可证王国维《说盉》所论盉"其有喙者,所以注酒于爵也"[2],尚属可疑。

其次斝彝、黄彝。此二彝相配用于秋尝冬烝二礼之祼祭。郑玄注《周礼·春官·司尊彝》谓斝"读为稼,稼彝,画禾稼也",洵无稽之谈。其实斝彝即今常见的铜器斝。《说文》:"斝,玉爵也,一或说斝受六升。"《诗·大雅·行苇》:"或献或酢,洗爵奠斝。"毛传:"斝,爵也。夏曰醆,殷曰斝,周曰爵。"此证一也。《左传·昭公十七年》:"若我用瓘斝玉瓒。"王国维曰:"瓘当作灌,灌斝即灌尊,斝所以盛卣,瓒所用以灌也,是古之灌尊亦以斝为之。"[3]王氏所谓瓘为灌虽未必正确,但以斝为祼器,则至确不易。实际上此经斝与瓒并举也已证明了这一点。此证二也。总之,斝之用当与爵类同而又有别。同者同为灌彝,别者则因其形制与爵有别,无流但有鋬。虽与祼祭有关,但非直接灌地之器,而应是盛卣之器。至于斝是否即古籍所谓散,实难定论,单从字形论之,恐难令人心安。斝的形制亦当与鸡彝不无关系,二里头文化出土有陶斝当系其直系前身。今所见实物多为商器,故《明堂位》所言"灌尊……殷以斝"当有所据。

黄彝,如上揭郑玄注《司尊彝》曰:"黄彝,黄目尊也。"郑又注《礼记·明堂位》曰:"黄目,以黄金为目。"于是孔颖达疏《礼记·郊特牲》曰:"黄彝,以黄金镂其外以为目,因取名也。"以黄目释黄彝当有所据,但黄目究竟是什么?郑玄释"以黄金为目"显然不是确诂。刘节《古史考存》言:"此黄目,必定为兽类之俗名,而黄彝之黄,也必定是借字。"[4]这是非常有见地的。但"黄"假借何字?刘先生未明言。其兽又是什么?刘先生推测为黄犊,即蜗牛,则显然失当。我们同意黄者,麠也,又作觥。黄彝即觥,或称兕觥。觥常见于晚商和周初。其形式似马,或似牛,或似虎,足或

---

[1] 邹衡:《夏商周考古学论文化集》,第164—165页。
[2] 《观堂集林》卷一,第153页。
[3] 《观堂集林》卷一,第146页。
[4] 《古史考存》,第169页。

圈足,均有盖有流有鋬。其共同的显著特征是兽首之双目非常突出和醒目,故俗称之黄目或觥目是完全有可能的。《说文》:"觵,兕牛角可以饮者也。"不知所据。《诗·周南·卷耳》:"我姑酌彼兕觥,维以不永伤。"毛传:"兕觥,角爵也。"《诗·小雅·桑扈》"兕觥其觩,旨酒思柔。"由此知觥之用乃似爵类酒器。而其特色,即其觩,即双角(觩,《释文》曰:"本或作觓。"《说文》:"觓,角貌。")。王国维《说觥》一文认定觥是孝享之酒器,这是完全正确的[1]。今所见觥或附一斗,显系从觥中挹酌之用。同时除证明觥确为酒盛之外,还当说明其并非饮器。又觥的流多较宽博,不便饮用,亦可证之。郑玄笺《诗·周南·卷耳》曰"觥,罚爵也",恐难置信。

虎彝、蜼彝是六彝中较为费解者。贾公彦疏《周礼·春官·司尊彝》:"鸡彝、鸟彝相配皆为鸟;则虎彝、蜼彝相配皆为兽。……《尔雅》云:'蜼,禺属。'彼注云:'蜼似弥猴而大,黄黑色,尾长数尺,似獭尾。'"贾氏如是说当有所据。二彝作兽形应该是可以肯定的,郑玄、郑司农于虎彝无注或亦说明无需作他解。但虎彝形制如何认定,其与六尊之象尊类区别又在哪里?我们认为基于前述彝与尊(形制)之基本区别点:彝有流有鋬,如上疑问似不难解释。虎彝很可能就是今天所谓觥中之作虎首而有四足者。如日本藤田美术馆所藏觥(见《古代中国青铜器》图三、三五:2),其盖饰虎纹首双目怒张,口露利齿,四足雄立,长尾下卷,虽赘加双角,但仍栩栩然一副虎相。若然,是不是应把今天所见觥类一分为二,四足者为虎彝,圈足者为兕觥,当不尽然,亦不必也不可能作此准确划分。目前可以确认只是觥与虎彝同属六彝,形制当相类,一切须待日后材料增多,或许可以最终释然。

蜼彝作蜼形似无可疑。但蜼究竟作何解,说法不一,或认为是禺属,即长尾仰鼻猴,或认为是蛇虺之虺,或认为是隼鹰之类,不一而足。我们认为当以第二说,即郑司农"蜼读为蛇虺之虺"说为优。当年高亨先生力排他说而专申司农之说,认为"蜼彝者器形作虺形者(即四脚蛇)也",很有道理。统观今天所有青铜酒器,符合有流、有鋬、有盖而又不同于上面所述觥彝、虎彝者,非今所谓鐎之类莫属。按鐎的基本形制是似盉而非盉,为曲颈兽首流,或有鋬,或有可把握固定提梁,盖与梁以链

---

[1]《观堂集林》卷一,第149页。

环相连,四短足,背上开口。观其总体形状,确似四足长尾兽。高亨《古铜器杂说》一文所谓新郑古器中"申颈为流,曲尾为錾,四足而短,去背承酌"形二器当即此类[1]。1980年江苏吴县何山出土一鐎,其铭曰:"楚叔之孙途为之盉。"形鐎而名盉,无疑说明二者同类。由此我们可以认定,旧所谓提梁盉者当为鐎,亦即雖彝。如《殷周青铜器通论》图版玖伍、184父庚盉(原名卣)即是。查文献记载,鐎之用途是酒器,准确地说是祼祭所用酒器。郑玄注前揭第9条《周礼·春官·郁人》曰:"筑郁金煮之以和鬯酒。郑司农曰:'郁,草名,十叶为贯,百二十贯为筑,以煮之鐎中,停于祭前。'"因此,这种和鬯酒之器是否周代名鐎者,且存而不论,但其功用为祼彝是确定无疑的。

至此,关于六彝、六尊的名义便可大体论定。为明确起见,我们可将结论简要归纳如下:

六尊(见图一),盛醴、酒以献祭之器。

1. 牺尊:简称牺,即牺牲象形器。包括今所谓牛尊、羊尊、猪尊、犬尊之属,均背上开口。

2. 象尊:简称象,即想象动物之象形器。包括今所谓凤鸟尊、鸱鸮尊、鸟兽尊、犀尊、象尊等,背上开口或项部开口,有盖。

3. 著尊:或曰瓿,即著地无足平底或圈足,侈口无盖无耳器。包括今所谓尊(大口粗体)、瓿和无盖圆觯。

4. 壶尊:形制或圆或方,有盖,或有耳,或有提梁。包括今所谓壶和卣及有盖扁圆觯。

5. 大尊:或曰瓦大,或曰泰,或曰缶。基本形制特征是有盖、短颈,直口或稍侈,硕圆腹或附双耳、小平底。包括今所见自名缶和自名罍者。

6. 山尊:或曰山罍。即今所谓罍中体形较高,有盖,束领稍高,圆肩圆腹,肩上有双耳,并圈足者。我们可以名之为壶形罍。今所谓方罍当归入其中。

---

[1] 见《文史述林》,第535页。

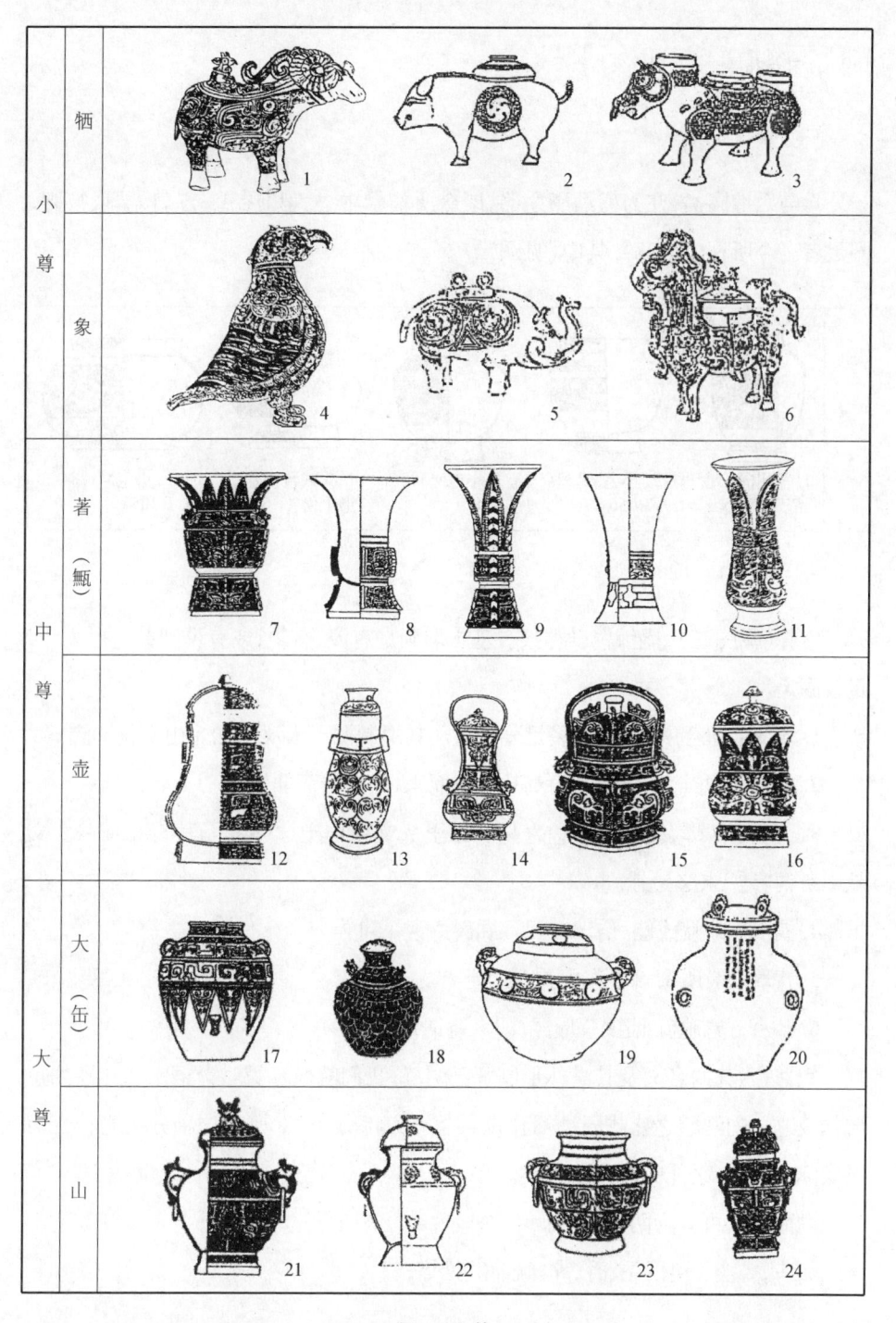

图一 六尊

1. 日本藤田美术馆藏羊尊 2. 山西曲沃曲村遗址北赵严径塞地 M113：38 3. 山西浑源李峪村战国墓出土牛尊 4. "子作弄鸟"尊 5. 宝鸡茹家庄 M12：23 6. 长安张家坡 M163：33 7. 安阳小屯 M5：792 8. 三丰西沣河铁路桥西头 M15：4 9. 殷墟西区 M856：1 10. 郑州铭功路 M2：8 11. 上海博物馆藏"乍父庚"觶 12. 安阳小屯 M5：863 13. 扶风庄白白家西周墓出土壶 14. 安阳小屯 M238：R2065 15. 静卣 16. 安阳小屯 M5：783 扁圆觶 17. 安阳小屯 M238：R2076 18. 伯□父缶 19. 淅川下寺 M1：72 缶 20. 栾书缶 21. 辽宁喀左北洞村二号窖藏 22. 北京琉璃河黄坡 M1043：1 23. 长安普渡村长甶墓出土 24.《通考》图版七八五、4 方罍罍与六尊同类，亦为盛酒醴之器，即今所谓罍中之大口无盖，方肩无耳、鼓腹、圈足者。今所谓瓿当归并其中（见图二）。

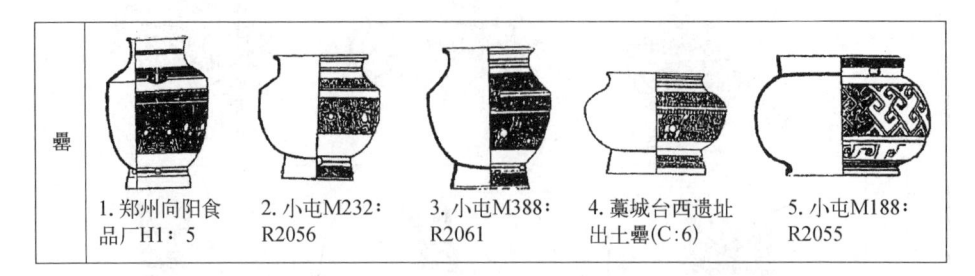

罍					
	1. 郑州向阳食品厂H1：5	2. 小屯M232：R2056	3. 小屯M388：R2061	4. 藁城台西遗址出土罍(C:6)	5. 小屯M188：R2055

图二　罍

六彝（见图三），盛郁鬯以祼祭。基本形制是有流、有鋬，或有可把握之提梁，四足或圈足。

1. 鸡彝：即今所谓盉，即袋足分裆盉。其形制源于大汶口和龙山文化的陶鬶。

2. 鸟彝：即爵，其形制乃由鸡彝分化而来，乃祼器而非饮器。

3. 斝彝：即斝，盛鬯或温鬯之用。二里头文化出土之陶斝乃其直系前身。文献中所谓"散"未必是斝。

4. 黄彝：即觥或觵，俗曰黄目。罚爵之说不可信。

5. 虎彝：今所谓觥中作虎首而四足者。

6. 蜼彝：象虺（四足蛇）形器，即今所谓鐎类器。

六尊、六彝的名义及其具体形制既已明确，我们就很容易对青铜宗庙礼器的重要构成之一的酒醴之盛或曰酒器作以具体或细部分类了[1]。这种分类当符合历史实际，或曰合乎礼的本义的分类。

酒醴之盛可分为两个支类：

第一，彝类：包括盉、爵、斝、觥、角、鐎等；

---

[1] 笔者有《长江流域早期青铜文化的形上观察》（见《长江流域青铜文化研究》，科学出版社，2002年）；后又撰《礼与礼器》（《考古学研究（五）》），将青铜礼器分为五大类：其一为礼盛类，其中包括酒醴之盛、牺牲之盛、黍稷之盛和盟沐之盛四类；其二为乐器，即钟铃之属；其三为仪仗器，即舞器、兵器、车马之属；其四为用器，或曰燕器、养器；其五为明器。

图三　六彝

1. 安阳小屯 M5∶859　2.《通考》图版 486　3.《通考》图版 485　4. 西周遹盉　5. 安阳小屯 M238∶R2024　6. 安阳小屯 M17∶6　7. 殷墟西区 M907∶2　8. 芝县丁家沟出土　9. 郑州白家庄　10. 安阳小屯 M331∶R2043　11. 安阳小屯 M18∶17　12. 殷墟西区 M875∶5　13. 安阳小屯 M5∶327　14.《西清》二十八　15. 仲子戠发觥　16. 日本藤田美术馆藏　17. 安阳小屯 M5∶803　18.《古代中国青铜器》图三·三五∶3　19. 山西长治分水岭 M36∶3　20. 河南潢川上油老李店磨盘山出土　21. 山西长治分水岭 M269∶28

第二，尊类：包括牺尊、象尊（鸟兽尊）、大口尊（甒）、觚、无盖圆觯、壶、卣、扁圆觯、缶、罍、壶形罍、方罍、罍（无盖）、瓿。

（原载于《黄盛璋先生八秩华诞纪念文集》，中国教育文化出版社，2005年）

礼、礼器与玉帛之形上学考察

玉器艺术、丝帛艺术、青铜艺术是中国礼乐文化的主要表征和典型载体，是精神文明的产物。

礼是中华民族顺应自然的一种伟大创造，由中国文化发展到一定阶段所生成。她导源于一种在朴素、原始的意念驱使或指导下的媚事神灵的行为，久而久之形成某种特定仪式，用某种特定器具，用某种特定语词或歌咏、舞蹈等等，最后导致所谓礼制——礼行为的规范化——的产生。

《说文》："礼，履也，所以事神致福也。"王国维作了重要解释"盛玉以奉神人之器谓之豊（礼）"，虽不能令人心安，却给人很大启发。

礼有非常深刻的历史渊源，有其相对漫长的孕育和生成过程。这里我们当然可以追溯到三皇五帝，追溯到考古学所谓新石器时代。上古社会的诸多事神仪式正是"礼"的主要来源。

就其内涵而言，礼当有两个层面的意义：其一，宗教礼仪范畴之礼；其二，社会人伦范畴之礼。

至于礼的源头，自古众说纷纭，莫衷一是，或云氏族制父系社会，或云母系社会。我们认为这里的关键在于礼的意义的界定和把握。我们不能把礼视为无所不包的文明体系。如果那样就无异于说礼等于文明，等于文化。那从人类开始就有了，这无疑就失去了探讨的意义。

我们应该认为，在人类历史上最初的宗教形态"万物有灵"的"多元拜物教"时期，不可能有"礼"的存在。因为那时人们只是崇拜任何与人类生活密切相关或人类对之依赖性很强的物体，尚未形成主导性的"两大思想崇拜"，即天道自然崇拜和氏族先王崇拜，而我们认为"礼"正是这两大思想崇拜的直接产物。

我们还应该把礼同前宗教时代的巫术活动区别开来。因为巫术只是企图通过动作、言语或加以某种器具来调动、操纵所谓"自然力量",即"建立在联想之上而以人类的智慧为基础的一种能力,同样也是以人类的愚蠢为基础的一种能力"(泰勒语)。我国史前时期当属于此一阶段,只是活动方式与西方有所不同。西方多以强迫的手段力求使"自然力量"服务于人的主观愿望。我国则是以亲和、交好的方式力求与上天大自然沟通,以获其帮助或护佑。孔子称之为"赞"(马王堆帛书《要》),或称之为"幽赞"(《易·说卦》)。已发现的牛河梁红山文化的神殿,良渚文化的祭坛以及"猪龙"、琮、璧、大钺等均应视为巫文化,准确地说应是巫觋文化的产物。但不应否认,此一阶段的巫术或巫觋活动已初步具备了"交通天地"的性质,而礼正是在此期间开始萌芽,准礼器业已出现。因为"猪龙"、琮、璧等已占了相当的比例,也就是说此间巫觋文化的灵物、法器也已出现明显的指向性,固定于某一种或某几种物的倾向或态势。

进入三代,情况便大大不同了。大量的文献特别是大量的考古发现几乎同时证实,起码商代已完全超越巫阶段,不仅已形成明确的一种神化的上天观念,而且更重要的是出现了以"反本修古"为特征的氏族先王观念。卜辞中不仅有卜问上天,更有卜问先王之例便是明证。其固然落后,但已绝非像巫觋那样具有靠"灵觉""幽赞"的简单的操作性,而已具备了明显的认知性特征,特别是同文字直接联系起来,说明此间非理性的巫术终于完成了向理性的宗教的历史演进。因此可以肯定地说,礼已正式生成并逐步发育起来,而且其生长速度甚至超过我们的想象,大量出现的精美的玉器、青铜礼器便是明证。

如果说商代已由巫文化发展为祭祀文化,那么到了西周时代,这种祭祀已开始向社会人伦化历史性地迈进了。其一,对天道自然神的祭祀已通过礼制化的法的规定而为以周天子为首的上层领主贵族集团所垄断;其二,对氏族先王的人道祖先祭祀已上升为最普遍的宗教行为,进而导致了此一祭祀的社会功能化(周道尊尊)。于是周公"制礼作乐",礼"终乎隆",实现制度化,以宗法制为重要构成的礼制体系正式脱胎诞生,祭祀文化终于完成其历史使命而被礼乐文化所取代。大量历史文献和考古发现同时证明了这一点。

降及春秋,随着人文之觉醒,终于出现了中国文化史上一次巨大变革——礼崩乐坏,于是礼进入到了一个新的历史阶段。

而古代文献,诸如《礼记·礼运》"夫礼之初,始诸饮食",《内则》"礼始于谨夫妇",《昏人》"夫礼,始于冠,本于昏"等,并不能为我们探讨礼的起源问题提供太大帮助,这里只是强调了技术文明意义的礼或男女有别,或冠礼在礼体系中的位置等。然而这些记载却对我们认识礼的构成有其重要意义。

总体考察之,礼之结构大致可分两大系统:一是国家制度意义的礼,一是贵族人生礼仪意义的礼。前者有《周礼·大宗伯》所谓五礼:"吉、凶、宾、军、嘉。"后者则有《仪礼》《礼记》等所谓六礼"冠、昏、丧、祭、飨、相见",或八礼"冠、昏、丧、祭、朝、聘、飨、射"。两者在考古学材料特别是墓葬遗存中均有所反映,但不能否认,更多和更有意义的是前者。

礼之结构的探讨对于中国礼文化和中国物质文化史,对于考古发掘和文物研究有重要意义。

所谓礼器,指礼仪活动中所使用的特定或曰法定性器物,诸如玉器、丝帛、牺牲、黍稷、酒醴、盛具(青铜器)、服饰、乐器等等。其中最主要和最重要的无疑是玉、帛二精,其次则是承装敬献祖先的牺牲、黍稷、酒醴以及用以洁身沐浴的青铜器,以及为激扬情感、营造氛围、以隆其盛的钟鼓乐器、仪仗器具之属。故孔子曰:"礼云礼云,玉帛云乎哉!乐云乐云,钟鼓云乎哉!"其虽意在否定形式而强调内心之虔诚,但毕竟无意中道出了玉帛钟鼓在礼活动中的本来地位和主导地位。《说文》"豊,行礼之器也,从豆,象形。"其实豊字构造本身也正透露着这一信息,其上从玉,确定不移。其下则非如许慎"从豆",而是从鼓(壴)。郭沫若曰:"壴当为鼓之初字,象形。"唐兰亦从其说,林沄、裘锡圭等更作了进一步的阐释。

礼器由巫觋文化时代事神行为中所使用自然的或人为的一些灵物、法器逐渐演变而来。彼时灵物、法器是多质材、多形制、不成体系、随意性很强的,如陶、石、木、贝乃至玉帛等等,不一而足,形制如彩陶盆、白陶鬶、黑蛋壳陶高柄杯、石磬、木鼓等,有许多有待我们去进一步或重新审识。

礼器的基本特征:一是材质相对固定;二是职能专业化;三是仪式程序化。它构成礼体系的重要组成部分。

礼器以材质分基本有三类：

1. 玉；2. 帛；3. 青铜。当然也包括皮、石、贝之属（如鼓、磬、币）。

以社会功用分，礼器大致有以下五类：

1. 主礼器——祭玉、瑞玉、佩玉及葬玉

2. 盛器——A) 牺牲之盛：鼎、鬲、甗、豆、俎之属

　　　　　B) 黍稷之盛：簋、簠、盨、敦之属

　　　　　C) 酒醴之盛：觚、爵、斝、卣、壶、尊、罍、觥、觯之属

　　　　　D) 盥沃之盛：盘、匜、盉、鉴之属

3. 礼服及藉具——丝帛，荐玉之藉和郊庙之服

4. 乐器——钟、铃、铙、铎、鼓、磬之属

5. 仪仗器——钺、戈、矛、戚、戟之属

我们还可以从其性质、意义等来划分，基本有两大部类：

1. 宗教祭祀之礼器

A) 祭玉——璧、琮、圭、璋、璜、琥之属

B) 质——牺牲、酒醴、稻粱、缯帛之属

2. 社会人伦之礼器

A) 瑞玉——圭璋之属

B) 佩玉——璜与管、珠之类以及装饰性、写实性雕件组合

C) 贽——璧、圭、帛、鬯、羔、雉以及榛、栗、枣、脩之属

《国语·楚语下》载观射父对子期说："祀所以昭孝息民，抚国家、定百姓也，不可以已。"接着提出一纯、二精、七事。其中二精即玉和帛。这实际披露出玉帛在古代礼器中之特殊地位。古语又云"化干戈为玉帛"，即此意也。

先说玉器。这里应首先明确一个概念，即并非一切以玉为材质之器皆为玉器，所谓玉器实际专指具有礼器品格或曰神性品格之器（当然这里可以广、狭二义区别之）。巫术时代有以玉为器者，甚至旧石器时代亦有以玉为器者，但这并非真正意义或严格意义的玉器，其或工具、或装饰品、或其他雕件，或充其量是不具备社会普遍意义的事神之灵物、法具而已。诸如龙、凤（鸟）、蚕、蝉、龟等和璧、琮、璜、钺、大

刀之类。史前时期此类灵物非常多见,史前古玉如红山玉、良渚玉、凌家滩玉、龙山文化玉、石家河玉、齐家文化玉等多见。正如大家所知,形形色色,无奇不有,往往令人赞叹不已,这正说明其形制及职能的不确定性和随意性,但我们认为这些玉件不能与三代以后规范化之玉器同日而语。然而这些却为日后事神之礼器逐渐定位玉帛,并最终使玉帛居位主尊而发挥了极其重要的历史作用。

关于玉器的起源当从以下两方面进行探讨。

第一,最为重要,即观念形态的形而上探讨。由于玉器是形而上精神文化的产品,即它的出现并非以满足人的日常物质需要为目的。我们的探讨就不能像研究石器、陶器、服饰等那样太多地关注其技术工艺或造型,甚至材质。当然此类研究亦不可或缺,因为其不失为形而上研究之基础。

这里我们可以从巫术观念的考察入手。

先看巫字。商代甲骨文作╋,正象两玉交叉之形,《说文》:"巫,祝也,女能事无形,以舞降神者也。"

再看靈字。《说文》:"靈,巫以玉事神,从玉,霝声。或从巫。"

再看保字,金文作㯱。保,事神之巫;《诗经》称"神保",《楚辞》称"灵保"。

巫、靈、保之类事无形或"事神"者均与玉有着密不可分的关系,所以进入三代文字产生之时,便径以玉为义符来造其名字,从而把这一重要文化现象永久地记录下来。这有力地说明巫术文化之灵物法具,在文字产生之前,已由随意性的多质材、多形制的无序状态逐渐规范、定型,最终落实在诸如璧、琮之类玉器之上。

由此可知,我们的祖先很早就对这种天地造化天然之物给予特殊的关注,寄予特殊的情感和愿望。于是最终成为我国历史上最早、最主要的交通上天、交通神祇的主礼器。

我们的祖先为什么作出了如此历史性的选择呢?其原因主要有两方面:

其一,在于玉的优良的物理品性:(1)精。天地化育之精,"得山川之精";(2)理。内在肌理彰显,外在色理与内在肌理相得益彰;(3)美。"石之美";(4)柔。质坚外柔,"温润如泽";(5)永恒。

其二,在于中国古人根深蒂固的"天人合一"观念。"以玉比德",用玉的物理性质来象征比附人的德行。这是中国文化的特有传统。

于是就有了孔子对玉的那段精彩阐述:"远而望之,焕若也;近而视之,瑟若也。一则孚胜,一则理胜。"也就有了许慎那个非常有名的定义:"玉,石之美而有五德者。"当然玉在自然界存储量之稀少也是原因之一,孔子所云"玉不以寡为贵",只是一种辩证方式而已。

第二,技术工艺渊源的探讨。这里可从两个层次来进行。其一,工艺特点。玉质地坚韧,难以成型,因此制玉需要大量的时间和精力的投入;其二,技术渊源。玉器制作当以石器制作为其直接的技术来源。所以玉器形制尤其玉礼器,诸如"六器"的形制多由实用器演化而来也是情理中事。

因此,我们完全可以得出如下认识:玉器是农业文明的产物。农业文明靠天吃饭,是时间文明,农业耕作有天然季节的限制,因此需要特有的耐性。时间和耐性正是玉器制作的必要条件。而作为重要的农业生产工具——石器,也由于主导了人类历史上一个最漫长——占人类整个历史99%以上历史时期而使人们对石器的崇拜由来已久并根深蒂固。因此将其中的精华——最美丽、最纯洁的玉作为向上天敬献的礼物,作为沟通天人的主要媒介,自然是顺理成章的事情了。

《周礼》曰:"大祭祀、大旅,凡宾客之事,共其玉器而奉之。"《尚书·金縢》记载周公"植璧秉圭",祷告上天和诸先王之后将玉器敬献神灵。《周礼·大宗伯》:"以玉作六器,以礼天地四方。"那么如何以玉事神,如何把玉献给天道自然神呢?据文献记载和考古发现,其最主要的方式有三种,即燎、瘗、沉。当然或可包括上揭"植"和《山海经》所谓"婴"(环绕陈列)以及"祈"(即皮,悬挂)。

再说丝帛。《礼记·坊记》载:"礼之先,币帛也。"中国为丝绸王国,为何中国人如此珍视丝帛,其原因同样在于其特殊而优良的物理品性:天地化育之精;在于中国人传统的,由来已久的主导观念"天人合一"。

那么为何言丝为"天地化育之精"呢?一言以蔽之,其为蚕所吐。蚕者何?乃中国人最早豢养的昆虫,古人视之为神物。甲骨文中多次出现"省于蚕","蚕示三牢(或三牛)"的记载,其重视程度可想而知。原因无非有二:一是蚕有吐丝结茧之功能;一是蚕有特殊的生命史——蜕皮、羽化、升天。所以我们也就实在不能再把如此圣洁轻柔,又如此费心、费力、费工的丝帛之起源,同人身御寒之本能需要联系在一起了。

关于丝帛之社会功能,古典文献中有明确记载。

(1)荐玉之藉。《尚书·尧典》记载"修五礼,五玉、三帛、二生、一死贽",其三帛即用于荐玉——以帛包裹玉以燎荐之。周代用缫,缫亦为丝织物。《周礼·典瑞》亦有"璧以帛、琮以锦、琥以绣、璜以黼"之说。

(2)"禋絜之服"或"郊庙之服"。《国语·楚语下》:"礼乐之谊,威仪之则,容貌之崇,忠信之质,禋絜之服,而敬恭神明者,以为之祝。"《礼记·乐令》:"季春之乐……使以劝蚕事。蚕事既登,分茧称丝,效功以共(供)郊庙之服,无有敢惰。"

(3)告盟之质。《礼记·礼运》:"故先王秉蓍龟,列祭祀,瘗缯。"《礼记·曾子问》记载天子诸侯将出,"必以币帛皮圭,告于祖祢",均言帛之用为质。《左传·哀公十二年》:"盟,所以周信也,故心以制之,玉帛以章之,言以结之,明神以要之。"侯马盟誓遗址之空坑当为瘗埋帛书之遗迹。

(原载于《中国文物报》2000年12月24日学术版,本文稍作修正)

长江流域早期青铜文化的形上观察[1]

——关于三星堆和大洋洲青铜器的历史定位

一

20世纪80年代后期,相继发现的四川广汉三星堆祭祀坑和江西新干大洋洲铜器群极大地震动了当时的中外学术界,一时成为学术研究的国际性的焦点。不少学者从不同角度,诸如年代、文化属性、来源、构成及器物类型等对二遗存进行了广泛的探讨,由此揭开了长江流域考古,特别是长江流域青铜文化研究的新篇章。

然而,二遗存究竟在中国古代文明中居于什么地位,其文化特质到底是什么,又代表着何种社会发展阶段等等。对于这些问题的诸多讨论,似乎自觉不自觉地进入了某种误区。如有人认为三星堆"是与中原夏商王朝并行发展的另一文明中心",代表着"可以同夏商中原文明相媲美的高度发达的奴隶制的文明形态","中国西南历史上一个……以其令人难以置信的成就震惊了当今中外学术界的上古文明时代"[2]。而大洋洲的发现,似乎更说明"远在三千多年以前,赣江—鄱阳湖流域存在着殷商时期又一奴隶主政权及高度发达的青铜文明",一个"足以与中原青铜文明相媲美的灿烂的青铜文明"[3]。

实际上这里涉及一个非常重要或根本性的问题,即对二遗存究竟应该如何进行文化的或历史的定位。这正是我们解读三星堆和大洋洲的基点所在。

究竟应该如何认识和理解这一基点,即如何对二遗存准确定位呢?我们认为

---

[1] 本文为作者《中国古代礼器研究札记》系列之一。
[2] 屈小强等:《三星堆文化》,四川人民出版社,1993年,第1、9页。
[3] 《江西新干发现大型商墓》,《中国文物报》1990年11月15日第1版;李再华:《吴城文化的再认识——有关文明问题的讨论》,《南方文物》1993年2期。

这里必须有一个前提,这就是要对中国古代文明的特质,对中国古代青铜器的文化意义、基本构成和社会功能等有一个基准的认知。因为正如学术界所公认的,无论三星堆,还是大洋洲都是中国古代文化的重要组成部分。

二

青铜器是农业文明的产物。

在世界文明史上,距今 6 000—4 000 年间,在大致相同的纬度,即北纬 20°—40°的地理条带内,大约同时和先后诞生了六大古文明:即两河流域苏美尔文明、尼罗河流域古埃及文明、印度河流域哈拉帕文明、黄河流域中国文明,以及地中海沿岸米诺斯—迈锡尼文明和太平洋彼岸的玛雅文明。此六大文明无一不是农业文明,而且均以青铜器为其重要文化构成和标志。

作为人类历史上最早创造和使用的金属产品,青铜器的铸造至少需要三个前提:一是定居,二是农业与手工业的分工,三是相当规模的统一协作的可能。而不同的生产方式和生活方式则导致了不同文明的青铜器的不同性质和特征。

中国古代青铜器区别于其他古文明青铜器的一个最为显著的特征,就是更多地不是以工具的形式出现广泛用于生产领域,而主要是作为"礼器"在当时社会生活中发挥着至关重要的作用。因此可以说青铜器同中国玉器、丝帛乃至谷物酒等一样是形而上的文化产物,是观念形态的产物,是中国文化的典型产品[1]。

所谓礼器,就是礼的活动——中国古代社会生活中最重要和最高尚的活动——中所使用的法定性器物,也就是向上天和祖先贡献的礼物及其献礼时所用的特定器具。

《说文》:"礼,履也,所以事神致福也。"中国古文明是靠天吃饭的农业文明,农业是我们祖先做出的高明而必然的选择。于是古人向上天献媚示诚、向祖先贡献

---

[1] 张辛:《礼、礼器与玉帛之形上学考察》,《中国文物报》2000 年 12 月 24 日学术版。另见《用考古学构筑玉学基础》,《中国文物报》2001 年 4 月 15 日记者专访稿所载张辛的发言。

示孝自在情理之中,这正是礼之本义或最初的意义。

礼是社会发展到一定阶段的产物。在人类历史上最初的宗教形态——万物有灵的"多元拜物教"阶段是不可能生成和存在的。因为彼时人们崇拜的是那些与人的生活密切相关或人类对之依赖性较强的诸多自然物体。即使到了《国语·楚语下》所载观射父所言"民神杂糅""夫人作享、家为巫史"阶段[1],也由于尚未形成中国上古社会最具特征的主导性观念"两大思想崇拜",即上帝(自然主神)崇拜和氏族先王(祖先)崇拜,带有相当理性的规范的"礼"也是不可能出现的。

这里我们更不能把"礼"与属于西方学者所谓前宗教时代的"巫术"等量齐观,因为巫术只是企图通过言语(如咒语)、动作(如舞蹈)或加以某种道具来强制性地调动和操纵所谓"自然力量",而且主要取向于人类自身事务而并非神事。更何况中国上古社会的巫觋活动与此还有相当大的差别[2]。

我国新石器时代的一系列考古发现,如牛河梁红山文化的"神殿"遗址,瑶山良渚文化的"祭坛"遗址,以及红山文化、良渚文化和石家河文化等的蜷体玉龙、凤鸟、梳背和琮体上的"神徽"、大钺、大璧、蝉、蛙、龟以及许多形制奇异的玉器的发现,正当反映出"绝地天通"[3]之前"民神杂糅"阶段,亦即前文明社会阶段的情况。但不可否认的是,此间的巫觋活动已有了一定的专业化特征,而"礼"正是在这一阶段开始萌芽的。

降及三代,随着社会的进步和人的智力的提高,随着具有一神化性质的上天及帝的观念的产生,随着人类由对自然的崇拜转向对人类自身的关注和崇拜并最终导致

---

[1]《国语·楚语下》记载的观射父论"绝地天通"的一段话曾引起许多学者的关注,如徐旭生、杨向奎、张光直、陈来等。"民神杂糅",实际代表了中国原始宗教的早期阶段,反映了当时人类一种人神混同,天神可以到人间来,人人均可与之沟通的朴素的、原始的思维。徐旭生先生把此与中原华夏集团与南方苗蛮集团之间的冲突联系起来,似乎认为南方苗蛮集团尚处于此落后阶段而又"弗用灵",即不肯采用中原的先进宗教,于是发生冲突,而最终北方把南方三苗、驩兜、梼杌各氏族打败,中原祝融(大巫长)由此进入南方,那么中原地区的先进的宗教当就是颛顼"绝地天通"的宗教改革之后阶段了。参见徐旭生:《中国古史的传说时代》,文物出版社,1985年。

[2] 陈来:《古代宗教与伦理》,生活·读书·新知三联书店,1996年,第41页。

[3] 见《国语·楚语下》。我认为真正意义的"绝地天通"不可能实现于颛顼时代,而只能是尧、舜、禹之后的三代时期,与国家的诞生、阶级的出现相联系。观射父的说法只是依据传说的一种追述而已。

的祖先的神化而出现的以"反本修古"[1]为特征的氏族先王观念的产生,两大思想崇拜便成为社会的主导观念,非理性的巫觋迷信终于完成了向理性的宗教,即夏商祭祀文化的历史演进。由此,专业的神职人员——史诞生了[2],真正意义的"礼"终于正式生成并迅速发育起来。西周时期,祭祀文化进一步发展,更向社会人伦化大大迈进:周人礼拜的对象已绝无礼之初那么多的自然崇拜成分,虽然被明确地规范为两部分,即其一以帝为中心的天神、地祇等自然神;其二以氏族先王为中心的人道祖先神,但后者越来越居于重要地位。而且对前者自然神的祭礼也已通过礼制化的法的规定(如等级规定)而为上层领主贵族集团所垄断;而对后者祖先的祭礼也逐步社会功能化和政治化。于是到了西周中期,以宗法制为基础和重要构成的礼制最终得以确定。如果说商代已由巫觋文化发展为祭祀文化,那么西周早中期以后,这种祭祀文化已经发展成为真正的礼乐文化,并由此奠定了中国文化的最基本的素质。

礼器正是随着礼的生成和发育逐步定型和演化,随着礼制的最终确立而发展成一整套制度体系,其中包括用玉制度、服制、用鼎制度等,基本如《国语·楚语下》观射父所谓:"牺牲之物、玉帛之类、采服之仪、彝器之量。"而随着礼的一步步人伦化和政治化,礼器也就进而成为领主贵族统治权力的工具[3]。

礼器的前身是史前巫觋活动或事神行为中所使用的自然的或人为的一些所谓灵物或法器。彼时灵物、法器是以多质材、多形制、随意性很强、没有明确职能分工和不成体系的无序性为特点。

礼器的基本品格或基本特征是:(一)质材和形制相对固定;(二)职能专业化;(三)仪式程序化[4]。礼器是礼制体系的重要物质构成,而随着礼制的最终确立,礼器也终于发育成一个构成严密、功能齐全的庞大而成熟的完整系统。其主要

---

[1]《礼记·郊特牲》:"礼也者,反本修古,不忘其初也。"
[2]《周礼·春官·占人》:"君占体……史占墨,卜人占坼。"《礼记·玉藻》:"卜人定龟,史定墨,君定体。"可见史是文字书写者。王国维说"掌文书者谓之史",当据之(见《释史》,《观堂集林》卷六)。因此起码商代已出现的作为祭祀行为一部分的占卜已相当程式化和规范化,特别是已与文字联系在一起。
[3]张光直:《从商周青铜器谈文明与国家的起源》,《中国青铜时代》,第468—483页。
[4]张辛:《礼、礼器与玉帛之形上学考察》,《中国文物报》2000年12月24日学术版。另见《用考古学构筑玉学基础》,《中国文物报》2001年4月15日记者专访稿所载张辛的发言。

包括五大部类：

（一）主礼器，即人们向上天和祖先敬献并试图让其接受的礼物，包括玉器、币帛、牺牲、酒醴和稻粱（粢盛）[1]。

（二）盛器，即盛装所敬献礼物之专用盛具，其必不同于一般的生活用具，必有特殊之质材、特殊之造型和特殊之装饰。

（三）礼服，即举行典礼时主事者所穿着之专用服装，即古文献中所谓"禋絜之服""郊庙之服""端委""采服""帷裳"之类[2]。而以圣洁为其基本品格，故无不以纯丝织物（古曰"量币"）[3]为之。当然也包括毳冕、衮冕之类。

（四）乐器，即典礼时所用之乐器，以迎神祇[4]，以隆其盛，以营造和谐之气氛。如钟、鼓、琴、瑟、磬之属。

（五）仪仗器，为保证典礼之正常、安全和有序地进行所设之必要道具。包括主祭者、附祭者和卫士所执之物，诸如钺、戟、戈、旌旗之属。

青铜器作为中国古代礼器系统的重要构成，其主要或基本功能有三：

1. 盛具——牺牲之盛：鼎、鬲、豆之属；
　　　　——酒醴之盛：觚、爵、罍、卣之属；
　　　　——稻粱之盛：簋、簠、盨之属；
　　　　——沐水之盛：盘、匜、鉴之属。

2. 乐器——钟、铙、镈之属；

3. 仪仗器——钺、戟、戈之属[5]。

---

[1]《公羊传·桓公十四年》："御廪者何？粢盛委之所藏也。"何休注："黍稷曰粢，在器曰盛。"

[2]《国语·楚语下》："忠信之质，禋絜之服，而敬恭神明者，以为之祝。"《左传·昭公元年》："吾与子弁冕端委，以治民临诸侯。"杜注："端委，礼衣。"孔疏引服虔曰："礼衣端正无杀，故曰端；文德之衣尚褒长，故曰委。"《论语·乡党》："非帷裳必杀之。"孔疏引郑康成云："帷裳谓朝祭之服，其制正幅如帷。"

[3]《礼记·曲礼下》："凡祭宗庙之礼……玉曰嘉玉，币曰量币。"孙希旦《集解》："量币者，言之长短广狭合制度也。"

[4]《礼记·郊特牲》："殷人尚声，臭味未成，涤荡其声，乐三阕，然后出迎牲。声音之号，所以诏告于天地间也。"孔疏："殷尚声，故未杀牲而先摇动乐声以求神也。"

[5] 张辛：《礼与礼器——中国古代礼器研究札记之一》，《考古学研究（五）——庆祝邹衡先生七十五寿辰暨从事考古研究五十年论文集》，科学出版社，2003年。

大量的考古发现,尤其是中原地区大量青铜器的出土,证明了中国古代礼器系统的存在及其成熟和完整。而且更重要的是,这些考古学材料还同时证明和揭示了这一文明体系生成和发展演变的一无间断的整个过程——形制演变的逻辑过程。其最明确的标志就是由夏、先商而早商、晚商,先周而西周、东周长达1 500年的毫无缺环的青铜器物编年。这是世界上其他任何青铜文明所不能比拟的。而此编年体系无疑是以中原地区三代以降的青铜器为基本标尺的[1]。

由于中国古代青铜器较其他礼器而言又具有如下特点:① 铸造时需要相当规模的社会协作;② 造型硕大显赫、庄严肃穆,纹饰富丽瑰奇;③ 制作技术先进,工艺要求高。因此使之在整个礼仪活动中居于非常突出的地位。而其中仪态最高贵、功能最重要的牺牲之盛——鼎自然更受到特别的关注,进而被赋予了某种特殊的意义,其地位便日益提升而成为所谓国家之重器。

三

基于如上对中国古代礼器,对中国古代青铜器的认识,我们可以在以往研究的基础上,对长江流域早期青铜文化进行一种形上学的考察。

历年来,以长江流域为中心的南部中国不断发现三代或相当于中原地区三代时期的青铜器。除长江上游的三星堆、中游的盘龙城和下游的新干大洋洲的三大发现外,还有四川彭县竹瓦街、安徽屯溪和江苏丹徒烟墩山以及湖南皂市和宁乡等比较集中的发现。其他两湖、两广、江浙、安徽、江西等地均有一些零星发现,其中也不乏像湖南桃源"皿天全"方彝、宁乡四羊方尊和人面方鼎、湘潭兽面纹大铙、四川彭县竹瓦街"覃父癸觯"、安徽阜南的龙虎尊和江宁的三羊罍,以及形形色色的

---

[1] 严格地讲,邹衡先生为我国对青铜器进行考古学分期编年第一人,这就是被王宇信先生称为"划时代"文献的邹衡先生《试论殷墟文化分期》一文,见《北京大学学报》1964年4期。

动物造型的尊等制作精良的名器或重器[1]。

统观这些发现,我们很容易得出如下总体印象或基本认识:

(一)文化因素相对复杂。一般可分为三类:① 中原商周器,② 仿制中原器,③ 地方特有器。

(二)器类比较单调,一般不成套,无规律性组合,常见尊、罍二器,而尤以各式动物形尊多见。觚、爵、斝之类酒器罕见,三星堆更严重缺乏铜容器。刀、戈及斧、锛等有不少发现。

(三)来源上具有明显的突发性,很多器物都是突兀地出现,与当地、附近或周围地区的其他出土物并无多少关联,很难考察其自身渊源。

(四)不成体系,呈现明显的无序性,很多属于昙花一现,不见后续形制。也就是说既无来龙又无去脉,更谈不上个别器型制演变序列的建立。

(五)从功能上讲,表现出明显的落后性。我们很难由器类、造型推定其具体功能,即使中原器也未必具有或能继续其原有功能。如岳阳鲂鱼山鱼纹圆尊出于湖边[2]。而有些地方的特有器类和三星堆人像、面具、铜树、车轮状器,大洋洲双面人头像等则除其制工的先进性外,更不能说其代表着某种先进的社会形态。

(六)从铸造工艺上讲,有不少器固然为当地所造,但无不呈现一定的原始性,如器壁厚重、以石范为主、铅青铜居多、合范技术欠精等[3]。

总之,无论如何不能与中原青铜器同日而语,更谈不上"相媲美"。其原因至为简单和明确,即由于当时南部中国社会发展阶段的相对落后。这里有许多古代文

---

[1] 高至喜:《论中国南方出土的商代青铜器》,《商周青铜器与楚文化研究》,岳麓书社,1999 年,第 1—14 页。

[2] 高至喜:《湖南商周农业考古概述》,《商周青铜器与楚文化研究》,第 64 页。

[3] 马承源:《吴城文化青铜器的研究——兼论大洋洲出土的青铜器》,《吴越地区青铜器研究论文集》,台湾两木出版社,1997 年,第 22 页;彭适凡:《江西地区早期铜器冶铸技术的几个问题》,《中国考古学会第四次年会论文集》,文物出版社,1985 年;马承源:《中国古代青铜器》,上海古籍出版社,1988 年,第 499 页;高至喜:《论中国南方出土的商代青铜器》,《商周青铜器与楚文化研究》,第 8 页。

献也都可以作证：如楚地、吴地巫风甚盛，"信巫鬼、重淫祀"等等[1]。同时又可以肯定地说，与当时当地人民特定的生活方式也有其必然的联系[2]。

然而正是由于长江流域同黄河流域的基本生产方式无论粟作、稻作均是农业，即同属农业文明，因此决定了其能够在相当程度上接受以青铜礼器（包括容器、乐器和兵器）为代表的青铜文明产品，并进而由趋美向善心理驱使很快能够掌握青铜铸造技术，于是不仅可以模仿中原器，同时也可以基于自己的价值观念、宗教信仰和抒情方式创造一些诸如人像、面具之类的新的器类。这种状况与我国北方地区所谓青铜文化判然有别，因为彼毕竟属于游牧性文明。

为了更明确地阐明我们的观点，这里有必要进一步对三星堆和大洋洲所出青铜器以及伴生物做更深层次的考察。

先看三星堆。引起我们关注的主要有如下方面：

（一）祭祀坑内所出"重器"，不是容器，而是颀颀修长的立人像和头像、面具及树枝、树干、"器座"之类[3]。

（二）出土少量容器，但不成套，只有尊、罍二种南方常见器类和盆、瓿。不见觚、爵、斝之类酒器组合，更不见鼎、甗、簋、豆之类食器组合。

（三）一号坑内覆盖和夹杂着许多动物烧骨，不见人牲之类。

（四）伴出一些玉器，形制以戈为多，璧、琮类很少，且形制基本同于商器。

上述文化现象或特征除了说明一定的文化差异之外，还十分清楚地说明三星堆文化所代表的社会发展阶段的某种落后性。理由很简单，那些颇具地方特色的青铜人像、头像、面具及神树之类给人的第一或直观印象只有两个字，即"原始"。

---

[1]《汉书·地理志下》："楚人信巫鬼、重淫祀。"《左传·昭公十三年》《左传·哀公十七年》《左传·桓公十一年》及《楚辞》等多有楚巫事迹之记载。《越绝书·记地传》记载越国有"巫里（巫者活动专用地）""巫山（葬巫之所）"，并专设"越魅（神巫之官）"。翦伯赞的《先秦史》说："战国时，楚越之间巫风尤盛。王逸《楚辞·九歌》注云：'楚国南郢之邑，沅湘之间，其俗信鬼而好祠，其祠必作歌乐鼓舞，以乐诸神。'楚越的巫风之以特别盛行，乃是受了群蛮百濮及百越之影响，盖巫风在愈落后的民族中愈以盛行也。"

[2] 司马迁《史记·货殖列传》："楚越之地，地广人稀，饭稻羹鱼。"

[3] 罗森：《殷商时期中原地区与南方的青铜文化交流》，《吴越地区青铜器研究论文集》，第155页。又三星堆出土的立人像造型瘦高，疑与当地流行的竹崇拜有关。

因为它完全不具有"礼器"品格,它只能是礼器产生之前的文化产品,充其量只是巫觋行为的产物。不过饶有意味的是,这些巫文化的灵物或法具之类不是像红山文化、良渚文化和石家河文化那样用泥、玉制成,而是采用了当时最先进的技术,即用青铜铸造。而此项技术无疑是中国青铜文明的中心中原地区引进的。与殷墟第一期非常类似的"将军盔"的发现便是明证。因此我们认为,三星堆遗存与其说是祭祀坑,倒不如说是巫觋活动的集中地或曰"坛场"。

再看大洋洲。其器物类别之多、样式之复杂在整个长江流域独树一帜,特别是铜容器的大量出土确可与安阳小屯某些商墓相媲美,甚至还出土了数百件陶器。然而稍事分析便会发现这偌多器物原来都是"长时间有意识地聚集起来的"[1],"从而形制特点和纹饰作风考察,这些青铜器礼乐器的各自具体年代早晚跨度较大,之间相距达数百年之久"[2]。那么我们应该如何认识其文化性质呢? 请不要忽视如下重要现象:

(一)所出许多容器均有不同程度的人工损毁。

(二)不少铜器由丝织品包裹。

(三)铜兵器表面漆绘有图像花纹,部分兵器、玉器涂朱,又铜矛的銎中尚残存木柲痕迹。

(四)伴出的玉器中有羽人佩饰和兽面神人饰件,而其完全"是良渚玉器神徽图案进一步简化、发展和演变的结果"[3],另外铜器中有双面人头像。

(五)属于本地所铸造的铜容器中,竟无一件酒器,而且摆放位置分散,"看不出有规律的组合关系"[4]。

至此问题应该很清楚了,大洋洲遗存似乎并非大墓,而很可能是一处祭祀性遗存,其性质与三星堆基本相类。至于遗存中出现了6件铜钺,其中有2件器型很大,但这也并不能说明其已完全超越三星堆文化阶段,而与所谓文明直接联系起

---

[1] 见《吴越地区青铜器研究论文集》,第19页。
[2] 彭适凡:《有关新干商代大墓的两个问题》,《吴越地区青铜器研究论文集》,第137—146页。
[3] 彭适凡、刘林:《谈新干商墓出土的神人兽面形玉饰》,《江西文物》1991年3期。
[4] 马承源:《吴越文化青铜器的研究——兼论大洋洲出土的青铜器》,《吴越地区青铜器研究论文集》,第22页。

来。因为良渚文化也发现不少玉钺,几乎每一个有玉琮的大墓均有玉钺出土,这总不能说良渚文化也已告别原始社会而步入文明阶段了。

四

综上所述,我们可以作如下结论:

无论三星堆文化,还是大洋洲(吴城)文化决非与中原夏商王朝并行发展的"另一文明中心",更无从论得上什么"奴隶制文明形态"。因为它不可能是并立于中国古代文明之外的另类文明。

以三星堆和大洋洲为代表的长江流域早期青铜文化属于一种地方性文化,是中国古代文化的重要构成,相对于同时期的中原三代文明呈现明显的落后性。

长江流域早期青铜文化是当地原生史前文化的发展形态,是"中原风格与本地自然条件、经济生产、生活习惯等相结合的产物",是"在夏商周文化的影响下……先后使用了青铜器,从而促使原始社会的(日后)解体而进入文明时代"[1]。

三星堆遗存和大洋洲遗存属于一种巫觋文化性质的遗存。其中铜人像、铜面具、铜树枝、铜树干、车轮状器及双面人头像等尚不具备中国古代礼器的基本品格,当属于巫文化的灵物法具之类。其他铜容器等也多少带有如是性质,而无任何迹象说明其与中原同类器有相等的礼器功能。

(原载于《长江流域青铜文化研究》,科学出版社,2002年)

---

[1] 邹衡:《有关新干出土青铜器的几个问题》,《江南地区诸印纹陶遗址与夏商文化的关系》,《夏商周考古学论文集(续集)》,科学出版社,1998年,第235、232页。

说"玉"

一

中华民族是世界上最尚玉的民族。《国语·楚语》说玉是"二精"之一,是"国之六宝"之一。作为一种天然物,玉在我国古代为什么会受到如此崇尚?这无疑是一个重要的学术问题,也因而成为玉器研究的基础所在。

要解决这一问题,必须从"礼"开始。我们常说中国是礼仪之邦,中国文化是礼乐文化。那礼是什么意思呢?韩愈说"读书必先识字"。"礼"字由两部分组成,即"玉"和"鼓"。玉是礼器,鼓是乐器,礼字本身即包含礼和乐两方面意义。古籍中说"礼尚往来""礼报情返始"。《说文解字》说:"礼,履也,所以事神致福也。"原来礼是一种行为,事神,报答神,即与神交好,服侍、祭祀神而求得神福佑的一种行为。神无非两个:一是天地,一是祖先。为什么要与天地和祖先交好?原因很简单:"天地者,生之本,先祖者,类之本。"中国文明是农业文明,农业文明是靠天吃饭的文明。那如何交好?如何报答?空口无凭,只有一个:送礼。这就是《礼记·祭统》所说:"致其诚信,与其忠敬,奉之以物,道之以礼。"那如何送?没有别的:投其所好。而要投其所好必先知其所好,就必须首先了解、认知所送的对象。于是我们的祖先基于对神,即对上天和祖先的特有的认知而选择了适中的礼物。对祖先送什么,留待下一节讲。对天地送什么?送玉。这是一种明智的历史性的选择。于是玉就历史性地担当起了如此重要、如此高尚的文化和社会职能:沟通天人。于是玉就顺理成章地成为被国人无比尊崇的对象,中华民族就成为世界上最尚玉的民族。

我们的人文祖先为什么选择玉作为沟通天人的主要媒介呢?原因主要有五:

一、精。玉"得天地之精""与天合德",玉是山川之精,是天地化育的精华,是上天大自然的钟灵造化。给天送礼，必以精华。因为送礼的目的只有一个：给天补给营养，使之长生不老，生命长存。

二、理。玉具有"理性"，或者说玉是天地间最"理"性的天然物。这就是许慎所谓"䚡理自外"，荀子所谓"缜密而理"，孔子所谓"瑟若"之"理胜"，《礼记·祭义》所谓"德辉动乎内，民莫不承听；理发乎外，而民莫不承顺"。所谓理，即纹理、条理、肌理。而肌理是事物内在的和共性的构成。稍作引申，肌理就是线条。我们先贤之所以选择线条作为我们中国艺术的形象组织和主要表现手段，根本原因就在于此。说玉具备"理性"，是言其不仅有外在美，更有内在美，世间独有玉把这种内在的构成肌理明明白白地暴露在外表。古人讲"瑜不掩瑕，瑕不掩瑜"实际就是这个意思。孔子如此赞扬美玉："远而望之，焕若也；近而视之，瑟若也，一则理（内在美）胜，一则孚（外在美）胜。"远观玉石，光彩明快，近而一摸，温润如泽，内在美和外在美相得益彰。孔子说："文质彬彬，然后君子。"于是就产生了中国特有的一种传统观念："以玉比德。"以玉石的优良物理品性与君子的人文德行相媲美。而"礼者，理也"，理正是礼的基本精神。

三、美。《说文解字》说："玉，石之美而有五德者。"玉是"石之美者"。石器是人类社会最漫长的原始时期或曰混沌时期的生产力的主要代表，主宰了人类社会90%以上的历史。因此人们头脑中的"石崇拜"是与生俱来、根深蒂固的。于是我们先人把石头中最温润、最美丽，但十分稀罕的玉选择出来，精心制成某种特定而适宜的形制，作为向天地贡献的礼品，作为天人沟通的媒介，顺理成章。因此我们说，以玉作为礼天的主礼器，是人类由来已久，甚至与生俱来的"石崇拜"观念的理性升华。

四、柔。中国玉称真玉，属于软玉。与翡翠、钻石等被称为宝石之类不同，翡翠以至钻石等西方宝石是硬的。玉的硬度一般在摩氏7度以下。要知温柔是我们中华民族整体的国民性格特点。《礼记·经解》曰："温柔敦厚诗教也。"是说诗何以成经的原因就在于诗有特殊的教化功能，诗在培养教化"温柔敦厚"的整体国民性格方面，发挥了区别于其他四经的不可替代的独特作用，而玉正是这种理想品格的天然象征。

五、永恒。大年长寿是人类的共同追求。老子说:"道可久。"庄子说:"美成在久。"中华文明是世界上最大年、最悠久的文明。金石永寿既是自然属性,又是中国人的传统理念。玉石正承载了国人的这种美好寄托和情愫。

当然,玉器之所以成为向上天所献礼品,成为天人沟通的媒介,必有一个重要前提条件,这就是表现于玉器制作主体,即我们祖先群体性格中的耐性、韧性、规律性,以及非常有序的生活方式。而这种性格和生活方式正是中国黄河农业文明所特有的。农业文明不同于其他文明的特点是内足性和定居。而黄河流域农业文明不同于其他农业文明的主要特点是四季分明。春播、夏耘、秋收、冬藏,日出而作,日入而息,形成了一种特有的耐性和韧性,形成了有规律和秩序化的生活。于是才有了玉器这种异常费心、费力、费时的特殊文化产品。而这在"内不足"的流动性的海洋或游牧民族那里是不可思议的事情。

二

既向天行礼以玉,那么这里就有两个问题需要提出来:其一如何敬献,或者说用什么方式把玉器送给天呢?其二把玉做成什么样式向天敬献,或者说把玉制成什么形制才能"歆神",使天喜欢,使天乐以接受呢?

还得从礼说起。中国古礼有所谓"五礼"之说,即"吉、凶、宾、军、嘉",这是《周礼》所记载的属于国家典章制度的礼。而其中最重要的便是吉礼。吉礼就是祭祀之礼。《左传》说:"国之大事,在祀与戎。"《礼记》说:"凡治人之道,莫急于礼;礼有五经,莫急于祭。"祭礼分两大系统,即上面所说的天地和祖先。我们又称之为天道自然系统和人道祖先系统。天道系统居于尊位,主要包括天、地、山、川和东、南、西、北诸神祇。对不同的自然神当然要以不同的方式行礼,当然要敬献不同样式的礼器。《尚书》说:"禋于六宗。"所谓"六宗"就是指诸自然神;所谓"禋"指祭祀方式,古来有两种解释,一是"洁也",二是"烟也"。这两种解释并不矛盾,前者是说行天道之礼的方式是洁净的,这是相对于行人道祖先之礼而言,因为人道宗庙之礼首先要杀牲,重视所谓"肆(ti,剔牲骨)"礼。后者则指具体的行礼方式,即如何用玉向天地至尊大神行礼的方式。东汉郑玄说得对,"禋,烟也。取其气达升报于阳也",是说向上天献玉要禋,具体说是把玉包上帛(缫籍)用火烧,郑玄说:"实牲体焉,或有玉帛燔燎而生烟,所以报阳也。"玉见火即焚,然后发出一股白烟,向上升腾,就象征上天接受了,这称为"燎"。自然神以天为首,因此古人以禋(燎)祀代指天道自然系统祭礼之法。其实对不同的自然神祇有不同的行礼方式,即有不同的献玉方式。汉人把以玉行礼的方式总结为天燎、地瘗、山悬、川沉,这是有根据的。对天一般用燎玉升烟的方法行礼,殷墟甲骨文中有明确的记载。对地用埋玉的方法行礼,我主持发掘的山西天马曲村战国祭祀坑中所见可以证实。《尔雅·释天》说:"祭山曰庋悬。"这与《尚书·尧典》所记载的"望于山川"相印证,悬而可以望之。而祭川以沉玉,不仅先秦文献有记载,考古发掘也提供了越来越多的证据。

三

至于把玉要做成什么样式向天道诸神敬献,这就要谈到玉器的形制。玉器的形制问题是玉学研究中的重要问题,它关系到所谓玉器分类。我常说功能决定类别。基于对玉器的社会动能,即以玉行礼的对象和行礼方式的认识,我们可以把玉礼器分为六大类:

一、祭玉。此类为玉礼器的大宗,古籍专名为"器",或称"礼神之玉",即《周礼·春官·大宗伯》所谓分别用以礼天、地大神和东、南、西、北方位神的"六器",即璧、琮、圭、璋、璜、琥。礼天的玉器因为要燎,所以文献又称"燔玉"。礼地的玉又称"瘗玉"。此类玉器无论燎、瘗或沉,一定要消耗,而且在当时神权时代,消耗量一定很大。因此《诗经》记载了当时人的一种无奈:"圭璧既罄,宁莫我听。"而既然是消费品,用量也大,所以这类玉器除悬玉外大多是"素工",即不加雕琢,古人解释为"以素为贵""至敬无文""大圭不琢"。

二、瑞玉。即祭祀天地甚至行宗庙之礼时祭祀者所执或所佩,以标志各自的尊卑等级地位及血缘亲属关系。这类玉被郑玄名为"瑞",取天降祥瑞之意。"瑞,符信也",其实这类玉说到底代表的是一种人际信用关系。其大抵就是《尚书·尧典》所谓"五瑞""五玉"和《周礼·春官·大宗伯》所谓"六瑞"之属,而以圭、璧为首。所谓"六瑞",就是镇圭、桓圭、信圭、躬圭和谷璧、蒲璧。瑞玉是在行礼之前由主祭者,即周天子颁授。"卒乃复",祭礼结束后则交还给国府典藏。除六瑞外,还有一些玉类也可归于瑞玉,这就是钺之类仪仗玉和稍晚出现的用于朝廷封赐的"命圭"和作为盟誓之质(如侯马盟书)的载圭,以及《左传》等文献常见的"赘玉",《周礼·地官·调人》等所记载的"瑞节"。瑞玉由其基本功用所决定,一般雕琢较精美,董仲舒解释为"非文无以辅德"。

三、重器配件。由于玉有如此圣洁的品性和通天的社会功能,自然就会有更多更高贵的用场。其中最为重要的就是用于国家重器,如宗庙青铜彝器、漆器等装饰性附件或配件。诸如珥、环、扉棱、贴片等。古籍中常见"圭瓒""璋瓒""裸圭""鬯圭""瑶爵""瑾斝""玉琖""玉鬯"之称,正好证明了这一类玉器的存在。商周考古文化遗址中所见为数不少的带有穿孔或插隼的玉器雕件,如龙、凤、蝉等动物造型器等多属于此类。由于这类玉件与主器是分体而插、挂或绑缠上的,后来丝绳之类腐败,所以往往出土时与主器分置异地,于是一般为考古工作者视为独立的玉器小件,这需要我们日后研究中认真分理。重器配件一般雕工精良,造型奇妙,质地也相对较好。这类玉器可分为三小类:1. 挂件。甚为常见,以圆雕动物或人形为主,多成对出现,一般设有通天孔,或于动物背部设V形穿孔;2. 插件。以片状动物性或人形为多见,两面雕,一般设插销,销上有穿孔(辖);3. 镶件。片状,一般单面雕,或作弧形。

四、饰玉。这一类本不属于礼器,但由来甚古,这就是多种多样的玉制装饰品。这类玉饰件出现很早,史前古文化遗址,诸如龙山、红山、良渚等均多有发现。三代以降一直盛行不衰。郑玄称此类为"玉"。西周时出现成组佩饰,或项佩,或胸佩,《诗经》中所谓"佩玉""杂佩""佩璲"就属此类。周代墓葬,如山西天马曲村晋侯墓地、河南三门峡虢国墓地等多有出土。这种成组玉器显然已具备明确的礼仪性质,除质地、雕工、数量等显示尊卑等级之外,还具有另一种意义,这就是文献所说的"改玉改行"的"节行止"。《礼记》记载的"君无故玉不去身""古之君子必佩玉"即由此滥觞。这类玉器可分为三小类:1. 佩件,包括项佩,胸佩,腰佩等;2. 把件；3. 摆件。

五、冥玉，或称明玉、葬玉。即随葬之用明器或装殓用玉，包括瑱、覆面、含、握、塞以及殓尸专用的璧、琮之属。这种玉质地、做工等均相对较粗简。

六、质玉。即以玉为要质，专用于会盟誓约活动的一种新兴玉器，就是玉质"盟书"，文献称"载书"。质玉比上述祭玉、瑞玉、重器配件、饰玉、冥玉五类晚出而流行于春秋之际。战国时减少，而终被人质取代之。

四

作为古代中国最重要的礼器，作为我们的人文祖先沟通天人最主要的礼器，玉器的起源必然经历了一个相当漫长的过程。

关于玉器起源问题的探讨，应当建立在对玉器性质、意义和社会功能的把握、认知的基础上。由于玉器从根本上说属于形而上的观念形态的即精神文明的产物，我们的研究就不能像对待石器、陶器等物质文化产品那样，过多关注其技术工艺、形态造型以及质材等，也不能简单地以物论物，一切以考古发现的有无或早晚来论定。我们不能因为兴隆洼文化发现了玉质器物，就说中国玉器的历史有 8 000 年。我们不能把一切以玉为质材的器物都视为礼器。因为玉器是指具有礼器品格的玉器，也就是它的职能必须相对专业化，祭献方式基本程序化，形制也基本规范化。

礼器是礼的物质构成或曰物质载体。礼是文明的标志，是由史前时期巫觋之流事神通天活动脱胎、升华而产生。那么巫觋事神所用的灵物和法具自然就应该成为我们探讨玉器起源的着眼点。由此我们不得不格外地关注史前古玉，关注红山、良渚、凌家滩、石家河等考古学文化所见玉龙、玉鸟(凤)、玉蚕、玉蝉、玉龟之类，关注龙山、红山、良渚、石家河以及齐家、陶寺等考古学文化所见玉钺、玉璧、玉琮之类。

我们有理由认定诸如此类史前古玉就是巫觋文化的产物，而玉龙、玉凤之类就是巫觋事神所用之灵物，玉钺、璧、琮之类就是巫觋事神所用之法具。因为它们根本不同于社会生活的一般性物质文化产品，它们已具备交通神人的神性品格。这样我们就可以解释：为什么无论大江南北，凡出古玉的新石器晚期文化几乎都有着共同的龙、鸟、蚕、蝉等动物造型器类和钺、璧、琮等后来被称为礼器的器类。为此我们把这些具有神性的史前古玉称之为前礼器，亦即文明诞生之前的礼性器物，或称准礼器。我们提出这一概念的基本意义在于：不能把中国文明无限期地提前。那样将无助于中国文明在古代世界的正确定位，无助于中国文明特质和中国文明起源问题的正确认知。

既然礼器是礼的物质构成，那么关于玉器的起源和发展演变的研究就不能脱离礼而孤立地进行。而如先贤先哲所说，中国古礼自从巫觋事神行为脱胎诞生，而后大致走过了一条"始于脱（粗略），成于文，终于隆"的道路。因此玉器必然与其他礼器一样，也同样经历了一种由简略粗疏而成立系统而规范鼎盛的过程，由之必然呈现出一定的发展阶段性，而对这种发展阶段性的认识就成为我们玉器鉴定的重要标准或依据之一。

基于以上认识，我们把中国玉器产生发展的整个历程分为四期。

第一期：前礼器期，即史前古玉时期，年代范围基本属于考古学所谓新石器时代晚期。

第二期：定于一尊的主礼器期，或曰确立和规范期，即夏、商、西周三代时期。

第三期：转型期，玉器走下神坛，走出宗庙而政治化、社会化，即春秋战国时期。

第四期：日益社会化及多元发展期，即秦汉以降。

下面我们把各期或各阶段的主要特征作一简要说明。

第一期，本期玉器的主要特征是质材和造型的多样化，反映出明显的原始、随意和无序性。玉质基本属于地方玉，多就地取材。造型多种多样，随意性极强，动物造型器尤其繁多。诸如，龙、鸟、蚕、蝉、鱼、龟、蛙、虎、羊、鹿、兽面、人形等，不一而足。此外还有璜类、镯、环、管、梳、笄之类装饰性玉件。制作工艺相对原始，多程钻钻孔、线性切割，砣具起阴纹，不见镂空，素面器为主。分布范围较广，包括山东龙山文化、辽宁红山文化、江浙良渚文化、安徽凌家滩遗址、湖北石家河文化、陕西神木石峁遗址、山西陶寺类型遗址以及西北齐家文化等。

第二期,由于"绝地天通""大人世及以为礼",神权、政权合一,礼终于诞生。尔后"殷礼"承因并损益"夏礼",所祭祀的神灵谱系初步建立,祖先神日益居于重要地位。西周则由亲亲而尊尊,礼进一步向社会人伦方向发展,终于演化成为一个严整规范的灿然制度体系。于是玉器终于定于一尊,成为礼天地自然神的主礼器,从而形成明显不同于前期的文化特征:质材、形制、类别趋于规范化,职能专业化,祭祀方式固定化。

根据玉器质材、形制、纹饰、制工及组合方式等方面的发展演变情况,本期可分为早、中、晚三个阶段。

早段即夏和早商时期,为玉礼器正式产生并初步发展的阶段。夏代玉器可由偃师二里头遗址发掘窥其一斑,器类已有圭、柄形器、钺、大玉刀、戚璧等,制作尚欠精工。早商玉器主要见于郑州二里岗、郑州商城、垣曲商城等。玉器品类较前有所增多,除连环璧、琮、璜、环、牙璋、戈等以外,出现动物、人物形象。工艺有所进步,出现圆雕,出现"臣"字眼,出现剪影效果的薄片雕。

中段即晚商和西周早期。此间玉器以数量多、雕琢精美、种类繁多、造型奇特、质材优良为主要特征。殷墟甲骨卜辞中有许多关于燎祭"冓玉"等记载。《逸周书·世俘》记载武王克商时"俘商旧宝玉万四千,佩玉亿有八万"。安阳小屯妇好墓一座墓就出土精美玉器750余件。河南郑州、湖北黄陂盘龙城、河北藁城台西、北京平谷刘家河等均有商代玉器出土。

商玉质材有和田玉、岫玉和独山玉以及绿松石、玛瑙、水晶等。从目前所知材料看,中原地区最早使用昆仑山和田玉是从这时开始的,其主要是青玉、青白玉,白玉很少,也有黄玉、碧玉等。玉雕技法精良,除浮雕、浅雕外,流行圆雕。做工精致,纹饰流畅,造型准确,而且能够巧妙利用玉石的表皮色彩和纹理。纹饰与晚商青铜器花纹相类,肃穆而庄重,多见"臣"字眼。玉器种类之多举世称奇,除璧、琮、圭、璜、钺、大刀、戈、矛、戚外,出现簋、盘等实用型器类。人物、动物型玉器占较大比重。龙、凤、蚕、蝉、龟、鹦鹉、鳖等仿生动物,应有尽有,达二三十种之多,而且神态各异,通行"臣"字眼,体量多较小。此外还出现为数不少的装饰品和斧、锛、凿等工具。

后段即西周中、晚期,准确地说,是周公"制礼作乐"之后,直至西周终结。随着西周礼制的形成,玉器终于走向规范化和制度化,并达以隆盛,西周晚期渐趋式微。此际古代文献记载相对较多,青铜器铭文材料特别是考古发现日益丰富。所谓"六器""六瑞"于此时定型并成说。天燎、地瘗、川沉、山悬(望),各类用玉均已规范,圭、璜、钺等各有所专。仪仗用器小型化,动物造型器大为减少,成组玉佩出现并日以盛行。制作工艺已明显较商代规范,切割成形,镂空打孔,雕纹造型均呈现明显的工序化特征。雕琢工致,纹饰或极繁缛,或极简练,线条粗细不一,"臣"字眼继续流行,主体纹饰由商代盛行的兽面纹向几何化方向发展,龙、凤等形象渐渐趋于抽象化和变形。

第三期,转型。随着大小领主等级分享土地的宗法封建制度的崩溃,随着礼崩乐坏,人文觉醒,作为礼载体的礼器必然不可避免地走向衰落。于是玉器像其他礼器一样,终于走下神坛,走出宗庙,转而进入社会日常生活。中国特有的"以玉比德"观念,以及"君子必佩玉""无故玉不去其身"的意识在此间正式形成。春秋战国时期的玉器呈现出非常明显的新时代特征:1. 祭玉日减,仪仗器、工具基本消失。功能日趋世俗化和实用性,开始作为信物、礼物甚至吉祥物、装饰品而广泛用于朝觐、婚聘、盟誓、交际会通及丧葬等各个方面。佩饰大为流行,并出现许多新的日常实用型器类,诸如带钩、符节、印玺、书板等;2. 各类玉器造型日以装饰化和艺术化,一改先前庄严、诡谲、凝重之气,动物造型注重眼、牙、爪等细部特征的细部刻划,"臣"字眼之类销声匿迹;3. 纹饰发达而趋于几何化,流行通体纹饰,布局匀称饱满。与同时期青铜器花纹风格相一致,春秋流行头尾交绕的蟠虺纹。战国流行云纹、谷纹,晚期出现蒲纹;4. 玉器质材较前大为精良,制作工艺水平也达到空前的高度,线条流畅细密,遒劲有力,战国出现所谓"游丝毛雕"。钻孔匀称光滑,镂雕盛行。

第四期,即秦汉以降,随着中央集权的官僚政治体制的确立和士、农、工、商四民社会的最终形成,玉器的神性礼义及其祭祀功能日趋消亡,而一步一步地政治化、世俗化、艺术化,获得了多元的发展。两汉玉器是我国玉器史上一个高峰,甚至超越战国玉器：取材空前讲究,和田玉所占比例进一步提高。工艺水平达到前所未有的高度,造型生动,刀法简练,纹饰多种多样而美轮美奂。宫廷礼仪用玉、印玺、佩玉、葬玉、装饰品、把件、摆件以至民间祈祥避邪物,诸如翁仲、司南、刚卯以及四灵等等,品类繁多,应有尽有,总之成为玉器收藏的首选品类。魏晋玉器相对衰落。唐代再度兴盛,虽古意渐失,但博大清新之气充溢其中,出现飞天、胡舞等外来题材,帐坠、扇坠、梳背、带跨、文具等新型器类层出不穷。服饰玉大增,仿古器、把玩玉、嵌饰件、吉祥玉、摆件一应俱全。"中国文化造极于赵宋",宋代以降,玉器作为中国文化的特有产品自然风采依旧,从宫廷到市井,用玉更为普遍,此间文人用玉最具特色。在此恕不一一,且待专文细论。

(《广州日报》《博雅周刊》2008年1月26日至2008年3月22日连载)

论道说礼说礼器

——中国古代文物的基本精神与核心构成

一、导言

2019年,北京大学考古文博学院为纪念苏秉琦先生诞辰110周年,举办了"苏秉琦与中国考古:反思与展望"学术研讨会。会上我做了一个简短的发言,题目是《苏公的意义和关于考古学本体的思考》。关于苏公意义我讲了五点:一、由斗鸡台到中州路。这是类型学在中国考古学研究运用的真正开端和典范;二、由类型学到区系类型学;三、由考古而历史。提出"万流归一""满天星斗""方国、王国、帝国"等;四、由"通"而"专",或者说在"通"的基础上的"专";五、由敬畏而欣赏。由苏公名言"摸陶片可以净化心灵"可证。关于考古本体论的思考我主要提出三点:一、中国考古学研究同其他人文学科一样,必须"道""器"结合,必须由"道"——形而上的考察,"器"——具体事物、现象的分析两方面进行。因为中国文化是道文化,人道文化,是精神性突出的文化。二、考古学属于人文,并非科学。因此不能技术化、科学化。三、中国考古学有其特殊性,历史时期的考古研究必须要有历史学和文献学的基础。因为中国有着世界上最早、最丰富而相当完整的历史文献记载。

中国考古学研究之所以有今天举世瞩目的高度发展,主要是因为老一辈考古学家在引进和实践西方考古学的同时,一直致力于实现考古学的中国化。而且更重要的是,他们有着今人不可企及的历史学和文献学的学养基础。作为舶来品的考古学只是在考察遗迹遗物的形态及其发展演变的逻辑过程,而并非实际的历史进程。一直以来流行的一种说法,考古学旨在复原古代社会,这只是一种空想。原因是考古资料毕竟只是片段、局部,或侧面,我们不可能把古代遗迹遗物和盘托出,考古学材料不是取之不竭、用之不尽的。而且中国考古学的大发现时期已经过去,考古学研究最终还是要落实在考古材料的研究上,因此就必须像苏、宿二公为代表老一辈考古学家那样,由"通"而"专",必须与历史文献,与金石学、考据学,与中国文化、中国思想史以至艺术等相结合。

学者之所以成为学者必备两大前提:一是联系性思维的能力;一是形而上的观照能力。前者主要指知识构成,指对学科基础理论、知识的掌握及其之间联系的认知能力;后者则是指研究具体事物、现象和事实之上的道理、规律、理念及意义、法则等的观照和思维能力。考古学属于历史学,充斥人文精神,必须心存敬畏,要与古人有同情心,多读经典、原典,要养成阅读好习惯,最终实现由通而专。

二、论道

《易·系辞》说:"形而上者谓之道,形而下者谓之器。"这句话道出了古代先贤对宇宙、世界、社会和人生的高明而到位的见识。上天宇宙浩瀚无边,构成林林总总,但看穿了无非有两大构成:"形而上者"和"形而下者"。所谓"形而下者"是"器",即器物、生物、事物等,即看得见,摸得着,有面、有块、有色,可以定性定量的东西。它非常重要,具有基础性的意义,人类不可或缺。所谓"形而上者"就是看不见,摸不着,没有面、块、色;不可比、称、量的东西。比如"心"和"神"。首先,"神"确然看不见,摸不着。但看不见摸不着的东西未必不存在,未必没有价值。孔子说"祭神如神在";孟子说"圣而不可知之者之谓神";老话说,三尺之上必有神灵;康德等认为,神是人类社会的起点,等等。这是中西哲人共同的见识。神是一种社会所必不可少的、高尚的、超然的存在,是社会制衡的力量,是社会约束的机制,是人类敬畏的对象。理由很简单:因为人是一种有限的存在,认知能力有限,行为能力有限。而只有人类才认识到人的有限性。因而只有人类才有所恐惧,有所戒慎,才有敬畏之心,才有宗教情怀。黑格尔说:"一个没有形而上学的民族,就好像是没有祭坛的神庙。"形而下的"器"之于人类,固然不可或缺,具有基础性的意义。但形而上的本体论的支撑,则更为重要。一个民族没有"神",没有灵魂和信仰,没有精神支柱,就没有了发展绵延的动力,就失去了发展的文化根基和命脉。社会就必然走向无序，走向混乱。这个民族的成员就如同精神浪子，无所皈依，无从着落，没有精神寄托，没有精神家园，没有信仰，就必然走向平庸，走向物质，走向功利，而诚信必然流失，道德必然滑坡，悲哀一定发生。

中华文明是黄河流域的农业文明，与两河流域、尼罗河流域、印度河流域都不同，它没有形成大面积的灌溉农业，而长期处于一种"靠天吃饭"的自然农业状态。这就是我们的国情，就是中华文明赖以生长发育的天然根基和生态基础。于是，人类与天，与大自然的关系就有了它的特殊性：你中有我，我中有你，相互依托，不可分离。人在天底下活着就心安理得，不感到恐惧、寂寞和无助。于是中华民族没有发育出任何真正意义上的宗教。于是礼乐就成为中国古典社会有序运行的两大支柱。于是中国文化就成为世界上独树一帜的文化——道文化、人道文化、礼乐文化，一种以道为内在依据、以礼为外在准则、以中庸观念为核心的礼乐文化。

何谓道？韩愈说"读书必先识其字"，故要理解"道"，必须从"道"的古字和本义开始。"道"的古字由首、止和行三部分组成。由此《说文解字》指出了它的本义："所行道也。"既然是一条道，那无论大道、小道，无论水路、陆路，无论西方文明之道，还是中华文明之道，只要是道，那必备五大元素：一、主动者；二、起点；三、根据；四、途径；五、归宿。我们今天要了解的是中华文明之道，前三个元素相对重要。第一个元素"主动者"决定了中国文化的基本性质：重人，重人道。荀子云："道者，人之所履也。道者，非天之道，非地之道，人之所以道也。"第二个元素"起点"决定了中国文化的主要特征：重根，重源头、重传统、重祖宗、重大人，与西方文明大异其趣。第三个元素"根据"最重要，它决定了中国文明的独有结果：五千年绵绵不断。我们的人文祖先根据什么而开辟了自己独特的不同于其他三大文明的发展道路？孔子告诉我们：是天道。是我们人文祖先根据天道而走出来一条中华文明之道。《易·文言》说："刚中而应，大亨以正，天之道也。"指出天道乃中正之道。我们人文祖先正是以中正的天道为根据、为原则、为法本而开辟了自己的发展道路。这就是孔子所谓"唯天为大，唯尧则之"，《中庸》所谓"极高明而道中庸"，而这条道就被孔子称之为"中庸之道"。

中庸是中国文化的核心理念，是中华民族传统的核心价值观，是中华民族智慧和教养的集中体现。中庸有两个关键词,一曰中,二曰庸。中者,适中、合适之谓,力求适时、适地、适度;庸者,"用也、常也"(朱子语),用即用中,即按照合适的方式做事。常即常规、常态、常行,就是日常、经常、正常,就是不可更改者。因此二程说:"不偏之谓中,不易之谓庸。"中庸观念是处理天人关系、人人关系以及人自我身心关系的最高准则,是中华民族传统的核心价值观。所谓中庸有两大标本:上天,祖先。中庸的内涵、标准和基本表现形态只是两字:序,和。"乐者,天地之和也;礼也,天地之序也"(《礼记·乐记》)。上天既是严整的秩序,更是圆满的和谐。秩序与和谐,是上天宇宙运行的大准则。我们的祖先发现了这一准则,并以此规划、安排和组织中国社会,于是中国成为礼仪之邦,中国文化被塑造成一种典型的礼乐文化。中国古代文物正是这种独特文化的典型产品。

为此,我们由"道"的五大元素,可以对"道"做出如下总结,一、"道"的第一元素主动者,决定了中国文化基本性质:道文化,人道文化,是从人的生命关照出发而最终落实到人的生命关照的文化;二、"道"是中国文化的起点、根基、本源和由来:三、"道"是中国文化发生发展的内在根据,是中华民族形而上的本体论;四、"道"是中国文化发展演变的基本途径;五、"道"是中国文化发展的理想目标和归宿,由此可印证钱穆先生中国文化的"天人合一"既是起点又是终点的论断。这五个方面正是包括中国古代文物研究在内的人文学术研究的基本着眼点、重心或前提。

三、说礼

如何理解"道"是内在根据?这非常简单:我们人文祖先开好了一条道,我们子孙后代就顺着这条道走下去,就必然会一步步展开新的境界,一步步接近目的地。如果没有道,我们漫天遍野地行走,永远不会到达目的地,因此"道"至关重要。然而,人类经验告诉我们,如果只有道而没有交通规则也是走不好、走不通的。因此"礼"就很自然地被提了出来。所谓礼,就是保证把道走好的交通规则,理性的表述就是:外在准则。于是道和礼,一内一外,一里一表,相辅相成。因此中国文化既是道文化,也是礼文化。从内在品质上说是道文化,从外在特征上说就是礼文化。总之是以道为依据,以礼为维系的礼乐文化。

礼本来是一种事神行为。《说文解字》讲:"礼,履也。所以事神致福也。""礼"的古字由两部分构成,上边是"玉",下边是"鼓"。玉是礼器,鼓是乐器。礼字本身就包含着礼和乐两个层次。于是我们古人造字时就把行礼以玉以鼓这一重要文化现象永久地记录下来。康德等说:"神是人类社会的起点。"但中国的神与西方的神不同,西方的神是彼岸世界的主宰,是唯一的,至上的。中国的神则是现实的,亲近的,因此是多元的,是把与人类生命息息相关的东西神化的结果。首先神化的是上天,其次是祖先。于是中国的神主要有两大系统,即天道自然神和人道祖先神。中华民族原有的传统信仰体系就是天地君亲师,五位一体,两大系统。

荀子等先贤告诉我们,天地者,生之本,物之本;先祖者,类之本,人之本。上天创造生命、化育万物生灵;祖先创造人类,给予我们个体生命,因此要回馈,要报答上天祖先之大德。如何回馈和报答,空口无凭。于是礼的行为就发生了。《礼记》说:"礼,报本反始也。"所谓礼,就是回馈和答谢上天和祖先的行为。那如何送礼?人类的经验无非是四个字:投其所好。于是,我们先德历史性地选择了玉作为向上天贡献的礼品,作为沟通天人的主要媒介;选择了牺牲、黍稷、酒醴等作为向祖先贡献的礼品,并选择青铜器作为盛装这些特定礼品的特定盛具;选择了钟、鼓之类作为向上天祖先行礼时以隆其德,用以振奋情感、激扬情绪的特定乐器;选择了钺、戈、矛、戟之属作为祭祀上天、祖先时维护秩序、营造气氛以隆其盛的仪仗器;选择了车马器,选择了丝帛礼服等等。于是成就了一个灿然的礼器制度体系。因此我一再强调,礼器是中国古代文物主要的、核心的和最具代表性和最有价值的构成。

那本来是向上天、祖先送礼的行为,为何转化演变为外在准则?对神灵必须虔诚、恭敬,送礼不能一哄而上,混乱而为,必须围绕一个"序"字进行,必须要有秩序、次序、要合程序。礼的指标,礼的基本精神就是序。如何实现秩序,就需要排队,而排队的前提是分别。只有把男女,大小,上下贵贱,把社会地位的高低,血缘关系的远近,把公、侯、伯、子、男分别清楚,才能排好队,排好了队,就实现了秩序。有秩序才能实现和谐,"礼之用,和为贵",礼的功能就是实现和谐。所以《荀子·乐论篇》

说:"乐合同,礼别异。礼乐之统,管乎人心矣。"这就是孔子所谓"明乎郊社之礼,禘尝之义,治国其如示掌乎!"的真正意义和缘由所在。

《礼记·乐记》曰:"乐者,天地之和也;礼也,天地之序也。"二程说:"礼只是一个序,乐只是一个和,只此两字,含蓄多少义理。"礼的基本精神是序,乐的基本精神是和。秩序与和谐是天体宇宙运行的大准则。我们祖先发现了这个准则,于是"承天之道,以理人之情",把这个大准则用以规划、安排中国社会。于是中国成为礼仪之邦,中国文化成为世界上独树一帜的礼乐文化。

我们先人为什么选择了玉作为沟通天人的媒介,中华民族为什么成为世界上唯一的尚玉的民族? 这主要取决于玉的五大优良物理品性:其一,精。玉是得山川之精,天地化育的精华。其二,理。先人认为玉具有理性。理者,条理、纹理、肌理。肌理是事物内在的和共性的构成。孔子说美玉:"远而望之,焕若也;近而视之,瑟若也。一则孚胜,一则理胜。"玉的外在和内在相得益彰。而肌理就是线条。中国艺术选择线条作为其形象组织,作为其抒发情感因素的主要表现手段的原因正在这里。其三,美。《说文》:"玉,石之美而有五德者。"选择玉实际上是人类最古老的石崇拜观念的一种理性升华。其四,尚其温与柔。软玉中尤以和田玉最好,玉器温而柔的特征象征中华民族农业文明温柔敦厚的性格。其五,永恒。追求永恒是人类共同心理,是黄河流域农业民族固有的优良心态。

给祖先送礼当然要送吃喝食物之类。吃的,我们先人选择了牺牲、肉食,其营养丰富,味道好,动物蛋白给人类生命做出了非常重要的贡献。所以《黄帝内经》说:"五畜为益。"但中华民族不是以肉为主食的民族,而是以黄粮(黍稷、谷物种子)为主食的民族。所以《黄帝内经》说:"五谷为养。"喝的,先人选择了酒醴。原因就在于酒有一种特殊功能,它可以使人达到一种特殊状态:浑沌。而浑沌状态与祖先的死亡状态最为接近。人们只有达到如是浑沌状态,才可以拉近和祖先的距离,才能有效地和祖先沟通,这就是所谓酒文化的本来意义。而如何把诸如此类送上去? 对神灵必须虔诚恭敬,于是我们先人选择了青铜器,选择了青铜器作为盛装向祖先所贡献礼品的特定盛具,盛装牺牲的我们称之为牺牲之盛,以鼎为首,包括鬲、甗、豆、俎等;盛装主食的我们称之为黍稷之盛,以簋为首,包括簠、盨、敦等;

盛装酒醴的我们称之为酒醴之盛,主要有尊和彝两种,即礼书所谓"六尊六彝"之属。而中国古代的酒分三种:鬯、醴、酒。所谓鬯,古人解释是一种用黑小米酿制,用郁金香之类熏过的香酒,不能饮用,是用于"祼"礼,即迎接祖先降临之礼时所用。祼者,灌也。祖先入土为安,行祼礼就是用彝,即爵盛鬯而祼地,以其香味招引祖先魂灵到来。祖先降临则献"醴",是由其孙子扮作"尸",代表祖先来接受礼献。既为孙子必不胜酒力,所以只能喝醪糟,果酒露酒之类,这就是所谓醴。醴量很少,以牺尊盛装。因此酒器无论尊彝均以小为贵。为什么由孙子扮"尸"而不是儿子?就是因为孙子尚处于懵懂无知的浑沌状态。酒才是大人——儿子喝的。为什么在祭祀祖先时要喝酒,就是因为酒可以使人达到一种浑沌状态。盛装酒的是大尊,即壶、卣、觯、瓿之类。罍最大,不属六尊范围,地位最低,不得进宗庙。当然典礼,无论对天道自然神还是人道祖先神,必须事先洁身沐浴,以示诚敬。于是就需要另一类青铜器——盥沃之盛,即盘、匜、盂、鉴之属。

为什么选择青铜器作为祭祀祖先的主要礼器?其主要有三个原因:第一,青铜器作为新兴的,集当时人类最高智慧而为之的高端产品,必为当时统治阶层所珍视;第二,青铜器和陶器一样,是人类采取制造手段生产出来的,因此可以随意赋形,并经久耐用,可以"子子孙孙永宝用",满足人们追求永恒的心理;第三,取决于青铜器本身的基本性质和社会功能,这就是礼书告诉我们的"示和"和"见情"。总而言之,还是在于"礼",在于礼的特质及其规定性。限于时间,我们不再深入展开,大家可以读一下我的《青铜器礼义论要》一文。

四、礼器是古代文物的核心构成

中国文化是礼乐文化,中华民族的传统生活是礼乐生活,其最重要的生活用具就是礼器。所谓礼器即行礼之器,是古代最重要而高尚的礼活动所用的特定器物,是礼及礼制的体现和物质载体。礼器是调节天人关系、社会关系以至个体生命之身心关系的媒介和工具。因此我们完全有理由认定礼器是中国古代文物的主要的、有代表性的、也最有价值的核心构成。

由此我们可以对中国古代文物的基本精神或特质作如下归纳。一、"器以藏礼",铭德纪功,贯穿一个"礼";二、"发于天然,非由述作""观物取象""物类相感";三、本标相应,美善相融,文质相得。

由此关于古代文物的研究,我们只能从两个层面同时展开。其一,形而上的观照,即意义认知,具体讲就是从上述关于"道"的五大元素或曰五个方面着手进行。于是,我们得出如下基本认识:文物无不凝聚了先人的真实情感和高度智慧,由此才赋予了一种崇高的意义和优美的造型,成为一种天地境界和社会人格精神的魅力象征。文物无不体现出中国传统的思维模式、价值观念和审美情趣,无不具有一定的形上意义。文物有生命,有温度,可以与人对话,与人情思往还,可以净化我们的心灵。于是,我们得出如下结论:玉器是我们祖先为报答上天创造生命,化育万物之大德而选择的向上天贡献的主要礼品,是用以沟通天人的重要媒介;青铜器是我们祖先为报答祖先创生人类,给予我们每个人个体生命之大德而选择的特定礼品:牺牲、黍稷、酒醴和敬献时所需沐水的特定盛具,以及无论祭祀上天或祖先时必备的乐器、仪仗器、车马器等;碑刻是青铜器"铭功纪德"社会功能的载体转化;印玺则是人文觉醒、精神自觉之后,礼器走下神坛,走出宗庙,进入日常社会生活的一种新型青铜器——信器,是"礼"的精神延续和发展;等等。

其二,形而下的具象研究,即具体的功能、形制、质材和制作等方面的研究。这里就需要联系性的思维能力,需要知识结构的合理,需要相当的知识量,需要必要的基础理论的掌握。同时需要相当的历史文献学的基础,尤其是需要借助科学研究方法,考古类型学的引用。具体而言,就是要运用考古学基本方法,类型学的方法,即通过器物的型和式的分析研究,来考察器物形制的发展演变及其规律。就礼器而言,由于礼器是礼的物质载体,因此对于礼及礼制的认识和研究就成为其研究的前提和关键。这里文献学的学养基础就显得特别重要。

器物分类是文物研究的基础环节。我经常说,功能决定类别。祭天之礼称"郊",就是在南郊筑坛而献祭。而与人类生命息息相关的天道自然神,无非是天地和东西南北四方神以及山川之类。对天和四方神的行礼方式主要是禋祀,或称

"燎",即用丝帛包裹玉器并积柴而燃烧,玉遇火即碎,一缕白烟升腾,象征上天接受;对地曰"瘞";对山曰"悬";对川曰"沉"。典礼时需要区别身份地位,于是需要佩执标志性物器件。于是,我们把古代玉器分为如下六大类:一、祭玉,或称燔玉。即《周礼》所谓"六器"之属,即向天道自然神贡献的主礼器,亦即璧、琮、圭、璋、璜、琥。二、瑞玉,即《周礼》所谓"六瑞"之属:镇圭、桓圭、信圭、躬圭、谷璧、蒲璧,分别由王、公、侯、伯、子、男所执。三、重器配件。玉的神性向人道祖先神的延伸。即在宗庙礼器的某些部位或佩挂、或插、或镶的玉件。四、饰玉,即装饰用玉,出现最早,也最普遍。不同身份地位往往有不同规格的佩饰。五、冥玉,或称葬玉。即墓葬所见墓主人所佩、所把握、所口含和躯体所服(金缕玉衣)、七窍所塞充(鼻塞、耳塞、肛塞)、所覆盖(瞑目、覆面等)的玉器。六、质玉:即以玉为要质,是春秋时期出现的专用于弭兵会盟活动的一种玉质载书。战国时消失而多为人质取代。

祭祖之礼曰"禘""祫",在宗庙进行。禘者,祭始祖;祫者,合祖而祭。基本程序是:肆、裸、献。不同程序需要不同的礼器。于是,我们把三代青铜器划分为如下几大类:一、礼盛,即盛装给祖先贡献的特定礼品的特定盛具,包括四小类:牺牲之盛、黍稷之盛、酒醴之盛和盥沃之盛。二、乐器,即钟、铃、铙之属。三、仪仗器,即用于标志身份和维护典礼秩序的钺、戈、矛、戟之类。四、车马器。五、用器,或称燕器等。

分类,即类型划分,属于横向研究,分期则以式的划分为基础,属于纵向研究。没有正确的类别分析,就不可能有正确的分期,就不可能有对器物形制发展演变的阶段性和规律性的认识。关于礼器的分期研究的前提当然还是对礼的发展演变的阶段性认知。司马迁根据荀子所说总结出了礼的发生发展的阶段性和规律性:"始乎脱,成乎文,终乎悦。"所谓"脱",即粗略、原始;所谓"文",即形成体系;所谓"悦",即成熟和规范化。于是,我们把中国古代玉器的起源及其发展演变的历程划分为四期:一、前礼器期,即史前古玉时期。此时只要有灵物和事神法器两类。二、主礼器期,即夏至商时期,此时玉礼器定于一尊,并得以初步规范和重要发展。商代玉数量多,工艺精,种类齐全,而尤以动物造型器繁多为其特点。三、主礼器后期,即西周时期,随礼制的确立而玉器规范并最终实现制度化阶段。组佩出现并盛行。四、转型期，即春秋战国时期。玉器走下神坛，而日益社会化。

基于对礼及其发展演化规律性的认识，我们把中国古代青铜器的发生发展也大致分为发祥、勃兴、规范和转型四期。

五、余论与总结

对人类本体的认识是生命开展的前提。人是什么？基本说来有两点，一、人类是身心灵的共同体；二、人类是有限的存在。因此人类不能唯神，不能唯物，也不能唯心，而只能神、物、心三位一体，以心为主导；因此人类必须心存敬畏，需要宗教情怀。而由天然根基和自然生态基础决定，中华民族没有发育出完整意义的宗教，而造就了礼乐。礼乐有着与宗教类似的两大功能：一是涵养理性；二是以伦理安排社会。于是中国文化终于成为一种以道为内在根据，以礼为外在准则，以和为终极追求的文化，一种从人的生命关照出发而最终落实到人类生命关照的道文化，人道文化。

中国所有文化产品，包括考古遗迹、遗物，都是这种道文化、礼乐文化的产物。故在从事考古和文物研究时，必须首先对我们民族文化有尽量深刻而全面的认知。礼是我们先人对上天对祖先满怀敬畏和感恩而尽情回报的行为。礼器是这种高尚行为的物质体现，因此它有情有信，有温度，有精神。因此我们一定要由物到人，由现象到本质，由敬畏到欣赏。

（原载《美成在久》2021 年第 6 期）

论中国印玺的起源

一

中国古代印玺是一种颇富民族文化特色的文化产品。其源远流长,品类众多,质材讲究,形制独特,款识精简而美观,于中国古代历史文化、文字及艺术的研究均具有特殊的意义和重要的学术价值。关于印玺的研究是从宋代开始的,清代以降则发展成一门相对独立的专门性学问——印学。

中国印玺的起源问题是印学研究中一个十分重要和首要的问题,而且同探讨中国文化的其他产品,诸如玉器、碑刻、书法等起源问题一样,不是简单地依据某一或某些考古遗物所能证实的问题。由于中国印玺历史悠久并具有特定的文化内涵,因此探讨其起源确有一定难度,故虽自汉代起就陆续有人试图作以说明[1],至清末特别是20世纪50年代以来诸多学者更从种种新的角度进行专题研究,然而未能达成一致意见,至今仍不失为一个学术悬案,以至像罗福颐这样的印学大家和沙孟海这样的艺术大师,对此也只得采取述而不作或不置可否的态度,径直从有实物可征的战国玺印开始而展开各自的印学研究和论述[2]。

归纳起来,记载或论及印玺起源时代并具有一定代表性的大抵有如下诸说:

1. 三皇五帝说。主要出自汉代两种纬书《春秋运斗枢》和《春秋合诚图》。前者讲:"黄帝时,黄龙负图,中有玺章,文曰天王符玺。"后者讲:"尧坐舟,中与太尉舜临观,凤凰负图授尧,图以赤玉为匣,长三尺,广八寸,厚三寸,黄玉检,白玉绳封两端,其章曰'天赤帝符玺'五字。"今天看来此说几近荒诞,自不足凭信。

---

[1] 见后面所引汉代纬书《春秋运斗枢》和《春秋合诚图》,以及《东观汉纪》、应劭《汉官仪》等。
[2] 见罗福颐:《古玺印概论》,文物出版社,1982年。沙孟海:《印学史》,西泠印社,1987年。

2. 三代说。《后汉书·祭祀志下》说:"尝闻儒言,三皇无文,结绳以治,自五帝始有书契,至于三王,俗化凋文,诈伪渐兴,始有印玺以检奸萌。"《逸周书·殷祝解》说:"汤放桀而复薄,三千诸侯大会,汤取天子之玺,置之于天子之座右。"此说亦不无疑问,前者虽出自信史文献,但正如其开篇所云"尝闻儒言",盖范晔取于传说也。而《逸周书》的内容及名目虽见于《汉书·艺文志》,确为周秦遗文,甚或认为出于汲冢[1],但正如唐刘知几所指出,有些内容恐为后人"有所增益"。至于晋王嘉《拾遗记》中所记大禹导川夷岳时,玄龟颔下有古篆文印云云,则更属子虚乌有之神话。

3. 商代说。持此说者为当代学者,所论角度各有不同,但论据均为当年于省吾《双剑誃古器图录》和黄濬《邺中片羽》所刊布的所谓三方商玺。如李学勤、黄盛璋先生。其中李先生甚至认为:"看商末古玺的制作已成熟,其渊源仍可上溯。"[2]

4. 西周说。温廷宽曾主此说,其在《印章的起源与肖形印》一文中说:"印章在中国只有3000年左右的历史……从周代开始,逐渐变为防范、监督、证据、保密等用途的工具。"[3]其主要论据是《周礼》及上述三方古玺。故此说之可信度如何,亦取之于此三玺是否确定为商或西周物。

5. 春秋说。持此说者以罗叔子、吴荣曾和高明先生为代表。实际此说产生最早,《世本·作篇》即说:"鲁昭公始作玺。"[4]

6. 秦代说,持此观点者为清姜绍书[5]。

关于印玺产生的原因,具有代表性的观点有如下几种:

1. 示信。此说似占主流,从《东观汉纪·马援传》、应劭《汉官仪》、《后汉书·

---

[1] (南宋)陈振孙:《直斋书录解题》:"《汲冢周书》十卷,晋五经博士孔晁注,太康中汲郡发魏安釐王冢所得竹简书……"
[2] 李学勤:《中国玺印的起源》,《中国文物报》1992年7月26日;黄盛璋:《我国印章的起源及其用途》,《中国文物报》1988年11月4日;潘振中:《试论我国印章起源于宗教》,《中国文物报》1990年7月22日。
[3] 温廷宽:《印章的起源与肖形印》,《文物参考资料》1958年12期。
[4] 罗叔子:《印章的起源及其演变》,《江海学刊》1961年7期。吴荣曾:《中国古代玺印》,《中国大百科全书·考古学卷》,第673页。高明:《中国古文学通论·战国玺印》,北京大学出版社,1996年。
[5] 姜绍书《韵石斋笔谈》:"印章之制始于秦而盛于汉。"

祭祀志下》到元吾丘衍,以至民国赵汝珍等均主此说。20世纪50年代罗叔子则更进一步指出,应结合印章示信作用这一特质来探讨印玺的起源[1]。

2. 认为经济发展、政治变革和青铜工艺技术的提高是导致印玺起源的原因。如高明、曹锦炎等先生[2]。

3. 认为制造技术、私有制产生和文字使用为印玺产生的三个前提。持此说者为王廷洽先生[3]。

4. 起源于宗教,潘振中先生主此说,其主要由上述三铜玺之边框作亚形而立论,引据宋张抡"凡器之有亚形者,皆为庙器"之说,认为亚字乃表示太阳神之符号[4]。

5. 外来。持此说者主要是外籍学者,其采用比较学研究的方法,认为中国古玺源于苏美尔人之陶制筒形印章[5]。其实彼此无论质地、形制、内容及作用均相去甚远,本非同一体系。

6. 陶拍说。李学勤先生似主此说[6]。

其他则还有圭璧说[7]等等。总之历代学者尤其当代学者虽作出了可贵的努力,也提出一些有价值的见解,甚或得出相对正确的结论,但由于种种原因或局限而各有所偏颇,或失之肤浅、片面,或就物论事,故说者纷纭而莫衷一是。

我们认为探讨中国印玺的起源,关键的或主要的是把握三个方面:

其一,中国印玺的性质、作用和文化意义;

其二,考古发现资料及传世文物的认识;

---

[1] (元) 吾丘衍:《学古篇》:"三代时却又无印,学者慎此。《周礼》虽有'玺节'及职金掌'辨其媺恶,楬而玺之'之说,注曰:'印,其实手执之卩,音节也。'正而刻字,如秦氏玺而不可印,印则字皆反矣。古人以表信,不问字反,淳朴如此。"赵汝珍《古玩指南·印章》:"今日所用之玺印,自黄帝之时即已有之……,岂知三代之前,虽已有印,但绝非后日之印,……绝非用以钤盖文书者,亦非用以签订契约者,乃系官吏大夫之一种信物,一种凭证。"

[2] 参见高明:《中国古文字通论》,第457页;曹锦炎:《古玺通论》,上海书画出版社,1996年。

[3] 王廷洽:《中国印章史》,华东师范大学出版社,1996年,第17页。

[4] 见潘振中:《试论我国印章起源于宗教》。

[5] 参见陈松长:《玺印鉴赏》,漓江出版社,1993年,第2页。

[6] 见李学勤:《中国玺印的起源》。

[7] 孔云白:《篆刻入门》,上海书店出版社,1979年,第1页。

其三,古代文献记载的考证。

而其中最重要当属第一条,此为肯綮所在,以往学者所论之所以不能尽如人意,主要原因就是没有注意或轻视了这一条。

二

中国文化素以一种突出的求治求善的政治性和伦理道德性特征区别于其他民族文化。诸多先哲时贤对此均有精辟之论述,如李大钊、梁漱溟、孙本文、冯友兰、钱穆、戴逸等[1]。梁漱溟先生径称中国社会为"伦理本位社会"[2]。冯友兰先生在其《中国哲学的特质》一文中指出:"中国文化有一个特点,就是对人的评价很高,人在宇宙中间占了很高的地位,人为万物之灵……基督教文化重的是天,讲的是天学;佛教讲的大部分是人死后的事,如地狱、轮回等,这是'鬼学',讲的是鬼;中国文化讲的是'人学',着重的是人。"中国人所关注的主要是人际的,特别重视人与人之间的关系,追求社会生活的秩序与和谐。在先秦诸子中,各家虽各执其辞,观点不一,但有两点却是共同的,其一是均有高度的政治热情,其二便是均十分重视人际伦理道德。儒家孔子学说以"仁"为核心。所谓"仁",由字形字义讲就是二人,孔子解释为"爱人""泛爱众",实质就是讲人际关系的。道家反对"仁义"说,却倡导贵柔、"不为天下先"等道德信条;墨家则讲兼爱。然而其中起主导作用,对中国古代社会产生深刻影响的是儒家伦理学说。在孔子那里,"仁"是一个总的道德规范,是指一切德性的总和。在此道德总目下,孔子还分别提出"恭、宽、信、敏、惠"等具体条目。其中信作为第二位的道德条目,在儒家学说中占重要位置。孔子首

---

[1] 李大钊:《东西文明根本之异点》,载《李大钊文集》,人民出版社,1984年;梁漱溟:《中国文化要义》,《梁漱溟全集》第2卷,山东人民出版社,1990年;孙本文:《我国民族的特性与其他民族的比较》,载《民族性与教育》,商务印书馆,1949年;冯友兰:《中国哲学的特质》,《中国文化书院讲论录》第1集,载《论中国传统文化》,三联书店,1988年;钱穆:《中华文化十二讲》,台湾东大图书股份有限公司,1985年;戴逸:《关于中国传统文化的几个问题》,《中国民族性》(一),中国人民大学出版社,1984年。

[2] 见梁漱溟:《中国文化要义》。

倡"主忠信""行笃敬",曰"人而无信,不知其可","天子进德修业,忠信所以进德也"[1]。以后儒家陆续提出所谓"四德"——忠、信、礼、义或精、忠、孔、信[2];所谓"五常"——仁、义、礼、智、信。这些都是处理人际关系的基本准则和行为规范。而"信"均高标其中,而得以特别的重视。《左传·成公十六年》讲:"德、刑、祥、义、礼、信,战之器也。"又讲:"礼以顺时,信以守物。"那么其物者何?《左传·成公二年》所载孔子的一段话作了明确说明:"唯器与名不可以假人,君之所司也,名以出信,信以守器,器以藏礼。"这里的名,自不待言,即名分、爵号。而器呢? 则是表示等级名分的车服器具之类。我们今天所论之印玺非他物,正是其中一种标志身分、表示某种凭信的信器。

《说文解字》:"印,执政所执信也,从爪,从卩。"段注:"凡有官守者,皆曰执政,其所持之卩信曰印,古上下通曰玺。"《释名》:"玺,徙也,封物使可转徙而不可发也。""印,信也,所以封物为信验也。"《东观汉纪·马援传》:"符印,所以为信也。"应劭《汉官仪》:"玺,施也,信也。"蔡邕《独断》曰:"玺者印也,印者信也。"这些都明确指出了印玺的特有性质——信器或信物。睡虎地秦简《为吏之道》:"口者,关;舌者,符玺也,玺而不发,身(信)亦毋辥。"印玺之信器性质亦从侧面得以印证。

那么,作为信器的印玺的具体作用和用途是什么呢? 古代文献和考古发掘资料都有一些记载和实例说明。概括言之,其基本作用不外乎两种:一是钤印,二是佩带。

关于钤印之用,具体功能大抵有三:

(一) 封检官府及私人间传递交往的简牍书信、物品以及封禁机要物件等。

上古君主诏书、群臣奏章、官府公文及公私书信的交往和物品传递均需用印玺封检。其方法是用绳子将书牍(竹木简)和物品捆扎起来,在绳的纽结处缚入挖有凹槽的木板(斗),然后用一块黏土封住纽结,再用印玺钤盖于此黏土上,最后交由驿站传送。钤有印玺的这块黏土经烘烤而干燥后,就是今天我们所谓的"封泥"。

---

[1] 分别见《论语·学而》《论语·卫灵公》《论语·为政》和《易·乾·文言》,《十三经注疏》本,中华书局,1982年,第2458、2517、2463、15页。

[2] 《国语·周语上》。

这种做法类似于今天火漆或锡饼固封之类。其目的一是使对方信任,一是为了保护所封物件的秘密,防止私拆。亦即刘熙《释名·释玺》所谓:"封物使可转徙而不可发也。"《释检》所谓:"禁闭诸文,使不得露也。"1972年长沙马王堆一号汉墓出土一个盛物的陶罐,其口部由草封塞,草外涂有泥土,泥土上由绳子缚一斗,斗上即钤以"轪侯家丞"印的封泥。同墓另出一竹笥,内盛食物,外用色带缠缚,带上系一木牌,其上贴有白泥,泥上亦钤有"轪侯家丞"印文(图一)[1]。这使我们对印玺封检物品的方法真正得以了解。关于印玺封检物品及书信,在文献中有明确记载。《史记·秦始皇本纪》记载秦长信侯嫪毐作乱,想征发县卒和卫卒,于是"矫王御玺及太后玺",行文征发。可见官府命令必以印玺封缄作为凭信,如无印玺,便不能生效。《汉书·赵皇后传》记载成帝与赵皇后欲杀许美人之子,而把许子装于苇箧之中,并"封以御史中丞印,曰:'告武,箧中有死儿,埋屏处,勿令人知。'"。至于《国语·鲁语》所载"季武子取卞,使季冶逆,追而予之玺书",则更为人熟知。另《淮南子·时则训》记载孟冬之月:"修城郭,警门闾,修楗闭,慎管籥,固封玺。"可知印玺甚或可以封闭门户。

图一　马王堆一号墓出土竹笥及封检

《淮南子·齐俗训》说:"若玺之抑埴,正与之正,倾与之倾。"所谓抑埴,即以印

---

[1]《长沙马王堆一号汉墓》,文物出版社,1973年。

玺戳印黏泥块。《吕氏春秋·适威篇》："故民之于上也,若玺之于涂也,抑之以方则方,抑之以圜则圜。"蔡邕《独断》也说："皇帝六玺……皆以武都紫泥封之。"至为明确。总之,封检书信、物品是印玺的基本功能之一。

（二）封检商品货物,以"检奸萌"、杜"诈伪",或作为一种准许货物流通转运的信用凭证。

《周礼·地官·掌节》："货贿用玺节。"同书《司市》："凡通货贿,以玺节出入之。"《秋官·职金》："受其入征者,辨其物之媺恶与其数量,楬而玺之。"先秦时期货物的运输、流通均需一定的凭证,均需办理一定的行政手续,诸如质量检查、征收税金等,才能通行或出入关市,而其凭证必须加盖印玺,以明信用。这类印玺即有似于今天政府质检等职能部门的公章。传世的楚国官印"正（征）官之玺""勿正（征）关玺""左正（征）玺"和"南门出玺",齐国官印"豕母司关""执关""子杢子鉴（节）"[1],秦半通印"都市""市印"[2]等,便是直接的实物证明（见图二,1—4、7）。《周礼·地官·掌节》："门关用符节,货贿用玺节。"同书《司关》："（司关）掌国货之节,以联门市,司货贿之出入者,掌其治禁与其征廛。"《鄂君启节》铭文规定："见其金节则勿征,不见其金节则征。"这里楚之"征官",即职掌税收的官员。"南门出玺"当为交纳税金或质检后放行之用印。齐之"豕母司关"等三印则显系地守官（司关）之用印。至于秦之"都市"诸印,为秦管理市场之治所用印,当勿庸置疑。1983年,河北灵寿中山国第5号遗址铜作坊内出土了7方具阳文"斃（身）""桊（券）"二字的封泥,无疑为此类具有信物作用的官用玺节之类的遗迹[3]。

（三）捺印于陶器或烙印于漆、木器等甚至牲畜身上,以起到一种"物勒工名,以考其诚"[4]或标识产品名称和所有权的取征信誉的作用。

---

［1］《上海博物馆馆藏印选》,上海书画出版社,1979年,第5、6页;罗福颐:《古玺汇编》,文物出版社,1981年,第52页,0295;第29页,0168;第30页,0175;第29页,0172。另参见石志廉:《馆藏战国七玺考》,《中国历史博物馆馆刊》1979年1期。

［2］俞伟超:《秦汉代的"亭""市"陶文》,《先秦两汉考古学论集》,文物出版社,1955年。

［3］《中山国灵寿第四、五号遗址发掘简报》,《文物春秋》创刊号,1989年。

［4］《礼记·月令》："物勒工名,以考其诚。"郑注："刻工姓名于其器,以察其信。"见《十三经注疏》本,中华书局,1982年,第1381页。

图二　楚、齐、燕、秦国官印及陶文

古代印玺除可以钤印泥封之外，还可以钤印在官府手工作坊或私家陶工制作的陶器（胚）上。这也许就是《淮南子·齐俗训》所谓"玺之抑埴"的确切含义，这已被大量传世和考古发掘的实物材料所证实。这类陶器印文的内容一般是生产地点、作坊和监造者及制作人的名称，而依照官府之某种特殊规定而为之。其目的显然是为了起到一种标识品名牌号或所有权，以取征信誉。山东临淄、历城，河北易县、陕西咸阳以及河南郑州、荥阳、登封告城、温县北平皋，河北邯郸、武安等地都出土过此类钤有印玺的陶器或陶片[1]。诸如临淄出土的钤有"大市区（节）""公釜""王区""王豆""王料"之类印文的陶量器；易县出土的燕国印有"左宫寇""右宫郙""平阴都司工"之类陶器作坊及陶工名字的陶器[2]，河南郑州、温县等地出土的"亳""格氏""公""邢公""左司工""右司工"之类陶器印文[3]，还有钤有"咸亭当柳恚器""咸亭右里道器""咸直里文"等印记的秦国陶器[4]（图二，8—16）。20世纪70年代以来，秦始皇兵马俑也出土了大量钤有"宫臧""宫系"及"右禾""左水"等官署和工匠名印文的板瓦、筒瓦（图二，17、18）[5]。

把铜质印玺施加一定的热度则可烙印于漆器和木器之上。1953年长沙杨家湾战国楚墓和1980年长沙火车站均出土过烙印"市攻（工）"或"陈"等印记的漆器[6]，长沙银行干校、湖北纪南城、望山及河南信阳长台观等地战国楚墓的椁板上则发现"沅易（阳）俿（衡）""於王既正""邵竽"等职官名之类烙印[7]，传世古玺中也发现有专门烙木所用之印。如天津艺术博物馆所藏"左桁敊（廪）木"[8]，笔者收藏的"安阳"印，也当属此类烙漆或烙木之印（图三；图四，1—3）。

图三
铜烙漆木印"安阳"

为了标识马种、马厩、马的编伍或马的主人，饲马者往往用印玺烙印于马身某一部位。著名的"日庚都萃车马"战国烙马印[9]和"灵丘骑马"汉烙马印，便是此

---

[1] 参见李学勤：《东周与秦代文明》，文物出版社，1984年；邹衡（执笔）：《晋、豫、鄂三省考古调查简报》，《文物》1982年7期。

[2] 参见李学勤：《东周与秦代文明》；另见罗福颐：《古玺汇编》，第15页，0085。

[3] 见李学勤：《东周与秦代文明》；邹衡（执笔）：《晋、豫、鄂三省考古调查简报》。另见罗福颐：《古玺汇编》，第14—15页，0080—0090。

[4] 见俞伟超：《秦汉代的"亭""市"陶文》。

[5] 袁仲一：《秦代陶文概论》，《秦代陶文》，三秦出版社，1987年。

[6] 周世荣：《湖南楚墓出土古文字丛考》，《湖南考古辑刊》第一辑，岳麓书社，1982年。

[7] 吴铭生：《长沙战国墓木椁上发现"烙印"文字》，《文物参考资料》1956年12期；又《湖北江陵三座楚墓出土大批重要文物》，《文物》1966年5期。

[8] 见罗福颐：《古玺汇编》，第52页，0299、0300。并参见石志廉：《战国古玺考释十种》，《中国历史博物馆刊》2期，1980年；朱德熙：《释桁》，《古文字研究》十二辑，中华书局，1985年。

[9] 见罗福颐：《古玺汇编》，第51页，0293。

图四 烙木印、烙漆印、烙马印、奇文印、图形印

类遗物(图四,4、5),这些也都直接证明了印玺的此一特殊功用。

关于佩带之用,即系彩带(印绶)于印纽之上,佩带于腰间,具体功能也大抵有三:

(一) 官吏职权的凭证

中国古代政府任命官吏，必授其印玺，即所谓"封官授印，罢官解绶"，官印就是任职的信用凭证。古文献记载很多，《管子·君臣上》："主画之，相守之；相画之，官守之；官画之，民役之；则又有符节、印玺、典法、策籍以相揆也。"《墨子·备城门》："梳关一莞，封以守印。"《战国策》记载赵王封苏秦为武安君，并授其相印。《史记·苏秦传》记载苏秦曾佩六国相印以合纵抗秦，其临死也不忘将其官印的复制件带入棺材。至于《韩非子·外储说左下》则记载的邺令梁车因其姊逾郭而刖其足，赵成侯"以为不慈，夺之玺而免之令"和西门豹"愿请玺复以治邺"，结果仍未治理好而最终"纳玺而去"的两个故事，也都非常清楚地印证了印玺的这一重要功能。

云梦秦简《法律答问》记载："亡久书、符券、公玺、衡嬴（累）、已坐以论，后自得所亡，论当除不当？不当。"是讲丢失了公玺等要治罪，即使后来自己找到了也不能免罪。秦律还明确规定，私刻、盗用官印均属犯罪。《商君书·定分》载："有擅发禁室印，及入禁室视禁法令……罪皆死不赦。"上面所述嫪毐假造玉玺而叛乱，最后被处以极刑便是明证，这无疑从反面说明印玺作为官吏职权凭证和官府行政权力象征的特殊重要性。

(二) 官秩等级和名分地位的标志

至迟自秦汉以来，印玺不仅仅是实际行政职权的凭证，同时又是个人名分地位、官秩等级的标志。《史记·范雎蔡泽列传》记载："（泽）谓其御者曰：'吾持粱刺齿肥，跃马疾驱，怀黄金之印，结紫绶于要（腰）……足矣。'"蔡泽心满志得之态跃然可见。上述苏秦欲以官印殉葬及马王堆二号墓的墓主人利苍亦随葬有"轪侯之印""长沙家丞"两方官印，均证明了印玺的这一政治功用。

《初学记》引汉卫宏《汉旧仪》和《汉书·百官公卿表》明确记载有从诸侯王、列侯、丞相、太尉以至千石、百石各级官吏所用印玺的质料、纽制、名称和绶色等不同等级的规定。前书载："诸侯王印，黄金橐驼纽，文曰玺，赤地绶；列侯黄金印，龟纽，文曰印；丞相、将军黄金印，龟纽，文曰章；……中二千石银印，龟纽，文曰章；千石、六百石、四百石铜印，鼻纽，文曰印。"后书载，丞相、太尉皆金印紫绶；比二千石以上皆银印青绶。比六百石以上铜印黑绶；比二百石以上铜印黄绶。这些记载与今天考古发掘所得虽不尽一致，但有一点是明确的，即不同官秩，其玺印的质地、纽制、名称、绶色等均不同。1968 年陕西咸阳发现一枚"皇后之玺"，为白玉质，螭虎纽，与《汉旧仪》所记汉代"皇帝六玺，皆白玉螭虎纽""皇后玉玺，文与帝同。皇后之玺，金螭虎纽"正相吻合（图四，6）。而今天所见诸多"××丞印"等，诸如马王堆二号墓所出"长沙丞印"，则一般为铜质。

（三）祈祥求福的中介物

卫宏《汉旧仪》还记载秦以前人往往以不同的爱好佩带不同质料的玺印[1]。除名章外，其大部分当为刻以吉语格言之类的闲章或具有吉祥意味的肖形印。今天所见大量的吉语印和肖形印正是这类遗存。其佩带的目的无非是被一种超世间的意念所驱使而向神祇表示信诚，以求福佑。据记载汉代流行正月卯日佩带刚卯、严卯印以避邪祛疠的风俗。这类刚卯、严卯印如汉服虔注《汉书·王莽传》及《后汉书·舆服志下》记载，刚卯或用玉，或用金，或用桃，著革带佩之，而以官秩决定其质地大小。《说文解字》曰："殹，刻殹，大刚卯也，以逐精鬼。"这种刚卯、严卯印传世者很多，故宫博物院、上海博物馆、南京博物院等均有收藏。

王献唐《五灯精舍印话》讲"周秦两汉玺印，类皆佩带"，"吉语汉印，多系佩带之物，如出入大吉，出入大幸，词义可见，不尽为钤印之用"，"出入佩带，于以致祥"。《史记·封禅书》记载方士栾大声称通天使者，蒙骗汉武帝曰："（只要陛下）贵其使者，令有亲属，以客礼待之，勿卑，使各佩其信印，乃可使通言于神人。"于是汉武帝授其"五利将军""天士将军印"和"天道将军印"等。由此可知，有些印章具有一定的巫术性质。今天所见诸多吉语印、四灵印和所谓"黄神越章天帝神之印""黄神之印""天帝神师"之类厌胜印（图四，7）。均是这种祈祥求福、避邪驱灾

---

[1] 卫宏：《汉旧仪》："秦以前民皆佩绶，以金、玉、银、铜、犀、象为方寸玺，各服所好。"

的吉祥中介物品。

综上所述,印章的性质至为明确,即信器。其功用也十分清楚,它关系到中国古代社会经济、文化,尤其是政治等各个方面,因此它有着非常重要且为其他任何文化产品所不能替代的作用和价值。正如王国维在其《齐鲁封泥集存序》中说:"封泥与古玺相表里,而官印之种类则较古玺印为尤多,其足以考证古代官制、地理者,为用至大。"

三

了解了古代印玺的性质和功能,下面我们可以进一步对其何时起源,又如何起源的问题展开探讨,我们认为,这里的关键首先在于把握印玺为信器的这一特殊性质,而要把握此一特质则必须要紧紧扣住一个"信"字,须对"信"进行必要的时空考察,考察"信"这一古代思想史上的重要概念以及信器产生的时代和社会人文背景。

如上述,"信"的概念是中国传统伦理学中重要的道德条目。其意义一是信任,一是信用。《说文解字》:"信,诚也。从人,从言,会意。"《公羊传·僖公二十二年》曰:"人之所以为人者,言也,人而不能言,何以为人!言之所以为言者,信也,言而不信,何以为言。"《公羊传·僖公十年》曰:"士何如则可谓之信矣,生而不愧乎其言,则可谓信也。"《左传·襄公九年》曰:"信也,言之瑞也。"《公羊传·僖公二十二年》又曰:"信之所以为信者,道也。"这些文献既说明了信的基本意义,同时又指明信是人之所以为人的基本德性之一。在先哲那里,信被视为用以处理人与人之间关系的基本准则,是实现礼的精神(秩序)和乐的精神(和谐)的基本条件。孔子曰"自古皆有死,民无信不立","君子进德修业,忠信所以进德也,修辞立其诚,所以居业也"。《礼记·礼器》曰:"忠信,礼之本也。"《礼记·缁衣》曰:"身不正,言不信,则人不壹,行无类也。"《易·系辞上》则曰:"天之所助者,顺也;人之所助者,信也。"[1]

---

[1] 见《论语·颜回》,《十三经注疏》本,第2503页;并见《易·乾·文言》。

总之,"信"的概念首先是关于人,关于人生的一种理性观念,包含着十分明确的人性自觉意识,因而无疑是人们从两大原始崇拜——上帝自然崇拜和祖先崇拜笼罩下走出来之后生成的一种理念。由此也可以肯定地说,"信"的产生绝不可能是人们的思想被上帝观和氏族先王观所主宰的殷商乃至西周时期。如果我们对"信"字出现及其在古代文献中意义的演变作一历史的系统考察,便可以十分清楚地得出如此认识。

"信"字不见于甲骨文,西周铜器铭文仅一见,作"🈳"。于古文献,《易》中不见"信"字。"信"字最早见于《尚书》,共11字。《诗经》中"信"字出现较多,但多见于《风》中,而一般用作动词,或释为的确、确实。《尚书》中的"信"也一般用作动词,具有明确的德行意义的只有《仲虺之诰》"克宽克仁,彰信兆民",《武成》"惇信明义,崇德报功",《康王之诰》"厎至齐信,用昭明于天下"三条。但此时的"信"尚不具备普遍的伦理学上德性和德行原则的意义,充其量只是属于一般的个人道德规范,而多着眼于政治管理方面。

"信"观念是由祭祀文化、由敬天法祖思想和由对上天和祖先绝对虔诚的意识直接导源或脱胎的。《左传·桓公十六年》:"所谓道,忠于民而信于神也,上思利民,忠也;祝史正辞,信也。"《荀子·礼论》:"祭者,志意思慕之情也,忠信爱敬之至矣,礼节文貌之盛矣,苟非圣人,莫之能知也。"在崇帝尚鬼、敬天法祖的天命思想所主宰、所笼罩,人文主义思想成分仍处于一种相对朦胧或幼稚阶段的三代时期,"信"尚具有一种明显的宗教性,并未作为一种人格德行而得到统治者特别的重视和提倡,更远未进入人与人之间社会伦理关系规范之中。当时统治者所宣扬的人格德行中主要是"恭、让"(《尚书·尧典》),"直、宽、刚、简"(《舜典》),"宽、直、刚、简、柔、愿(厚道)、乱(治)、扰(顺)、强"(《皋陶谟》),"慈、孝、友、恭"(《康诰》)和"慎、孝、肃、恭"(《微子之命》)等。总之,具有普遍的伦理学意义,亦即孔子所讲之"信",此时没有,同时也是不可能产生的。

随着社会的发展,人们智力水平的提高,特别是人文精神的生长发育,神权社会趋于解体,祭祀文化和礼乐文化也由之结束了其辉煌的主宰性命运。中华文明步入新的重要发展阶段——春秋战国时期。尤其重要的是,此间旧的社会秩序、旧的礼制已无可挽回地走向崩溃,国野界线逐渐消失,身分自由的士阶层逐渐扩大起来,并从中分化出一些专业知识分子,于是先前"学在官府"的局面终于被打破,"智识之散布下逮"[1]在所难免,学术空前发达起来,人们的思想大大开化。人的觉醒必然导致文的自觉,于是一场以百家争鸣为主要特征的思想大解放运动终于酿成,并由此使得整个社会意识形态发生巨大变革,领主贵族政治日薄西山,封建世袭社会于是终于解体。

孔子便是这场社会大动荡、大变革中首先诞生的最伟大的教育家和思想家。一定意义上可以说,孔子是中国思想觉悟的第一人。他第一次把天送归大自然;他最早讲人性,开创人性论;他最先总结出中国先民的主导观念而明确提出中庸思想;他是第一位教师,有教无类,为打破学在官府局面,使知识下逮之第一功臣;他开创了对以后中国发生重大影响的儒家学派。特别要指出的是,孔子最早提出"仁"——一切德性的总和——的概念,以追求人际的社会的秩序性与和谐性,而在此道德总目下孔子又分别提出"恭、宽、信、敏、惠"五德,并申明"能行此五者于天下为仁矣"[2]。其中的"信",无疑已明确用来指人伦道德规范的德行了。由此可以说,作为社会人伦关系规范之德行的"信"此时才真正产生。而引发此一道德条目的正式确立还有一个重要的或直接的原因,这就是春秋时期一度在诸侯国之间盛行的一种礼仪性政治活动——盟誓。是时礼崩乐坏,王室衰落,诸侯兼并,战争频仍,社会动荡,人心叵测,于是诸侯国与诸侯国、诸侯与卿大夫乃至大夫与大夫之间为释疑取信,便不得不订立某种誓约或举行盟誓。《诗·小雅·巧言》:"君子屡盟,乱是用长。"毛传:"凡国有疑,会同则用盟而相要也。"孔颖达《春秋·隐公元年》疏:"天子不信诸侯,诸侯自不相信,则盟以要之。"这种政治性盟誓活动的主旨即为了取信,《左传·定公八年》曰"盟以信,礼也",《僖公二十八年》曰"君子谓是盟也信",《昭公十三年》曰"盟以底信",《哀公十二年》曰"盟,所以周信也"等等,都明确指出了盟誓的性质。既为盟,就需要一定的仪式:"凡盟礼,杀牲歃血,告誓

---

[1] 梁启超:《先秦政治思想史》,中华书局,1936年,第44—45页。
[2]《论语·阳货》,《十三经注疏》本,第2524页。

神明,若有违背,欲令神加殃咎,使如此牲也。"可见此盟誓仍然要靠天地神明的超社会的力量来维持,故此时所取之"信",仍带有明显的宗教特征。然而正是由于这种政治性盟誓活动的普遍出现,"信"才得到社会的普遍重视,而最终摆脱神祇而成为人际间社会生活中重要的道德信条。

《左传·襄公二十二年》曰:"君人执信,臣人执共,忠、信、笃、敬,上下同之,天之道也。"《国语·周语上》更明确提出"精、忠、孔、信"或"忠、信、礼、义"四德。从此儒家陆续提出一些德行体系:《逸周书·酆保》提出"忠、信、敬、刚、柔、和、固、贞、顺"九德,同书《立政》提出"仁、性、让、言(信)、固、始、义、意、勇"九行,以及"仁、智、固、信、诚、廉、戒、竞、国"九守。"信"均标列其中。这里的"信"既属个人德行品格,又是社会人伦关系的规范,当是毫无疑问的[1]。

"信"的概念既经产生,那么作为此一观念的直接产物——与玉、帛及青铜器等关于神祇的礼器有着不同性质、关于人际的信器,也必然产生于此时或稍晚。

春秋战国时期是中国文化形成和发展的重要阶段。此间古代中国社会在政治、经济、文化各方面都经历了一场深刻的历史大变革。除上述社会思想领域的变革,由此导致第一次思想大解放运动出现之外,关于当时的社会文化环境特征至少还有三个方面应引起我们特别的关注,而这三方面均与印玺的起源有着密切的甚至是直接的关系。

(一)土地占有形态和社会结构的变化。西周晚期随着封建世袭贵族人数的增多,可供分封的土地越来越少,特别是因之出现了谷禄制度,西周以来确立的大小世袭领主贵族等级分享土地所有权的制度渐渐趋于解体,于是土地便不可避免地由非运动形态向运动形态转变,由此导致主权与土地所有权的分离。"官僚政治"由此产生,真正意义的"官吏"便出现了。同时,由于学在官府局面被打破,学术趋于平民化,身分自由的士,尤其是其中的知识分子便形成一个特殊的固定阶层。这些新生的官吏,不再像旧有的世袭领主那样有着高贵的血缘关系和宗法神权,有着世袭神性的保障,而是靠"学而优则仕",单凭才能功绩,或文治或武功而进

---

[1] 参见王廷洽:《中国印章史》,第30页。

入统治阶层。那么这些新兴官僚如何维护既得权益,证实新获得的名分,确立新型的君臣关系和摆脱世袭旧贵族的种种压制,其最迫切和最重要的便是需要一种凭证,一种标志,一种信守之器。而这种凭证、这种标志已绝不会再是以往世袭贵族从周天子那里所得到的赏赐青铜礼器,而是印玺以及符节之类。这就是孔子所说的"名以出信,信以守器"的基本含义。总之,印玺就是在这种特定的人文条件和社会政治经济背景下应运而生的。

（二）商品经济发展,金属货币产生。世袭封建社会解体的另一个不容否认的重要原因是商品经济的发展。随着新的生产关系的出现,劳动者人身依附关系的松弛和劳动者流动情况的加剧,以及铁工具的使用,社会生产力提高了,城市经济随之便发展起来,各地间的经济联系日益加强。在这种新的社会状态下,有两种东西便不可能不产生,其一为金属货币,其二便是印玺。

金属货币的重要性不言自明,它直接促进商品经济的发展,为人文开化和社会产品流动性加剧的直接产物。而文献与考古发现同时证明金属货币产生于春秋时期。印玺作为一种"通货贿""辨媺恶""检奸萌"的征信之物便在商品交换和易地货运中不可或缺。无论官营商业还是私商贸易,铸钤印记,以征信保誉,确保日益频繁的交换正常开展,已逐渐成为一种常规性行为。这在上面所引述文献和传世的"征官""都市""司关"之类官印和"公釜""王区""王豆"之类陶量器印文以及"邢公""司工"之类陶器印文都从不同侧面证实了这一点。

（三）青铜铸造技术的进步。印玺的产生除需要特定的政治、经济、文化等社会人文环境外,还需要一个重要也是直接的物质条件,这就是青铜铸造技术的进步及铁工具的使用。春秋中晚期,随着社会生产力的提高,铁器的推广和运用,随着社会生活的变化,适于生产商品化和青铜器由礼器向生活用具转变,即青铜器生活化的大趋势,青铜铸造技术又有了新的发展。其不仅表现在如分铸法、焊接法、失腊法诸工艺在原有基础上获得充分发展,达到了相当高的水平;表现在金银错、镶嵌纯铜、线刻和鎏金诸工艺的发明等等,而且还表现在一种很有意义和时代性很强的新工艺,即用方块印模法印铸花纹技术的发明和普遍采用。山西侯马冶铜遗址出土的花纹陶范中,大部分同一部位、同样花纹的模只有一块,因而往往出现同组花纹反复出现的情况。如春秋中期盛行各地的蟠螭纹就是用此种印模法印铸的。同时,铁工具则为铸铜工艺提供了更为坚利的工具,使得青铜器表面加工工艺也有了突破性的发展。这些就为印玺的产生提供了直接的重要技术前提。可以说,中国古代印玺就是在这种用印模捺印花纹技术的启发下产生的。同时也是青铜器走下神坛进入社会日常生活的自然演进的结果。此间先后许多青铜新产品,诸如带钩、度量衡具、灯、符节等等都无不是这一进程的产物。

四

综上所述,我们有理由认定,真正意义上的中国印玺产生于春秋时代。当然作为一种文化产品,其产生必有一个相对漫长的过程,必然有其深刻的历史渊源。这里我们认为应从两个方面或两个层次进行探讨,其一形而上的思想渊源,其二形而下的技术渊源。中国印玺既为具有某种政治法律效力的信用之器,其产生一方面当是青铜器乃至玉器等神圣意义的礼器直接的顺乎自然的延续结果,一方面又是以青铜器铭文和花纹制作技术为直接前提。下面我们从考古发掘材料和文献记载的考证两方面来继续我们的探讨。

关于考古发现资料,这是硬证据。可以肯定地说,迄今为止无论西周时期遗址还是墓葬均未发现过任何一枚真正意义的印章。目前所发现并可以确认的最早的为战国印,就传世品而论,可以确认最早的印玺实物也是战国印。而如前贤早已指出的,其中一些要早到春秋,只是目前由于缺乏确切的考古发掘资料证明而无法论定。不过下列考古发现当值得我们特别注意。

其一,1982年,笔者在河南温县北平皋邢故城遗址考古踏察时发现一件春秋晚期陶盆,其外腹壁有清楚的"邢公"印记。随后笔者又陆续发现一些带有"邢公"和"公"之类印文的陶豆或陶片,其中有一些属春秋晚期物(图二,10;图五,5)[1]。

---

[1] 见邹衡(执笔):《晋、豫、鄂三省考古调查简报》。

图五　临淄、温县出土陶文和息县出土"郢爰"铜印模

其二，山东临淄出土过许多带有"陈"字阳文印记的陶片，如"华门陈棱齐左里□亳豆""陈棱左□亳豆"以及"陈公""陈石"等。由字形特点观察，其可能属于春秋时期(图五,1—4)[1]。

其三,1984年河南息县临河乡宣楼霸王台古城址发现一方朱文"郢爰"铜印模，字体风格属春秋时期。据考证，霸王台城址与文献记载的楚丘城地望一致，故此印模为春秋时期物似无大疑问(图五,6)[2]。

需要说明的是，上述三者虽然可以确认为春秋时期遗存，但我们还只能视为当时已使用印玺的旁证而已。因为其毕竟不是印玺实物，印文亦仅仅属于某些实用器的名称或作坊标记，印面亦均未像战国印那样有着明确的"××玺"之类款识。但由此或许可使我们得出如下推论：即春秋时期玺固已产生，但可能还带有某种初生特征或原始性。

---

[1] 参见王廷洽：《中国印章史》，第30页。
[2] 张泽松：《息县发现"郢禹"铜印模》，《中国文物报》1989年7月28日。

前文说到20世纪30年代于省吾《双剑誃古器物图录》和黄濬《邺中片羽》中收录有3件传出于安阳小屯的所谓商玺(图四,9—11),而有许多学者信以为真,认定中国印玺起源于商代。然而也有些学者提出不同意见,如高明先生就认为:"如果铜件确为真品,可能为某种器物上的附属装饰,恐非玺印。"[1]马国权先生则认为外形为玺是一回事,作为信验的工具又是另一回事,所以"这三方被人称作奇文玺的东西,很可能就是铸造铜器时所用的铭文的模子,或其试制品"。我们认为二位先生意见很有见地[2]。这里的道理很简单,区别是否印玺的关键所在是其性质和功用,而绝非其外在形式。再者,这三枚铜小件无一为正式发掘品,同时商代遗址或墓葬中均未发现过任何类似遗物,不可能像甲骨卜辞那样得以最终定性,即使个别纹饰或图像与商代青铜器铭文中某些族徽之类标识类似,也只能说明可能为某种商代铜器小件而已。更何况还不能排除他们为商代以后周代甚至春秋战国遗物的可能性。这里我们可以举出不少类似的例证。如《故宫博物院藏肖形印选》中有一枚龙纹印和一枚凤纹印(图四,8、12),其印面图像非常类似于西周至春秋时期流行的铜器花纹,那我们就因此认定其为西周印或春秋印,那岂不是一种可笑的做法了吗?因为这两方印的形制及制法与战国印没有任何区别。所以我们认为如果这三枚铜小件确如某些人那样认定为印章,那也不排除其为战国印。然而有些学者竟据此说其形制已相当成熟,故主张印玺的起源时间应从商代更往前追,我们认为这恐怕已进入某种认识的误区了[3]。

总之,目前所知一切考古发现资料只能使我们把中国印玺的起源时间定位在春秋时期。如果我们要想从考古发现资料中获得更多的有关印玺起源的认识的话,那就是关于印玺产生的技术渊源或技术前提的研究。

众所周知,甲骨文或为契刻,这类似于凿印。青铜器铭文是如何制作出来的呢?一般认为是先在内范上契刻成阳文反字,然后再烧铸而成,直接在青铜器上凿

---

[1] 高明:《中国古文学通论》,第456页。
[2] 马国权:《古玺文字初探》,《中国古文学研究会第三届年会论文》。
[3] 相当一段时间来,文化史界一些人大多乐以把中国古代文化某些产品的起源时间无限制地提前,这当无疑是一种理论误区。

字是很少且很晚出现的。这里的问题是在内范上如何契刻。有人认为铜器铭文多用印玺抑印而成[1],可备一说,但恐怕不能一概而论。商代和西周早期铜器铭文很难说是用此法制成的。西周中期出现了一些有界格的铭文,有些则可能用印玺之类的器具抑印内范而成,《秦公簋》的铭文制作可提供这方面的证明(图六)。然而无论是直接在内范上契刻阳文反字,还是先凿刻阴文正字玺印,然后用此捺印内范,均无疑成为印玺制作的直接技术前提。铜器花纹制作亦如是。总之,中国印玺的制作和凿刻,决非某一时期凭空而生的突然发明,而是以商周青铜器铭文和纹饰的制作为其重要技术渊源的。

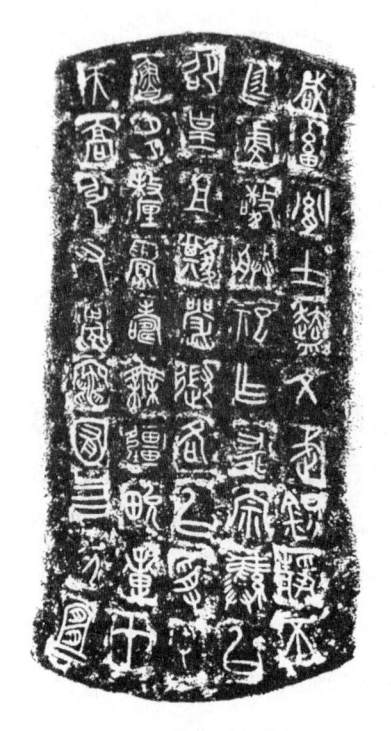

图六 《秦公簋盖铭》

行文至此,有一个十分重要的问题不能不提出来而作必要的考察。上面我们讲到,古代印玺的产生是青铜等礼器走下神坛进入社会日常生活的自然演进的结果。那么这种人际的信器为什么历史地选择了印玺这种形式而不是其他形式?也就是说,关于神祇的玉帛,尤其是青铜礼器与人际的信器印玺之间具有一种什么样的特殊联系?这直接关系到中国印玺起源的形而上的思想或文化的渊源。

我们知道,玉、帛、青铜等礼器是祭祀文化礼乐文化的产物,作为绝地通天的中介物,其文化意义既表现为对上帝、对祖先的崇拜和虔诚,又是封建宗法礼制的体现,是世袭神性政权的尊严和权威的象征;同样还是世袭封建贵族等级名分的标志。在此意义上讲,印玺确与之有很大的一致性。《左传·僖公二十八年》:"礼以行义,信以守礼。"《左传·成公二年》载孔子语:"名以出信,信以守器,器以藏礼,

---

[1] 见王廷洽:《中国印章史》,第22页。

礼以行义。"因此信器归根到底也是一种礼器。再者,印玺的材质也同样是玉或青铜。所以印玺的产生实际是人们某种正统观念的顺乎情理的继续、进化或演变的结果。

古代文献尤其先秦文献中关于印玺的记载相对缺乏。其中更有一些不可靠甚至荒诞不经,诸如文章开始所引述两条汉代纬书的记载和王嘉《拾遗记》的说法。其他又如《竹书纪年》"昔黄帝得龙图中有玺章",《抱朴子·登涉篇》"古之人入山者,皆佩'黄神越章'之印,……以虎狼不敢近其由也"等,统属此类。

我国较早的信史文献,如《尚书》《诗经》均没有商周时期使用玺的记载,"玺"字也没有出现过。目前所见最早也最可靠的记载是《左传》和《国语》。《左传·襄公二十九年》记载:"(鲁公)还,及方城,季武子取卞,使公冶问,玺书追而予之。"与前引《国语·鲁语》的记载大致相同。这两条记载是毫无疑义的。又《世本·作篇》所讲的"鲁昭公始作玺"之"昭公"当为"襄公"之误,然无论如何,明确指出印玺产生于春秋时期,当是有所依据的。

《周礼》是周朝官制及战国时列国制度的汇编,越来越多带铭文的青铜器和竹简的出土已基本证实了它的可靠性。所以书中有关印玺的几条记载是可信的,足以说明印玺在晚周时期确已作为商品交换和转运的凭证或信验之物而广泛行之于商业活动领域。

其他有关印玺的记载还见于《战国策》《墨子》《庄子》《管子》《商君书》《韩非子》等先秦文献。

《庄子·胠箧篇》:"焚符破玺,而民朴鄙。"这显然是对当时社会风气的一种抨击,道家往往把社会上一切不良现象的成因统统归之于现行社会制度,而对此采取一概否定的态度。然而这里正好从反面披露出了当时符玺之类信器已广为流行的信息。

《商君书·定分》较详细地记载了用印玺封检机要物件的情况:"于主法令之吏,皆各以其故所欲问之法令明告之。各为尺六寸之符……皆以吏民之所问法令之罪,各罪主法令之吏,即以左券予吏之问法令者,主法令之吏谨藏其右券,木押以室藏之,封以法令之长印。即后有物故,以券书从事。法令皆副置,一副天子之殿中,为法令为禁室,有铤钥为禁而以封之,内藏法令。一副禁室中,封以禁印,有擅发禁室印,及入禁室视禁法令,及禁剟一字以上,罪皆死不赦。"

至于《管子·君臣上》《墨子·号令》和《墨子·备城门》及《韩非子·外储说左下》的记载,或指明印玺的基本政治功用和信守之器的性质,或记述了当时社会一般性的用印事迹,十分重要且可靠。睡虎地云梦秦简也有一些关于印玺的记载,如上述《为吏之道》。

总而言之,无论是考古发掘实物还是古代文献的记载,都无一例外地证实中国印玺起源于春秋时代。

(原载《文化的馈赠:汉学研究国际会议论文集(考古学卷)》,北京大学出版社,2000年)

说"左史""右史"

古代史官,实以太史、内史为首。二者于古代之确实存在,不仅由于《尚书》《左传》等先秦经典的明确记载而早已为人们所承认[1];而且更由陆续出土的地下史料——甲骨卜辞,铜器铭文及竹简帛书等所证实。诸如晚商卜辞中出现"大史""史""作册""尹"[2]等名称,"殻""行""宾"等许多贞人的存在,其本身也足可为之佐证。两周青铜礼器以"史某"冠名者不计其数,而铭文中关于内史的记载尤为丰富,载"大史"字样者也有十数器之多,如《毛公鼎》《番生簋》《作册鼒卣》等,有的竟是"太史""内史"同时出现,如《鬲从盨》[3]。因此在殷周时代确有太史、内史的建制当是毋庸置疑的。

《左传》是我国现存最早的信史典籍之一。大量铜器铭文被训读及其他的考古发现更日益增加了人们对它的可靠性的认识[4]。这里仅想根据《左传》中关于史官事迹的记载并联系其他文献,对太史、内史的职货及称呼等作一分析研究,以期对史学史上一个尚有争议、同时也颇为重要的问题——即何谓"左史"、何谓"右史"? 是"左史记言,右史记事",抑或"右史记言,左史记事"?——做一点探讨,提供一点新的认识。以就正于史学界大方之家及同好。

---

[1] 《尚书·酒诰》:"矧大史友,内史友。"
[2] 参见陈梦家《殷虚卜辞综述·百官》,中华书局,1988年。
[3] 见《三代吉金文存》和郭沫若《两周金文辞大系》。《毛公鼎》:"兹卿事寮,大史寮于人即尹。"《番生簋》:"王令司公族事,大史寮……"《作册鼒卣》"隹公大史见服于宗周""公大史在丰"。《鬲从盨》:"令小臣成友逆□□内史无斁,大史□曰……"等等。又1977年湖北黄陂县鲁台山出土一批西周早期铜器,其中五器出现"大史"字样(见《江汉考古》1982年2期)。
[4] 参见胡适:《论〈左传〉之可信及其性质》(《中山大学语言历史学研究所》1卷1期,1927年)等。

一、由《左传》所载太史事迹考太史职

《左传》中关于太史(大史)的记载很多,据统计约有20余处,为便于叙述,今择其中较为明确者录引如次:

1.《闵公二年》:"狄人囚史华龙滑与礼孔,以逐卫人。二人曰:'我,大史也,实掌其祭,不先,国不可得也。'乃先之……"

2.《宣公二年》:"赵穿攻灵公于桃园。宣子未出山而复。大史书曰'赵盾弑其君',以示于朝。宣子曰:'不然。'对曰:'子为正卿,亡不越境,反不讨贼,非子而谁?'……孔子曰:'董狐,古之良史也……'"

3.《襄公四年》:"昔周辛甲之为太史也,命百官,官箴王阙。"杜注,"辛甲,周武王大史。阙,过也,使百官各为箴辞戒王过。"

4.《襄公二十五年》:"公与大夫及莒子盟。大史书曰'崔杼弑其君'。崔子杀之。其弟嗣书,而死者二人。其弟又书,乃舍之。南史氏闻大史尽死,执简以往,闻既书矣,乃还。"

5.《襄公三十年》:"伯有既死,使大史命伯石为卿,辞。大史退,则请命焉。复命之,又辞。如是三,乃受策入拜。"

6.《昭公元年》:"郑伯及其大夫盟于公孙段氏……公孙黑强与于盟,使大史书其名……"

7.《昭公二年》:"晋侯使韩宣子来聘,且告为政而来见,礼也,观书于大史氏,见易象与鲁春秋。曰:'周礼尽在鲁矣。'……"

8.《哀公六年》:"是岁也,有云如众赤乌,夹日以飞三日。楚子使问诸周大史。周大史曰:'其当王身乎,若禜之,可移于令尹、司马。'"

9.《哀公十一年》:"公使大史固归国子之元,寘之新箧,褽之以玄纁加组带焉。寘书其上,曰:'天若不识不衷,何以使下国。'"

10.《哀公十四年》:"成子兄弟,四乘如公。子我在幄,出,逆之,遂入,闭

门。侍人御之。子行杀侍人,公与妇人饮酒于檀台,成子迁诸寝。公执戈将击之,大史子馀曰:'非不利也,将除害也。'"

把上述记载归纳一下,可知《左传》所见大史职作如下诸条:

(一) 记载国家发生的一些事件(2、4、6);
(二) 保管、掌握国家书籍简策(7);
(三) 记述、解释天象灾异、掌祭祀等(1、8、10);
(四) 上书或进言劝谏君主(3、10);
(五) 受命参加一些外事活动(7、9);
(六) 代王策命卿大夫(5)。

下面参考其他文献加以分析。

上列第1、2两条是太史的主要职责,凡先秦经典有记载者概无例外。杜预注《左传·襄公十四年》"史为书"云:"谓太史君举则书。"范宁注《穀梁》也说:"史,国史,掌书记事。"《礼记·王制》云:"大史典礼,执简记,奉讳恶。"郑注:"简记,策书也。"孔颖达《正义》:"此一经论太史之官,典掌礼事,国之得失,是其所掌,执此简记策书,奉其讳恶之事。"《礼记·曲礼》云:"史载笔,士载言。大事书之于策,小事简牍而已。"较早的《尚书·顾命》云:"大保、大师、大宗皆麻冕彤裳……大史秉书。"《逸周书·尝麦解》云:"大正正刑书,大史藏之。"又《管子·立政》也说:"五乡之师,五属大夫,皆身习宪于君前。太史既布宪,入籍于太府。"《周礼·春官·宗伯》和《地官·司寇》记载最为详尽,"大史掌建邦之六典,以逆邦国之治。……凡邦国都鄙及万民有约剂者藏焉……","凡邦之大盟约,涖其盟书,而祭之于天府,大史、内史、司会及六官皆受其贰而藏之"。可见,掌书记事确为太史的基本职责。故夏太史终古、商太史向挚视桀、纣无道,天下日乱,预言国家必亡,于是皆"载其图法,出亡之周"[1],"晋太史屠馀见晋国之乱,见晋平公之骄而无德义也,以其图法归周"[2];散氏与

---

[1]《吕氏春秋·先识篇》。
[2]《说苑·权谋篇》。

矢人划勘地界,由史官写契约而后署以"厥右执缓(约)史正中農"[1]。

第3条各文献记载均无二致,可以相互印证。《国语·周语上》:"幽王三年,西周三川皆震。伯阳父曰:'周将亡矣。'"(《史记·周本纪》言伯阳父为太史)[2]《战国策·宋策》:"宋康王之时,有雀生鹯于城之陬。使史占之,曰:'小而生巨,必霸天下。'"高注:"史,大史,能辨吉凶之妖祥。康王无道,不敢正对,故云必霸天下。危行言逊,大史有焉。"又,我们从甲骨文可知,其中所载"史""大史"等官名几乎全与占卜祭祀有关。《左传》及其他文献也常常以巫、史并提。因此,祭祀、卜筮等亦属于大史职责范围之内事。关于这一点前人已多有论证,这里不再赘述[3]。

然而大概由于《左传》本身体例或书法限制的缘故,其记载也未必周全。《左传·桓公十七年》记:"日有食之,不书,日官失之也。"郑注《周礼·春官》"大史"条说:"大史,日官也。"由此证明太史还负有典记历数天象的职责。而于《左传》不见记载。《国语·周语上》载虢文公谏周宣王说:"古者,太史顺时覛土,阳瘅愤盈,土气震发,农祥晨正,日月底于天庙,土乃脉发。"这里要太史观察天象,注意节令,以利农事。《礼记·月令》云:"乃命大史守典奉法,司天日月星辰之行。"并记载一年中四立之时,太史均要先三日谒见天子,"告以其日,迎令节"。《大戴礼记·保傅篇》云:"不知日月之时节,不知先王之讳与大国之忌,不知风雨雷电之眚,凡此属,大史之任也。"《论衡·是应篇》也说:"古有史官,典历主日。"《后汉书·百官志》叙述则更详:"太史令一人,……掌天时星历,凡岁将终,奏新年历;凡国祭祀、丧娶之事,掌奏良日及时节禁忌。国有瑞应、灾异,掌记之。"虽其时为汉季,但无疑是因于古制的。以上说明太史职责之一为典掌历数节令。

---

[1]《三代吉金文存》卷17,第20—22页;郭沫若《两周金文辞大系》图151页、录127页、考129页。
[2]《史记·周本纪》:"幽王得褒姒爱之,周大史伯扬读史记曰:'周将亡矣。'"
[3] 王国维《释史》(《观堂集林》卷六):"古者卜筮,亦史掌之。《少牢》《馈食礼》筮者为史,左氏传亦有筮史。是筮亦史事。"汪中《左氏春秋释疑·述学内篇》:"陈敬仲之生,周太史有以周易见陈侯者,陈侯使筮之;韩起观书于太史见易象;孔成子筮立君,以示史朝,然则史因司卜筮矣。"顾栋高《春秋大事表》:"按《周礼》占人以职曰'凡卜筮,史占墨';《礼记·玉藻》云'卜人定龟,史定墨,君定体';又《月令》'命大史衅龟策占兆,审卦吉凶'。则卜筮之事,虽太卜等官专职,而太史亦莅其事,故周太史及晋史赵诸人并以占卜见。"

总之,解释、记载国家发生的灾异、天象,典历数,主持占卜祭祀等皆属太史职责范围,而且这一项当是一种由来已久的传统职责[1]。起初,在上古人们心目中,太史是通天道的,由他们可以转达上帝及祖先的意旨。到了春秋时代,这种观念发生了一些变化,但作为史官的一种职责却仍然保留了下来。近人吕思勉先生说史官起于庙堂是很有见地的[2]。

关于第4条劝谏一事,诸文献记载也很多。如《大戴礼记·保傅篇》记:"卫灵公不用蘧伯玉,而任弥子瑕(恶臣),史鱼数谏不从。"后史鱼死,但仍尽以其职,于是演出一场历史上有名的"尸谏"剧。这是很典型的例子。又如《韩诗外传》记太史柳庄谏卫献公等等。这劝谏之职实际是与太史掌书记事的基本职责密切相关的。《国语·周语上》还记载邵公过劝周幽王说:"天子听政,使公卿至于列士献诗,瞽献曲,史献书,师箴,瞍赋……瞽史教诲……而后王斟酌焉。"韦注:"史,太史也,掌阴阳天时、礼法之书,以相教诲者。"正因为太史掌书(包括典、则、法等)、记事,即不仅记当时发生的事情而还负责保管前朝及前数代的典则法规及史记,自然对历代君主的得失功过比较熟谙,因此也就最有发言权。

第5条参加外事活动,诸文献记载很少,因此我们认为这不属太史的职责,《左传》所记载实际上还是与太史的本职——掌书记事及掌礼事等有关的事情。但是,这一点却是非常重要的,它恰恰反映出《左传》之前太史职的特殊或曰最初太史在朝廷百官中的地位。据上面所述引《左传·襄公二十五年》《左传·宣公二年》《国语》《尚书·顾命》等反映的情况,以及较晚的《说苑》中的说法[3],我们可以了解到太史的职责很广泛,而且值得注意的是他们的活动往往不完全受制于君主,如晋董狐书执政者宣子的弑君罪,齐之太史记崔杼弑君罪等。这当是太史职责的一个特点。原来这种既定的身分地位是从历史上沿袭下来的。在商代由于上帝及氏族先王观念的作用,神权支配一切,所谓通天道的史官地位自然是很高的,帝王也不

---

[1] 参见王锡章:《史官扶原》(《国专月刊》3卷1期,1936年);林履信:《巫与史之社会学的研究》(《社会科学论丛》4卷7号,1933年);唐节轩:《述史》(《史地丛刊》2期)等。
[2] 吕思勉:《吕思勉读史札记·甲帙·先秦》,第238页。
[3] 《说苑》:"赵史周舍事赵简子,立于门之右,简子问之,对曰:'愿为谔谔之臣,墨笔操牍,司君之过而书之,日有记,月有效,岁有得也。'"

免对他们恭恭敬敬。在某种意义上来说,他们实际成为执政官,既要执掌朝内要政,又可以出使外地,甚至可以带兵征伐[1]。西周时,情况虽发生一些变化,但太史地位仍相当高,这由一些先秦文献的记载可以证明。《尚书·立政》:"周公若曰:'大史,司寇苏公,式敬尔由狱,以长我王国。'"《尚书·顾命》将太保、太史、太宗并提;《礼记·曲礼》:"天子建天官先六大:曰大宰、大宗、大史、大祝、大士、大卜,典司六典。"因此王国维辩之曰:"郑注大史史官之长……《毛公鼎》言卿事寮,大史寮;《番生簋》言卿士大史寮,不言内史。盖析言之,大史、内史属二僚……大史与大宰同掌天官,因当在卿位矣。"[2]此论至确。但到西周中期特别是东周以后,随着神权的日衰,王权的逐渐加强,太史的地位便逐渐下降了。

至于策命一事,肯定不属于太史职权范围,对此孔颖达早有专门论述,他在《礼记正义》中说:"使大史命伯石为卿,皆大史主爵命,以内史阙故也。"认为这是太史暂时代理内史之职。孔说是可信的。这也可以从其他文献记载大史主册命之事甚少(有的书根本不见记载)得以证明。

综上所述,太史的职责主要有如下三方面:(一)载笔记事(包括记载灾异、天象等);(二)掌管图书典籍;(三)主持和参加一些礼事活动,典掌历数。

二、由《左传》所载内史事迹考内史之职

《左传》中所见有关内史事迹的较明确记载如下:

1. 《桓公二年》:"(臧哀伯曰)'武王克商,迁九鼎于雒邑,义士犹或非之,而况将昭违乱之赂器于大庙,其若之何?'公不听。周内史闻之,曰:'臧孙达,其有后于鲁乎,君违,不忘谏之以德。'"

2. 《庄公三十二年》:"秋七月,有神降于莘,惠王问诸内史过,曰:'是何故

---

[1] 《乙编》6400:"在北史其获羌。"
[2] 王国维:《释史》,《观堂集林》卷六,第271页。

也?'对曰:……王从之。内史过往闻虢请命,反曰:'虢必亡矣。'"

3.《僖公十一年》:"天王使召武公,内史过赐晋侯命,受玉惰,归告王曰:'晋侯其无后乎……'"

4.《僖公十六年》:"春,陨石于宋五,陨星也;六鹢退飞过宋都,风也。周内史叔兴聘于宋,宋襄公问焉。"

5.《僖公二十八年》:"王命尹氏及王子虎,内史叔兴父清命晋侯为伯,赐之大辂之服……晋侯三辞,从命。曰:'重耳敬拜稽首,奉扬天子之丕显休命。'受策以出。"

6.《文公元年》:"王使内史叔服来会葬。公孙敖闻其能相人也,见其二子焉。叔服曰:'谷也食子,难也收子,谷也丰下必有后于鲁国。'"

7.《文公十四年》:"有星孛入于北斗,周内史叔服曰:'不出七年,宋齐晋之君皆将死乱。'"

8.《襄公十年》:"晋侯有间,以偪阳子归献于武宫,谓之夷俘。偪阳,妘姓也,使周内史选其族嗣纳诸霍人,礼也。"杜注:"内史掌爵禄废置者……使周内史者,示有王命。"

由上列我们可知,《左传》中所记内史职比较单纯,仅有如下三端:

(一) 代王策命、赏赐以至废置侯、卿大夫(3、5、8);

(二) 代王到他国行聘吊之礼(4、6);

(三) 解释灾异、"瑞应"等(1、2、4、6、7)。

第1条为内史主要的和基本的职责,有许多文献记载可证:

《周礼·春官·宗伯》叙述最详尽:"内史,中大夫一人……掌王之八枋之法,以诏王治:一曰爵、二曰禄、三曰废、四曰置、五曰杀、六曰生、七曰予、八曰夺。执国法及国令之贰,以考政事,以逆会计。掌叙事之法……凡命诸侯及孤卿大夫,则策命之。凡四方之书,内史读之。王制禄则赞为之,以方出之(郑注:"以方版书而出之。"),赏赐亦如之。内史掌书王命,遂贰之。"

其记载与《左传》基本契合,但也有些职责于《左传》无征,特别是《周礼》所云

"掌书王命"一条。这虽不见于《左传》，但非常重要，是内史的一项基本职责。这在其他文献及铜器铭文中都记载得很清楚。《左传》不录，当是由于《春秋》体例及书法限制的缘故，道理很简单，因《春秋》《左传》"是记事者也"。

关于内史主策命这一条记载最多者为西周铜器铭文，如：

《师瘨簋》：王在周师司马宫，各大室，即位，司马井伯□右师瘨入门，立中廷，王乎内史吴册命师瘨曰……瘨拜稽首。

《趞鼎》：王各于大庙，密叔右趞，即位。内史即命，王若曰……趞拜稽首。

《师奎父鼎》：王各于大室，司马井伯右奎父，王乎内史雒册命师奎父……奎父拜稽首。

《扬簋》：旦，各大室，即立。司徒单伯内右扬。王乎内史先册命扬。王若曰……扬拜稽首。

多不胜举。内史在彝铭中又称作册、作册内史、作命内史、作册尹、内史尹及尹氏等。如：

《吴彝》：宰朏右乍册吴入门……王乎史戊册命吴（此作册吴与上面内史吴显系一人）；

《师颖簋》：王乎作册内史命师颖……

《利鼎》：王乎作命内史册命利曰……

《免簋》：王受作册尹书，卑册命免曰……

《殁簋盖》：内史尹册易殁……

《伊簋》：王乎命尹氏册命伊……

"作册""尹"等又见于殷墟卜辞，《前4.27.3》载一条五期卜辞："王其宁小臣舌，由乍册商□□。"与西周铜器铭文所记情况一致，亦记作册主赏赐的情况。可见内史主册命一职由来已久。这里需要注意的是"作册""作册尹"及"作命"等称谓。为何内史又名作册呢？原来"作册"是内史最初的名称。在商代并无内史的建置，而只有"作册"。卜辞中不见内史，而只有"大史""作册"便可证明。西周初期，周人沿用了"作册"这一职称，但已有了"内史"的称法。到西周中期，周朝的典章制度趋于完善，真正形成了自己的行政体系，才正式把商人旧称"作册"等统一改为"内史"。但"作册"等并未很快消失,人们仍在自觉和不自觉地沿用着。这由西周初期铜器铭文不见"内史",只有"作册",中期以后才出现"内史""作册内史""作命内史"等可证。内史之本名"作册",实际正披露出内史的一项基本职责——作册,即"掌书王命"。徐干《中论》说,"先王将建诸侯而赐爵禄也,必于清庙之中陈金石之乐,宴赐之礼,宗人傧相,内史作策也。"上引《免簋》"王受作册尹书"则更直接证明了这一点。其多数铭文不载此事,当是受铭文既定格式所限,或由于人们所熟知而不必书明的缘故。

"作册(策)""尹"等又见于《尚书·洛诰》《尚书·顾命》《诗·大雅·常武》《逸周书·尝麦解》《逸周书·克殷解》及《尚书序》等文献,自古为人们所熟视无睹,或"皆不疑解"。直到清代考据学发达,彝铭考释之风兴起,"清人孙诒让始发其覆","王国维《释史》继加推阐"[1]。王国维说:"凡彝铭中之作命内史、作册内史亦皆作册之别称……"[2]至此才得以弄清。诸文献是这样记载的:

《书·顾命》:"丁卯,命作册度,越七日癸酉,伯相命士须材……"

《诗·大雅·常武》:"王谓尹氏,命程伯休父。"

《逸周书·尝麦解》:"爽明……史导王于北阶……作策执策从中。……大祝以王命作策,策告大宗……作策许诺,乃北向鬻书于两楹之间。王若曰……"

《尚书序》:"康王命作册毕分居里成周郊,作《毕命》(《史记·周本纪》作'作册毕公')。"

要之,上述不惟由皆出于较早的文献,较晚期文献不见或少见,说明"作册"一称确为周初的史官建置之一;而且更由诸多内容说明"作册"的基本职责——主策命和记录王之诰命。

---

[1] 三条引语皆见斯维至《两周金文所见职官考》,《中国文化研究汇刊》7卷,第15—16页。
[2] 王国维:《释史》,《观堂集林》卷六,第272页。

除上面所引《左传》等诸条外，还有一些文献载有内史事迹，如《逸周书》及今本《竹书纪年》所载左史戎夫的事迹。《竹书纪年》记"共王九年春正月丁亥，王使内史良锡毛伯迁命"。此虽不尽可信，但亦并非毫无根据。

另外《左传》的《僖公十五年》《文公十五年》《昭公元年》《成公四年》《襄公十四年》和《国语·周语下》《礼记·曾子问》等，都载有"史佚"之名，其何许人也？服虔注《尚书·洛诰》："文十五年传史佚，周成王大史。"韦昭注《国语》："周文武时太史尹佚也。"杜预注《左传》："史佚，周武王时太史，名佚。"诸说时代虽稍有异，但均言史佚为太史。据此后来学者均沿相引录，以致由于与他的一些事迹不符而成一些混乱，如孔颖达即说："疑太史，内史亦通称。"[1]事实果真如此吗？不是的。史佚并非太史，而是内史，确切言之，应是西周初年的"作册"。清人孙诒让力排前谬，首先阐明这一点，他说："尹逸，盖为内史，以其所掌职事言谓之作册。"[2]孙说基本是正确的，一些学者误传实际是未搞清内史职责的原因。然而孙氏所言仍有不充分之处，这里姑且作一点补证。

史佚，又名作册逸、尹佚、尹逸。

《书·洛诰》："王命作册逸祝册……王命周公后，作册逸诰……"孔传："王为册书，使史佚告伯禽封命之书。"

《逸周书·克殷解》："召公奭赞采师尚父牵牲，尹逸筴（册）曰……周公再拜稽首乃出。"

《逸周书·世俘解》："武王朝……于周。……武王降自车，乃俾史佚繇书于天号。"

《史记·晋世家》："成王与叔虞戏，削桐叶为珪，以与叔虞。曰：'以此封诺。'史佚因请择日立叔虞……曰：'天子无戏言，言则史书之，礼成之，乐歌之。'"

---

[1]《十三经注疏》本《春秋左传正义》卷四十。
[2] 孙诒让：《古籀拾遗自跋》略同。又见《周礼正义·春官·内史》。

《大戴礼记·保傅篇》:"明堂之位曰…博闻而强记,接给而射者,谓之承。承者,承天子之遗忘者也。常立于后,是尹佚也。"

由此可见,史佚之为作册,即内史,是确凿无疑的。这不仅由"作册逸""尹逸""史佚"诸不同称呼可证明,更重要的是,诸多文献所载史佚事迹全为策命或书记王命之事,而《大戴礼记》所谓"常立于王后",更道出了其不同于太史的身分地位。

统观如上所引典籍,掌书王命,策命诸侯、卿大夫等是内史的基本职责是无可怀疑的。

第2条代表君主行聘吊之礼一事,不见于《周礼》,但在其他文献中有不少记载,主要见于《国语》。这一条实际反映了内史在宫廷中的身分地位。要知聘吊之礼在很大意义上属宫廷王室的内务。内史主持这些内务正说明其身分的特殊性。《诗·小雅·十月》讽刺周幽王宠信六个近臣,如总管王朝政事的卿士,主管君王和后妃等饮食的膳夫,主管豢养君王马匹的趣马,主管教导君王及贵族子弟的师氏等,其中就有内史聚子。内史与膳夫、趣马、师氏之流并提,便有力地说明内史与他们一样属于出入王左右的近臣。《说文》:"内,入也。"内史冠以"内"字,实际也透露出了这种信息。

如果说我们以上观点尚嫌证据不足的话,那么请看《国语·周语上》中的两段记载:

> 王使大宰忌父帅傅氏及祝、史奉牺牲、玉鬯往献焉。内史过从至虢……内史过归,以告王曰:"虢必亡矣,不禋于神而求福焉……"
>
> 襄王使大宰文公及内史兴赐晋文公命……内史兴归,以告王曰:"晋不可善也,其君必霸。"

又上面所引《庄公三十二年》"内史过往闻虢请命,反曰……",《僖公十一年》"内史过赐晋侯命……归告王曰……"。

为什么内史每次出使他地归来,均要单独"以告王曰"呢?这不可能是偶然的。

正说明了内史从事外事活动往往是负有君王私命的,有时则纯粹作为君王的私使到他国进行一些刺探性活动。董说《七国考》引孔氏左传疏云:"天子则内史主之,外史佐之。"这里更明确地道出了内史的这种特殊身分。由此我们可以说代王到他国从事聘吊等属于王宫内务的活动当是内史职责的一个重要特点。而正由于这一点,才使得官职本来不高的内史在太史地位逐渐下降的同时却日趋显贵。

第3条解释灾异似与太史职混而不分。实则不然,细加分析,还是可以看出其中差别的。如上面所引第2条:"惠王问诸内史过,曰:'是何故也?'对曰……王从之。"值得注意的是"惠王问",这与上面所引太史事迹诸条无一例相同。本来解释灾异天象为太史专职,故太史的解释评议是例行公事,其对象不限于君王一人,而此处则显然具有某种备王顾问的性质。当然,由于内史毕竟是史官,故在人们心目中必同太史一样是通天道的,所以"有星孛入于北斗",周内史叔服释之;叔服会葬于鲁,公孙敖"见其二子",请其相面;"陨石于宋五,六鹢退飞过宋都",宋襄公问于周内史叔兴。至于为何《左传》记内史这种事迹如此之多,则是因为《左传》本身一个特点:善言"怪、力、乱、神"的缘故。

一言以蔽之,内史职主要有三:(一) 掌书王命;(二) 代王策命、赏赐及除免侯卿大夫;(三) 分管王宫一些内务(如行聘吊之礼等),并备王顾问。

三、由内史、太史之职说"左史""右史"

"左史""右史"之职不见于《周礼》。二者相提并论,最早为《礼记·玉藻篇》。其云:"动则左史书之,言则右史书之。"郑注:"其书《春秋》《尚书》具在焉。"

据此,围绕"左史""右史"之称出现两家观点:

其一,否定派。认为历史上根本不曾有"左史""右史"之职称,如章学诚[1];或只承认有"左史"而无"右史",如黄云眉、方壮猷[2]。章氏《文史通义·书教上》

---

[1] 章学诚:《文史通义·书教上》。
[2] 黄云眉:《周礼五史辨》(《金陵学报》1卷1期,1931年);方壮猷:《中国史学概要》。

中有一段话可视为本派的代表说,他写道:"《记》曰:左史记言,右史记事。其职不见于《周官》,其书不传于后世,殆礼家之衍文欤。后儒不察,而以《尚书》分属记言,《春秋》分属记动,则失之甚也。夫《春秋》不能舍传而空存其目,则左氏所记之言不啻千万言;《尚书》典谟之篇记事而言亦具焉,训诰之篇记言而事亦见焉。故事见于言,言以为事,未尝分事与言为二也。"

其二,肯定派。认为"左史""右史"确为古代两种正式史官之名称。其中或主张"左史记言、右史记事",或主张"右史记言、左史记事"。然二者论据是一致的,即自《礼记》始,诸多文献都有记载,既有其事迹可寻,又有其书传于世,故不能视而不见。

我们认为这两家观点虽各有道理,但又各有其偏颇之处。前者如章氏观点固然有其合理因素,但对"左史""右史"一概否认却不免失之武断。《周礼》不载确乃事实,但其记载与否并不能成为判断"左、右史"实际存在与否的根据。因为《周礼》虽然保留了西周的一些典章制度,但本身并非信史,在一定意义上可以说它是后来儒家学者理想化的产物,一般认为其成书较晚。其次,"其书不传于后世"云云虽不失为一家之说,但《春秋》《尚书》分属记事、记言之书乃有目共睹,从郑玄开始即有公论,两书的性质确实存在根本的区别。《左传》既为《春秋》之传,便无疑属记事之书。《春秋》《左传》虽确记有一些言语,但均与记事密不可分,是为便于叙事而记的,并且这些言语未必出自所记人物之口;《尚书》固也穿插一些"事",但这些事每每只见于《书序》,而且亦多为记述君王发布训告、策命,举行仪式时的场景、程序等,或属于当时当地所记,或为后人补述[1]。总之正如孔颖达《正义》所说:"《春秋》虽有言,因动而言,其言少也;《尚书》虽有动,因言而动,其动为少也。"因此,两书一记事一记言,泾渭分明。

后者为多数派,其承认"左史""右史"存在这一事实是正确的。但左、右史是否像太史、内史一样为周代正式的命官名称,这是值得研究的。首先,这里不说《周

---

[1]《书序》当为后人加的讲解,西汉以后又有人把这些讲解编入《尚书》之内。参见刘起釪先生为《尚书与古史研究》一书写的序言、马雍先生《尚书史话》等。

礼》载有五、六种史名诸如六史、小史、内史、外史、御史、女史,而独不见"左史""右史",即使《尚书》《左传》等较为可靠的先秦信史也或则不载,或则只载其一,不载其二;如《尚书》通篇未见"左、右史"字样;《左传》仅两见"左史"之名;《逸周书》也只见"左史戎夫"一例[1]。更重要的是迄今为止,凡已发现之周代铜器铭文无一载"左史"或"右史"的。因此空言二者之存在恐怕难以令人接受。

但是,我们不能忽略另一个事实,即正如该派已指出的:自《礼记》以后诸多文献都明确记有"左史""右史",而且笔者可以进一步说,《左传》《逸周书》等毕竟还出现了"左史"之名。同时诸先秦文献对于二者也并非绝无踪迹可寻,而诸文献不载也有其多方面的原因,如时代上的原因等。因此,我们认为"左史""右史"在周代本来是存在的。只是与太史、内史存在方式不同,它们不是正式的朝廷命官之称谓。也就是说,在太史、内史等建置外并未另设左、右史之职。《礼记》之后出现于文献记载中的"左史""右史"不是别的,实际正是太史、内史的别称;或者说是当时人们在非正式场合分别对太史、内史的一种习惯性称呼。明确言之,即由当时太史、内史各自的职责特点,特别是在朝廷中的身分地位而产生于士大夫阶层中的一种非正式称谓。当然,这种称谓与上面提到的内史又称作册、作册尹等不太一样,彼除了因循关系外,尚见于当时最正规而庄重的记载——卜辞和铜器铭文,故当是得到官方承认或曰法定的,而且年代较早。而"左史""右史"则未见正式记载,并出现较晚。可以肯定地说,其最早出现当是在西周中期以后,即穆王时代或其后[2]。

那么,这种推论是否可靠呢?其证据何在?又,如果此论无误,即"左、右史"既为太史、内史的别称,那太史、内史谁为"左史",谁为"右史"呢?这是我们要讨论的主要问题所在。

上面说到关于"左史""右史"有诸多记载,且分为两派,一派主张"左史记言,

---

[1]《文选·思玄赋》注引古文周书曰:周魏王时有左氏史豹、史良。不知所出,不可信。
[2] "左史"最早出现是周穆王时,见《逸周书·史记解》。《左传》所记两"左史"时代更晚。至于《尚书》《左传》等文献均不载"右史"之名,笔者认为除时代外原因有:其一,内史主内务,其职所限;其二,内史尊,故作为正史乃书其本名。

右史记事",另一派与之相反。究竟都有哪些记载,有必要先交代一下。

除上述《礼记》外,"左、右史"并称者还有《汉书·艺文志》《申鉴》《后周书》《史通》《隋书·经籍志》《六朝艺文志》《元丰类稿》等,此属一派,主张与《礼记》相反,即主"左史记言,右史记事";另外有郑玄《六艺论》及《孔丛子》《文心雕龙》《宋志》《白氏六帖事类集》[1]等,此为一派,主张同《礼记》。《汉书·艺文志》云:"古之王者世有史官,君举必书,所以慎言行、昭法戒。左史记言,右史记事。事为《春秋》,言为《尚书》。"《六艺论》则说:"《春秋》者,国史所记人君劝作之事,左史所记为《春秋》,右史所记为《尚书》。"

主"左史记言、右史记事"者为多数派,特别是清代以来至现、当代学者多主此说,有的还作了专门考证。诸如黄以周、桂馥,以及周容、金毓黻、郑鹤声、杨翼骧[2]等,在史学界有较大影响。

两派观点究竟谁是谁非呢?我们认为这并不难判断,因为两者争论的内容:一职责均为记言记事,二言为《尚书》、事为《春秋》是一致的;差异仅在于"左、右"之称。下面我们考证一下。

清儒黄以周《礼书通故》中有一段话,向来为主张"左史记言、右史记事"者所乐道。他说:"《记·盛德篇》云'内史、大史,左右手也'……谓内史居左,大史居右。《觐礼》曰'大史是右',是其证也。古官尊左,内史中大夫,尊,故内史左,大史右。《玉藻篇》'动则左史书之,言则右史书之',左右字今互讹。《汉书·艺文志》、郑《六艺论》并云'左史记言、右史记事',《北堂书钞》五十五引《礼记》'动则右史书之,言则左史书之',尤其明证。熊氏谓'大史左史、内史右史',非也。其申《酒诰》郑注'大史、内史掌记言记行',谓大史记行,内史记言,是已。郑注《玉藻》云'其书《春秋》《尚书》俱存',谓右史书动为《春秋》,左史书言为《尚书》也。荀悦《申鉴》云:'古者天子诸侯有事,必告于庙。朝有二史,左史记言,右史书事,事为

---

[1] 见《史通·史官建置》《隋书·经籍志》《孔丛子·答问》《文心雕龙·史传》等。
[2] 见黄以周《礼书通故》(中华书局,2007年,第1480—1481页);桂馥《说文义证》;周容《中国史鸟瞰》;金毓黻《中国史学史》;郑鹤声《古史官考略》(《史学杂志》二卷一期);杨翼骧:《我国史学的起源与奴隶社会的史学》(《天津日报》1961年12月6日)。

《春秋》，言为《尚书》（此二事应为"动"——笔者按）.'与郑注合。"

很明显，黄氏这段话有些确有道理，如认为左史、右史实即太史、内史，并且重要的是提出了太史记行，内史记言。但其基本论点和论据却是错误的。

首先，我们认为黄氏所引《大戴礼记·盛德篇》"大史、内史，左右手也"，乃是基于口语习惯的概称，并非确指孰左孰右。郑注《尚书·酒诰》"矧大史友，内史友"曰"大史、内史掌记言记动"，与之同例。在先秦古籍及铜器铭文中均以"左、右"为序，而无一称"右、左"的。

其次，黄氏说郑玄《六艺论》言"左史记言，右史记事"完全是误引。郑论恰恰相反。这种错误当是由于互相转抄而不察其根本而造成的。这始于孔颖达，他说过："《艺文志》《六艺论》云右史记事，左史记言。"于是后人遂为我所用，笼统引录之。但察诸书引录时均未敢越雷池一步，独黄氏做了大胆发挥，然终属欠稽之说。

最后，黄氏所引"大史是右"一条洵为其一个发明，虽为孤例，却实实在在。然而关于这一点孔颖达早就有过专门论述。他说："《周礼》有五史……无左史、右史之名。熊氏云：按《周礼》大史职云'大师抱天时，与大师同车'，又《襄二十五》传曰'大史书曰：崔杼弑其君'，是大史记动作之事，在君左厢记事，则大史为左史也；按《周礼》内史掌王之八枋，其职云：凡命诸侯及孤卿大夫则策命之。僖二十八年《左传》曰：王命内史叔兴父策命晋侯为侯伯，是皆言诰之事，是内史所掌。在君之右，故为右史……若其有阙，则得交相摄代……按《觐礼》赐诸公奉箧服，大史是右者，彼亦宣行王命，故居右也……"[1]孔氏所论凿凿有据，是可信的。可见黄氏这一条也是不足以支撑其论点的。

又黄氏"古官尊左"的说法当属臆说，找不到任何根据。因此黄氏所论是根本站不住脚的，即完全不符合历史情况。我们认为《礼记》的记载是正确的，是切合历史史实的，而《汉书·艺文志》的记载正是犯了"左、右字互讹"的错误。

两派观点的差别虽只在于"左、右"一对反义词，但问题时实质还是在于记言记事的职责的区别。搞清了这一点，一切问题就迎刃而解了。以上既然我们已知

---

[1] 孔颖达：《礼记正义》。

历史的实际情况应是"左史记事,右史记言"。而太史为载笔记事者,内史为掌书王命者,那么太史即左史、内史即右史便是很清楚的事情了。诚然,这种提法古人已有,如上述孔颖达《礼记正义》中那段话即是。按孔氏的意思,"左史""右史"并非正式官名,但在正常情况下,内史记言则右史,太史记事则左史,这是很有见地的。另孔氏之前卢辩《大戴礼》注也曾说过:"太史为左史,内史为右史。"然而,他们所论均未提出足够的证据。下面我们试就内史为何又称右史、太史为何又称左史这一问题加以论证。

第一,内史为王之近臣,地位特殊,已如上述。王国维《释史》一文说得非常正确:"官以大史为长,秩以内史为尊,内史之官虽在卿下,然其职之机要,除冢宰外实他卿所不及。自待书、彝器观之,内史实执政之一人。"《史通·疑古》中也说:"盖古之史氏,区分有二焉,一曰记言、二曰记事。而在古人所学以言为首,至若虞夏之典、商周之诰,仲虺、周任之言,史佚、藏文之说,凡有游谈、专对、献策上书者,莫不引为端绪,归其的准。其于事也则不然。"可见记言的内史在朝廷确有其特殊的重要的地位。按照中国人的传统观念和历史记载,自古以右为尊。《左传·襄公十年》:"天子所右,寡君亦右之。"《管子·七法》"以练精锐者为右"注:"右,正也。"《礼记·王制》"右道"疏:"地道尊右,右为贵,故正道为右。"《史记·孝文纪》"右贤左戚"《索隐》:"右,犹高也。"《淮南子·氾论训》"右鬼非命"注:"右,犹尊也。"《汉书·朱云传》"九卿之右"注:"师古曰:右言上也。"等等,均可证之。又人们常言"房东""左西右东""左迁(贬职)、右输(提升)",称执政党为"右党",称贵族为"豪右"等,不胜枚举,均可为古尊右的证据。而依中国汉字的行文习惯也是如此。汉字本是下行兼左行,即由上而下,先右后左,自尚未完全规范化的殷墟卜辞已基本如此(少部分例外),而到两周金文已概莫例外。因此,地位尊贵的内史称之为右史乃是顺理成章的事情。与之相对,于周代特别是中期以后地位呈下降趋势的太史就自然被称为"左史"了。

第二,我们看文献记载。

《礼记·祭统》:"古者明君爵有德而禄有功,必赐爵禄于大庙,示不敢专也,古祭之日,一献,君降立于阼阶之南,南乡,所命北面。史由君右执策命之,再拜稽首,受书以归。"

《周礼·春官·宗伯》郑注:"王将出命,假祖庙,立依前,南乡……内史由王右以策命之。降,再拜稽首;登,受策以出"。

《尚书序》:"康王命作册毕,分居里,成周郊,作《毕命》。"《史记》作"作册毕公",知"毕公"为"作册",即周初内史。《尚书·顾命》:"大保率西方诸侯入应门左,毕公率东方诸侯入应门右。"

可见,周人举行策命、朝觐等典礼时,内史总是居君王之右,执行其职责。

《逸周书·尝麦解》:"维四年孟夏,初祈祷于宗庙,乃尝麦于太祖……仆告既驾,少祝导王,亚祝迎王降阶……史导王于北阶,王陟阶,在东序,乃命大史尚大正即居于户西,南向……"

《仪礼·大射》:"大史俟于所设中之西,东面以听政。"郑注:"中未设也,大史俟焉,将有事也。"

很明显,在行尝麦等典礼时太史总是居于君王的左侧,执行其职责。

要之,正如《左传·文公十三年》所云:"国之大事,在祀与戎。"在神权、政权不分,传统的氏族先王观念严重束缚人们头脑的时代,祭祀、策命等活动是非常频繁且十分重要的。而在这样庄重的活动中担当重要角色的内史总是居君主右侧,太史则居于君王左侧。这种特殊的身分,既定的位置,便很自然地赋予这两种主要史官以左、右的方位概念,又辗转沿循相称,遂在下面成为一种习惯性的称呼。而有时甚至将这种非正式的称呼载入史册,如《左传》《逸周书》等。

第三,地下出土的铜器铭文是最为可靠的史料,张光裕先生通过迄今所有出土的铭文有关册命条文和诸先秦文献的对照研究,撰《金文中册命之典》[1]一文,对

---

[1] 见香港《中国文化研究所学报》第十卷下册,1979年。

整个册命仪式做了系统的叙述,勾勒出了周代册命之典的大致轮廓,其结论之一如下:

> ……天子在堂上南面册命,首先把预先写好在简策上的"命书"由掌管的史官交由天子过目……天子乃命其右侧的史官,负责宣读命书,于是,该史官便朝着南方,对站在庭中心的受册者大声宣读王命……

张先生在此虽然和 20 世纪 40 年代齐思和先生所作《周代锡命礼考》[1]一样并未十分重视史官的位置,甚至没有考虑到太史、内史职责的区别,但其结论却与我们以上所述是一致的。

最后,我们再根据《左传》及《逸周书》记载的那些"左史"的事迹对我们的以上论证作以检验。

> 《左传·昭公十二年》:"(楚灵)王出……左史倚相趋过。王谓右尹子革曰:'是良史也。子善视之,是能读三坟、五典、八索、九丘。'"杜注:"倚相,楚史名。"
>
> 《左传·襄公十四年》:"左史谓魏庄子(绛)曰:'不待中行伯(荀偃)乎?'庄子曰:'夫子命从帅……'"

请注意,"右尹子革"历来不为注家所留意。何谓"右尹"? 如上述,尹者,即作册,即内史。此处更冠以"右"字,其身分便更加清楚了。这里的子革显然是以职为氏[2]。此为内史即右史的一个实证。

再看倚相,依杜注其为楚本国史官,与右尹子革相较,身分显然不同。《国语·

---

[1]《燕京学报》三十二期(1947 年),又可见 1981 年中华书局出版齐先生论文集《中国史探研》。
[2] 据 1976 年陕西周原出土微史家族铜器群铭文披露,其家族世代为周史官(作册),所以其中许多铜器均有"𦥯"徽号,又《折觥》也有"𩫖"徽号。这当表明其族人对其世职引以为荣。这可为周人兴以职为氏之例证。

楚语下》记载更清楚："又有左史倚相,能道训典,以叙百物,以朝夕献善败于寡君,使寡君无忘先王之业,不能上下说于鬼神,顺道其欲恶,使神无怨痛于楚国。"由此,倚相何许人也昭然若揭:其非太史莫属。这是太史即左史的一个明证。

第二段所记左史身份亦很明显。杨伯峻先生于此有注:"此左史盖随军之官。"[1]此论至确。此左史乃是对谏或提醒魏绛,当属太史职权以内事。因此,这个无名左史是太史或太史属下,也是没有问题的。

再看《逸周书·史记解》所记左史戎夫的事迹:"维正月,王在成周,昧爽。召三公、左史戎夫曰:'今夕朕寤,遂事惊予。'乃取遂事之要戒,俾戎夫言之,朔望以闻。"这里是记周穆王召来三公及左史戎夫,请戎夫为他解梦。此下文便是戎夫直言相向,以历史上的经验教训来劝谏穆王。解梦、劝谏、读朝廷经典等均属太史职。因此,该左史戎夫就是太史。这当是毋庸置疑的。

至此,问题就基本解决了。总括上面所述,做一个简短的结语:

历史上所谓"左史""右史"本来是存在的,但并非正式的朝廷命官名称,而是西周中期以后出现的分别对太史、内史的一种称谓,"左史"实即太史,"右史"实即内史。内史出入王之左右,为王近臣,地位显尊,负责书记王命,常居君右侧主策命,故习称之"右史";太史居王之左厢,掌书记事,与内史相对,故习称之"左史"。于是即有《礼记·玉藻》所谓"动则左史书之,言则右史书之"的正确但不正规的传统说法。《汉书》等所谓"左史记言,右史记事"是错误的。今天传世的《尚书》《左传》即当年太史、内史的作品。《尚书》为记言之书,即由内史所作。"尚书,上也",右为上,故《尚书》实即右史之书,《春秋·左传》为记事之书,则为太史所作。左者,即左史之简称。故《春秋·左传》实即左史之传[2]。

(原载《文献》第 20 辑,中国书目文献出版社,1984 年)

---

[1] 杨伯峻《春秋左传注》。
[2] 关于《尚书》《左传》作者及性质问题另文详述。这里仅着重说明两点:其一,二书书名并非书原名,二书成书并以今名行世,当是汉代以后的事。其二,关于《尚书》之尚,一般认为"尚,上也"(刘熙《释名》),并有尊崇义,这是对的。但由此产生的《尚书》"为上古之书""人所尊崇之书""上古君王之书"诸说均难以成立。我们认为《尚书》实即右史之书,为右史所记君王诰命的汇编或选集。

郑州地区的周秦墓研究

郑州地区一直是商周时期中央王朝的统治重心地区。西周时分别属管、虢、邻国的领地,春秋以降则先后成为郑、韩两国的政治文化中心。战国末年,秦的势力又较早地进入这个地区。人事纷纭,战祀更迭,兵家必争,战略和经济地位都十分重要。因此,本地区此一时期的考古文化面貌自然呈现出一种十分错综复杂的局面,广布于此地的大量的周秦墓葬无疑对揭示这种复杂的历史文化状况有着特殊意义。

自1951年秋在禹县白沙[1]获得首批周墓材料以来,郑州地区先后发现和发掘了大批周秦墓。其中重要墓地有郑州碧沙岗[2]、二里冈[3]、岗杜[4]、新郑唐户[5]、李家村[6]、河李村[7]、后端临、马家[8]、蔡庄[9]、烈江坡[10]、禹县白沙、西关[11]、尉氏河东周村等[12]。据不完全统计,目前共发现墓葬1 000多座,已清理近700座。其中铜器墓10余座,出土铜器160多件。其余除少数西周墓外绝大多数为东周及秦的陶器墓,出土陶器当不下2 000件。

---

[1] 陈公柔:《河南禹县白沙的战国墓葬》,《考古学报》第七册,1954年,第87—101页。
[2] 河南省文化局文物工作队第一队:《郑州碧沙岗发掘简报》,《文物参考资料》1956年3期,第27—40页。
[3] 河南省文化局文物工作队编著,《郑州二里冈》,科学出版社,1959年。
[4] 河南文物工作队第一队:《郑州岗杜附近古墓葬发掘简报》,《文物参考资料》1955年10期,第3—23页。
[5] 李友谋:《河南省新郑县唐户两周墓葬发掘简报》,《文物资料丛刊》(2),第45—53页。
[6] 河南省文物研究所新郑工作站等:《河南省新郑县李家村发现春秋墓》,《考古》1983年8期,第703页。
[7] 河南省文物研究所新郑工作站:《新郑县河李村东周墓发掘简报》,《中原文物》1987年4期。
[8] 后端临和马家的资料存新郑工作站,报告待发。
[9] 河南省文物研究所新郑工作站:《新郑县蔡庄东周墓葬发掘简报》,《中原文物》1987年4期。
[10] 烈江坡的资料存新郑工作站,报告待发。
[11] 禹县西关墓葬于1988年春夏间发掘,资料存河南省文物研究所,报告待发。
[12] 郑州市博物馆:《尉氏出土一批春秋时期青铜器》,《中原文物》1982年4期。

本文以目前所见本地区周秦墓中最有代表性的主要随葬品——陶器的类型学研究以及墓葬布局、墓室结构、葬具葬式、随葬品安放位置以及其他随葬器物等方面的综合研究为前提和依据,并参考铜器等对其中所含诸多文化因素作一分析,以揭示各文化因素之间的内在联系,进而探讨其形成原因及文化属性。

一、陶器类型研究

郑州及附近地区的周秦墓所出土的随葬陶器有炊器、食器、水器、盥器和酒器五大类,计有鬲、盆、无盖豆、罐、鼎、簋、罍、尊、豆、壶、盘、匜、舟、盒、甑、釜、瓮、合碗,及个别小壶、高足小壶、浅盘豆、带耳罐、杯、鸭尊等24种器类。但各墓地所出器类或多或少或无是不相同的,而且更有意义的是各墓地所出各器类在形制及其演变以及组合关系上都存在明显差异。

炊器类包括鬲、釜、鼎、甑。

鬲 分二型。A型,无领鬲,肩部多施瓦纹一周或数周。一般为夹砂红陶;B型,矮束领鬲,多系夹砂灰陶。

A鬲,分六式。形制演变趋势是:口缘由宽而有凹槽变为窄而平;裆部由较高而渐趋消失,至Ⅵ式变为平底而下附三乳突状小足。

B鬲,分五式。形制演变趋势基本同A鬲(图一、二)。

鼎 分五型。A型,长耳侈口鼎,足多呈扁体圆柱状,又分a,b二亚型;Aa型,一般无盖;Ab型,圆顶盖,足根肿大。B型,短厚耳半圆兽足纽盖鼎,分a,b二亚型:Ba型,圆握纽盖;Bb型,三半圆片纽盖。C型,折耳鼎,足多作棱柱状,分a,b二亚型:Ca型,折耳明显,多圆握纽盖;Cb型,折耳不明显,均圆顶无纽盖。D型,小平底鼎,耳上端多呈尖状。E型,长耳暗纹兽足鼎,三小半圆纽盖,或作大平底,三足粗壮、中空。

Aa鼎,分三式。Ⅰ式耳大,足高,腹较浅;Ⅱ、Ⅲ式耳变小,足变粗矮,腹较深(图一)。

郑州地区的周秦墓研究　245

期	段	A 鬲	B 鬲	Aa 鼎	A 盆	无盖豆	A 罐	其他
Ⅰ	1		1 Ⅰ			2 Ⅰ		
	2	3			4 Ⅰ	5	6	
Ⅱ	3	7	8		9 Ⅱ	10	11	
	4	12		13	14	15	16	
Ⅲ	5	17	18	19 Ⅱ BMJ57:5	20 Ⅳ	21	22	23
	6	24	25	26	27		28	29
Ⅳ	7	30	31		32		33	

图一　甲组墓随葬陶器分期图

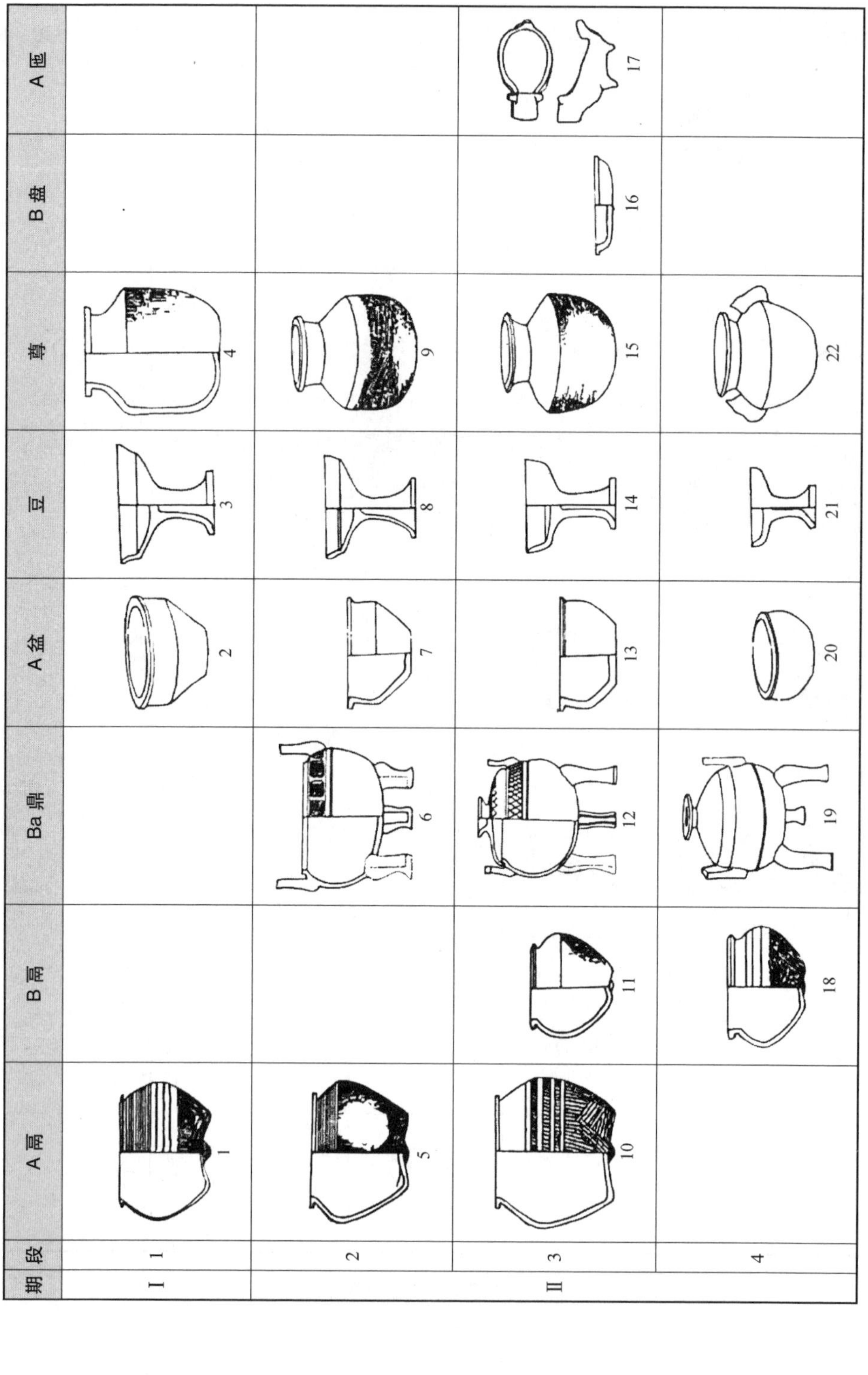

期	段	A 鬲	B 鬲	Ba 鼎	A 盆	豆	尊	B 盘	A 匜
I	1	1			2	3	4		
II	2	5		6	7	8	9		
II	3	10	11	12	13	14	15	16	17
II	4		18	19	20	21	22		

图二 乙组墓随葬陶器分期图

Ab 鼎,分六式。形制演变趋势是：耳部由大而小,耳穿由方形渐变为半透不规则圆方形;口部子舌由大而小;三足由内聚而渐外放,且与耳部愈趋接近,Ⅵ式变为足、耳相连(图四)。

Ba 鼎,分三式。Ⅰ式耳部厚大,口部子舌内折直立,三足粗矮;Ⅱ、Ⅲ式耳部稍短小,子舌较长而斜向内出,三足较高(图二)。

Bb 鼎,分三式。形制演变趋势是：盖部三纽由大渐小,间距由大而小;口部子舌由大而小,最终消失(图四)。

Ca 鼎,分三式。Ⅰ式规整,呈银灰色,仿铜性明显,盖纽大,耳硕大外折,三高足稍内聚;Ⅱ式盖纽变小,三足间距增大;Ⅲ式盖纽消失,三足略矮而间距大(图三)。

Cb 鼎,分五式。形制演变趋势是：双耳外折渐趋不明显;三足由高而稍矮,由内聚而渐外放;耳、足间距由大而小(图四)。

D 鼎,分五式。形制演变趋势是：耳穿由方正渐变为不太规则,以至呈未透穿的坑状;口部子舌由大而小,最终消失;三足由高而矮,间距由大而小,耳、足之间愈趋接近(图四)。

E 鼎,分三式。Ⅰ式双耳厚大,盖顶圆隆,圜底;Ⅱ、Ⅲ式双耳较薄,盖顶平,三纽甚小,大平底。Ⅰ、Ⅱ式之间似有缺环(图五)。

釜　不分型,分六式。形制演变趋势是：体形由较宽扁变为近正方,口部由外侈而渐内敛、缘面由较宽变窄小,腹部由稍平缓变圆鼓(图八)。

甑　分二型。A 型,折腹盆形甑;B 型,碗形甑。A 型,分四式。形制演变趋势是：口部由斜侈渐向内折敛,折腹趋明显,口缘唇部由尖变方,由平出渐变为下折,底由小而大,由独孔变多孔;B 型,分三式。形制演变趋势是：口部内敛度愈趋明显,腹部由浅变稍深,腹部由平缓变圆鼓,底部穿孔由少而多(图八)。

食器类包括盆、簋(殷)、无盖豆、豆、盒、合碗等。

盆　分二型。A 型,深腹折缘盆;B 型,浅折腹盆。A 型,分六式。Ⅰ、Ⅱ式体形大,缘面宽而有凹槽,深腹,折腹明显;Ⅲ、Ⅳ式缘面窄平,折腹不太明显,腹稍浅;Ⅴ、Ⅵ式体形小,小缘而下折,腹壁圆缓(图一、二)。B 型式别基本同 A 甑(图八)。

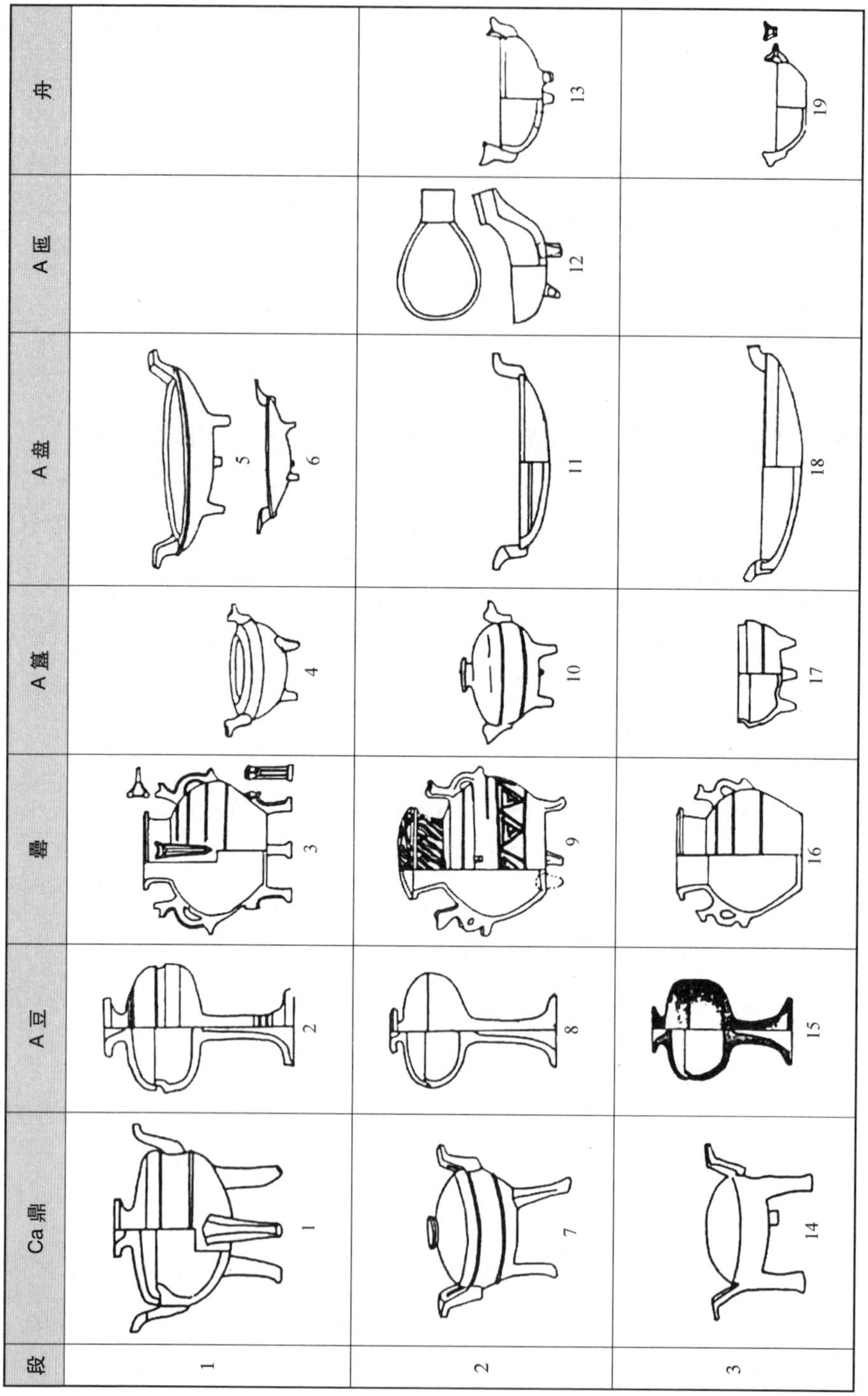

248　礼与礼器——中国古代礼器研究论集

段	Ca 鼎	A 豆	罍	A 簋	A 盘	A 匜	舟
1	1	2	3	4	5、6		
2	7	8	9	10	11	12	13
3	14	15	16	17	18		19

图三　丙组墓随葬陶器分期图

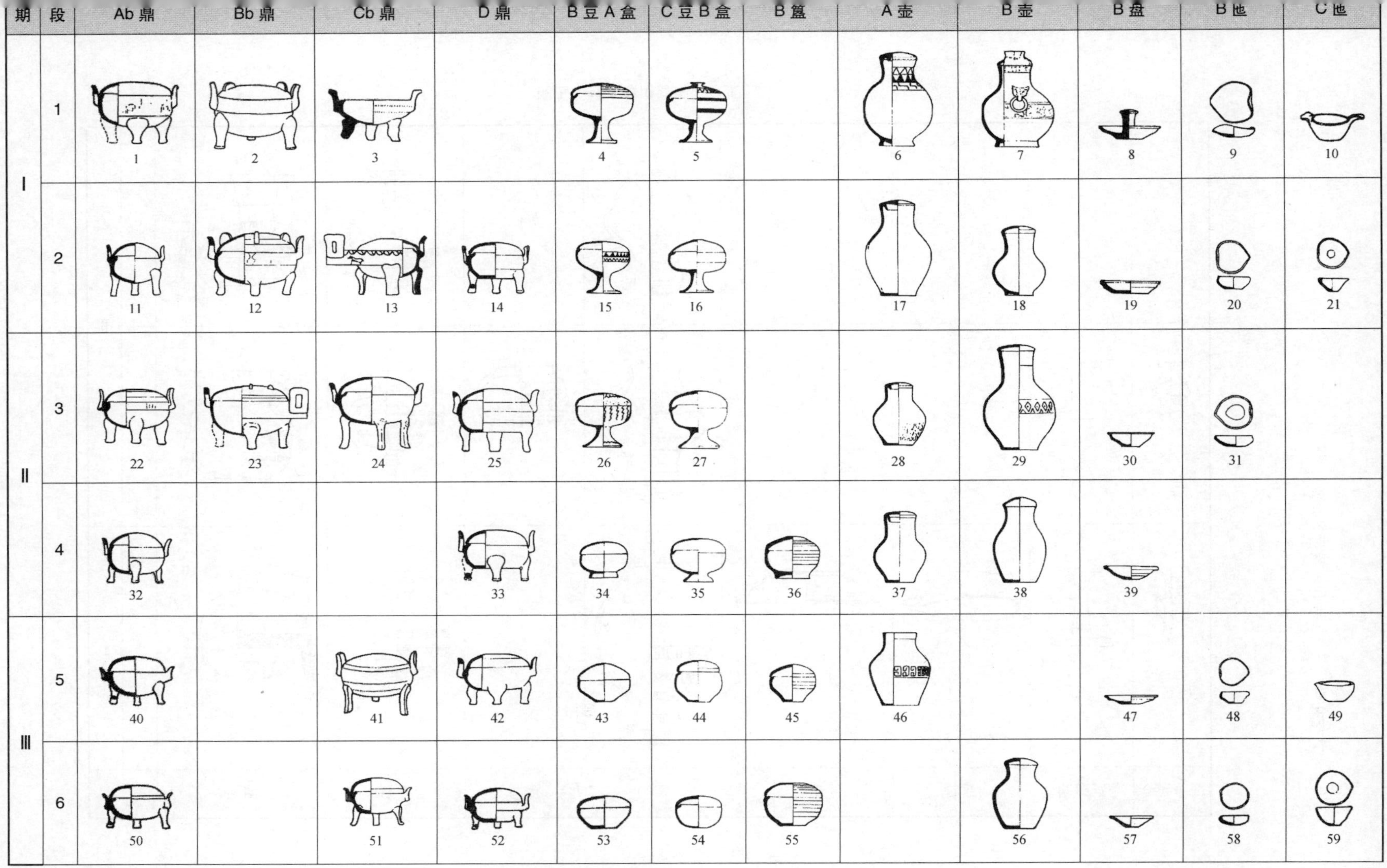

图四 丁组墓随葬陶器分期图

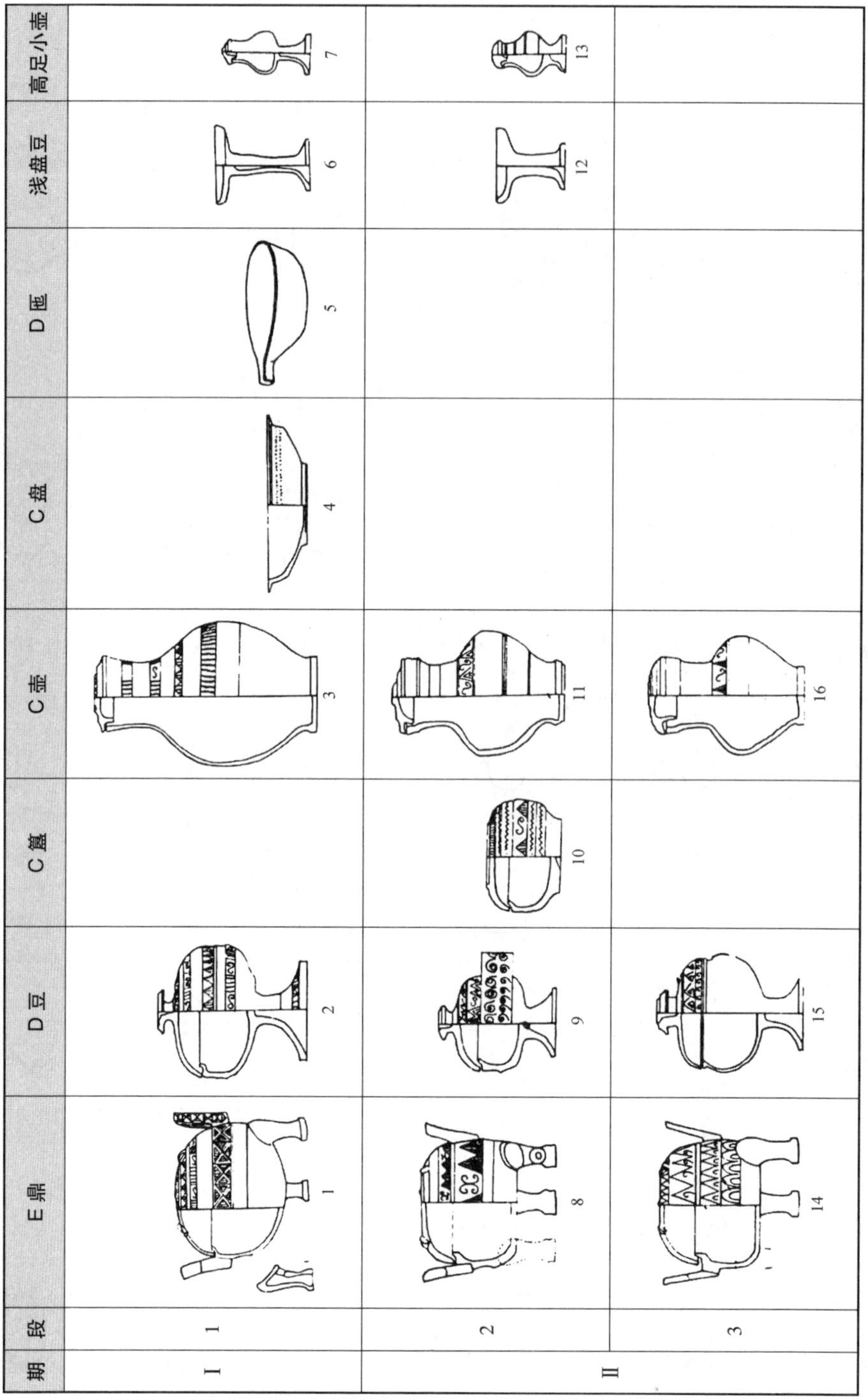

250 礼与礼器——中国古代礼器研究论集

期	段	E鼎	D豆	C簋	C壶	C盘	D匜	浅盘豆	高足小壶
Ⅰ	1	1	2		3	4	5	6	7
Ⅱ	2	8	9	10	11			12	13
Ⅱ	3	14	15		16				

图五 戊组墓葬随葬陶器分期图

簋 分三型。A型,三足簋,或有兽耳;B型,平底簋,饰瓦纹;C型,圈足簋,盖部亦作圈足状,饰暗纹。

A簋,分三式。Ⅰ式规整,耳大;Ⅱ式耳稍小;Ⅲ式耳消失(图三)。

B簋,分三式。Ⅰ式盖顶尖圆,盖口斜侈,矮圆足;Ⅱ式,盖顶稍平缓,下腹内收,小平底有似假圈足;Ⅲ式盖顶平缓,盖口内折,平底(图四)。

C簋仅一见(图五,10)。

无盖豆 不分型,分六式。Ⅰ式,口侈度大,腹折线靠上,盘深,校部粗矮;Ⅱ式,口外侈度变小,腹折线下移,盘较深,校高而粗;Ⅲ、Ⅳ式,盘较浅,校高而趋细;Ⅴ式,折腹圆缓,浅盘,校细高;Ⅵ式,形体小,盘甚浅,盘壁圆缓,细校(图一、二)。

豆 分四型。A型,细高柄圆握纽盖豆;B型,粗高柄圆顶盖豆;C型,喇叭口状高柄弇口长舌豆;D型,喇叭口状矮柄圆握纽盖暗纹豆。

A豆,分三式。Ⅰ式盖纽大,口部子舌大而直立,校细高;Ⅱ式,盖纽稍小,子舌较小而向内斜出,校的下部稍粗;Ⅲ式,小盖纽,子舌斜出,校部粗矮(图三)。

B豆,分四式。形制演变趋势为:口部子舌由大而小,以至消失;校部由细高而粗矮,Ⅳ式几近圈足(图四)。

C豆,分五式。校部、口部子舌的变化同B豆,唯盖部圆握纽则由大而小,以至失纽而变为圆顶盖(图四)。

D豆,分三式。形制演变趋势略同A、B豆(图五)。

盒 分二型。A型,平口盒;B型,弇口盒。A盒,分二式。Ⅰ式盖顶尖圆,盖口内敛,腹壁平直而中部稍折,小平底;Ⅱ式盖顶平缓,盖口斜侈,腹壁圆缓,折腹不明显,大平底(图四,34、43、53);B盒,分二式。形制演变大致同A型,唯Ⅰ式作假圈足状平底,Ⅱ式作小平底(图四,44、54)。

合碗 分二型。A型,敛口;B型,敞口。A型,分五式。形制演变的大体趋势为:体形由宽扁渐变为圆方,腹壁由平缓渐变为圆鼓(图六);B型,分四式。Ⅰ式,下半部腹壁方折,小圈足;Ⅱ、Ⅲ、Ⅳ式,腹壁由斜平渐变为圆鼓(图七)。

水器类包括罐、尊、罍、壶、瓮。

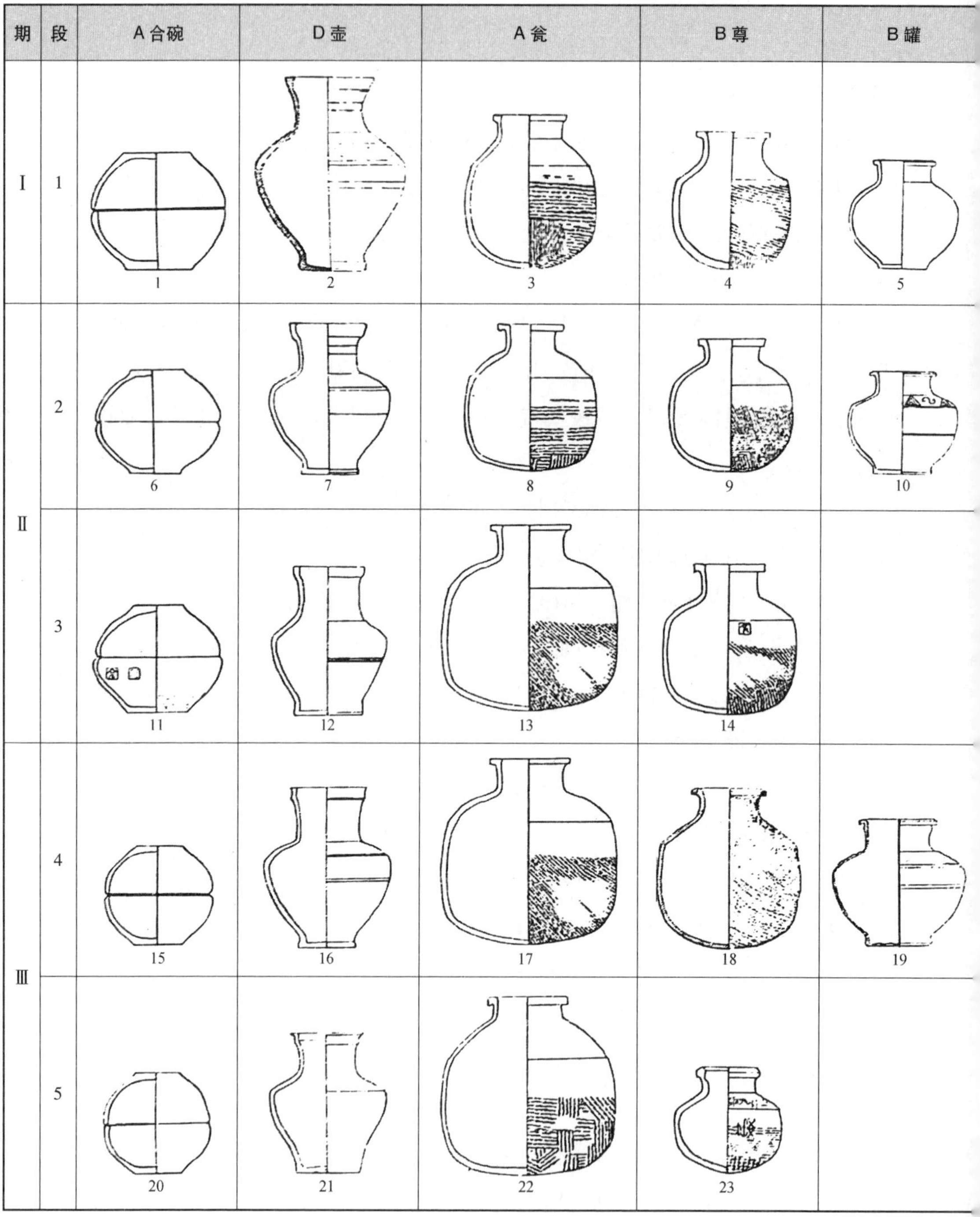

252　礼与礼器——中国古代礼器研究论集

期	段	A合碗	D壶	A瓮	B尊	B罐
Ⅰ	1	1	2	3	4	5
Ⅱ	2	6	7	8	9	10
Ⅱ	3	11	12	13	14	
Ⅲ	4	15	16	17	18	19
Ⅲ	5	20	21	22	23	

图六　己组墓随葬陶器分期图

郑州地区的周秦墓研究

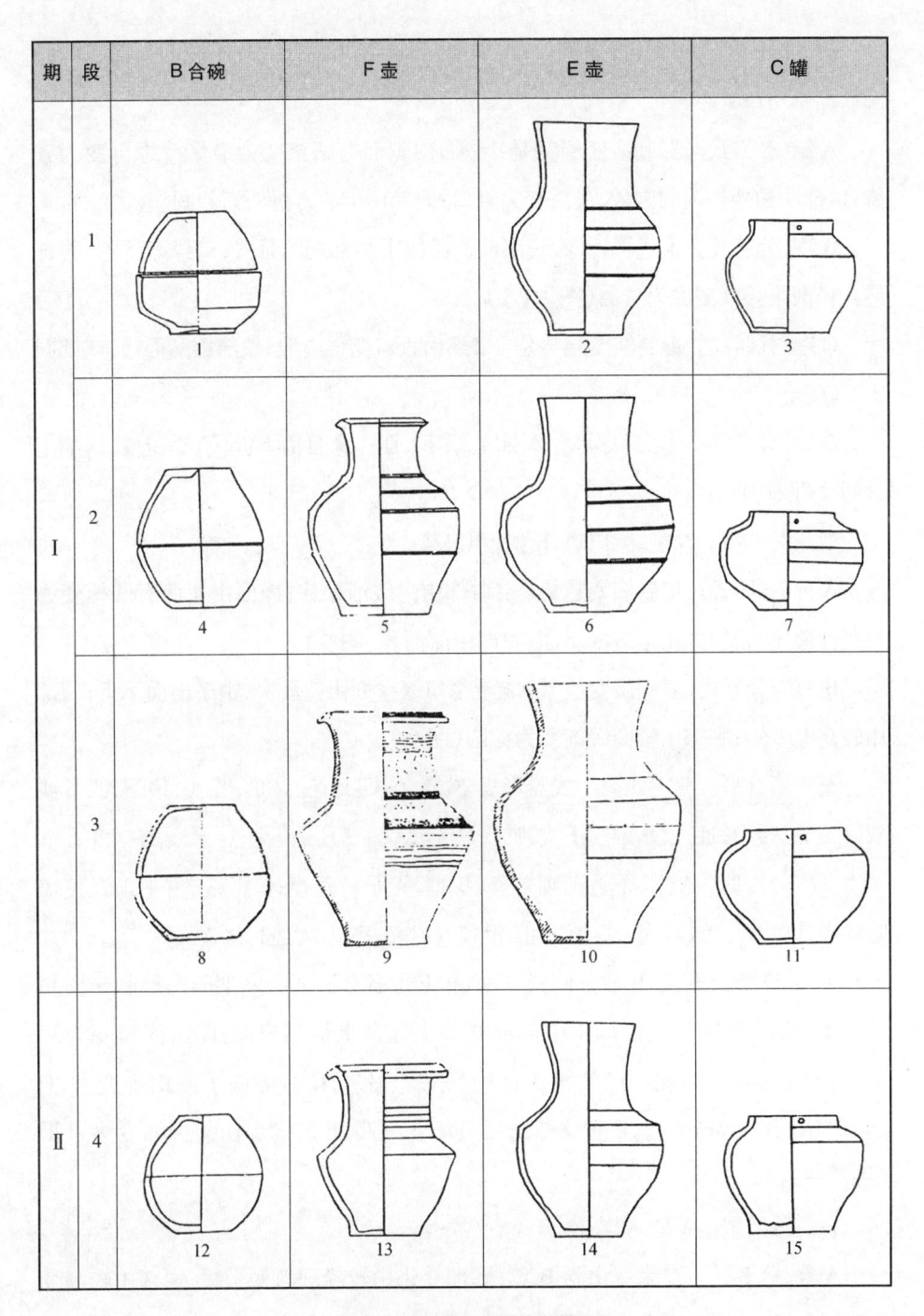

期	段	B 合碗	F 壶	E 壶	C 罐
I	1	1		2	3
I	2	4	5	6	7
I	3	8	9	10	11
II	4	12	13	14	15

图七 庚组墓随葬陶器分期图

罐　分四型。A型，折肩大口罐；B型，耸肩高领罐；C型，小领齐口罐；D型，圆肩高领小口罐。

A罐，分六式。形制演变趋势是：缘面由宽而有凹槽变为窄平折缘再变为齐缘；口部由稍外侈渐向内敛，最后变为直口；肩部由上耸方折而渐趋圆缓（图一）。

B罐，分三式。Ⅰ式平折缘，腹部最大径位于中部；Ⅱ、Ⅲ式，口缘渐下卷，腹部最大径渐上移以至成为耸肩（图六、八）。

C罐，分四式。形制演变趋势是：口部由直口变得内敛；领部由高而矮；肩部同B型（图七）。

D罐，分三式。Ⅰ式平折缘，体形较高；Ⅱ、Ⅲ式缘面稍下折，领部变短，肩部上耸明显（图八）。

尊　分二型。A型，大口尊；B型，小口尊。

A尊，分四式。形制演变趋势是：口部由内敛渐外侈；缘面由宽而有凹槽变为窄平而略下折；肩部由上耸渐下溜；腹部由深而浅（图二）。

B尊　分五式，形制演变呈下列趋势：口缘缘面由宽而窄，由平出而下折；领部由较高渐变短；底部由较圆缓渐变为尖圆（图八）。

罍　不分型。分三式。Ⅰ式器形规整，直领，四耳，三高足；Ⅱ式，侈领，四耳或双耳，三足矮小；Ⅲ式，基本同Ⅰ式，唯平底无足（图三）。

壶　分六型。A型，子舌圆顶盖壶；B型，无子舌盖壶；C型，子舌平顶瓦棱盖暗纹壶；D型，无盖母口壶；E型，无盖粗颈齐口壶；F型，无盖折缘壶。

A、B、D型分五式，E型分四式，C型和F型各分三式。六型壶的形制演变趋势基本一致：腹部最大径均由中部或略偏上逐渐上移至肩部，即由溜肩变为耸肩；有圈足者则逐渐变小以致消失而为平底。另外，C壶盖内子舌由小变大，D壶口部由稍内敛渐外侈，E壶领部由粗短渐变细高，F壶缘部由斜侈而变为下折（图四—八）。

瓮　分二型。A型，圜底瓮；B型，平底瓮。

A瓮，分五式。口缘变化同B尊；底部变化由较隆圆渐变平缓；领部由较高变得稍矮；体形由较瘦高变为肥硕宽扁（图六）。

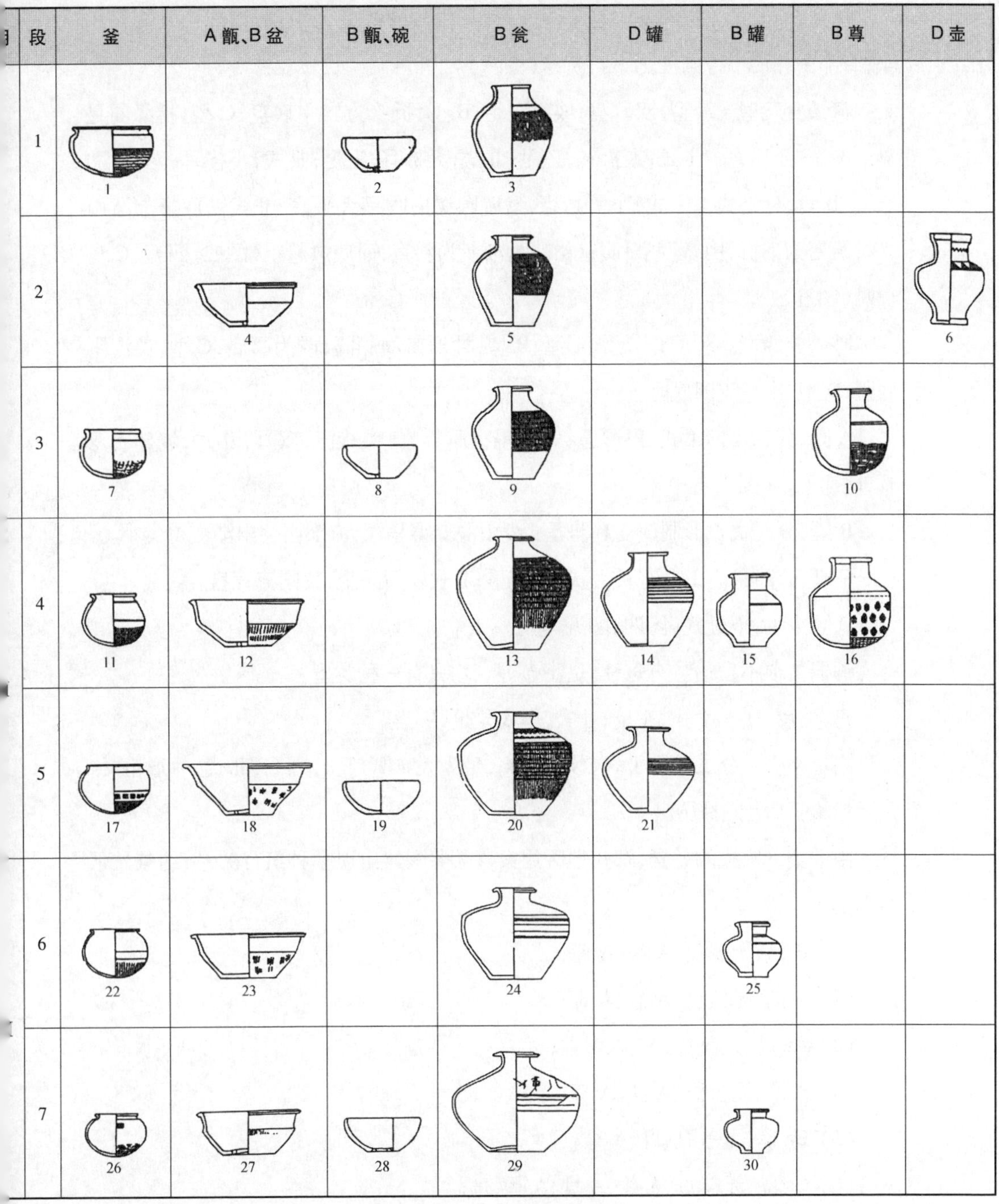

郑州地区的周秦墓研究   255

段	釜	A甑、B盆	B甑、碗	B瓮	D罐	B罐	B尊	D壶
1	1		2	3				
2		4		5				6
3	7		8	9			10	
4	11	12		13	14	15		16
5	17	18	19	20	21			
6	22	23		24		25		
7	26	27	28	29		30		

图八　辛组墓随葬陶器分期图

B瓮，分七式。腹部变化趋势同壶；体形由较瘦高变为粗扁；口部由大变得稍小；缘部由外侈小缘渐变为下折宽缘（图八）。

盘　分三型。A型，双耳盘，或有三足；B型，折缘方唇平底盘；C型，折缘圈足盘。A盘，分三式。Ⅰ式，大折耳，三足；Ⅱ式，大折耳，无足；Ⅲ式，小侈耳，无足（图三）。B盘，分七式。Ⅰ式，小平折缘，盘壁圆缓内收呈大平底；Ⅱ式以后缘部渐由平折渐变为下折，由宽变窄；腹壁由略折渐变为斜直，而底愈趋小（图二、四）。C盘少见（图五）。

匜　分四型。A型，三足兽形匜；B型，桃形口浅腹匜，或为圜底；C型，尖流平底匜；D型，小长流圜底匜。

A匜，分二式。Ⅰ式，兽形逼真，兽尾状后銴，兽头状流，双耳；Ⅱ式，流部无双耳，尾部无銴（图二、三）。

B匜，分五式。形制演变趋势是：盘由浅变得稍深，流部由突出渐变得尖小。

C匜，分四式。Ⅰ式有长舌状流，有銴；Ⅱ式以后无銴，尖圆流，盘趋深。

D匜少见，不分式（图四；图五，5）。

酒器类很不发达。有舟、高足小壶等。均只有一种类型。

舟　分二式。Ⅰ式，三足；Ⅱ式，平底无足（图三）。

高足小壶　分二式。Ⅰ式，体形瘦高，足为大嘛叭口状，细高；Ⅱ式，体形粗矮，足为粗喇叭口状（图五）。

由于类、型、式的差异，郑州地区周秦墓随葬陶器出现多种组合关系，约有如下24种：

（1）B鬲、无盖豆、A盆、A罐；

（2）A鬲、无盖豆、A盆、A罐；

（3）Aa鼎、无盖豆、A盆、A罐；

（4）A鬲、无盖豆、A盆、A尊；

（5）Ba鼎、无盖豆、舟、A尊；

（6）Ca鼎、无盖豆、A尊、A盘、A匜、舟；

（7）BⅢ鬲、无盖豆、A盆、A尊、A盘、A匜；

（8）A 鬲、Ba 鼎、A 豆、罍、A 盘、A 匜；

（9）A 鬲、A 簋、A 豆、罍、舟；

（10）Ca 鼎、A 簋、罍、A 盘、A 匜、舟；

（11）Ab 鼎、C 豆、A 壶、B 盘、B 匜（或 C 匜）；

（12）Bb 鼎、B 豆、B 壶、B 盘、B 或 C 匜；

（13）Cb 鼎、B 豆、B 壶、B 盘、C 或 B 匜；

（14）D 鼎、B 或 A 壶、盘、匜；

（15）Ab 鼎、B 簋、A 或 B 壶、盘、匜；

（16）鼎（各型之Ⅳ、Ⅴ式）、A 盒（或 B 盒）、A 壶（或 B 壶）、盘、匜；

（17）E 鼎、D 豆（或加 C 簋）、C 壶、C 盘、D 匜、浅盘豆、高足小壶；

（18）A 合碗、圜底瓮、B 尊；

（19）A 合碗、D 壶、A 瓮；

（20）B 合碗、F 壶、C 罐；

（21）B 合碗、C 罐；

（22）釜、A 甑（或 B 盆）、B 罐、B 尊；

（23）釜、B 甑（或碗）、B 瓮、B 罐；

（24）釜、A 甑（B 盆）、B 瓮、D 罐。

二、墓葬组别的划分

根据随葬陶器的类、型、式的差异及其不同的组合关系，进而参考陶器以外的其他随葬品和墓葬分布、墓室结构、葬具、葬式、随葬品位置以及陶器纹饰等方面的异同，我们可以明显看出本地区周秦墓中存在互不相同，相对独立的八组墓葬。

甲组　包括 A、B 鬲、Aa 鼎、A 盆、无盖豆、A 罐及个别箕形匜、A 壶等 7 类 8 型陶器。器物组合方式有（1）—（3）种，基本组合为鬲、盆、无盖豆、罐或鼎、盆、无盖豆、罐，晚期或缺无盖豆。不见陶器以外的任何小件器物。陶质有夹砂灰陶、泥质灰陶和夹砂红陶三种，而以泥质灰陶为主。多素面，鬲肩部常饰瓦纹，一些鼎、罐、盆饰仿铜性雷纹彩绘(图一,13、16)。墓葬分布一般较为密集,均长方形竖穴土坑墓,多设壁龛和腰坑。早期墓室较狭长,长宽比一般为 2∶1,个别达 2.5∶1,晚期较宽短(3∶2)。碧沙岗墓区呈愈晚愈深的趋势。一般南北向,多在 0°—20°之间,白沙墓区个别墓达 32°。一般有木棺,较大者一棺一椁,唐户墓地凡棺椁具备者均有腰坑,坑内殉狗。葬式一般为仰身直肢,上肢几乎无一例外地内折置于骨盆或腹部,晚期出现个别仰身屈肢葬。随葬品一般于头前横列,或棺外,或棺椁之间,或壁龛内,晚期出现少数压于棺下大腿部者。本组墓葬主要见于碧沙岗、岗杜、白沙、蔡庄和河李村 5 个墓区,共计 87 墓。

乙组 包括 A、B 鬲、Ba 鼎、A 盆、无盖豆、A 尊、B 盘及 A 匜等 7 类 8 型器物,其中鬲以 A 型为主,B 型出现较晚。组合方式有(4)—(7)四种,大致与甲组相同,但中原地区此一时期墓葬中最常见的罐却被尊代替,并一般配备盘、匜。这种绳纹圜底尊和圆握纽盖高足鼎及兽形匜(图二,12、19、17)等为本组最具代表性的器物。其他小件器物亦一概不出。A 型鬲多夹砂红陶,绳纹较常见,彩绘较甲组少见,同样多云雷纹等仿铜性图样(图二,6、12)。墓葬分布较甲组疏远,亦长方形竖穴墓。一般不设壁龛,无腰坑,壁龛仅一见。墓室长宽比在 2∶1—3∶2 之间。墓室深度较甲组为大。亦多南北向,晚期有少数东西向墓。绝大多数单棺,棺椁具备者少见。葬式亦以仰身直肢为主,但有一部分为屈肢葬。随葬品除多数置头部外,有相当数量为压于棺下腰部者,这种情况在碧沙岗较多,几乎达半数。另外还出现个别置于棺上(碧 M200)和骨架左侧竖列者(碧 M142)。本组墓葬主要见于碧沙岗、白沙、河东周村和蔡庄等墓区,计 30 余墓。

丙组 包括 Ca 鼎、A 豆、A 簋、罍、A 盘、A 匜、舟及个别 A 鬲。组合有(8)—(10)三种,基本组合为鼎、簋(或豆)、罍、盘、匜、舟,也有少数为鬲、簋、罍、豆或鬲、鼎、罍、豆。大多为仿铜器类,形体一般较大,制作精致,盛行弦纹,器耳发达,装饰性配件多,早期多三足器。有些饰三角回纹等彩绘(图三,9),或涂施白垩。罍的制作最为讲究,或四耳,或双耳,均作卧兽状,等分对称,十分规则,有的三足亦作兽形(图三、3、9、16),有的盖上有纽的插孔(图三,9),器表光滑,有的施以彩绘。除陶器外未见其他随葬品。墓葬分布稀疏,形制一般较大,均竖穴直壁土坑,墓室长宽比例在 3∶2 左右,深度在全地区居首位,有的达 5 米以上。无壁龛、腰坑。均南北向。葬具一般棺椁具备。葬式居多数者仍是仰身直肢,但屈肢葬占相当比例,其中较具特色而为数不少的是侧身屈肢葬。随葬品均于头前横列,或置椁室内,或置椁外所谓熟土二层台之下。本组墓葬主要见于碧沙岗、白沙、唐户、河李村、蔡庄和李家村六墓区,计 16 墓。新郑李家楼和后端湾等墓区也有发现,但未发表。

丁组　出有 Ab、Bb、Cb 和 D 鼎、B、C 豆、B 簋、A、B 壶、B 盘、B、C 匜及 A、B 盒等 7 类 14 型器物,陶器类型复杂多样。组合方式有(11)—(16)六种,基本组合为鼎、豆、壶、盘、匜,晚期以盒代豆,个别以瓦纹簋(B)代豆。除极少数泥质灰陶外,为青一色的泥质灰陶。绳纹基本消失,仅见于个别鼎、壶的腹部。除占大多数的素面外,还有少数旋纹、印纹、瓦纹、弦纹及个别暗纹。彩绘较为发达,约占全部器物的 10%强,且纹样图案相对繁缛,主要是几何形花纹,基本风格是规矩、板滞,有黑、红、白、黄四色,均单施,线条粗细兼备,计有云雷纹、绚纹、三角纹、菱形纹、波折纹、绞索纹、多角星纹和少数动、植物纹[1](图五)。视其较常见的各型器物的共存关系又可分为 4 个支组:

丁(一)支组,组合一般为 Ab 鼎、C 豆(或 B 盒)、A 壶、B 盘、B 或 C 匜,晚期或以 D 簋代豆。伴出的小件器物非常少,仅见铜带钩、铜璜形器、铁带钩三种。

丁(二)支组,组合一般为 Bb 鼎、B 豆(或 A 盒,或 C 簋)、B 壶和盘、匜等,器类亦较少。伴出的小件器物较多,各墓或多或少均有出土,最多见者为铜带钩,其次为铁带钩和璜形器,其他还有玛瑙环、骨环、骨管等,还出现个别铁锸、铁镬等工具随葬情况。

丁(三)支组,常见的组合为 Cb 鼎、B 豆(或 A 盒)、B 壶、B 盘、B 匜等。其他小件器物在本支组 20 余座墓中亦多有出土而与(二)支组大致相类,唯铁制工具似乎更多,有锸、镬、削、锄等。

丁(四)支组,最常见的主要是 D 鼎与 B 豆、B 壶及盘、匜的组合。器物多平底器和平顶器。伴出的小件器物较(二)(三)支组为少,璜和铜、铁带钩较多,其他

---

[1] 见《郑州二里冈》图叁贰、叁叁、叁肆、叁伍等彩绘器物图。

少见。

本组墓葬分布较密集,多作东西排列,未发现任何互相打破的情况。出现个别同穴合葬墓(二里冈M421和M271)。绝大部分为设龛的长方形竖穴土坑墓,另有少量较大型的甲字形墓和刀形墓。(二)(三)支组有些墓无壁龛。墓室形制一般较宽短,墓口均大于墓底。深度一般在2米以上,最深者为(三)支组,最深可达5.8米。墓的填土,一般经过夯打,多为平夯,夯层厚度为5—12厘米左右,(二)(三)支组有的墓土质似较疏松。墓向基本一致,南北向为绝对多数,一般在0°—17°之间,仅少数为东西向(如(二)支组M427)。多单棺,有椁者居少数。葬式以仰身直肢为主,(二)(三)支组有少数屈肢葬。随葬品一般置龛内。本组墓葬主要分布于二里冈、岗杜二墓区,新郑许岗墓区[1]也有见。

戊组 出土有E鼎、D豆、C簋、C壶、C盘、D匜和浅盘豆、高足小壶等8类8型器物。组合只有一种:鼎、豆、壶、盘、匜、高足小壶、浅盘豆,或加簋。基本与丁组相类,但增加高足小壶和浅盘豆两种非常典型的器类。器物形体一般较大,制作精细,表皮光滑,均饰以繁缛的暗纹,图案多为波折纹和三角纹等,其中最具特色的是云形钩纹(图九,7、8),这在整个中原地区也属比较特殊的,由此构成本组的特点之一。伴出的小件器物较少,只有铜带钩一种,墓葬分布于相对独立的墓区内,形制大体同丁组,唯规模稍大,均有棺有椁。一概南北向。仰身直肢为基本葬式,随葬陶器部分置龛内,部分置头前棺椁之间。本组墓葬目前所见较少,仅发现5座,见于二里冈和岗杜二墓地,但特点非常鲜明。

己组 器物类型远较以上各组墓葬简单,仅有A合碗、D壶、B尊、A瓮和B罐5类5型。基本组合有(18)(19)两种,另外还有A合碗分别与D壶、B尊、A瓮及B罐的两件组合。器物均泥质灰陶,质地坚硬,大多属实用器,绳纹发达,少见暗纹,不见彩绘,有个别器表出现印戳,印文有"亳"等,明显区别于本地区其他组墓葬。伴出的小件器物有铜、铁带钩、璜形器、玛瑙环和铲、削、舀、镬等铁器及刀币等,其中带钩尤其多见。本组墓葬分布于特定区域,很少与丁组等混杂,二里冈墓

---

[1] 河南省文物研究所新郑工作站等:《新郑县辛店许岗东周墓调查简报》,《中原文物》1987年4期。

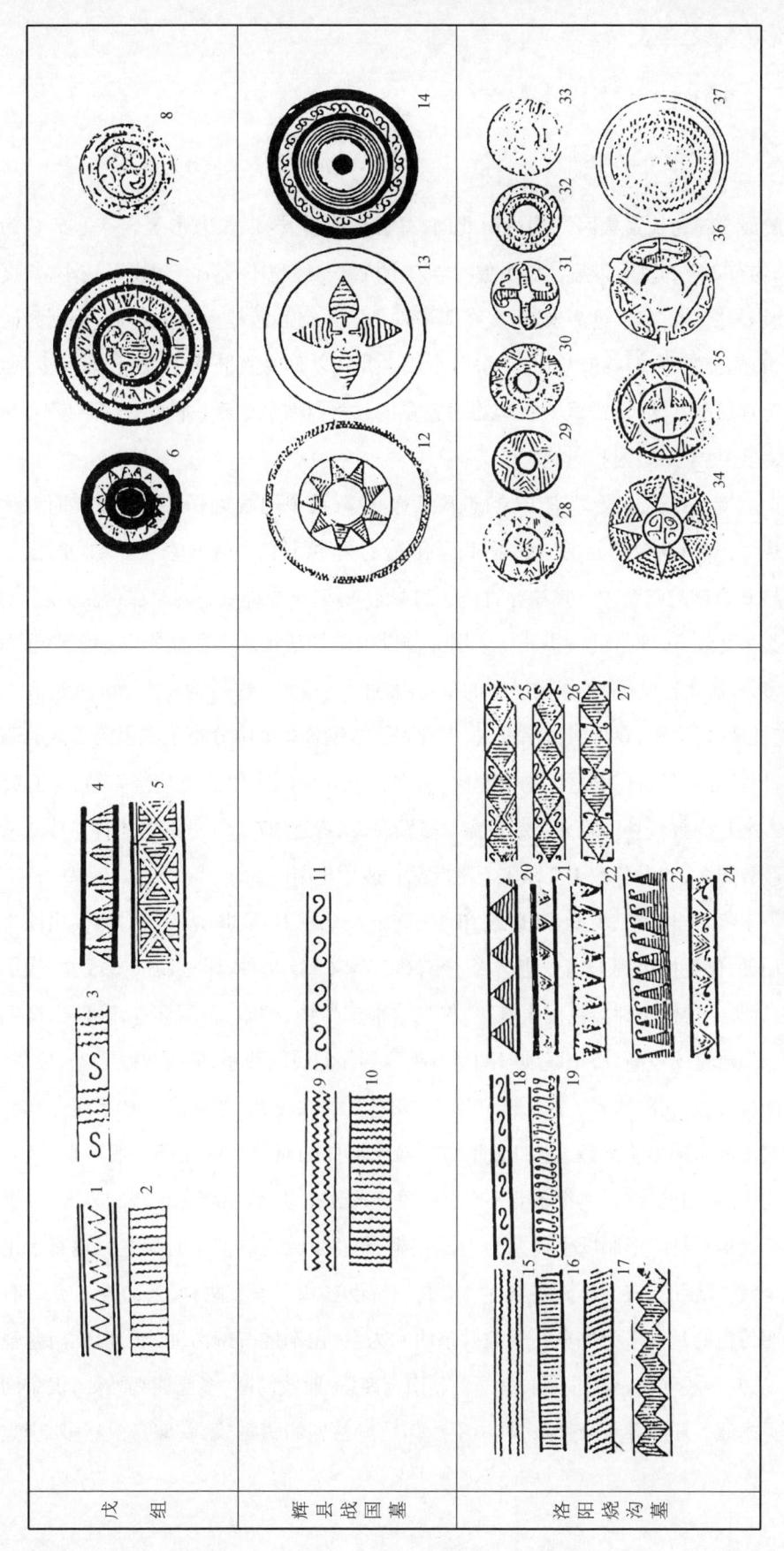

图九 戊组陶器与辉县战国墓及洛阳烧沟墓陶器暗纹图案比较表

区的最西部为其聚集区。均为南北向,墓葬形制特殊,以长方形竖穴空心砖墓为主,约有 2/3 的墓不设龛。居少数的竖穴土坑墓一般也不设龛。规模多较小,长度一般不过 3 米,宽不过 2 米,深度在 2 米以下。凡空心砖椁大多为木盖,个别为砖盖,有的铺底砖,椁四壁均由 12 块砖组成。葬式以仰身直肢为主,屈肢葬较少,但有个别屈度甚剧,作蹲踞式。陶器或置龛内,或置椁内头部。本组墓葬共发现 34 墓,主要见于二里冈和岗杜。

庚组 器类亦很少,有 B 合碗、E、F 壶、C 罐及个别浅盘豆。组合多样而无一定规律,多为 B 合碗分别与 C 罐、E 壶、F 壶的两件组合,有时 F 壶与 C 罐同时出现在与 B 合碗的组合中。陶质亦青一色的泥质灰陶,不见绳纹,多弦纹或旋纹。个别罐腹饰瓦纹,口部常设一小孔。个别壶施以简单的暗纹。小件器物以铜璜形器为最多,其次为铁带钩,约半数以上的墓均出这两类器物。铜带钩较少。其他还有铜环、蚌珠、玛瑙珠、骨珠、骨环、玉玦、骨管等。本组墓葬集中分布于二里冈墓区的西部,岗杜亦有见,计 36 墓。均南北向,头向正北。形制一般为土坑竖穴墓,空心砖墓占绝对少数。其中绝大多数设龛。多较深,深者达 3.7 米。一般有木椁。葬式以屈肢葬居多,约占总数 1/2 以上。随葬品一般置龛中。

辛组 出有釜、A、B 甗、B 瓮、B 盆、D 罐及个别 B 罐、B 尊等。均为实用性生活用具,仅见极个别 D 壶。基本组合有(22)和(23)两种,即釜、瓮、甗或盆,或加碗、罐等。其他小件器物出土甚少,仅见个别铜带钩、铜印、玛瑙环等,晚期出现铜镜。陶器火候较高,质地坚硬。陶质有夹砂陶和泥质陶两系,前者仅限于釜,分灰、红两种陶色,灰陶略多。泥质陶较多,均灰色。绳纹发达,釜的底部和下腹,尊、瓮的底部或腹部多施绳纹,盆和甗腹部有绳纹被抹的痕迹。釜底部一般有烟熏痕。罐的腹部多施旋纹。本组墓葬亦有自己独立的分布区域,主要见于岗杜墓区,二里冈墓区也有见。形制以土洞墓为主,其中晚期有少数为洞室空心砖墓。也有个别为竖穴土坑和竖穴空心砖墓。各种形制均有设龛和不设龛两种,大约各占 1/2,有鲜明特色的是大多为侧龛。墓向以东西向为主,在本地占统治地位的南北向墓较少,头向一般朝西,个别朝北,有一例朝南,葬具一般较简陋,多已腐朽殆尽,仅个别可见木痕。屈肢葬十分普遍,其中不少作屈度甚剧的蹲踞式,以仰身式居多,少数为侧身屈肢葬,他组占统治地位的仰身直肢葬在这里占不到 30%。随葬品或置龛内,或置龛的附近,无龛者则置椁外,或椁内,洞室墓或置足部,或置侧身骨架后作一字排列。

除以上八组外,郑州地区周秦墓还包括另外三组墓葬。其一为西周墓,主要见于新郑唐户等墓地。其中多为陶器墓,且数量有限,但总体面貌一致,与陕西沣西及洛阳西周墓并无二致[1]。

其二为东周铜器墓甲组,以唐户 M9 及郏县太仆铜器墓为代表,新郑李家楼大墓也有一部分。属本地传统的周系器类[2]。

其三为东周铜器墓乙组,包括唐户 M1 和蔡庄 M37,新郑李家楼大墓之大部,尉氏河东周村墓,新郑李家村墓等。明显属于当地一种新兴因素[3]。

此三组墓将有另文专论,这里暂付阙如。

三、各组墓葬的分期

各组墓葬文化面貌互不相同,相对独立,不唯表现在器物的种类、型式、组合、器型作风及墓葬形制、葬具、葬式等各个方面,而且还十分清晰地表现在器物形制和墓葬形制诸方面发展演变的规律、趋势和时代变异上。也就是说各组墓葬均自成体系,各有其自身独特的发展序列,根据各组墓葬发展演变的情况,我们可以对各组进行如下陶器编年和墓葬分期。

甲组 分四期 7 段。

第一期 即第 1 段。器类简单,有 BⅠ鬲、AⅠ盆、Ⅰ无盖豆及 AⅠ罐,AⅠ鬲也

---

[1] 见《文物资料丛刊》(2),第 46 页图三,1—8;中国科学院考古研究所编著:《沣西发掘报告》,科学出版社,1963 年。

[2] 见《文物资料丛刊》(2),第 51 页图一一,1、2、3、5、7;唐兰:《郏县出土的铜器群》,《文物参考资料》1954 年 5 期;孙海波:《新郑彝器》,河南通志馆版,1937 年。

[3] 见《文物资料丛刊》(2),第 51 页图一一,6、8、4;《中原文物》1987 年 4 期图版五,4,图版六,1、2;关百益:《新郑古器图录》,1923 年;《河南金石志图》正编第一集,1932 年;关百益:《郑冢古器图考》,1940 年;孙海波:《新郑彝器》。

有发现。组合多不完备,出单鬲者较多,或出豆、罐少见。有夹砂灰陶和泥质灰陶两系,夹砂红陶较少。器物质地较硬,火候高,形体大,一般属实用器。多素面,仅见绳纹。墓室狭长,长宽比为2∶1,甚至2.5∶1。均较浅,墓壁平直,个别墓底稍大于墓口。均有壁龛和腰坑,腰坑内殉狗,狗的头向与墓主人头向一致。壁龛设于墓室前端,随葬品横列其中。均南北向墓,皆仰身直肢。

第二期 包括2—4段。器类增多,鬲的型式较多。计有鬲、鼎等5类6型15式(图一)。组合较完备,鬲、盆、无盖豆、罐,一般一类一件。4段出现鼎、盆、无盖豆和罐的组合。夹砂红陶器较多,器物形体较大而火候较高,亦多为实用器。除绳纹外还有旋纹或瓦纹、弦纹。出现少量彩绘,均为简单的云雷纹。2、3段墓葬形制基本同一期,唯墓室深度增加,长宽之比一般为2∶1。4段壁龛、腰坑锐减,渐趋消失,一般有单棺,墓向、葬式同上期。

第三期 包括5、6段。器物类型除鬲、盆、无盖豆、罐外新出现个别壶、箕式匜、盘、豆等,计9类10型(图一)。组合中或缺无盖豆,或缺盆。第6段出现鼎、豆、壶、盘、匜新的组合。夹砂红陶大减,鬲无论A型、B型,均系夹砂灰陶。绳纹渐少,鼎腹上或施附加堆纹,壶或饰圆圈形印纹(图一,19、23)。墓葬形制变化较大,壁龛、腰坑消失,墓口稍大于墓底,一般较深,墓室长宽之比多为3∶2。一般棺椁俱全。出现个别东西向和屈度不大的屈肢葬墓。随葬品位置出现压于棺底下面者。

第四期 即第7段。器类有减,无盖豆少见。组合有两种:(1)鬲、盆、罐;(2)鼎、豆、壶、盘、匜。器物形体普遍趋小,陶质松软,制作粗糙,绳纹基本绝迹,鬲多为泥质。墓室形制宽短,墓壁略倾斜,口大于底,较深。葬具以单棺为多。屈肢葬略增。随葬品放置情况复杂,或置头前,或置棺下,或置棺上。

乙组 分二期4段。

第一期 即第1段。组合一般为A鬲与盆、无盖豆、尊的四件组合,不见B鬲。器形多较大,质地坚硬,制作规整,一般为实用器。有夹砂红陶和泥质灰陶两种。绳纹多见于鬲、尊。墓葬形制同甲组第二期,唯绝少壁龛墓(仅碧M106一见)。墓室长宽之比为2∶1左右。均南北向,葬式均仰身直肢。随葬品一般置头前。

第二期 包括2—4段。出现鼎、盘、A兽形匜等新的器类,还出有个别双耳盆(见《考古学报》第七册页99插图9),组合中一般配备盘、匜。器形渐变小,质地松软,趋于明器化。绳纹渐少,出现少量彩绘,见于鼎腹,有雷纹、波纹、网纹等。壁龛和腰坑绝迹,墓口长宽比一般为3∶2,均单棺,出现个别东西向墓,葬式有仰身直肢和屈肢葬两种,后者或为侧身。随葬品安置情况复杂,或头前,或棺下,或棺上,或骨架左侧。

丙组 分一期3段。

第1段,器形大,制作精,器表光滑,多呈银灰色,兽形装饰配件发达,多三足器,仿铜性异常明显,尤以罍的制作最讲究,远非他组可比。第2段,形体较1段稍小,三足器减少,兽形耳仍较发达。罍由四耳变为双耳,有的作莲瓣状插纽盖(图八,9)。第3段组合不如前2段完备,或鼎、簋、罍,或鼎、豆、罍,有时鼎、罍等也与A鬲构成组合(唐户M28、M31)。器形较小,制作较粗,三足锐减,兽形装饰已不多见。罍三足消失而成平底,仿铜性渐趋泯灭。

本组3段墓葬的形制结构变化不大,早期规模较大,葬具讲究;晚期墓一般较小,葬具简陋。其他形制及变化基本与乙组第二期略同,唯不见东西向墓。

丁组 分三期6段(图四)。

第一期 包括1、2段。器类繁多,鼎即有7种型式,加上豆、壶、盘、匜计5类21种型式,还出个别高足小壶。组合中鼎、豆、壶、盘、匜一般必备无遗。器形制作多规整,圈足器较多,仿铜性较明显,多彩绘,一般为几何形图案花纹,其纹样绝不见于其他任何组。装饰性部件如纽、铺首等也较发达(图四,2、5、7、8)。墓葬形制均作口略大于底的竖穴土坑,一般深3米左右,(二)(三)支组较深,可达5米左右。墓室长度宽度一般分别为3米和2米。

第二期 包括3、4段。器类基本同上期。新出现B簋,计7类17种型式。组合同上期,但有时以簋代豆,豆校已变得很矮。器物制作稍粗糙。彩绘仍较发达,装饰性部件少见,圈足器减少。墓葬形制趋于大同,多较深,一般在4米以上,但(三)支组个别墓仍较深,最深者达5.8米(二里冈M36)。墓室一般呈口大底小的漏斗状。

第三期　包括5、6段。器类有较大变化：Bb鼎绝迹，豆被盒取代，其他诸型式鼎的形制已明显趋于没落，制作多不规则。基本组合为鼎、盒、壶、盘、匜，或不完备。彩绘锐减，装饰性部件消失。墓室形制趋于正方，墓壁倾斜度加大，一般不太规整，大多较浅，不见4米以上者。

戊组　分二期3段（图五）。

第一期　即第1段。陶器类型较多，组合完备，一般为鼎、豆、壶、盘、匜、浅盘豆、高足小壶。器物制作精致，形体大，仿铜性强，表皮大多乌黑光亮，并施以繁缛暗纹。墓葬形制较大，墓壁斜度较小，棺椁具备，随葬品部分置椁内头端，少数置头前壁龛内[1]。

第二期　包括2、3段。盘、匜渐少，出现C簋，组合多不完备。器物制作趋于草率，暗纹较苟简。鼎多作大平底。墓葬规模较小，结构无大变化。

己组　分三期5段（图六）。

第一期　即第1段。器类有AⅠ合碗等5类5种型式。壶身常饰旋纹或弦纹。同出较多的铁器，有铲、臿、锛等，其他小件器物不多。墓葬均为竖穴土坑，少数设龛，单棺，仰身直肢葬为主，屈肢葬少见。

第二期　包括2、3段。器类基本同上，形制发生一些变化，形体较大。B罐肩部或饰三角形纹和S形纹。3段合碗和尊上出现"亳"字印戳。仍伴出一些铁器。墓葬形制发生变化，出现空心砖墓，并很快取代竖穴墓而居主导地位。设壁龛的墓增多。屈肢葬增多[2]。

第三期　即4、5两段。器类似有减少。有的合碗内壁和尊肩仍可见印戳，个别尊肩有刻画文字。本期墓葬通行无壁龛竖穴空心砖墓。个别土洞墓出现。屈度很大的屈肢葬时有出现。

庚组　分二期4段（图七）。

第一期　包括1—3段。器物类型稍多，除B合碗、壶、带孔小罐外，还有个别

---

[1] 见《郑州二里冈》47页插图二一甲，2。
[2] 见《郑州二里冈》49页插图二二甲。

浅盘豆。器物尚较规整,弦纹较多,F壶肩部或施波状暗纹。伴出的铜璜形器较多。墓葬形制基本同己组第一期,为无龛竖穴土坑墓,唯较大,较深。3段出现带龛的土坑墓。均南北向,一般仰身直肢,仅见个别屈肢葬。

第二期 即第4段。器类稍减。弦纹渐少,而代之以苟简旋纹。个别出现铜镜。墓葬仍以竖穴土坑墓为主,但大多设龛,出现少许竖穴空心砖墓。屈肢葬增多。

辛组 分三期7段(图八)。

第一期 包括1—3段。器类较少,有釜、甑、B瓮和B尊,出现个别D壶和三足釜。绳纹发达,或见暗纹,纹样作简单的波折状。伴出的小件器物有铜带钩和玛瑙环等。墓葬形制均较小且较窄狭,长宽比一般为2∶1。多为竖穴土坑墓。3段出现土洞墓,其墓道为竖穴土坑,洞室则由墓道一端掏洞而成,作拱形顶,墓道宽于墓室。葬式均为屈肢,且多作蹲踞状,竖穴土坑墓一般为仰身直肢葬,土洞墓一般为侧身屈肢。随葬品或置龛中,或沿墓室长边作一字排列。

第二期 包括4、5段。器类有所增加,出现B、D两型罐,甑、盆亦多见,未见D壶。出现瓮和碗等简单组合。伴出小件器物同上期,但为数很少。岗杜M27铜带钩为铜皮"夹泥馅"品,上印有"赣"字款方形印章。另出一"敬事"款闲章。墓葬形制同上期,但5段出现竖穴空心砖墓。土坑墓或有龛或无龛。土洞墓又出现小龛,有的并设二层台,陶器堆置小龛附近;竖穴空心砖墓均有木盖,亦设龛以置陶器。南北向墓有所增加。屈肢葬有所减少,且屈度变小。

第三期 包括6、7段。器类减少,不见D壶、B尊和D罐。釜的形体明显变小。绳纹锐减,瓮、釜肩部或有刻画文字,或有较规整的印戳。除个别铜镜外,小件器物基本不见。竖穴土坑墓基本绝迹,居主导地位的土洞墓的墓道变窄而大致与墓室等宽。竖穴空心砖墓仍有见。新出现墓道宽于墓室的土洞空心砖墓。墓向以南北向为主,东西向少见。葬式亦以仰身直肢葬为主,屈肢葬少见,且屈度微小。陶器或置侧龛中,或置椁内头端。

四、各组墓葬年代的考订

下面我们根据各组各期陶器的形制特征与有断代意义的铜器形制的对比研究,并参照某些文化遗址和墓葬的陶器编年及其年代推断以及墓葬形制、葬具、葬式等方面的发展变化规律,对各组各期墓葬的历史年代做以下考订。

甲组 第一期,鬲、盆、豆的口缘缘面均有凹槽,具有明显的西周晚期陶器的特征。豆校矮而盘深,与天马—曲村遗址第六段豆[1]颇为一致。随葬器物为实用器,多见单鬲随葬,墓室形制窄狭等均显示出明显的西周遗风,特别是流行于本地区商周时代的腰坑和壁龛在本期尚较普遍,因此时代当属春秋早期。

第二期,各类器物的形制与上期相去不远,亦有相当部分为实用器。墓葬形制也大致同上期,只是在第 4 段出现一些明器,壁龛、腰坑减少,墓室变宽短,并且出现仿铜礼器。而鼎的形制似乎可以从属于春秋早期的唐户 M9 铜器墓中找到祖形。因此本期当属春秋早期偏晚至春秋中期。

第三期,器物趋明显化,形体较小,出现泥质鬲、箕形匜和壶。鬲裆已甚矮,与侯马 H4M57:5[2] 同类物非常相似。壁龛、腰坑完全消失,因此属春秋晚期当无疑问。

第四期,器形愈小,形态愈趋没落。鬲的裆部消失,大多仅于器底捏出三乳突状小足,其作风与侯马地区常见的泥质小鬲有相类之处,当说明同一时代器形作风的某些一致性。另外无盖豆基本消失,墓室形制愈趋宽短,屈肢葬增加等,均标明本期时代当在春秋战国之际。

乙组 第一期所出鬲、盆、无盖豆的形制与甲组第二期 2 段相同。仿铜鼎形制规整,具有明显的春秋早期铜器的形制特点[3]。组合关系为鬲、鼎、豆、盆。墓葬形制亦与甲组第二期 2 段相类。因此本期当属春秋早期偏晚。

---

[1] 邹衡:《晋、豫、鄂三省考古调查简报》,《文物》1982 年 7 期,第 3 页图二。
[2] 见张辛:《三晋两周地区东周陶器墓葬类型研究》图三,30,北大博士论文(存北大考古系资料室)。
[3] 见《中原文物》1982 年 4 期,第 34 页图二,2Ⅱ式鼎(类 15)。

第二期器物已明显趋于明器化，鬲、盆、豆的形制与甲组第三期一致。组合中一般增加了盘、匜等较晚才出现的新的器类。其兽形匜的形制与新郑大墓及新郑李家村等墓地所出铜匜相近，显系由彼脱胎而来。仿铜鼎与新郑大墓所出虺螭纹鼎形制亦很相类。墓室形制也较为宽短，可见其时代相当于春秋中期偏晚到春秋晚期。

丙组　第1段各器类的仿铜性甚明显，完全可以从新郑大墓、唐户M1及李家村墓中发现其来龙。而且有些器物与乙组第二期某些器物有共存现象，如AⅢ盘，在乙组二期碧沙岗M155中亦有发现，AⅢ豆亦见于属于乙组二期4段的碧沙岗M122中。墓葬形制除较大较讲究外，也基本与乙组二期相同，因此本组时代属春秋中期偏晚当无疑问。第2、3段，器物仿铜特征逐渐不明显，其豆的形制已与丁组早期豆略为接近，因此当属春秋晚期。

丁组　第一期器物均仿铜礼器，组合为战国通行式鼎、豆、壶、盘、匜。壶的形制与唐山贾各庄M15所出狩猎纹壶相仿。属本期的二里冈M221∶1壶盖为莲瓣状插纽，当反映出中原地区春秋晚期流行的莲瓣盖方铜壶的遗制。而Ab、Bb、Cb三型鼎的形制分别与Aa、Ba、Ca三型鼎相去不远，因此当属战国早期。第二期各类型器物的形制均承接上期，形制已渐趋不规整，但仿铜性仍较强，尚可见圈足器，盖纽尚存，CbⅢ鼎的足根饰仿铜卷云纹，尚有春秋铜器遗风。因此本期时代不会晚于战国中期，而上限不会早到战国早期。第三期器物的仿铜性已趋泯灭，组合中大多以盒代豆。盘、匜的形制已极度没落，但鼎、壶等的形制与上期紧相衔接，而与汉代同类物判然有别。墓葬形制为漏斗状竖穴土坑墓，因此本期时代无疑属战国晚期。

戊组　第一期各类器物仿铜性特征突出，与丁组第一期2段具有大致相同的作风，诸如纽饰发达，多见圈足器等。墓葬形制亦与丁组一期相类。因此当属战国早期偏晚。第二期，器形变小，制作草率，仿铜性不太明显。鼎的形制有似战国中期楚式大平底鼎。墓的形制基本呈漏斗状，故本期时代当在战国中晚期之际。

己组　可与丁组相参照。第一期所出器物的形制作风大致与丁组第二期

3、4段相近。如壶的口缘与丁组5组AV壶口缘作风一致，但其腹部最大径却位于中部略偏上显然比其要早。另外圜底瓮和尊的口缘均平折且微有凹槽，这些都是较早的形态特征。因此应相当于丁组第二期4段，即属战国中晚期之际。第二期罐肩部所饰暗纹图案和合碗、尊肩下部的陶印纹"亳"字均明显具有战国时代特征，各类器物的形制与上期紧相衔接，因此不会晚于战国晚期。第三期5段的壶、圜底瓮及尊的形制已与秦汉之际某些器物接近，壶肩部上耸。尊肩部刻画文字已为标准秦篆，因此本期年代当大体相当于战国末期而延及秦汉。

庚组　第一期合碗为圈足，作风与丁组第二期4段B簋类似，壶腹最大径基本居中而略偏上，说明其不会太晚。墓葬形制基本同己组一期，屈肢葬少见。3段壶的口缘下折，肩部上耸，与己组第二期3段相近，因此本期当属战国中、晚期之际直至战国晚期。第二期各类器物形态均趋没落，大致与己组第三期相近。墓葬中居主导地位的是带龛的竖穴土坑墓，也出现少许空心砖墓，这与己组第三期也一致，因此当属战国末至秦、汉初。

辛组　第一期D壶属Ⅳ式，而尊则介于Ⅳ、Ⅴ式之间。釜的形制与西安半坡M9∶3及斗鸡台墓Ⅰ50/32釜十分接近。B型甑在耀县M11中也有发现。而AⅠ瓮则与半坡M15∶7瓮相类。因此，本期年代当属战国晚期。第二期釜的形制演变紧承上期，B尊大抵同己组最末段，为Ⅴ式；B罐形制则与己组二里冈M442∶1罐相去不远。6段所出"夹泥馅"带钩印文及"敬事"款闲章字形已基本属于小篆范畴。该印章形制亦属一般所谓"秦式"印，这与斗鸡台第三期H16所出铜印形制相近。本期晚段出现竖穴空心砖墓，形制基本与己组第二、三期相同，而原有的土坑墓和土洞墓均设壁龛。因此本期当大体相当于战国末到秦前后。

第三期的B瓮的形制与其他地区汉初墓所出同类物一致，肩部刻画文字形体与汗简相类。又本期出现土洞空心砖椁墓，这是秦汉之际通行形制，因此本期时代必晚于战国，下限不会延至西汉中期。

总之，以上八组从时代上可分两大层次：其一属春秋时代，包括甲、乙、丙三组,其中乙组稍晚于甲组,丙组又稍晚于乙组,而甲组最晚一段可能已延至战国初期;其二属战国时代,包括丁、戊、己、庚、辛五组,其中戊、己、庚三组略晚于丁组,辛组最晚。己、辛二组一部分可延至秦汉。

五、各组墓葬文化属性的分析

由于文化来源、地域及时代相同相近的原因,各组虽然相对独立、各成体系、时代或早或晚,但其间或横向或纵向都不可避免而程度不同地会发生或存在某种联系,而且某些组之间的联系甚至相当密切。下面我们依次做以分析。

(1)甲组与乙组。两组有些器物类型是共有的,如 A、B 鬲、盆和无盖豆,形制也完全一致,较之他组之间的相同因素似乎更多些。但我们知道,春秋时代在相当大的周文化圈内,鬲、盆、豆、罐是最常见和最基本的随葬陶器组合。因此二组拥有较多的同类型器物是完全正常的,这也正说明二者最初来源和时代的相同性。然而足以引起我们重视的是,乙组独出鬲、盆、豆、罐这一组合通制之外,而以尊代替罐这一中原地区周墓最典型的器类,这不能不说明两组之间存在的某种本质性的差别。如果我们作以纵向考察,还可发现二组某些共有器类并非同时出现,而在时间上有所差别,如 B 鬲,甲组自始至终均有,乙组则到第二期3段(春秋晚期)才出现,可见 B 鬲最初并不是乙组的专用随葬品。故某些器类相同很可能是由于地域相同或相近,长期共处,相互影响的结果。再者,二组器类虽或有相同,但型式并非全然一致,如乙组不见 AⅠ鬲、Ⅰ盆、Ⅰ、Ⅱ豆等。另外,甲组自春秋初年一直延续到春秋战国之际,乙组的上限却为春秋早期偏晚。由此说明甲组在本地至少西周晚期以来一直存在,而乙组则是较晚才进入本地的。因而乙组当是与甲组有着不同或相当差异的文化属性的一组墓葬。

(2)乙组与丙组。二组无论器物型式还是随葬品组合均判然有别,前者属传统的实用器系统,后者则大致属仿铜礼器系统。但如果做深层考察,便发现两组之间存在着远比与其他任何一组墓葬更为密切的关系:① 丙组也存在少数鬲,形制与乙组鬲完全一致。② 乙组二期出现丙组专有的圆握纽高柄豆和兽形匜(图二,17)。而这两种器物绝不见于其他任何一组同时代墓。③ 乙组最具代表性的器类——尊有时取代丙组最典型的罍,出现在丙组鼎、簋、盘、匜、舟这一基本组合中,如白沙M155[1]等。④ 两组某些器类的形制作风相当接近,如乙组晚期的尊设二兽耳,而此种兽耳是丙组罍所特有的,乙组的B鼎与丙组C型折耳鼎的盖均有圆形握纽。⑤ 二组一般共处同一墓地,规模虽有大小之别,但形制雷同,即一般无腰坑,无壁龛,均较深,均有一定量的屈肢葬,特别是均有颇具特色的侧身屈肢葬(白沙M155)[2]等。我们知道,春秋时期诸侯势力日强,周中央王权日衰,西周礼制渐渐名存实亡。反映在墓葬上就是周文化圈内的墓葬中仿铜礼器的出现,而且它逐渐成为一种必然的普遍的趋势,这是丧葬制度上一个重要变革。这种变革的实现途径有两条:其一属平民阶层墓,其原有的鬲、盆、豆、罐组合由鼎、豆、壶、盘、匜组合取代。这属于一个渐变过程,最先出现的是鼎,其间经历了一个鼎、豆、盆、罐这样一种组合的阶段,尔后才最终完成此一变革。乙组及甲组墓葬就是走的这条途径。其二属贵族阶层墓,即以成套仿铜礼器随葬而全部或部分取代铜礼器。这种情况本来在西周时期即已出现,但当时并非由政治原因所致,在很大程度上属经济等方面的原因。东周时期顺应政治变革趋势而使之获得较大的发展。丙组墓葬即属此一变革途径的实践者。因此,我们认为丙组与乙组文化属性相同,属于同一文化的两个不同阶层的墓葬。而由于出现于此地的时间较晚,因而同属于一种外来因素。

(3)丁组与甲、乙、丙组。丁组墓葬整体一致,但所含成分复杂。如上所述,其分为四个支组。(一)支组代表性器类Ab鼎、CⅠ豆及A壶的早期形态与甲组晚期某些同类器颇多一致处:① 鼎的三足较粗矮且向内收聚,与甲组Aa鼎属同一型的两个不同亚型;② CⅠ豆体形宽扁,口部内弇十分明显,与甲组晚期出现的豆[3]非常相类(图四,5)。(二)和(三)支组有许多特征比较接近:① 豆、壶等形制相同;② 墓葬或不设壁龛,并有个别屈肢葬;③ 出土的小件器物种类及多寡相类。这两

---

[1] 见陈公柔:《河南禹县白沙的战国墓葬》表一,《考古学报》第七册。
[2] 同上注。
[3] 同上注。

支组的代表性器类 Bb 鼎和 Cb 鼎分别与乙组 Ba 鼎和丙组 Ca 鼎的晚期形态接近；Bb 鼎与 Ba 鼎的区别仅仅表现在盖纽的差异上（图四，2、12、23；图二，12、19），而如造型，形体作风都十分相近；Cb 鼎与 Ca 鼎形态更是异常相似（图四，3、13；图三，14）。其他如 B I 豆与丙组晚期豆的形制相去亦不远。另外（二）（三）两支组有的墓不设龛、有个别屈肢葬，（三）支组墓一般较深，出现全组最深的墓葬等，都与乙、丙两组墓葬形制相一致。

至于（四）支组，它出现时间较晚，属于本地战国墓中一种全新型墓葬。据目前所发表的材料尚难确定其来龙，但我们在山西长治地区发现一些既与本支组文化特征接近而明显偏早，又与侯马地区晋文化春秋早中期墓葬有某些相同因素的墓葬，两者应该存在某种特殊关系。

总之，丁组中四支组面貌各不相同，其中（一）、（二）、（三）支组分别与甲、乙、丙三组的晚期墓有较大的一致性，这应该说明此三支组各自特征的形成不是偶然的，而均有其特定的相因相成的渊源关系。可以推测，他们本来当分别属于甲、乙、丙三组墓葬的遗绪，而在晚些时候受到一种随葬品组合同样为鼎、豆、壶、盘、匜的新的文化的冲击或强烈影响而发生了较大变化，由此各自原有特点渐趋泯灭，最终互相融合成为一种新的不可分割的文化共同体。

（4）己组与庚组。两组同属战国墓，但与同时代的他组墓葬迥然有别，其最主要的特色是随葬陶器中不见或少见鼎、豆、壶之类当时甚为普及的陶礼器，而较多地以实用性生活用具随葬。这在整个中原地区战国墓中实属罕见。基于这一特性考察，可以发现这两组墓葬分别与乙组和甲组有着某种内在的联系：① 甲、乙两组随葬器物中绝大部分为实用器，虽与己或庚两组墓葬类别有所不同，但无不可以视为时间早晚的差异；② 共有某些典型器类，如庚组与甲组均有罐，己组和乙组共有尊；③ 具体到某些器物形制也可明显看出庚组与甲组之间，己组与乙组之间的某种相同或相近之处，如庚组 C 带孔小罐的早期形态与甲组 A 罐的晚期形态不无相近之处；己组早期墓的尊与乙组晚期墓的尊的形制作风更是大致相同；庚组所出大口平底壶与甲组晚期的一种壶也相类，均大口齐唇，腹部硕圆，多施弦纹等，唯领部长短有异而已（图一，23）。显然，前者由后者演变而来,而如果说二者之间尚有缺环,那么我们也完全可以找见其间的过渡形态:二里冈 M39∶2 壶正显示了介于二者之间的某些特征[1]。由此可见,庚组和己组当是分别在相当程度上继承了甲组和乙组的实用器随葬的传统,而随着时间的推移,又受到其他文化的某种影响,而渐渐形成各自的文化面貌的两组墓葬。

(5) 关于戊组和辛组。这是本地区独立性较强的两组,他们与他组直接发生关系似乎甚少。戊组于战国早期偏晚即已出现而与丁组混处。器物基本组合也大致与丁组相同,唯多出两器类:高足小壶和浅盘豆。但如前所述,本组随葬器类的形制作风与他组差异较大,尤其晚期相去更远,因此,无疑属于一种外来因素。关于其文化渊源,以下情况对于我们的探讨非常有意义:① 由器类形制言,多体形硕大,器表黑亮,多施以繁缛暗纹等,这些与洛阳烧沟、山西万荣、闻喜邱家庄和河南辉县固围等墓区所出陶器群比较相类[2],暗纹的图案作风也非常相近,如共有横竖波折纹、∽形纹、三角纹、多角星纹等(图九)。本组所独具特色的所谓云形勾纹也完全可以从辉县战国墓彩绘图案中找到同类[3]。同时,本组所有的高足小壶和浅盘豆也为山西万荣及辉县战国墓中所常见。但也应看到,本组晚期所出一些器类的形制(如鼎等)却与山西万荣、河南辉县战国墓中所出差异较大,而与安徽寿县蔡侯墓所出"酓忎乔鼎"等楚器有较多近似之处,如大平底,足根肿大等。② 由墓葬形制言,本组规模较大,漏斗状墓室,均南北向,设壁龛较少,仰身直肢葬式等都与洛阳烧沟、山西万荣、河南辉县等墓葬有着比当地丁组更多的相同或相似点。由此我们似乎可以推断,戊组当是与烧沟、万荣、辉县等地战国墓葬有某种共同的文化渊源,而在后来由于所处地理环境的变化受到当地其他文化(如丁组墓葬),如楚墓等的某种影响而逐渐形成的一组有新的独立面貌的墓葬。至于辛组,它出

---

[1] 见《郑州二里冈》图叁陆,4。
[2] 参见王仲殊:《洛阳烧沟附近的战国墓葬》,《考古学报》第八册,1954 年;杨富斗:《山西万荣县庙前村的战国墓》、《山西万荣庙前村东周墓地调查发掘简讯》,《文物参考资料》1958 年 12 期和《考古》1963 年 5 期;张国维等:《山西闻喜邱家庄战国墓葬发掘简报》,《考古与文物》1983 年 1 期;中国科学院考古研究所:《辉县发掘报告》图八六;图版柒柒等。
[3] 见《辉县发掘报告》图版捌叁,2、4;图版捌伍,1。

现于战国晚期,其早期墓葬所反映的情况较纯粹,如洞室墓、踡踞式屈肢葬、头向西、釜甑瓮等实用器随葬等完全是本地前所未有的新因素。但后来明显复杂化,出现竖穴空心砖墓,土洞墓设龛,屈肢葬趋少等情况。究其原因,无非是受当地同时期他组墓葬影响所致。我们看到,本组早期稍晚出现个别属于他组的器类,其主要有属于己组的 D 壶、B 尊和 B 罐;有些器类的形制作风也与他组一些同类器相近,如碗与己组的合碗形制类似;陶器多见陶文也与己组一致。因此,相对而言,辛组与己组有着比较密切的关系。

总之,郑州地区的八组墓葬可分为四大系统:

(1) 以鬲、罐为代表的系统:包括甲、庚两组,属当地原有文化;

(2) 以尊及折耳鼎为代表的系统,有乙、丙和己组,属较早介入本地的外来因素;

(3) 鼎、豆、壶系统,即丁、戊两组,属战国时期进入本地的外来因素;

(4) 以釜、甑、瓮为代表的系统,是最晚进入本地的外来因素。

以上各系统各有其不同的文化渊源。

六、各组墓葬所属国别的推定

据文献记载,今郑州及其西边荥阳一带地区在西周初期属于管国[1],而后成为虢国的统治领域[2]。而郑州之南新郑、禹县、密县一带地区在西周时期一直为郐国属地[3]。西周晚期,周中央王权衰落,王室公卿大夫及地方诸侯势力日益加强,列侯间争战时起,西方诸戎的侵扰也不断加剧,社会动荡不安。位于今陕西华

---

[1]《史记·周本纪》:"(武王)封诸侯……封弟叔鲜于管。"《正义》引《括地志》:"郑州管城县外城,古管国城也,周武王弟叔鲜所封。"

[2]《史记·郑世家》,《集解》引徐广说:"虢在成皋,郐在密县。"中华书局 1959 年标点本,第 1758 页。

[3]《史记·楚世家》,《正义》引《毛诗谱》:"昔高辛之土,祝融之墟,历唐至周,重黎之后妘姓处其地,是为郐国,为郑武公所灭也。"《史记·郑世家》,《正义》引《括地志》云:"故郐城在郑州新郑县东北三十二里。"分别见中华书局 1959 年标点本第 1691 页和第 1788 页。《左传·僖公三十二年》杜注:"郐国在荥阳、密县东北。"又《国语》韦注等均有类似说法。可参见邹衡:《夏商周考古学论文集》,文物出版社,1980 年,第 223 页。

县一带(古咸林),刚受封建立不久的郑国[1],因不安于宗周地区如此动乱的局面,而在其开国君主郑桓公领导下,开始东图。周平王东迁,郑桓公之子武公乘机灭郐、虢而占据其全部领土,郑自兹定居此地[2]。春秋时期,郑国一直较为荏弱,时常南受楚逼,西受秦、晋之制,其领土时有剥损,但此间郑州地区一直属郑之统治中心是勿庸置疑的。存在于这一地区的既互相区别又相互联系,有着不同的文化属性,各有其自身发展演变序列的甲、乙、丙三组春秋陶器墓以及铜器甲、乙组墓葬等无疑从一个侧面反映出这时各种政治势力交织的复杂的历史状况。

甲组自春秋早期即已存在。其随葬品的基本组合鬲、盆、豆、罐,完全符合西周晚期周人陶器墓的传统定式。由其早期诸器类的形制特征观察,既可以从宗周地区,尤其本地西周墓中发现其渊源关系,又可以从西边东西周之际的上村岭虢国墓地找到某些相同或相似的因素[3]。至于墓葬形制、葬具、葬式等方面也均与周人传统葬制相合。因此,本组墓葬无疑属于周文化系统。确切地说,应该属于一直领属此地的周王朝的附庸国,此时已为郑国所统治的郐国遗民的墓葬。

乙组是较晚才出现于本地区的新型墓葬。其初在器类形制和墓葬形制等方面均与甲组有某些大致相近的因素,这说明二者文化性质不会相去太远,即必然同属周文化这一大的系统。然而其间毕竟存在显著差异,其组合中出现最具代表性意义的尊,就足以使本组与本地传统的郐人墓明确地区别开来。尊的形制十分特殊,据目前材料,整个中原地区周墓以至周文化遗址中均未发现过这种器类。因此可以断定,拥有尊的乙组墓必有其独特的渊源和来龙。这也是我们探讨其文化属性的关键所在。令人欣慰的是,在沣西宗周文化张

---

[1]《史记·郑世家》:"郑桓公友者,周厉王少子而宣王弟也。宣王二十二年,友初封于郑。"中华书局1959年标点本,第1757页。

[2] 参见《史记·郑世家》,中华书局1959年标点本,第1758页。其他《古本竹书纪年》和《国语·郑语》韦注同。《汉书·地理志》颜师古注引《春秋外传》:"幽王败,桓公死,其子武公与平王东迁,卒定虢、会(郐)之地。"

[3] 见《文物资料丛刊》(2),第46页图三,5;《上村岭虢国墓地》图版柒玖,4;柒捌,3等。

家坡西周晚期遗址中有一种所谓"瓮"：绳纹、圜底、深腹、斜折肩，形制作风与尊十分接近，唯其为侈缘，表现出较早的特征[1]。我们认为乙组所出尊应是由这种绳纹圜底器发展演变而来，或者说，尊就是这种水器的较晚的形态。至此问题已很清楚。乙组当是由宗周地区迁居此地的，如此非郑人遗存莫属了。这里，我们由"郑"字的音、形、义也可做一有力旁证。《说文》："鄭，从邑，奠声。"郑字在春秋之前作"奠"，不从邑。甲骨文不见是字，西周金文作"奠""奠"[2]，正象一圜底水器置于禁案之上[3]。战国以降，此字才从邑，作"鄭"[4]，而且奠、郑之音相同。因此，郑之名义大抵与这种最具代表性，我们不妨径称之为"国器"的尊有某种内在的联系。

丙组墓葬规模较大，其所出皆系仿铜礼器，形制几乎全然出自新郑大墓的同类铜器。如果说发现于 20 世纪 20 年代并经考证的所谓"新郑彝器"确属郑器无疑[5]，那么本组之属郑墓便是确定不移的了。其实，这从本组与乙组的特殊关系，从本组亦随葬尊也可证明。只是与乙组郑人墓有所不同的是，前者基本属于平民墓，而本组当属较有身分地位的郑国末等贵族之墓。

然而，乙、丙两组既然同属郑墓，那么为什么他们出现于本地的时间都比较晚呢？这一现象实际很容易理解。这是因为西周葬制中有一个很重要的制度就是归葬制[6]。郑桓公为周厉王之子，宣王之弟，宣王 22 年(公元前 805 年)始受封立国。因此在其后嗣迁都之后的一段时间内，必然会遵循此一制度而归葬宗周。而在这里，贵族墓较之平民墓有着更大的保守性，这就是丙组更晚于乙组出现的原因所在。

---

[1]《沣西发掘报告》图六四，11；图版伍伍，1"Ⅱ式瓮"。
[2] 参见罗振玉：《三代吉金文存》三·二〇所载《郑同媿鼎》铭、五·九所载《郑伯筍父甗》铭。
[3]《说文解字》："丌，下基也，荐物之丌，象形。"
[4] 黄濬：《尊古斋古钵集林》，1928 年印本，作"鄭"。另参见拙文《郑国名物考》，待刊。
[5] 参见王国维：《王子婴次卢跋》，《学衡》46 期，1925 年；郭沫若：《两周金文辞大系图录考释》第八册，科学出版社，229 页；郭沫若：《新郑古器之一二考核》，《金文丛考》，科学出版社，1954 年；杨树达：《王子婴次炉跋》，《积微居金文说》增订本，科学出版社，1959 年，第 178 页等。
[6] 归葬制，或曰反葬制，文献上有着较明确的记载：《礼记·檀弓上》："太公封于营丘，比及五世，皆反葬于周。"《史记·齐太公世家》《集解》亦记此。

至于以唐户M9等为代表的铜器甲组,其墓葬形制、葬具葬式、随葬品种类、形制作风及安置位置等均与西周传统墓葬制度相合。与西安沣西西周晚期铜器墓及上村岭虢国铜器墓面貌大致相同,因此,其与甲组陶器墓的文化属性相同,即属于郐国遗民遗存,所不同的是铜器甲组属贵族墓,甲组陶器墓则是一般平民墓。时代晚于铜器甲组而出现于春秋中期的铜器乙组墓葬,数量远比甲组为多,许多墓区均有发现。因多是未经科学发掘者,故形制不甚清楚。但由器物类别特征和铭文考察,毫无疑问应属于郑国高层贵族墓。这里诸多前贤已多有研究,几乎众口一词[1]。

公元前376年,韩、赵、魏三家"灭晋后而三分其地"[2],战国诸雄争霸之势至此基本告成。次年,韩哀侯举兵东下,灭掉每况愈下的郑国,郑州地区由此成为韩国辖区[3]。丁组墓葬当是新领主韩人及其统治下的原有居民的遗存。而其中(一)、(二)、(三)支组墓葬即分别属于甲、乙、丙三组即郐墓和郑墓的遗绪,因此在丁组各显示出一定的独立性。仿铜陶礼器鼎、豆、壶、盘、匜取代原有的以鬲、盆、无盖豆、罐为主的实用性器物随葬是春秋晚期开始出现的一个普遍现象。甲、乙两组墓葬各在其晚期开始了这种过渡,但尚未完成便因政局之变化被迫中止了自行发展而统统被纳入韩文化范畴。丙组情况稍有不同,但也经历了大致相类的进程。

文化史告诉我们,一种文化既经形成便都具有相当强的排他性,因而也就获得了相当强的生命延续力。即使其赖以产生和存在的社会文化环境发生变化,如受到外族侵略、征服或受到某外来文化的强烈影响等,一般仍会相当顽强地力图保持自己的文化特色,力图遵循自己固有的传统而发展延续下来。这一点在墓葬文化中表现得尤为突出。甲组郐人墓的存在与延续即为一个例证,始终保持以实用器

---

[1] 参见王国维:《王子婴次卢跋》,《学衡》46期;郭沫若:《两周金文辞大系图录考释》第八册,第229页;郭沫若:《新郑古器之一二考核》,《金文丛考》;杨树达:《王子婴次炉跋》,《积微居金文说》增订本,第178页等。

[2] 见《史记·晋世家》,中华书局1959年标点本,第1687页。

[3] 《史记·韩世家》:"……哀侯元年,与赵魏分晋国,二年灭郑,因徙新郑。"中华书局1959年标点本,第1868页。

随葬传统的己、庚两组墓葬更是一个很好的例证：己组即乙组郑人墓、庚组即甲组邶遗民墓的直系的较纯粹的延续。只是由于时代的发展，在韩文化等不可避免的影响下，其自身也发生较大变化而已。

战国时期的郑州地区一直是诸侯争霸的热点所在，晚期更是连年争战不息。韩不断受到西边魏、秦的侵逼。韩釐王23年，魏联赵攻韩之华阳（今密县）[1]。不久，秦拔魏两城，"军大梁下"[2]。至秦庄襄王元年（公元前249年），秦"使蒙骜伐韩，韩献成皋、巩。秦界致大梁，初置三川郡"[3]。可见此时的郑州一带地区无论属韩属魏，均已沦为秦之辖区。这种纷乱的政治局势使得本地文化面貌愈趋复杂化。这在墓葬文化上必然有所反映。卓然独立于本区的辛组墓葬以及与丁组韩墓同时而又判然有别的戊组墓葬当是此种历史状况的一种直接反映。

戊组属于外来因素，有一点与己、庚两组类似，即它亦力图保持自己的固有特色。但由于与山西万荣、河南辉县及洛阳烧沟魏墓有着非同一般的一致性，因此，戊组当属于与丁组有着同一文化渊源而在后来由于某种政治的或军事的以及族姓等原因获得了不同的发展，形成了相异的文化面貌的魏人墓葬。很有可能，它是韩、魏争战中滞留此地或迁入此地的，但后来一定是由于地缘关系，而与原来祖体文化日益疏远，又不可避免地受到当地主体文化，韩文化和与郑韩交界的南方楚文化的影响。

而集中分布于岗杜的辛组墓，特点十分鲜明，无论器类形制还是墓葬分布、墓室结构、葬具葬式均与本地区同时代的他组墓相去很远，显然属于不同文化体系的墓葬。然而它与陕西地区的战国晚期墓[4]及上村岭、三门峡机械厂[5]战国墓非常一致，因此辛组属于秦人墓是显而易见的，而其绝对年代当不会早于公元前249

---

[1]《史记·韩世家》："二十三年，赵、魏攻我华阳。"《正义》引司马彪云："华阳，山名，在密县。"中华书局1959年标点本，第1877页。

[2]《史记·六国年表》"魏安釐王二年秦拔我两城，军大梁下。"中华书局1959年标点本，第743页。

[3] 见《史记·秦本纪》，中华书局1959年标点本，第219页。

[4] 参见《朝邑战国墓葬发掘简报》，《文物资料丛刊》(2)，第75—91页；金学山：《西安半坡的战国墓葬》，《考古学报》1957年3期等。

[5] 黄士斌：《上村岭秦墓和汉墓》，《中原文物》1981年特刊，第127—132页。

年——秦置三川郡之时。至于辛组与本地属于郑遗民墓葬的已组有某些相近因素,那正说明二者在历史渊源或地域上的某些特殊联系性。

一九八六年七月第一稿

一九八八年七月第二稿

一九九三年二月第三稿

(原载于《考古学研究(二)》,北京大学出版社,1994年)

侯马附近地区的东周陶器墓

晋南侯马地区是晋文化的发祥地[1],自西周初年晋受封建国起至春秋末年,一直是晋国统治的中心区域。史籍记载晋曾数次迁都,有所谓唐、曲沃、翼、故绛、新田诸说[2],然其行径始终未出今侯马、曲沃、翼城一带地区。而公元前453年,韩、赵、魏三家分晋,三晋各行其事,扩充势力范围,但在最初相当一段时期内仍主要以这一地区为中心,并旁及夏县、闻喜、长治以至太原等地而展开各自的政治、军事等活动。战国后期,与此地一河之隔的秦人势力又较早染指这里。由之使得本地区东周时期的考古文化面貌呈现出比较复杂的局面。因此,我们对分布于这一地区的大批东周墓葬进行全面的综合性研究,无疑对于揭示这种复杂的历史文化状况,认识晋及三晋各国的物质文化面貌、文化构成及其文化来源有着特殊意义。

近四十年来,随着山西考古工作的发展,侯马地区先后发现和发掘了大批东周墓葬,其中绝大部分为陶器墓,重要墓地有侯马上马、牛村古城[3]、乔

---

[1] 此晋文化乃狭义的晋文化,即晋国文化。关于晋的始封地,说法不一,归纳之可分两说:(1) 晋南说。包括《史记·晋世家》"河汾之东"说;《水经注》《汉书·地理志》"臣瓒曰"等河东永安说;张守节《史记正义》、郑玄《诗·唐风·笺》等平阳说和顾炎武翼说等。(2) 太原说。《汉书·地理志》和清朱彝尊、全祖望、江永、黄汝成等主此。当以前说为是,即在今曲沃、翼城一带。今天天马—曲村遗址的重大发现似更证实了此说,参见邹衡《论早期晋都》(《文物》1994年1期)。

[2] 据《史记·晋世家》和郑玄《诗谱》等记载大致可归纳为七都六迁:唐、曲沃、翼、鄂、随、绛、新田;由唐迁曲沃;由曲沃迁翼;由翼迁鄂(今乡宁县);由鄂迁随(乡宁);由随迁绛;由绛迁新田(今侯马)。皆不出"河汾之东"百里之域。

[3] 侯马上马、牛村古城相关资料参见《山西省文管会侯马工作站工作的总收获(1956年冬至1959初)》,《考古》1959年5期;杨富斗等:《侯马地区东周、两汉、唐、元墓葬发掘简报》,《文物》1959年8期;王克林等:《山西侯马上马村东周墓葬》,《考古》1963年5期;罗琨:《侯马东周墓葬陶器分期》,张永山:《侯马东周墓葬形制》,二文均存北大考古资料室;吴振禄等:《山西侯马上马墓地发掘简报》,《文物》1989年6期。

村[1]、曲沃曲村[2]、万荣庙前村[3]、闻喜邱家庄、上郭[4]、长治小山头[5]、分水岭[6]、长子孟家庄[7]及芮城永乐宫[8]等。目前共发现墓葬不下 1 500 座,其中大部分业已清理。出土了数以万计的随葬器物,这就为我们进行此一研究创造了条件。

一

随葬陶器的类型研究是墓葬考古的最基本和最首要的环节。侯马及附近地区东周陶器墓所出土随葬物类别繁多,除鼎、豆、壶、盘、匜等各墓地共有的常见器类外,还有鬲、无盖豆、簋、盆、罐、碗、舟、小壶、高足小壶、浅盘豆、鉴、甗、盉、三足罐、假流盉、鸟柱盘与筒形器、漏勺、盘形三足鼎、釜、杯、簠等,近 30 种之多。而从各墓地各器类的出土数量看,其或多或少或无是各不相同的,而且更重要的是各器类在形制及其演变以及组合关系上都存在一定差异。

鬲　分三型。A 型,侈缘袋足或实足根鬲;B 型,直领实足根鬲;C 型,泥质素面小鬲。依口部和底部之异同,C 型鬲又分二个亚型:Ca 亚型,束领,刮削底;Cb 亚型,直领,手捏小足,罐形,多饰瓦纹。

鬲在这一地区延续时间相当长,一直贯穿东周之始终,这是区别于同时期其他地区东周墓的一个较显著的特点。A 鬲,分 8 式;B 鬲,分 7 式;Ca 鬲分 9 式;Cb 鬲分 3 式。三型鬲的形制演变趋势基本一致,即缘部由宽而窄,或消失而为侈缘;裆

---

[1] 山西省文物管理委员会:《侯马东周殉人墓》,《文物》1960 年 8、9 合期。
[2] 《山西天马—曲村遗址发掘报告》,待刊。
[3] 杨富斗:《山西万荣庙前村东周墓地调查发掘简讯》,《考古》1963 年 5 期;杨富斗:《山西万荣县庙前村的战国墓》,《文物参考资料》1958 年 12 期。
[4] 张国维等:《山西闻喜邱家庄战国墓葬发掘简报》,《考古与文物》1983 年 1 期。上郭与邱家庄相毗邻。笔者曾在此地调查。
[5] 王进先等:《山西省长治市小山头春秋战国墓发掘简报》,《考古》1985 年 4 期。
[6] 山西省文物管理委员会:《山西长治分水岭战国墓葬第二次发掘》,《考古》1964 年 3 期。
[7] 长子孟家庄及羊圈沟等墓地均发掘不少东周墓,材料未发。笔者曾在此调查。
[8] 解希恭:《山西芮城永乐宫新址墓葬清理简报》,《考古》1960 年 8 期。

部由高而矮,即由高凹裆变为平裆,继变为下垂凸裆,至 AⅧ式鬲裆部几乎着地(图三,1)。CaⅧ、Ⅸ式鬲则仅仅于底部刮出三斜平面以示三足,形态至为没落(见图一、图二、图三)。

鼎 分五型。A型,侈耳圆柱足鼎,耳较高,耳穿多不规则;B型,仿铜半圆体兽足鼎;C型,无盖粗柱足鼎,多饰绳纹,或为夹砂陶;D型,大耳矮柱足鼎,多饰暗纹;E型,中空兽蹄足鼎,耳多较长,个别耳作竖环状(图五,33)。其中B型又分二个亚型:Ba亚型,体型较瘦;Bb亚型,体型肥硕,足根尤其粗壮(见图一、图二、图三)。

A鼎 分7式。形制演变趋势大致为:(1)盖纽由大而小;(2)口缘由向内斜出变为向内平折,然后上出,口舌由小而大;(3)三足间距由小而大,足由矮而高,尔后又变矮。足由实体渐变为空心体(图二、图三)。

B鼎 Ba亚型分9式;Bb亚型分5式。形制演变趋势基本一致:(1)盖纽由大而小,以至消失;(2)口舌同A型鼎,由小而大;(3)耳部由大而小,由规整渐趋不规整,耳穿由大而小,以至消失;(4)足由高而矮,三足间距由较小而渐大,后又变小。Bb亚型各式变化尤为明显,盖顶由圆隆而渐平缓,足部由稍内聚而渐外张等为其形制演变的主要特点(图二、图三、图四)。

C鼎 分4式。形制演变趋势是:耳由小而大,三足由矮而高,由内聚而外放(图一)。

D鼎 分2式。Ⅰ式,耳较小;Ⅱ式,耳稍大(图四)。

E鼎 分4式。形制演变趋势是:(1)盖上三组由大变小,以至消失;(2)耳部由短小渐变高;(3)腹部由深变浅;(4)足部由矮而稍高(图五)。

无盖豆 存在时间较短,分二型。A型,敞口矮校豆;B型,斜直口高校豆。A型分3式;B型分2式。形制演变趋势基本一致,即豆盘由深而浅,校由矮而高,盘壁由较斜侈而渐趋向上直出(图一)。

盆 不分型。分3式,Ⅰ式,缘面有凹槽,上腹部内束明显,较浅;Ⅱ式,缘面凹槽甚浅,上腹部稍内束,深腹;Ⅲ式,平缘,上腹部呈直壁,小平底(图一)。

罐 不分型。分3式,形制演变趋势是:缘部由略下折变为平折;缘面由有凹槽变为无凹槽;颈部由长而短;肩部由略上耸而渐下垂(图一)。

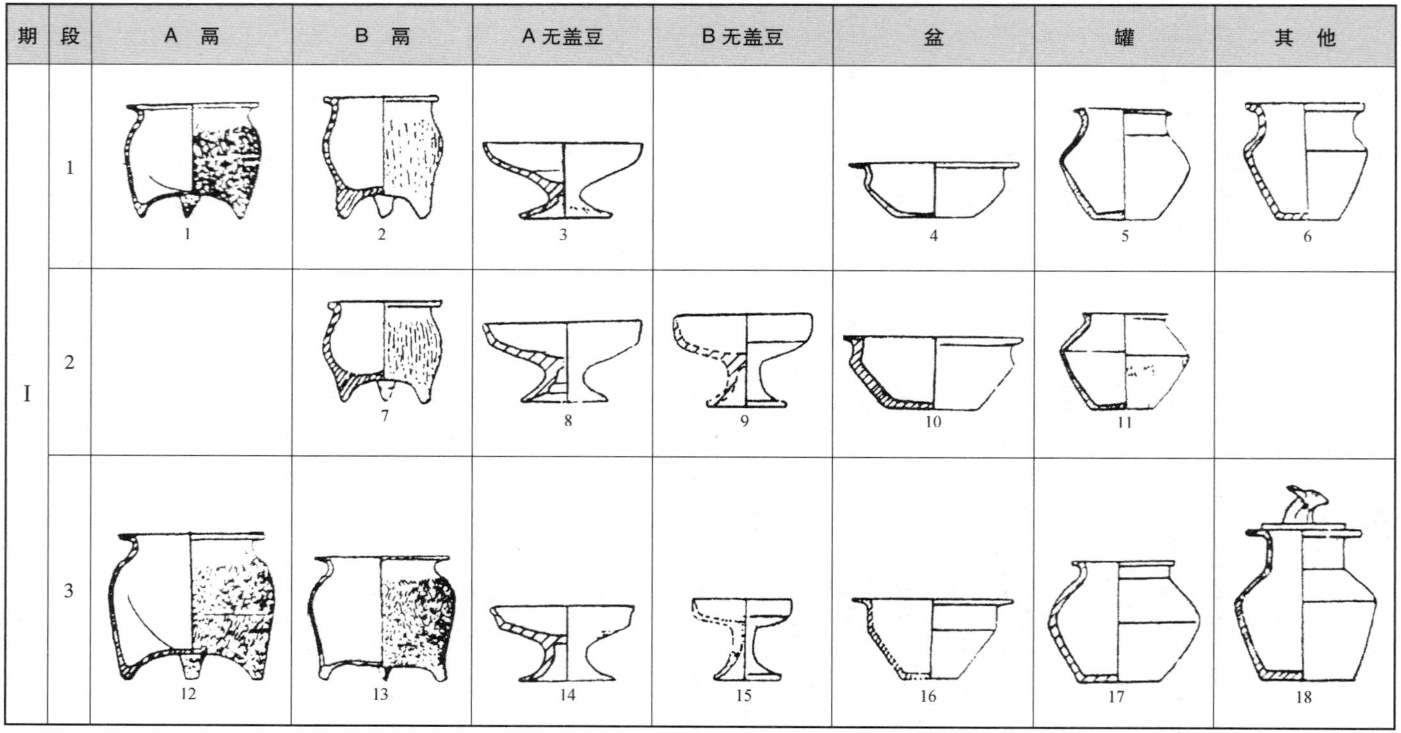

284　礼与礼器——中国古代礼器研究论集

期	段	A 鬲	B 鬲	A 无盖豆	B 无盖豆	盆	罐	其他
I	1	1	2	3		4	5	6
I	2		7	8	9	10	11	
I	3	12	13	14	15	16	17	18

图一　甲组墓葬随葬陶器分期图（一）

1. Ⅰ上 M4078：1　2. ⅠXM1：1　3. Ⅰ上 M5166：1　4. Ⅰ上 M2201：1　5. Ⅰ上 M5270：2　6. XM1：4　7. Ⅱ XM8：2　8. Ⅱ上 M5126：1
9. ⅠXM4：1　10. Ⅱ上 M5079：3　11. Ⅱ上 M2215：1　12. Ⅱ上 M5015：1　13. Ⅲ上 M5273：1　14. Ⅲ上 M5291：1　15. XM：1　16. Ⅲ XM：2
17. Ⅲ RM2　18. RM5
注：上代表上马；X 代表小山头；R 代表永乐宫

豆　分四型。A 型，翻缘喇叭口状圆握纽盖圆盘豆；B 型，矮握纽盖瓦纹豆，或为竹节状高校；C 型，圆隆顶无纽盖瓦纹豆；D 型，侈缘喇叭口状高握纽盖豆，多饰瓦纹。

A 豆分 11 式；B 豆分 6 式；C 豆分 4 式。此三型形制演变趋势基本一致：(1) 校部由粗矮变为细高；(2) 盘由深而浅；(3) 口部子舌由小且直立渐变为长而向内斜出；(4) 盖纽由大而渐小，以至消失。C 豆盖顶由圆隆渐变得较平缓，以至近平顶(图二、图三、图四)。D 豆分 3 式。Ⅰ 式盖顶圆隆，口部子舌长而斜出，盘深而下部膨胀；Ⅱ、Ⅲ 式盖顶较平缓，口部子舌变矮，盘壁下部向内斜收，盘较浅(图五)。

壶　形制最为多样，共分六型。A 型，平缘壶，又分二亚型：Aa 亚型，圆肩，体形粗硕，Ab 亚型，折肩，体形较瘦；B 型，莲瓣盖壶，多彩绘，或饰网状暗纹；C 型，斗笠状盖壶，分二亚型：Ca 亚型，饰瓦纹；Cb 亚型，素面；D 型，圆握纽盖壶，亦分二亚型：Da 亚型，弦纹；Db 亚型，瓦纹；E 型，矮平圆顶盖弦纹圈足壶；F 型，尖顶浅盖假圈足壶，多饰弦纹或瓦纹，早期盖上有三插纽。

A 壶　Aa 亚型和 Ab 亚型各有 6 式。形制演变趋势是：(1) 体形由较瘦高而趋于较粗矮，尤以 Aa 亚型为明显；(2) 缘面由宽变窄；(3) 口部由内敛变得稍外侈；(4) 颈部由长变短(图二)。

B 壶　分 5 式。形制演变趋势是：(1) 盖上莲瓣饰由开放渐向内收，由高大渐变得陋小；(2) 颈部由粗高变细矮；(3) 腹部最大直径由下腹渐向上移，即由无肩或溜肩渐变为耸肩；(4) 足部由高圈足渐变矮，以至成平底(图二、图四)。

C 壶　Ca 亚型分 7 式，Cb 亚型分 3 式；D 壶，Da、Db 二亚型分别有 5 式和 3 式。二型壶的形制演变趋势与 B 壶形制演变之(2)、(3)、(4)基本相同。但 C 壶盖舌由大而小，由紧贴壶口缘而渐向内移，最后消失，肩部瓦纹由多而少；D 壶的盖纽由高而矮，以至消失(图二、图三)。

E 壶　分 4 式。形制演变趋势为：(1) 盖由较圆鼓变为平缓而浅；(2) 颈部由高而矮；(3) 口部由外侈变内敛。肩部、足部变化同他型(图四)。

F 壶　分 4 式。形制演变的趋势为：(1) 与他型相同，腹部最大直径有由下而上移的趋势，最终呈现耸肩；(2) 假圈足由较高渐变矮；(3) 颈部由较短变得较长(图五)。

期	段	鬲			鼎			豆·簋	
		A	B	Ca	A	Ba	C	A	B
Ⅱ	4	1	2					3	4
Ⅱ	5	7			8		9	10	
Ⅲ	6	13	14		15		16	17	18
Ⅲ	7	28	29	30	31	32	33	34	
Ⅳ	8	42		43	44	45		46	47
Ⅳ	9			54			53	55	56

图二　甲组墓葬随葬

1. Ⅲ60H4M3：3　2. Ⅳ60H4M3：2　3. Ⅰ59H4M6：5　4. 60H4M3：4　5. Ⅰ60H4M3：1
11. Ⅱ61H4M344：1　12. Ⅱ上M9：5　13. Ⅴ上M4090：11　14. Ⅴ上M2198：1　15. Ⅱ59H4M68：4
21. Ⅰ59H4M38：2　22. Ⅰ59H4M38：13　23. Ⅰ59H4M38：11　24. Ⅰ59H4M12：5　25. Ⅰ59H4M27：6
31. Ⅲ59H4M71：1　32. Ⅱ曲M7172　33. Ⅲ59H4M57：3　34. Ⅳ曲M7172　35. Ⅳ60H4M343：5
41. Ⅱ59H4M21：3　42. ⅦT213M202：6　43. Ⅱ59H4M25：2　44. ⅣQM11：3　45. Ⅲ59H4M25：1
51. Ⅰ59H4M205：6　52. Ⅲ59H4M65：7　53. ⅣXM7：1　54. Ⅲ60H4M33：5　55. Ⅵ59H4M15：3
61. Ⅱ61H4M204：4

注：Q代表邱家庄；上代表上马；X代表小山头；

壶				盘	匜		碗	舟	小壶
Aa	Ab	B	Ca	Aa	A	B	A		
5	6								
11	12								
19	20	21		22	23	Ba 24	25	26	27
35	36	37			38	39	40		41
48	49	50	51					52	
57	58	59	60	61		Bb 62			

陶器分期图(二)

6. ⅠQM13∶5 7. Ⅳ上 M9∶1 8. Ⅰ上 M9∶2 9. Ⅰ59H4M84∶4 10. Ⅱ上 M9∶3
16. Ⅰ59H4M38∶1 17. Ⅱ59H4M74∶4 18. Ⅲ上 M2214∶2 19. Ⅲ60H4M27∶3 20. Ⅲ上 M4090∶3
26. Ⅰ59H4M63∶7 27. Ⅰ59H4M12∶3 28. Ⅵ60H4M343∶1 29. Ⅵ59H4M71∶2 30. Ⅰ59H4M57∶5
36. Ⅳ59H4M57∶4 37. Ⅱ曲 M7172 38. Ⅱ59H4M11∶6 39. Ⅱ59H4M21∶7 40. Ⅱ曲7172
46. Ⅴ60H4M207∶3 47. Ⅰ59H4M205∶4 48. Ⅴ61H4T521M6∶8 49. Ⅴ上 M2213∶1 50. Ⅲ59H4M17∶4
56. Ⅱ61H4M204∶7 57. Ⅵ62WHM33∶4 58. ⅥXM7∶4 59. Ⅵ61H4M204∶6 60. Ⅱ60H4M33∶3
62. Ⅰ61H4M205∶5

曲代表曲村；W代表万荣庙前。

期	段	鬲			鼎		豆				
		A	Ca	Cb	A	Ba	A	B	C	Da	Db
I	1	1		2		3	4	5	6	7	
I	2			12	13	14	15	16	17	18	19
II	3		29	30	31	32	33		34	35	36
II	4		44 / 45	46	47	48	49		50	51	
III	5		63 / 64	65	66		67		68	69	70

图三　乙组墓葬随葬

1. Ⅷ上M2　2. ⅦM5113∶4　3. Ⅳ上M2　4. ⅧM5113∶8　5. Ⅲ上M3　6. ⅠM5113∶1
13. ⅤM5185∶9　14. ⅤM5185∶1　15. ⅨM5142∶6　16. ⅣM5185∶3　17. ⅡM5074∶2
23. ⅡM5185∶7　24. ⅢM5142∶4　25. ⅣM5142∶16　26. ⅡM5173∶2　27. ⅠM5142∶12
33. ⅩM5166∶7　34. ⅢM5079∶6　35. ⅢM5009∶10　36. ⅡM5166∶4　37. ⅤM5133∶1
43. ⅥM5164∶7　44. ⅥM5133∶7　45. ⅧM5190∶5　46. ⅡM5040∶9　47. ⅦM5133∶9
53. ⅡM5151∶6　54. ⅣM5090∶7　55. ⅤM5133∶2　56. ⅧM5190∶6　57. ⅣM5040∶
63. ⅧM5087∶8　64. ⅨM5183∶6　65. ⅢM5167∶15　66. ⅧM5187∶6　67. ⅫM5183∶4
73. ⅢM5167∶7　74. ⅣM5187∶10　75. ⅤM5167∶9　76. ⅧM5087∶1

壶		盘		匜			舟	碗	B小壶
Ca	Cb	Ba	Aa	Bb	A	Ba			
8					10			11	
20		21	22	23	24		25	26	27 / 28
37	38	39			40		41 / 43	42	
52	53	54 / 55		56	57		58 / 59	60 / 61	62
71	72	73		74	75		76 / 77	78	79

陶器分期图

. Ⅰ上 M3　8. ⅢM5113∶6　9. Ⅱ上 M3　10. Ⅱ上 M3　11. ⅠM5038∶7　12. ⅣM5142∶15
8. ⅡM5142∶7　19. ⅠM5074∶4　20. ⅣM5071∶2　21. ⅠM5142∶4　22. ⅢM5185∶20
8. ⅡM5074∶4　29. ⅤM5227∶2　30. ⅠM5164∶19　31. ⅥM5079∶4　32. ⅦM5009∶2
8. ⅠM5166∶5　39. Ⅱ5009∶9　40. ⅢM5009∶8　41. ⅤM5227∶3　42. ⅤM5021∶1
8. ⅦM5152∶3　49. ⅪM5133∶5　50. ⅣM5040∶5　51. ⅣM5040∶10　52. ⅤM5090∶2
8. ⅥM5133∶6　59. ⅦM5190∶10　60. ⅦM5040∶3　61. ⅧM5090∶4　62. ⅢM5090∶6
. ⅤM5167∶6　69. ⅤM5187∶3　70. ⅢM5023∶2　71. ⅦM5021∶2　72. ⅢM5183∶2
7. ⅨM5167∶7　78. ⅨM5183∶3　79. ⅢM5167∶12

290　礼与礼器——中国古代礼器研究论集

期	段	Bb鼎	D鼎	B簋	B豆	E壶	B壶
Ⅰ	1	1	2	3	4	5	6
Ⅰ	2	11	12	13	14	15	16
Ⅱ	3	19		20	21	22	
Ⅱ	4	32		33	34		36

图四　丙组墓葬随葬

1. Ⅰ62WHM29　2. Ⅰ62WHM25　3. Ⅰ59H16M26　4. Ⅰ57H4T13M2∶3　5. Ⅰ62WHM27　6. Ⅰ62WHM2
13. Ⅱ62WHM26　14. Ⅱ62WHM26　15. Ⅱ62WHM26　16. Ⅱ60WHM2　17. Ⅱ62WHM26∶8　18. 60WHM
25. Ⅲ61WHM1∶5　26. Ⅰ61WHM1　28. QM10∶15　29. QM10∶4　30. QM10∶12　31. 61WHM
39. ⅣQM1∶21　40. ⅡQM1∶33　41. QM2∶18　42. QM2∶

注：Q代表邱家庄

侯马附近地区的东周陶器墓　291

Aa, Bb 盘	A 匜	A 高足小壶	A 鍪	A 碗浅盘豆	其 他
7	8	9			10
		17			18
23	24	25	26		28　29　30　31
37	38	39	40	41　42	43　44　45

陶器分期图

. Ⅱ62WHM8　8. Ⅱ59H16M26　9. Ⅰ59H16M26　10. 57H4T13M2：1　11. Ⅱ62WHM32　12. Ⅱ60WHM2
9. Ⅲ61WHM1：2　20. Ⅲ61WHM2　21. ⅢQM10：14　22. Ⅳ61WHM1　23. ⅠQM10：8　24. ⅢQM10：9
2. ⅣQM1：13　33. ⅣQM2：17　34. ⅣQM2：15　36. ⅠQM2：3　37. ⅡQM1：11　38. ⅣQM1：24
3. QM2：9　44. QM1：16　45. QM1：26

期	段	E 鼎	C 簋 D 豆	F 壶	鸟柱盘·Bc 盘	C 匜	浅盘豆	B 高足小壶	B 鏊	其 他
I	1	1	2	3						6, 7, 8, 9
I	2				10	4	5	12	13	14, 15
II	3	16	17	18	19		20	21	22	
III	4	23	24	25	26			27		
III	5	28	29	30	31			32		33

图五 丁组墓葬随葬陶器分期图

1. ⅠCM21∶37 2. CM21∶31 3. ⅠCM21∶42 4. ⅠCM21∶38 5. ⅠCM21∶46 6. CM21∶30 7. CM21∶44 8. CM21∶47 9. CM21∶45 10. CM35∶113 11. ⅡCM35∶90
12. ⅠCM35∶26 13. ⅠCM35∶119 14. CM35∶29 15. CM35∶91 16. ⅡCM40∶6 17. ⅡCM40∶9 18. ⅡCM40∶14 19. ⅠCM41∶1 20. ⅢCM40∶22 21. ⅢCM40∶10 22. ⅡCM15
23. ⅢCM43∶1 24. ⅡCM49∶3 25. ⅢCM49∶9 26. ⅡCM43∶9 27. ⅢCM164 28. ⅣCM28∶4 29. ⅢCM28∶13 30. ⅣCM16 31. ⅢCM45∶13 32. ⅣCM28∶3 33. CM45∶8

簋　分三型。A 型,喇叭口状高握纽盖平底簋;B 型,矮握纽盖瓦纹圈足簋;C 型,圈足状小握纽盖素面小圈足簋。A、C 簋不分式。B 簋分 4 式,形制演变趋势是:(1)盖纽由大而小,由翻折缘渐变为小侈缘,最后呈小直缘;(2)口部子舌由大而小;(3)腹部由浅渐深;(4)足部由高而矮(图二、图四、图五)。

盘　分二型。A 型,敞口盘。分二亚型:Aa 亚型,无缘齐口,或圈足,或三足,或平底;Ab 亚型,有小缘,平底。B 型,折缘折腹盘。亦分二亚型:Ba 亚型,腹较深;Bb 亚型,腹较浅且缘较小。

Aa 盘分 6 式。形制演变趋势是:(1)由三足变圈足,再变平底;(2)腹由浅而深,Ab 盘分 2 式,变化趋势大致同 Aa 盘,唯腹部外鼓呈愈来愈大的趋势(图二、图三、图四)。

Ba 盘分 3 式,形制演变趋势是:(1)缘由宽而窄;(2)腹由深而浅(图三);Bb 盘分 3 式,形制演变趋势主要是底部由大变小,器形由规整渐趋不规整(图五)。

匜　分三型。A 型,宽长流匜,一般有后鋬;B 型,曲缘匜,分二亚型:Ba 亚型,圆尾;Bb 亚型,凹尾;C 型,小流圆口匜。

Aa 匜分 3 式。Ⅰ式,三足,口形窄长,宽流平出;Ⅱ式,平底无足,流部稍窄而上翘,口形宽扁;Ⅲ式,圜底,流部愈窄狭,口形略同Ⅱ式,唯尾部凹入,无鋬(图二、图三)。Ab 匜分 3 式。Ⅰ、Ⅱ式口缘平直,平底;Ⅲ式,流部与尾部上翘,圜底。此外后鋬有逐渐下移的趋势(图四)。

Ba 匜分 5 式。口部、流部形制变化趋势大致与 Aa 匜相似,但口缘曲折度由大变小,腹部由浅而深。Bb 匜分 4 式,形制演变趋势基本同 Ba 匜,唯底部由圜底渐变为平底,尾部凹度越来越小(图二、图三)。

C 匜少见,不分式。

碗　分二型。A 型,鼓腹碗,个别腹外壁缓折;B 型,斜腹碗,腹较深。

A 碗分 9 式。形制演变趋势为:(1)由圈足变假圈足,再变平底;(2)腹由浅而深;(3)口部由外侈渐变为内敛;(4)上腹壁由内凹渐变平直,再变鼓腹,腹外壁折棱也由比较明显尖锐渐趋圆缓(图二、图三、图四)。B 碗分 3 式。形制变化的主要趋势是腹壁由稍外鼓渐变平直(图三)。

舟　形制略同折腹碗，但或有双耳，且其早晚形制演变轨迹清楚，故与碗区别之。其分9式。形制变化趋势为：（1）腹部由深而浅；（2）Ⅲ式以前有双耳，耳部变化趋势是由大而小，位置由下而上。Ⅴ式后失耳，而呈折腹碗状；（3）口部由内敛变外侈，最后为直口；（4）Ⅴ式之前有缘，以后失缘变齐口；（5）器形由规整渐变得不规整（图二、图三）。

小壶　分二型。A型，圈足，颈较长，形体较大，或有彩绘；B型，平底，颈稍短，形体较小，素面或有瓦纹。A小壶分3式，形制变化趋势为圈足愈来愈矮，早期多彩绘，晚期素面（图二、图五）。B小壶分3式，形制变化趋势是：（1）盖顶由尖圆变平缓，以至成平顶，盖内子舌由大变小，以至消失；（2）腹部最大直径由下渐向上移，即肩部愈趋突出；（3）器形由规整渐趋不规整（图三）。

高足小壶　分二型。A型，长颈；B型，短颈。A型分4式，形制演变趋势是：（1）颈部由长且粗渐变短小；（2）口部由外侈渐变内敛；（3）足部由粗矮渐变细高（图四）；B型亦分4式，形制变化趋势大致与A型相似，但足部是由高变矮，以至壶身与足部通为一体（图五）。

鉴　分二型。A型，斜腹鉴，腹较浅；B型，鼓腹鉴，腹较深。二型鉴各有2式。A鉴形制变化主要有三点：（1）腹由浅入深；（2）器耳位置由上而下；（3）缘面由宽而窄。B鉴形制变化主要是腹部由浅而深，腹壁愈趋圆鼓（图四、图五）。

残盘豆　分二型。A型，深盘；B型，浅盘。A型不分式。B型分3式，形制变化趋势是豆盘越来越浅和豆校越来越细高（图四、图五）。

其他器类，如甗、簋、盉等均不分型式。

由于类、型、式的差异，使得本地区东周陶器墓随葬器物出现多种不同的组合关系，主要有如下11种：

（1）鬲、盆、无盖豆、罐；

（2）鬲、鼎、豆、A平缘壶；

（3）鬲、A簋、A平缘壶；

（4）鬲、鼎、豆、B莲瓣壶、盘、匜、舟、A小壶；

（5）鼎、豆、B莲瓣壶、盘、匜、舟、A小壶；

（6）鬲、鼎、豆、C斗笠壶、盘、匜、舟；

（7）C小泥鬲、鼎、豆、D握纽盖壶、盘、匜、碗、B小壶；

（8）C小泥鬲、鼎、豆、C斗笠壶、盘、匜、碗；

（9）B鼎、B簋、E或B壶、盘、匜、高足小壶（或加A鉴、漏勺、浅盘豆等）；

（10）B鼎（或D鼎）、B豆、E壶、盘、匜、A高足小壶（或加浅盘豆、漏勺、A鉴等）；

（11）E鼎、C簋或D豆、F壶、盘、匜、浅盘豆、B高足小壶、鸟柱盘（或加B鉴、假流盉等）。

但亦有相当组合不完备。

二

根据随葬陶器类、型、式的差异，特别是上述组合关系，进而参考陶器以外的其他随葬物品和墓葬分布、墓室结构、葬具、葬式，随葬品位置以及陶器纹饰等方面的异同，我们把本地区东周墓划分为下列几组：

甲组　包括A、B、Ca鬲、A、B无盖豆、盆、罐、A、B、C鼎、A簋、A、B豆、A、B、Ca壶、A盘、A、B匜、A碗、舟、A小壶等13类22型（图一、图二）陶器。器物的组合方式包括前面所列(1)—(6)种，其基本组合有两种：(1) 鬲、盆、无盖豆、罐；(2) 鬲、鼎、豆、壶。以器物型式的不同，后者又可分三种：(1) 鬲、鼎、豆、平缘壶；(2) 鬲、鼎、豆、莲瓣壶；(3) 鬲、鼎、豆、斗笠壶。(2)、(3)或加盘、匜、舟、A小壶（图六）。

鬲、鼎、壶的类型多，多数器物形体大，彩绘发达，鬲、鼎二炊器始终共存为本组墓葬的显著特点。无盖粗柱足鼎、平缘壶、莲瓣壶、A细颈圈足小壶、三足鋬匜、三足盘、双耳舟、彩绘碗等为本组典型器物。鬲、盆、无盖豆、罐组合中的器物较简陋粗糙，形体小，多素面及绳纹。而鬲、鼎、豆、壶组合中的器物形体一般较大，制作规整，器表多磨光，尤其莲瓣壶，制工至为精美，堪称本组陶器的上乘代表作。彩绘最为发达，不仅图案复杂多样，饰彩器类也非常多，鼎、豆、壶，甚至部分盘、匜、舟、

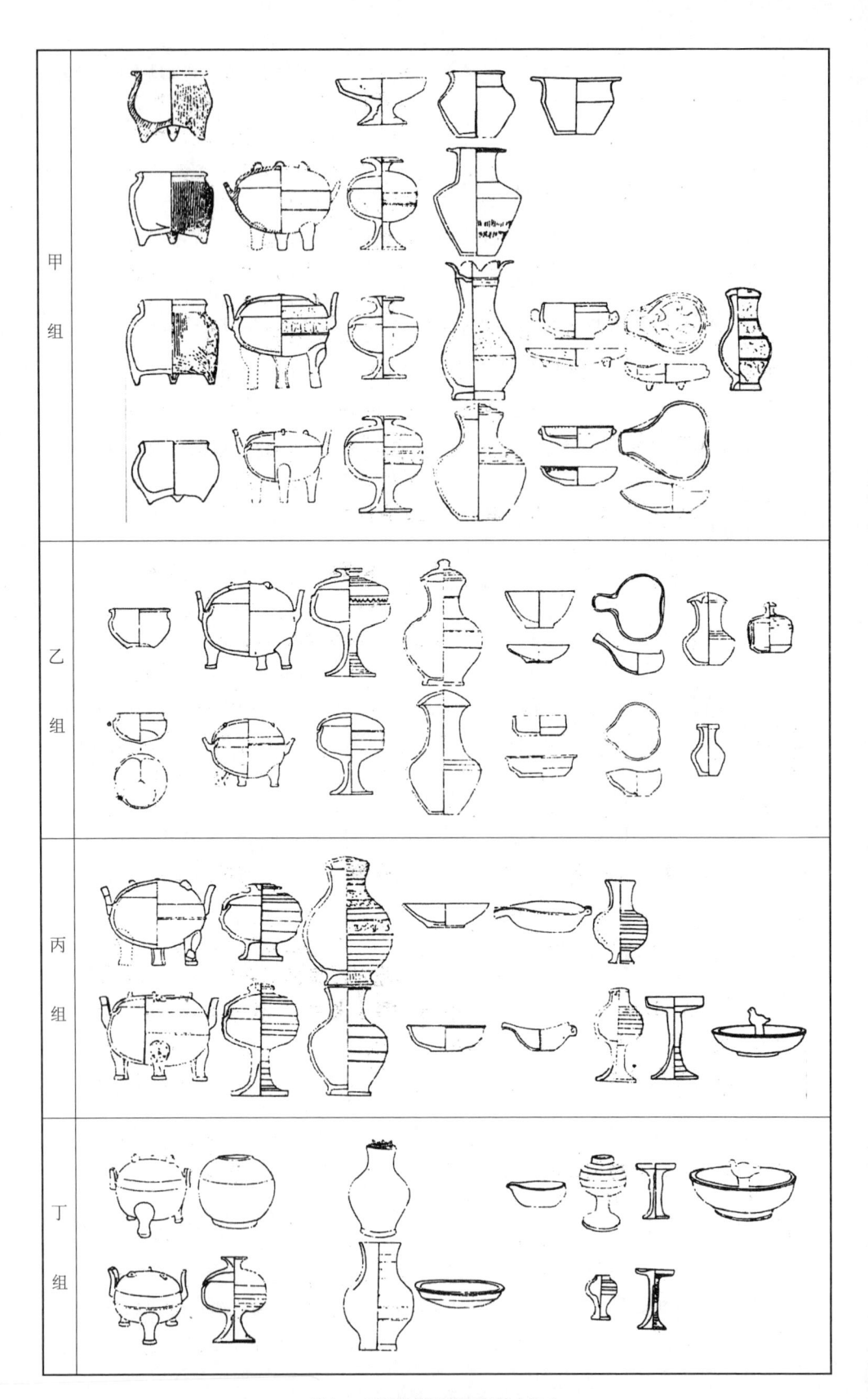

图六 各组墓葬随葬陶器基本组合

小壶、碗都或饰以彩绘。彩绘均单线勾勒,计有红、白、黑、黄、绿五色,或单施,或红、黑二色,或红、白、黄、绿兼施,或以浅红作地描以深红或黑色彩纹,形形色色,颇富变化。动物写生纹最具特色:鸟、鱼、虫、兽,简捷生动;交体蟠蛇,错落有致(图七,25—40);几何形花纹颇为盛行,而其中以卷云纹最典型,或直角回折,或曲线勾绕,形式繁复,格局变化多端(图七,1—14)。另有植物花瓣纹、绚纹、桃形纹、波折纹等也时常出现(图七)。总之,本组陶器彩绘无论数量、质量在同一时期的三晋两周地区均属首位。相对而言,本组暗纹器较少,一般只见于豆校、豆腹及壶肩等,且多作简单的平行方格或斜行交叉网状而已。

本组墓葬均为无腰坑、无壁龛的长方形竖穴,早期形制较小,一般长 2.5、宽 1.5、深 3 米左右,墓壁基本垂直,东西向为主,一般在 72°—110°之间。自盆、罐等消失以后形制渐大,墓长多在 3 米以上,宽多在 2 米左右,深度多为 5、6 米,墓壁也渐由上下垂直变得稍有倾斜。墓向也转以南北向为主,但东西向仍占一定比例。葬具以单棺为多,部分一棺一椁,个别重椁。椁多在墓底铺构,有的以生土二层台为椁壁,墓底铺竖向板为椁底,上面加盖横向板作椁顶。葬式一般为双手置骨盆处的仰身直肢,屈肢葬很少。随葬的小件器物不太丰富,最常见的为石圭,早期较少,有则一墓一件,后越来越多,最多者可达 26 件(59H4M11)。其次为铜带钩,其他还有骨簪、铜锥、铜镞、石器、玉片、马饰等,均偶尔发现。随葬品大多置头前棺外或棺椁之间,部分置骨架一侧。本组墓葬还出现个别殉犬现象(59H4M58)。

本组墓葬主要见于长治小山头、芮城永乐宫、侯马上马、侯马牛村古城等墓地,曲沃曲村也有零星发现,计 1 000 余墓。

乙组　包括 Ca、Cb 鬲、A、B 鼎、A、B、C 豆、Da、Db、Ca、Cb 壶、A、B 盘、A、Ba、Bb 匜、A、B 碗、舟、B 小壶、㿻、浅盘豆等,还有个别 A、B 甗,共计 11 类 24 型,器物的组合方式主要有前列(7)、(8)两种,但同时也存在 A 或 B 鬲、豆、壶和鼎、豆、壶、盘、匜两种组合。鬲无论 A、B 常型,还是 C 型小泥鬲均一墓随葬 1 件,而鼎、豆、壶则大多一墓 2 件,盘、匜等一般一墓 1 件。A、B 鬲为夹砂陶,似为实用器,但 C 型小泥鬲形态没落,显系一种象征性明器。壶的形制多,鬲始终与鼎、豆、壶组合共存和多以碗代匜是本组墓葬的一些特点。独握纽盖壶、细高柄豆、B 平底小壶及㿻等为

图七 甲组墓葬随葬陶器主要彩绘图案

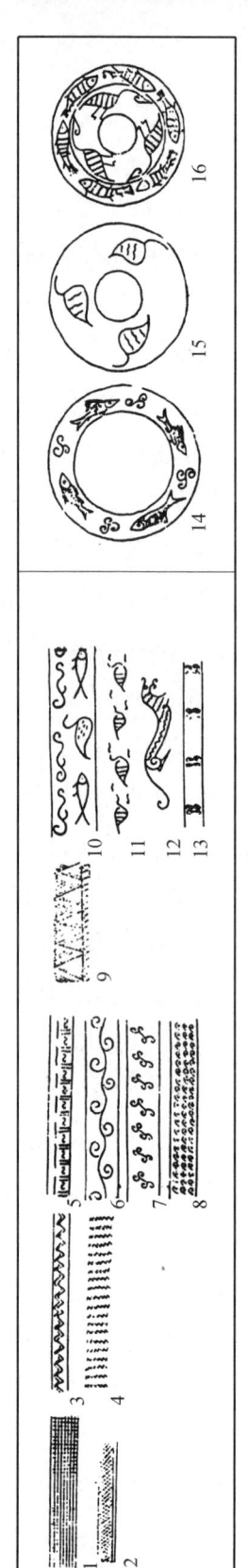

图八 丙组墓葬随葬陶器主要暗纹图案

本组较典型的器物。本组器物制作尚较规整,少数表皮磨光,且施以简单暗纹,仿铜性较强。晚期一般欠规整,形体趋小,仿铜性基本泯灭。器物以素面为主,常见弦纹和瓦纹,彩绘也较多,但大部分已剥落。暗纹不发达,而且较苟简草率。墓葬均作口大底小的漏斗状竖穴,长2.5、宽1.6、深4米左右,有相当一部分长宽分别超3米和2米,深度在5米以上。一般都有生土二层台。墓向一般在4°—18°之间,只见个别东西向墓(曲 M5038、5071)。葬式亦以双手置骨盆的仰身直肢为主,约1/4为屈度不大的仰身屈肢葬。葬具一般一棺一椁。长方形棺,仅1例作"H"形(曲 M5166)。椁亦以长方形为主,但有1/3弱为"#"或"Ⅱ"形。棺似为事先预制,椁则多在墓室铺构,与甲组基本一致,而且多发现于墓室四角置砾石块以固定葬具者。有个别椁底下发现抬架,此类椁可能为预制,其中随葬器物也多较凌乱,显系下葬或路途颠簸所致。随葬品一般置棺椁之间,位于骨架左或右侧,少数置头上或足下。小件器物较贫乏,但石圭片往往成堆放置,其次带钩较常见,一般一墓1件。其他还偶见铜环、料珠、骨珠、骨管、玉环等。

本组墓葬主要见于曲沃曲村,侯马上马等墓地也有发现,目前共发掘50余座。

丙组　包括 Bb、D 鼎、B 瓦纹簋、B 豆、B、E 壶、Aa、Ab 盘、A 鍪匜、A 高足小壶、A 鉴、鸟柱盘与筒形器、甗、罐形鼎、簠、假流盉、A 浅盘豆、A 碗、漏勺和个别纽盖壶等19类23型。器物的组合方式有前列(9)、(10)两种,基本组合为(1) 鼎、簋、壶、盘、匜、高足小壶;(2) 鼎、豆、壶、盘、匜、高足小壶。晚期出现浅盘豆、簠、鉴、甗等。器类多而形制特殊、暗纹发达为本组一大特点。本组拥有许多非常典型的器类,如兽流三足盉、簠、罐形鼎、漏勺、鸟形纽盖三足罐、甗、盘形鼎[1]等。本组并出现"列鼎"。器物质地较坚实,制作精工,多有漆黑光亮的陶衣,陶衣上复磨以繁缛暗纹。暗纹图案不仅在本地区,而且在整个三晋两周地区都是独具特色,即多鱼、鸭之类的动物写生纹(图八),形态作风与甲组彩绘动物写生纹颇为一致。但同时也有网状纹、波折纹、平行线纹、卷云纹、三角纹等(图八)。有的鼎足饰兽面

---

[1] 张国维等:《山西闻喜邱家庄战国墓葬发掘简报》,《考古与文物》1983 年 1 期。上郭与邱家庄相毗邻。笔者曾在此地调查。

纹（图四，32），也是颇为特殊的。另外，动物形装饰较发达也是本组随葬陶器的一个特点，如鸟柱盘、鼎盖三足罐和筒形器盖上的兽形纽，假流盉上的兽形流等（图四，31、19、32、43、44、28）。本组墓葬规模一般较大，有的长达几十米，深达十几米。墓室均作口大底小的漏斗状，填土多经夯打，有的填白沙土。或设壁龛，均有宽大的二层台，有的积石积炭。墓向以南北向为主，早期北偏东度较大，有少数为东西向，晚期一般正南正北。葬具多较讲究，一般棺椁具备，有的重椁，或施漆绘。葬具也一般为墓底铺构，先铺木板，后放枕木，枕木上置棺椁。仰身直肢葬占绝大多数。小件器物较丰富，有带钩、石圭、铜削、玛瑙环、石冲牙、石环、骨器、镞、松绿石珠、车饰等。随葬陶器置棺椁之间，或左或右不一律，设壁龛者则置于其中。

本组墓葬主要见于万荣庙前村和闻喜邱家庄、上郭墓地。侯马乔村、上马墓地也有零星发现，计200余墓。

丁组 包括E鼎、C簋、D豆、F壶、Bb盘、C匜、B浅盘豆、B高足小壶、B鉴以及少数A小壶、杯、鸟柱盘与筒形器、鸭形盉、圆腹弦纹壶等14类14型（图五）。器物的组合方式即前列（11）：鼎、簋（晚期以豆代之）、壶、盘、匜、浅盘豆、高足小壶（图六）。喇叭口状高足鸭形盉、三尖插纽盖壶、双环耳鼎等为本组较典型的器物。浅盘豆甚为流行为本组显著特点，一般每墓随葬4—5件，最多者达20件（长M35）。器物多素面，制作尚较规整，鼎、豆及壶盖上常施波折或同心圆暗纹。晚期出现少许彩绘。墓葬规模较大，或有墓道，均为口大底小的漏斗状墓室。早期墓口较宽，晚期较窄狭。绝大部分为南北向（15°—27°）。仰身直肢葬为主要葬式，屈肢葬少见。随葬的小件器物中兵器占相当大比重，如剑、戈、矛、镞、环首刀等，带钩亦较常见。有个别墓出有铁锸，还偶见铜印、方镜等较特殊的器物。随葬品一般置棺椁之间，骨架两侧。

本组墓葬主要见于长治分水岭墓地，约有20余墓。

除以上四组外，侯马附近地区东周墓还包括另外二组墓葬，其一主要见于长治地区，如长子孟家庄墓地、羊圈沟墓地、屯留武家庄墓地等，时代较丁组为早；其二为主要见于侯马乔村墓地的秦人墓。因材料所限，这里暂不详论。

三

上述各组墓葬的独特面貌不唯表现在随葬陶器的类型、组合和墓葬形制等各方面,而且也十分清楚地表现在陶器形制、墓葬形制诸方面发展演变的规律、趋势和时代背景上。也就是说各组墓葬均自成体系、各有其自身独特的发展序列。根据各组墓葬的发展演变情况,我们对各组进行如下陶器和墓葬分期。

甲组 分四期9段。

第一期 包括1—3段。器类简单,形式单一,各器类除鬲外一般只有一型,有无盖豆、盆、罐及AaⅠ壶等。组合亦单调,各具炊器、食器、水器三类而已。鬲、盆、无盖豆、罐为基本组合,但多不完备,或缺无盖豆,或缺盆。侯马上马墓地多见单鬲墓。器物多饰绳纹,质地坚硬,制作一般较粗率,器形多欠工整,部分为实用器(图一)。墓葬分布不密集、均为东西向,一般在75°—90°之间。形制较小,墓室四壁直立,墓口长宽之比为5∶3。一般单棺,个别为一棺一椁。均仰身直肢葬。其他随葬小件甚少,仅见个别石圭。陶器一般于棺外头前横列[1]。

第二期 包括4、5两段。器物类型有所增加,新出现鼎、簋、豆,且鼎、壶各有二型。计有A鬲、B鬲、A、C鼎、A豆、A簋、Aa、Ab壶等5类8型。无盖豆、盆和罐绝迹。出现鬲、盆、壶;鬲、豆、壶和鬲、鼎、豆、壶三种组合。器物形体略大,一般为明器。多素面,绳纹仍较多见,出现暗纹(图二,15、18等),墓葬形制一般也较小,长度多在3米以下,深度均在6米以下。皆直壁。东西向墓占较大比例。葬式绝大部分为仰身直肢,仅个别为屈肢葬。小件器物有石圭、玉饰件、骨簪、石器、马饰及个别带钩,而石圭较多见。随葬陶器的位置不一定,但一般置棺椁之间[2]。

第三期 包括6、7两段。面貌发生显著变化:器类骤增,出现仿铜鼎(B)、莲

---

[1] 见王先进等:《山西省长治市小山头春秋战国墓发掘简报》,《考古》1985年4期,第354页图三。
[2] 见王克林等:《山西侯马上马村东周墓葬》,《考古》1963年5期,第230页图二。

瓣壶（B）、A 细颈小壶、三足盘、三足匜、双耳舟、凹足碗及个别单耳杯，第 7 段又出现 C 型小泥鬲。型式齐全而几乎全予革新，有 A、B、C 鬲、A、B、C 鼎、A 豆、B 壶、A 盘、A、B 匜、A 碗、双耳舟、A 小壶及单耳杯等 10 类 18 型。组合关系也发生质的变化，出现盥器和酒器。新的典型组合是鬲、鼎、莲瓣壶，或加盘、匜、舟、A 小壶（图二，13—41）。器形作风也大为改观，绳纹减少，出现瓦纹，暗纹增加，彩绘突起并迅速发达起来。彩绘图案纹样复杂，格局颇富变化，动物写生纹最具特色，几何形纹样中以各式云纹最典型，或直折，或曲线勾绕，式样繁多（图七，7—14）。器形多较规整，器表一般黑灰光亮。墓葬规模普遍较大，长度均在 3 米以上，深度一般 6 米左右，最深者达 7.2 米。墓室四壁基本垂直，个别口部稍大于底。东西向墓仍占一定比例。一般棺椁具备，有的葬具髹漆[1]。绝大多数系仰身直肢葬，屈肢葬有所增加，有个别墓殉犬。随葬的小件器物也相对丰富，最多见的仍是石圭，一般每墓十数件，最多达 20 多件。带钩增多，其他还有玉饰、铜饰、蚌饰、骨饰等，个别较大的墓还随葬少量车马器。陶器均置棺椁之间，以置骨架一侧者为多，有的置之足下（曲 M7172、M7182）。

第四期　包括 8、9 段。出现明显的衰败趋势：鬲的形态明显趋于没落，A、B 鬲形体小，凸裆下垂几乎着地，C 鬲领部愈矮，三尖足甚矮小；盘之三足一概消失；不见彩绘匜；器物形制亦欠规整，舟的双耳很小，圈足消失；Ba 鼎的仿铜性愈趋不明显。新出现矮握纽盖瓦纹豆（B 型）和斗笠盖壶（Ca 型，图二，47、56、51、60）。组合方式基本未变。彩绘由盛入衰，施彩器类锐减，纹样图案趋之苟草，如云雷纹多单线勾回，蟠蛇纹极度抽象，无眼而近于勾绕绚纹（图七，27—29）。墓葬规模多数趋小，一般在 3×2 米左右，深度亦不如上期，6 米以上者很少。墓壁渐示倾斜，向口大底小的漏斗状发展。葬具一棺一椁者占微弱多数，个别为重椁（60H4M204）。东西向墓已较少见，屈肢葬增加。常见小件器物依次为石圭、带钩（约 1/3 的墓随之）、镞、锥、骨簪、玉片等。随葬陶器多置骨架左侧棺椁之间[2]。

---

[1] 山西省考古研究所：《山西侯马上马墓地发掘简报（1963-1986 年）》，《文物》1989 年 6 期，第 4、5 页图五。

[2] 罗琨：《侯马东周墓陶器分期》图一，存北京大学考古系资料室。

乙组　分三期5段。

第一期　包括1、2两段。器类有A、B鼎、A、B、C豆、Da、Db、Ca壶、A、B盘、A、Bb匜、B碗、舟和B小壶等,还有个别A、B鬲和盉,计10类18型。许多器类型式均直接延续甲组第四期。A、B夹砂鬲的形态已非常没落,A鬲几乎成敛口圜底罐,裆部垂地,三足极其矮小。器物的组合关系与甲组不同而是以礼器鼎为首,基本组合为鼎、豆、壶、盘、匜、舟、小壶。C小泥鬲虽参与组合,但其形态没落,形体甚小,已明显居于次要地位。本期器物形制尚较工整,部分器表磨光,或施暗纹,也有部分彩绘,但质量欠佳,大多已剥落。墓葬形制较大,墓口长度多在3米以上,宽度在2米以上,深5米以上,墓室均作口大底小的漏斗状,多有宽大的生土二层台。绝大部分棺椁具备,棺多位于椁内一侧。椁的建置方法有两种:其一在墓下铺构,四壁均围砌木板;其二,事先预制,装殓既毕,则用一抬架,借助墓口上某种固定装置(如碑之类),垂下墓坑。后一类往往为便于调整葬具而设较宽大的二层台。随葬品出土时一般较为凌乱,显系由路途及下葬时颠簸所致。此外,为固定葬具,墓室四隅往往填塞一砾石块。墓向除个别外均为南北向,面向除曲M5142外均朝左。仰身直肢葬为主要葬式,但出现一些屈度不大的屈肢葬。小件器物最常见者为石圭片和铜带钩,石圭片多成堆放置,形状极不规则。带钩亦每墓均有,一墓一件。其他还有铜环、料珠、骨珠、玉环等。随葬陶器一般置棺椁之间骨架左侧,个别置头前或足下(曲M5139、曲M5142)。

第二期　包括3、4两段。A、B绳纹鬲绝迹,B型竹节状高柄豆、A型长流匜及盉消失。新出现Cb小泥鬲和Cb壶。Ca小泥鬲的形态愈加没落,多作圜底,仅于底部刮削出三斜平面以示三足(图三,44、45)。鼎的仿铜性已趋不明显,盖纽变小。壶普遍失去圈足而为平底,仅3段尚见个别矮圈足者。组合基本同上期,但多出现以碗代匜现象,一般一墓两套。器物造型多不太讲究,盖纽苟简,制作粗率,磨光器减少,暗纹少见。彩绘多已剥落且数量不多,素面器居多。墓葬规模略小,墓室形制、葬具、葬式基本同上期,但出现一些面向朝右者。墓室四隅置砾石情况比较普遍。墓底一般不见抬架。屈肢葬略有增加,伴出的小件器物减少,除成堆的碎圭片外,只见带钩和个别铜环及兽骨,而且带钩多为铁质。随葬陶器位置发生一些变化,即出现一些置骨架右侧的墓葬,绝不见置足下的情况。

第三期 即第5段。器类有所减少,不见A型鼎、A盘和B型斜腹碗等。组合基本未变,一般一墓一套,形制发生一些变化,形体普遍较小,圈足器绝迹,盖纽饰少见,形态愈趋没落。如小泥鬲,Ca型已成尖圜底钵形,Cb型裆部垂地,三足极小;B鼎盖纽消失,三足甚矮小;A豆和D壶的盖握纽均告绝迹;舟腹甚浅;B小壶的盖几乎变成一个略带凹坑的小泥饼。器物制作普遍较草率,器表颜色很浅,磨光器少见,彩绘基本绝迹。墓葬形制变北不大,规模变小,一般较浅,棺椁保存一般不太好。葬式亦以仰身直肢为主,面向一概朝右。小件器物贫乏,带钩不见,只见圭片及个别质量很差的玉饰。随葬陶器放置或在骨架右侧,或在头上,无一例置骨架左侧者。

丙组 分二期4段。

第一期 包括1、2两段。器类有鼎、簋、豆、壶、盘、匜和高足小壶。其中鼎有Bb和D两型,壶有B、E二型。有些形制与甲组第四期相同或相近。如BbⅠ鼎、B型瓦纹豆及莲瓣壶、A圈足盘等。AⅠ高足小壶与A圈足小壶亦略有一致之处。基本组合为鼎、簋或豆、壶、盘、匜、高足小壶,比较简单(图四)。然而本期陶器质地较精良,火候较高,器表均较平整光滑,有相当部分表皮磨光,施以黑衣,并多磨以各式暗纹,黑光如漆,雅致可人。而且形体一般较大,造型讲究。其最引人注目的暗纹图案是动物写生纹:鱼、鸟、鸭、兽,不一而足,线条简洁而形象生动(图八,10—16),与甲组第三期之彩绘动物写生纹颇为一致。同时还有网状纹、波折纹、卷云纹、平行线纹、三角纹之类(图八,1—9)。墓葬形制与甲组第四期无大差异,唯规模较大,葬具较为讲究,一般棺椁具备。墓向以南北向为主,少数为东西向,有的墓葬出有軎等车马器,其他小件器物较少。

第二期 包括3、4两段。面貌改观,器类繁多,除鼎、簋、豆、壶、盘、匜、高足小壶外;又出现鉴、碗、鸟柱盘与筒形器、浅盘豆、漏勺、簠、假流盉、三兽足罐、甗及盘形鼎等,计19类20型。并出现列鼎。D型鼎不见,基本组合无根本性改变,但一般加入浅盘豆、鉴、甗之类(图四)。陶器质地坚实,制作较上期更为精工,一般有漆黑光亮的陶衣。造型更为讲究,多兽形装饰。暗纹图案较上期简化,动物写生纹减少，仅于盘底可见鱼纹(图四,23)等。几何形花纹有卷云纹、S 纹、波折纹等。鼎、甗的足根部或饰兽面纹,仿铜性较强(图四,32)。墓葬形制发生较大变化,墓室均作口大底小的漏斗状,有的设壁龛,均有较宽大的二层台。葬具建置过程是先铺木板,然后为防潮而放枕木,枕木上再置棺椁[1]。葬具多施彩绘,或为重椁。墓向多为南北向,东西向者居绝对少数。葬式以仰身直肢葬为主,屈肢葬较上期有所增加,随葬的小件器物较丰富,形式多样。有石环、凿式骨器、铜镞、石圭、带钩、铜削、玛瑙环、石璜、石冲牙、车軎、松绿石等。随葬陶器一般置棺椁之间,头前或骨架左、右侧,有的则置于壁龛之中。小件器物则贴身置于棺内。

丁组　分三期 5 段。

第一期　即 1、2 两段。器类较多,形制复杂。有鼎、簋、豆、壶、盘、匜、浅盘豆、高足小壶、鸟柱盘、鉴、鸭形盉、A 小壶、杯、圆腹弦纹壶等 14 类。有些器类型式与甲组第三、四期和丙组第一期类似。基本组合有两种：(1) 鼎、簋、壶、盘或鸟柱盘、匜、浅盘豆、高足小壶；(2) 鼎、豆、壶、盘或鸟柱盘、匜、浅盘豆、高足小壶。浅盘豆十分流行,个别墓竟达 20 件之多。伴出的小件器物较丰富,而最大特色是铜兵器较多,有矛、剑、镞、刀、戟等。其次有铜带钩、玛瑙环、玉环、骨簪、骨片等。还发现个别铁镬(长 M21)及軎、衔之类车马器。并发现铜印一枚。墓葬规模较大,长治 M35 为 7.2×6.25-8,有墓道。墓室形制普遍为口大底小的漏斗状,墓壁倾斜度较大。多一棺一椁,个别为重椁(长 M35)。随葬陶器散置于棺外骨架两侧,小件则置棺内[2]。

第二期　即 3 段。器类大大减少,仅见鼎、豆、壶、盘、浅盘豆、高足小壶和鉴 7 类。组合方式不见上期第(1)种,匜非常少见。器物制作尚较规整,有个别饰暗纹。墓葬规模不大,形制亦为漏斗状。均单棺。墓向多数为南北向,东西向墓很少。仰身直肢葬为基本葬式。伴出的小件器物一般仅有铜带钩、剑等有限的 1、2 种。

第三期　包括 4、5 两段。器类简单,鉴等消失,匜非常少见。诸器类形制明显

---

[1] 参见张国维等：《山西闻喜邱家庄战国墓葬发掘简报》,《考古与文物》1983 年 1 期,第 5 页。
[2] 见山西省文物管理委员会：《山西长治市小山头春秋战国墓发掘简报》,《考古》1964 年 3 期,第 114 页图四。

趋于没落,尤其高足小壶,形体甚小,器身与足部贯通,聊存形式而已(图五,27、32)。壶腹常饰弦纹。墓葬形制同上期,均南北向,但东偏度较大,个别达55°。葬式等同上期,伴出的小件器物更为贫乏。

下面我们根据各组各期陶器的形制特征与有断代意义的铜器形制的对比研究,并参照某些文化遗址和墓葬的陶器编年及其年代推断以及墓葬形制、葬具、葬式等方面的发展变化规律,对各组各期墓葬的历史年代作以考订。

甲组 第一期 A、B 型鬲分别与天马—曲村遗址晋文化陶器编年第四段 BbⅣ (天西 DⅠH1∶37)和 BbⅤ(曲北采∶4)[1]鬲的形制特征基本一致或相去不远。A 型无盖豆则与其第五段Ⅴ、Ⅵ无盖豆(63 天西 H3∶13 和天采∶2)[2]比较接近。又鬲、盆、罐的口缘缘面均有凹槽,明显具有西周晚期遗风。因此本期当属春秋早期,上限为东西周之际,下限约至公元前 650 年。第二期,鬲的形态变化紧承上期,平缘壶的缘面尚有凹槽,BⅢ鬲带扉棱,显系西周仿铜陶鬲作风之孑遗。又上马 M12 出一盆,其形制与天马—曲村晋文化遗址第六段Ⅴ盆(天西 H7∶9)[3]非常一致。因此属春秋中期偏早或可早到春秋早期偏晚,即上限约为公元前 650 年,下限约至公元前 600 年。第三期有断代意义的最属莲瓣壶,其形制与春秋中期在中原以至更广的地区内流行的莲瓣铜方壶颇为一致,如长治分水岭 M270∶5 壶[4],这种陶壶显系仿铜之作。故本期不会晚于春秋中期,其时间延续范围大致为公元前 600—前 500 年。第四期各类器物形制演变紧承上期,鬲的形态已趋没落,三足极矮,裆几垂地,已明显反映出由鬲到釜的演变迹象。又本期墓葬形制已大致接近口大底小的漏斗状,因此本期必属春秋晚期,第 8 段则有可能已延至战国,即上下限约在公元前 500—前 400 年之间。

乙组 第一期许多器类的形制,如 A、B 鬲、A、B 鼎、A 豆、B 型竹节状柄瓦纹

---

[1] 见邹衡:《晋、豫、鄂三省考古调查报告》,《文物》1982 年 7 期,第 3 页图二。
[2] 同上注。
[3] 王克林等:《山西侯马上马村东周墓葬》,《考古》1963 年 5 期,第 232 页图四∶7;邹衡:《晋、豫、鄂三省考古调查报告》,《文物》1982 年 7 期,第 3 页图二。
[4] 长治市博物馆等:《长治分水岭 269、270 号东周墓》,《考古学报》1974 年 2 期,第 77 页图一四∶8;孙海波:《新郑彝器》,河南通志馆,1937 年,第 100 页立鹤壶。

豆、A 盘等均与甲组第四期第 9 段紧相承接，然而器物组合已由鼎、豆、壶、盘、匜等构成的一套新的仿铜礼器组合取代本地春秋时期通行的鬲、鼎、豆、壶组合。其中虽然仍配备小泥鬲，但显然是一种象征性明器。墓室结构也普遍为口大底小的漏斗状。由此说明本期已进入战国时代，但去春秋不远，属战国早期，上下限时间分别为公元前 400 年和公元前 350 年。第二期，诸器类形制承接上期，鼎、壶之类的仿铜性已渐趋不明显，形体也较小，但从第 3 段的 BⅥ鼎和 DⅢ壶的形制作风观察，其时代不会晚到战国晚期，故当属战国中期，即下限约在公元前 290 年。第三期各器类的形制明显没落，各类纽饰基本消失，形体普遍较小，制作也多较粗率，已略可窥见当地汉墓某些陶器的一些形制特征。因此，当属战国晚期，但也不是最晚期，下限定于公元前 230 年为宜。

丙组　第一期，B 鼎、B 莲瓣壶和 B 型竹节状高柄瓦纹豆等分别与甲组第四期同类器物相同或相近。暗纹图案中的动物写生纹较多地与甲组第三期彩绘动物写生纹雷同，显系由此脱胎演变而来（图七）。墓葬形制已基本与甲组第四期相同，因此，本期当属春秋晚期。第二期，各类器物形制演变紧承上期，B 型竹节状高柄瓦纹豆和 D 型握纽盖弦纹壶与乙组第一期同类物一致，说明二者时代的一致性，因此当属战国早期。

丁组　第一期的 E 鼎、C 簋、鸟柱盘、B 高足小壶等的形制作风与丙组第二期的 BbⅣ鼎、BⅣ簋、AⅣ高足小壶及鸟柱盘比较接近，鉴与浅盘豆的形制作风与其同类物也相去不远，但匜已无尾錾，壶的腹部最大直径已略上移，因此本期当属战国早期而偏晚。第二期 3 段鼎的形制与上期相衔接，仿铜性比较明显，并仍有个别鉴随葬，因此时代不会太晚，当属战国中期而略早。第三期各器类的形制已发生一定变化，4 段鼎、豆、壶与上期相去不远，但 5 段诸器类的形制已较没落，鼎盖三纽已多消失，壶的下腹壁内凹明显，尤其高足小壶，仅略示其形而已，因此时代当属战国晚期无疑。

四

上述诸组墓葬，时代或早或晚，各成体系。然而由于文化来源、地域和时代相同或相近的原因，各组之间必然存在着这样或那样的联系。如果我们再展开视野，可以发现各组墓葬与同一时期其他地区的某些墓葬也发生着某种联系，而有些甚至是相当密切的联系。下面我们作以比较分析。

首先甲组与乙组。很显然，两组有许多器物类型是共有的，如 A、B 鬲、Ca 小泥鬲、A、B 鼎、A、B 豆、Ca 壶、A 盘、A、B 匜、A 碗等。而且乙组第一期第 I 段拥有的这些器类型式大多为甲组第四期第 9 段的直接延续。同时在墓葬形制、葬具、葬式、其他随葬器物等许多方面，二者也有惊人的雷同或相近之处，如葬具的建置方法、双手置骨盆处的仰身直肢葬式、流行石圭片、彩绘发达等。至于随葬陶器组合方式的差异，即甲组为鬲、鼎、豆、壶为主，甚至拥有鬲、盆、豆、罐组合，乙组则以鼎、豆、壶、盘、匜为主；至于两组某些器类的差异，如甲组不见 Cb 鬲、C 豆、D、Cb 壶、B 碗、B 小壶，乙组不见 C 鼎、A 平缘壶、B 莲瓣壶、双耳舟、三足盘、匜等，以至很快消失 A、B 鬲。似乎也都只是说明了二者的时代差异。因此，问题至为明确，两组墓葬文化性质完全相同，属于同一文化系统不同发展阶段的两组墓葬。换句话说，乙组墓葬是甲组墓葬一无间断的直接延续。

其次丙组与甲、乙组。丙组与甲组在许多方面也是基本一致的：(1) 有些器类共有，如莲瓣壶、竹节状高柄瓦纹豆、B 仿铜鼎、A 带鋬匜等；(2) 有些器类的形制相同或相近，如丙组一期 1 段的豆与甲组 8、9 段豆的形制基本一致；B 型仿铜鼎、莲瓣壶均与甲组 8 段的同类器形制相近；而丙组 4 段的竹节状高柄瓦纹豆与甲组 9 段的同类物形制更是基本相同；(3) 丙组随葬陶器暗纹中最具特色的动物写生纹图案的基本风格与甲组第三期流行的彩绘动物写生纹非常相仿；(4) 葬式相同，屈肢葬很少。但是两组之间的差异也十分明显，主要表现有(1) 器物组合不一致，丙组无鬲，组合关系中以礼器鼎为首，并拥有甲组所不见的瓦纹簋等；(2) 器类形制有所不同，丙组拥有甲组所不具的 D 鼎、E 壶，莲瓣壶的形制也有较明显差异，至于丙组第二期所有的鉴、甗、簠、鸟柱盘、假流盉之类更不见于甲组；(3) 器形作风有显著差异，甲组流行彩绘，丙组盛行暗纹；(4) 丙组墓室为漏斗状，甚至有墓道，而甲组第四期墓壁斜度不大。

再说丙组与乙组，二者之间也存在某些相同点：(1) 陶器组合较为一致，均以礼器鼎为首;(2) 有个别器类共有,如 B 竹节状高柄瓦纹豆、Ⅳ、Ⅴ式 B 仿铜鼎、D 型弦纹壶、圈足盘、鍪匜、A 碗等;(3) 均为漏斗状墓室。然而,在随葬品种类、形制、器形作风及葬制、葬式等方面,二者之间存在比较明显的差异:(1) 有诸多器类为双方所互不具备,如丙组的簋、甗、簠、高足小壶、鸟柱盘等不见于乙组,而乙组的 A 鼎、A 豆、C 豆、瓦纹壶、深腹碗、舟、小壶特别是 C 型小泥鬲等绝不见于丙组;(2) 丙组盛行黑皮暗纹陶,而乙组器物多浅灰,暗纹不发达,彩绘大多剥落;(3) 丙组有的墓设壁龛,东西向墓稍多。因此可以发现,丙组与乙组之间的一致性显然不及相异性。同时以鼎为首的随葬陶器组合,漏斗状墓室也只是反映了同一时代的某些共同特征,而上述丙组与甲组之间的相异点(1)和(3)也同样说明了某些时代性差异或发展的不平衡性。总之,丙组与甲组和乙组墓葬之间确实有着不大相同的关系,丙组与甲组春秋时代墓之间差异较小,应该存在着某种相成相因的关系;而丙组与乙组战国墓之间差异较大,说明二者的文化来源及时代虽然相同或相近,但由于地域不同和发展途径不同而逐渐形成了不同的文化面貌。

再次丁组与甲、乙、丙各组。由于丁组墓葬分布区域相对较远,故而其成分较为复杂,在较多的方面与甲、乙、丙各组墓葬存在较大差异,如盛行浅盘豆,出现三莲瓣状纽盖壶、鸭形盉、双环耳鼎,不见碗类,壶类形制单一,组合中器类较单调,随葬有较多的兵器而不见石圭片等。而尤其与甲、乙两组,除共存个别 A 小壶、杯等不太重要的器类和均有漏斗状墓室这一战国墓共有特点外,几乎没有多少相同或相近的因素。相对而言,与丙组墓葬似乎有着较多的共同点,如均有高足小壶、浅盘豆、鸟柱盘、鉴等较特殊器类;均有鼎、簋、壶、盘、匜组合;墓葬规模均较大,或有墓道,葬具较讲究等。但是再仔细研究,两组之间的差异性还是明显大于相同或相近性的,诸如丙组墓葬所拥有的甗、簠、漏勺、兽流盉、鍪匜等典型器类绝不见于丁组;丙组陶器组合器类多样,但少见于丁组十分盛行的浅盘豆;又丙组陶器盛行黑皮暗纹陶,小件器物中多见圭片却不见丁组常见的兵器等。而某些相同性,如墓葬形制较大,葬具讲究,甚或有墓道,也只是反映出了某些共同的时代特点或某种政治方面的原因。因此可见,丁组墓葬属于与甲、乙、丙三组关系稍远的一组墓葬。如果说乙组是甲组的直接发展,丙组与甲组之间存在某种相承相因性,那么丁组与甲组之间却不具备这种直接的渊源关系。然而由于其与甲、乙、尤其丙组毕竟存在着一些相同或相近因素。故其文化属性也不会相去太远。而如果稍放宽眼界，从更大范围内考察，我们发现，丁组墓葬与在地域上仅一山之隔的河北邯郸地区的百家村战国墓葬却有着出乎寻常的一致之处：（1）许多器类相同，如中空兽足鼎、莲瓣状插纽盖壶、鸟柱盘、高足小壶、浅盘豆、鸭形匜、鉴等，有许多器类的形制也较一致；（2）基本组合相同，均十分盛行浅盘豆；（3）均随葬有较多的兵器；（4）墓葬形制、墓向、葬式、葬具特点也基本一致。因此，我们认为，丁组当是与邯郸战国墓葬有着共同文化属性和来源，但由于地域关系复受以其他文化影响而发展形成的地方变体。

那么，如何认识丁组墓葬及邯郸战国墓葬的直接来源呢？如何理解丁组墓葬分布区域，即长治地区存在的另外一组墓葬呢？这是我们最后需要进一步研究的问题。但由于发表的材料和本文篇幅所限，这里不能展开论述，只能展示我们研究的初步结论。关于丁组墓葬的直接来源，我们在太原及榆次、原平、定襄一带东周墓中找到了切实的线索。在这里既出土了数量可观的鸟兽造型器、浅盘豆之类，也出土了相当一些莲瓣壶、平缘壶、鍪匜等较早而与甲组相同的器类，总之这一带确实存在着一组晚于甲组、早于丁组及邯郸战国墓而与丙组时代相当，即春秋晚期、战国早期时代的墓葬，丁组及邯郸战国墓葬即由此直接发展而来。而这组墓葬与丙组一样也是导源于甲组墓葬。

关于长治地区存在的另一组东周墓问题，据笔者实地考察，这里发现并已清理了大量的早于丁组墓葬而时代相当于丙组，即春秋晚战国初的墓葬，如长子孟家庄墓地等。其中出有莲瓣壶、柱足侈耳鼎、圆腹壶等，与甲组第三、第四期具有明显的一致性，而分布于同一地区的丁组墓葬相去较远，因而这组墓葬与甲组春秋墓有着与丙组于甲组之相成相因同样的关系。至于其去脉，我们则可以从河南郑州地区的二里冈墓地去寻找。

总之，由以上分析我们可以得到如下认识：分布于本地区的诸组东周墓葬之间的关系基本呈现这样一种情况，即诸组墓葬本属同一文化系统，但由于政治、军事、经济、文化及时代等各方面的原因而在不同的地域获得了不同途径的延续和发展。

那么,各组墓葬之间如此文化联系及各组墓葬如此文化面貌和文化构成揭示或反映了一种什么样的历史文化状况呢?换句话说,存在于这一地区的既互相区别,有着不同的文化构成,各有其自身发展演变序列又互相联系的几组东周墓葬,与文献中记载的曾先后在此地建国或展开活动的晋国以及韩、赵、魏三晋等有一种什么样的内在联系呢?下面让我们通过墓葬考古文化材料做进一步的历史学的考察。

甲组是本地区分布最广、数量最多、出土文化遗物最丰富、时代较早而发展序列最完整的一组墓葬,其文化特征与当地其他考古遗址的文化特征毫无二致,其所出的随葬器物大多可以从当地这些东周文化遗址中找到同类物,如著名的侯马牛村古城遗址、铸铜遗址、盟誓遗址以及天马—曲村遗址。牛村古城遗址从各方面文献材料综合分析,公认属晋人晚期国都新田遗址,其所出土的许多器类,除盆、甑、罐、瓮之类的实用器外,如鬲、平缘壶、豆、簋等均与甲组墓葬所出同类物形制特征一致,纹饰图案也颇为雷同[1]。铸铜遗址出土了数以万计的花纹陶范,其纹饰图案中较多的也是动物写生纹,如饕餮、夔龙等神化动物和鱼、鸟等写实动物,也有卷云纹等几何形花纹,这些大多可以从甲组陶器彩绘花纹图案中找到翻版,很显然后者是前者的仿制。盟誓遗址不仅出土了带有明确"晋"字样的盟书,更重要的是出土的大量盟书一般作圭形,与甲组墓葬所出石圭片完全相同,这显然是晋文化的特色之一。1962年在牛村古城城南发现了晋国石圭作坊遗址,这是整个三晋两周地区首次而独特的发现[2]。至于天马—曲村遗址更是不仅由于发现了"晋"字铭文铜器,尤其重要的是发现了十数座大型晋侯及其夫人墓,因而确认晋国为早于新田的都城遗址是毫无疑问的[3]。而且其物质文化发展序列自西周直至战国一脉相承,十分连贯。直接继承甲组而发展的乙组墓葬即大多分布于此。因之,甲组墓葬属于晋人的文化遗迹是毋庸置疑的。

晋景公十五年(公元前585年),晋国发生了一次较大的政治变化,即完成了它

---

[1] 见侯马市考古发掘委员会:《侯马牛村古城南东周遣址发掘简报》,《考古》1962年2期,第60—62页。
[2] 吴振禄:《晋国石圭作坊遗址发掘简报》,《文物》1987年6期。
[3] 孙华等:《天马——曲村遗址北赵晋侯墓地第二次发掘》;邹衡:《论早期晋都》。二文均见《文物》1994年1期。

的最后一次也是非常重要的一次迁都——由绛迁于新田[1]。存在于甲组第二期和第三期之间在墓葬规模、葬具和随葬品种类、组合及器形作风上的明显差异便大致反映出了这一历史性变化。第二期墓葬随葬品器类简单贫乏,组合单调,多实用器,当属于迁都之前此地原有晋人的遗存。至于分布于长治小山头、芮城永乐宫等地的第一期墓葬则直接演示了晋南地区西周墓葬鬲、盆、豆、罐组合的传统,也说明晋人的统治领地已由受封之时的"汾河之东方百里"之域大大地向周围扩展了。与第一、第二期墓葬形成鲜明的对比,第三期墓葬规模较大,特别是器类骤多且型式多样,形体硕大,制作精工,大多器表灰黑光亮,纹饰讲究,彩绘突起。出现了像莲瓣壶、彩陶盘、匜、A型细颈小壶之类精美的仿铜陶器,组合中品类齐备,炊器、食器、水器、酒器一应俱全。这显然与作为一个大国之都的物质文化面貌是比较相称的。第四期形势改观,墓葬形制、葬具,尤其随葬器物的种类、质量都出现明显的衰落现象。这可能多少反映出三家分晋之前诸卿日强而晋君"反朝韩、赵、魏之君"[2]的某些迹象。

与甲组第四期墓葬形成较大反差的是分布于侯马之南的万荣和闻喜一带的丙组墓葬。其墓室规模一般甚为可观,或有墓道,有的墓长可达几十米,深十数米,葬具精良,大多有彩色漆绘;随葬品非常丰富,种类繁多,仿铜礼器发达,出现整个三晋两周地区最早的颇具"僭越"意味的"列鼎",而且器物形体硕大、制作精细,器表大多漆黑光亮,暗纹发达,典雅富丽,实属全区最精美的陶器群。据《水经·河水六·汾水注》和《水经·河水注》,万荣、闻喜一带正处"汾阴脽"或"魏脽"[3]之

---

[1]《左传·成公六年》:"晋人谋去故绛……(韩献子)曰:'不如新田,土厚水深,居之不疾,有汾浍以流其恶……'公说……晋迁于新田。"《十三经注疏》本,第1902页中、下;第1903页上。

[2]《史记·晋世家》:"幽公之时(公元前433—前416年),晋畏,反朝韩、赵、魏之君。独有绛、曲沃,余皆入三晋。"中华书局1959年顾氏据金陵本校点本,第1686页。《索隐》:"畏……宋忠引此《系本》,而'畏'字为衰。"

[3]《水经·河水六·汾水注》:"水南有长阜,背汾带河……《汉书》谓之汾阴脽。应劭曰:脽,丘类也。"《水经·河水四》"河水又过郃阳城东"注:"周威烈王之十七年,魏文侯伐秦,至郑还,筑汾阴脽阳,即此城也。"按《史记·魏世家》亦记此事,唯时间为魏文侯十七年,当误,应为周威烈王十七年,即公元前409年。见巴蜀书社85年影印光绪二十三年新化三味书屋刊印王氏《合校水经注》本,第150页和第104页上。

地。因之,这组墓葬属于早已与晋公室分庭抗礼的魏氏墓葬是没有问题的。然而,时隔不久,日益强大而志图中原的秦国不断侵逼关东诸国,与之毗邻的魏国自然首当其冲。于是终于因魏"安邑(今夏县西北)近秦",而"徙治大梁(今开封西北,公元前361年)[1]"。既而,秦人便挥师东下,取魏之汾阴(公元前329年)[2]。由此,使得此地魏文化由盛陡然入衰。而作为晋文化分支的魏文化由于其政治中心的转移,却在中原地区的东部和南部一带获得了很大发展。分布于豫北安阳辉卫地区的一组战国墓葬就是东迁的魏人比较集中和具有代表性的遗存,而混处于郑州地区二里冈和岗杜墓地的一组战国墓和分布于洛阳烧沟的一组战国墓[3]则是魏人由于某种原因而迁徙或滞留于此两地并获得特殊发展的文化遗存。

随着韩、赵、魏三晋势力的日益强大,晋公室衰败之势一发不可收拾,至公元前403年周王"赐赵、韩、魏皆命为诸侯",晋君"独有绛、曲沃,余皆入三晋"[4]。乙组墓葬即主要分布于离侯马仅70华里之遥的曲沃曲村一带。如上述,这里曾有过辉煌的历史,一直属于晋国政治、经济和文化的中心所在[5],战国以降,属魏所辖。但由乙组墓葬的诸方面文化特征看,其与丙组魏人墓葬相去甚远,而径与甲组墓葬一脉相承,因此,本部分墓葬当属晋人墓葬在战国时代的直接延续。或者说,其属于魏人统治下世居此地的晋遗民的遗存。这也或许为天马—曲村遗址即由之迁新田的故绛提供了又一个直接证据[6]。

长治,战国时称上党,为韩、赵、魏三家势力的交叉地带,主要属韩。但分布于此地的丁组墓葬却明显表现出与邯郸百家村战国墓葬较多的一致性,而邯郸于战

---

[1]《史记·魏世家》,中华书局1959年标点本,第1847—1848页。
[2]《史记·魏世家》:"襄王六年,秦取我汾阴、皮氏、焦。"中华书局1959年标点本,第1848页。
[3] 参见张辛:《三晋两周地区东周陶器墓葬类型研究》,考古系博士论文,存考古资料室;又见张辛:《郑州地区周秦墓研究》,北京大学考古系编:《考古学研究(二)》,北京大学出版社,1994年。
[4]《史记·晋世家》"幽公之时(公元前433—前416年),晋畏,反朝韩、赵、魏之君。独有绛、曲沃,余皆入三晋。"中华书局1959年顾氏据金陵本校点本,第1686页。《索隐》:"畏……宋忠引此注《系本》,而'畏'字为衰。"
[5] 见邹衡:《论早期晋都》。
[6] 同上注。

国时期为赵国的首都(公元前 386 年以后),故百家村战国墓无疑当属赵人墓葬[1]。因此,丁组很可能是韩人政治中心转移到黄河之南郑州一带地区一段时间后,赵人向此地进行发展的结果,属于赵人战国墓葬中一个在不同的地域,受到另外的文化影响而发展形成的地方变体。但万变不离其宗,丁组墓葬毕竟从某些方面十分清楚地显示出其祖体文化尤其是其直接的渊源——太原一带春秋战国之际赵人墓葬的许多一致性。至于上面提及的,当地存在着的另一组与丙组墓葬大致同时,而文化面貌具有明显的脱胎于甲组晋人墓葬的痕迹的墓葬,则大抵是以郑州二里冈为代表的韩人墓的前身。

(原载于《三晋考古(第一辑)》,山西人民出版社,1994 年)

---

[1] 参见张辛:《三晋两周地区东周陶器墓葬类型研究》;又见张辛:《郑州地区周秦墓研究》。

北京大学考古学丛书

❖ 旧石器时代考古研究
　　王幼平　著

❖ 史前文化与社会的探索
　　赵辉　著

❖ 史前区域经济与文化
　　张弛　著

❖ 多维视野的考古求索
　　李水城　著

❖ 夏商周文化与田野考古
　　刘绪　著

❖ 礼与礼器
　中国古代礼器研究论集
　　张辛　著

❖ 行走在汉唐之间
　　齐东方　著

❖ 汉唐陶瓷考古初学集
　　杨哲峰　著

❖ 墓葬中的礼与俗
　　沈睿文　著

❖ 科技考古与文物保护
　　原思训自选集
　　原思训　著

❖ 文物保护技术：理论、教学与实践
　　周双林　著

上海古籍出版社

图书在版编目(CIP)数据

礼与礼器：中国古代礼器研究论集／张辛著. ——上海：上海古籍出版社，2022.8（2024.4重印）
（北京大学考古学丛书）
ISBN 978-7-5732-0303-8

Ⅰ.①礼… Ⅱ.①张… Ⅲ.①礼仪-中国-古代-文集 Ⅳ.①K892.98-53

中国版本图书馆 CIP 数据核字（2022）第 103405 号

北京大学考古学丛书

礼与礼器
—— 中国古代礼器研究论集

张　辛　著

上海古籍出版社出版发行

（上海市闵行区号景路 159 弄 1-5 号 A 座 5F　邮政编码 201101）

（1）网址：www.guji.com.cn
（2）E-mail：guji1@guji.com.cn
（3）易文网网址：www.ewen.co

苏州市越洋印刷有限公司印刷

开本 710×1000　1/16　印张 20.75　插页 2　字数 314,000
2022 年 8 月第 1 版　2024 年 4 月第 2 次印刷
ISBN 978-7-5732-0303-8
K·3168　定价：98.00 元

如有质量问题，请与承印公司联系